Max Planck Institute for Intellectual Property,
Competition and Tax Law

MPI Studies on Intellectual Property, Competition and Tax Law

Volume 11

Edited by

Josef Drexl
Reto M. Hilty
Wolfgang Schön
Joseph Straus

Wolfgang Schön • Karin E.M. Beck
(Editors)

Zukunftsfragen des deutschen Steuerrechts

Springer

Professor Dr. Dr. h.c. Wolfgang Schön
Dr. Karin E.M. Beck
Max-Planck-Institut für Geistiges Eigentum,
Wettbewerbs- und Steuerrecht
Marstallplatz 1
80539 München
wolfgang.schoen@ip.mpg.de
karin.beck@ip.mpg.de

ISBN 978-3-642-00257-1 e-ISBN 978-3-642-00258-8
DOI 10.1007/978-3-642-00258-8
Springer Dordrecht Heidelberg London New York

Die Deutsche Nationalbibliothek verzeichnet diese Publikation in der Deutschen Nationalbibliografie; detaillierte bibliografische Daten sind im Internet über http://dnb.d-nb.de abrufbar.

Einbandentwurf: WMX Design GmbH, Heidelberg

Gedruckt auf säurefreiem Papier

Springer ist Teil der Fachverlagsgruppe Springer Science+Business Media (www.springer.com)

Vorwort

Mit der Unternehmenssteuerreform 2008 hat eine breite rechtspolitische Diskussion über die prägenden Linien des deutschen Steuersystems zwar kein stabiles Ergebnis, aber einen vorläufigen Abschluss gefunden. Dabei ist deutlich geworden, dass von den gesetzgebenden Organen des Bundes auf mittlere Sicht keine neuen Anläufe für eine Grundlagenreform des Einkommensteuerrechts oder anderer Teilgebiete des Steuerrechts unternommen werden. Die kommenden Jahre – so die Prognose – werden in der materiellen Steuergesetzgebung eher Detailarbeit bringen; der sich im Zuge der weltweiten Wirtschaftskrise verstärkende Druck auf die öffentlichen Haushalte wird einen großen Wurf weniger als zuvor erwarten lassen.

Vor diesem Hintergrund befinden sich die Sachthemen und Forschungsansätze im Steuerrecht in einem Prozess der Neuordnung. Das Max-Planck-Institut für Geistiges Eigentum, Wettbewerbs- und Steuerrecht (Abteilung Rechnungslegung und Steuern) hat diese Entwicklung zum Anlass genommen, sechs führende Steuerrechtswissenschaftler der jüngeren Generation einzuladen, im Rahmen einer im Jahre 2008 durchgeführten Vortragsreihe zu selbstgewählten „Zukunftsfragen" zu referieren. Die Vorträge werden in diesem Band wiedergegeben; sie verdienen es, einem breiteren Publikum zugänglich gemacht zu werden.

Ein Blick auf die von den Referenten gewählten Themen und formulierten Thesen vermittelt deutliche Konturen der kommenden Diskussion. Dass neue Perspektiven für die Weiterentwicklung der Steuergesetzgebung nicht zwingend das materielle Recht betreffen müssen, wird im einleitenden Beitrag von *Klaus-Dieter Drüen* über die Zukunft des Steuerverfahrens deutlich. In seinem Vortrag zeigt sich bereits das in allen weiteren Beiträgen aufscheinende Anliegen, aus dem nationalen Verfassungsrecht sowie aus dem Europäischen Gemeinschaftsrecht heraus Rahmensetzungen und Regelungsvorbilder für das deutsche Steuerrecht zu finden. So behandelt *Rainer Wernsmann* in zusammenfassender Perspektive die Vorgaben der Grundrechte des deutschen und der Grundfreiheiten des Europäischen Rechts für die Steuergesetzgebung. Aus der Sicht des deutschen Verfassungsrechts wird dieser Ansatz weitergeführt durch das Referat von *Christian Waldhoff*, der mit dem Finanzverfassungsrecht die „andere Seite" der Steuerverfassung des Grundgesetzes in den Blick nimmt und damit die hergebrachte grundrechtliche Kontrolle wesentlich ergänzt. Und aus der Sicht des Europäischen Gemeinschaftsrechts fügt *Joachim Englisch* die Perspektive der Europäischen Grundrechte hinzu, die (anders als die Grundfreiheiten) bisher zwar nur gegenüber dem europäischen Gesetzgeber ins Feld geführt werden können, aber auf der Ebene des Sekundärrechts namentlich in Gestalt des allgemeinen Gleichheitssatzes erhebliche Wirkkraft entfalten können.

Doch kommen Europäisierung und Internationalisierung nicht nur als „Schranke", sondern auch als „Inspiration" deutscher Gesetzgebung in den Blick. *Heike Jochum* schlägt vor, die im gemeinschaftlichen Zollrecht entwickelte Rechtsfigur des „zugelassenen Wirtschaftsbeteiligten" originär in das deutsche Steuerrecht zu übernehmen. Und *Arndt Schmehl* zieht aus dem Phänomen des internationalen

Steuerwettbewerbs und der damit verbundenen Mobilität des Kapitals Konsequenzen für neue Zielsetzungen und Rechtfertigungsmöglichkeiten deutscher Steuergesetzgebung.

Die Herausgeber wünschen den in diesem Band versammelten Aufsätzen eine interessierte Aufnahme durch das Fachpublikum und den präsentierten Thesen eine breite Diskussion.

München, im März 2009

Wolfgang Schön *Karin Beck*

Inhaltsübersicht

1. Die Zukunft des Steuerverfahrens

*Klaus-Dieter Drüen**

Abstract

Obwohl der Bundesrechnungshof bereits Ende 2006 den Vollzugsnotstand ausgerufen hat, steigert sich die Komplexität des materiellen Steuerrechts kontinuierlich, wie die jüngst in Kraft getretene Unternehmenssteuerreform 2008 anschaulich belegt. Da selbst Vorsteher einzelner Finanzämter mittlerweile angesichts der Verfahrensmassen die Waffen strecken, rückt die „Zukunft des Steuerverfahrens" unweigerlich in den Blick der Steuerpolitik. Digitalisierung des Steuerverfahrens, gesetzliche Implementierung eines risikoorientierten Steuervollzugs, Reform der Korrekturvorschriften und neue Kooperationsformen sind dabei wichtige Stichworte für den anstehenden Umbau hin zu einem zukunftstauglichen Steuerverfahrensrecht.

* Prof. Dr. jur.; Inhaber des Lehrstuhls für Unternehmenssteuerrecht und Direktor am Institut für Unternehmensrecht, Heinrich-Heine-Universität Düsseldorf. Der Auftaktvortrag wurde im Rahmen der Vortragsreihe „Zukunftsfragen des deutschen Steuerrechts" am 11. Februar 2008 beim Max-Planck-Institut für Geistiges Eigentum, Wettbewerbs- und Steuerrecht in München gehalten. Das Manuskript wurde im Frühjahr 2008 abgeschlossen und einzelne Nachweise für die Veröffentlichung Ende 2008 aktualisiert.

W. Schön and K.E.M. Beck (eds.), *Zukunftsfragen des deutschen Steuerrechts*,
MPI Studies on Intellectual Property, Competition and Tax Law.
DOI: 10.1007/978-3-642-00258-8_1,

1.1. Diagnose: Das deutsche Steuerverfahren am Rande verfassungswidriger Vollzugsdefizite

Die Klage über die Misere des Steuervollzugs ist nicht neu.[1] Das jüngste und zugleich vernichtende Testat über den Vollzugsnotstand stammt vom Bundesrechnungshof. Ende 2006 veröffentlichte der Präsident des Bundesrechnungshofes in seiner Eigenschaft als Bundesbeauftragter für die Wirtschaftlichkeit in der Verwaltung das Ergebnis der bundesweiten Prüfungstätigkeit seiner Behörde zur Lage der Steuerverwaltung im Bereich der Steuerfestsetzung – insbesondere im Veranlagungsbereich und bei den Prüfungsdiensten mit dem Titel „Probleme beim Vollzug der Steuergesetze".[2] Einige Kernergebnisse seien in Erinnerung gerufen.[3] Im Rahmen der Prüfung stellte der Bundesrechnungshof fest, dass ein Großteil der Steuererklärungen in den Finanzämtern nicht mehr ordnungsgemäß geprüft werden könne. Als Folge der umfangreichen und schwer verständlichen Steuergesetze würden die Veranlagungsstellen mit einer Flut von Verwaltungsanweisungen und Gerichtsurteilen überhäuft. Die Bearbeiter in den Veranlagungsstellen – wie auch die Beraterseite – seien nicht mehr in der Lage, die Steuernormen und die Fülle der hierzu herausgegebenen Anwendungshilfen in gebührendem Maße nachzuvollziehen. Der Bundesrechnungshof bemängelt in Übereinstimmung mit den Rechnungshöfen mehrerer Länder, dass insbesondere unter dem Druck zeitgerechter Mengenbewältigung die Steuern unvollständig und ungleich festgesetzt würden. Darum, so sein Gesamtfazit, sei der gesetzmäßige und gleichmäßige Vollzug der Steuergesetze nicht mehr gewährleistet.[4] Darauf gestützt spricht Bundesverfassungsrichter RUDOLF MELLINGHOFF von der „Ohnmacht der Finanzverwaltung", weil diese genauso wie der Steuerpflichtige durch das materielle Steuerrecht überfordert sei.[5] Dass der Steuerstaat nicht kollabiert und immer noch ein stattliches Steueraufkommen einfährt, ist auch den zahllosen privaten Vollzugshelfern zu danken.[6]

Während diese Einschätzungen des Bundesrechnungshofes zum Teil auf Gegenkritik aus der Ministerialbürokratie der Länder stoßen,[7] finden sie an der Vollzugs-

---

1 Frühzeits bereits JENETZKY, StuW 1982, 273; sodann EGGE, StuW 1994, 272 sowie ECKHOFF, StuW 1996, 107. Allgemein zur „Krise des Steuerstaats" und ihren Ursachen WEBER-GRELLET, DB 2007, 1717 ff.

2 DER PRÄSIDENT DES BUNDESRECHNUNGSHOFES ALS BUNDESBEAUFTRAGTER FÜR DIE WIRTSCHAFTLICHKEIT IN DER VERWALTUNG, Probleme beim Vollzug der Steuergesetze, 2006.

3 Zur Sicht des Bundesrechnungshofes nunmehr auch SCHLEICHER, DStJG 31 (2008), S. 59 (68 ff.).

4 DER PRÄSIDENT DES BUNDESRECHNUNGSHOFES (FN. 2), S. 12 ff., 14.

5 MELLINGHOFF, Stbg. 2007, 549 (550); in der Sache ebenso WEBER-GRELLET, DB 2007, 1717.

6 Ähnlich bereits TIPKE, Besteuerungsmoral und Steuermoral, 2000, S. 68. Deutlich für den Beitrag der steuerberatenden Berufe jüngst SEER, DStR 2008, 1553 (1554): „Ohne die „selbstregulierende" Einbindung der steuerberatenden Berufe in die Buchführungs-, Bilanzierungs- und Steuererklärungsarbeit wäre der Steuerstaat längst zusammengebrochen."

7 Kritisch zu den Ergebnissen des Bundesrechnungshofes namentlich SCHMITT, DStJG 31 (2008), S. 99 (100 ff.).

basis vielfach Zuspruch.[8] Schon zuvor hatten Finanzamtsvorsteher[9] den Vollzugsnotstand ausgerufen.[10] Die früh von JOSEF ISENSEE wegen der Sachzwänge des Massenverfahrens reklamierte überlegale Notkompetenz der Finanzverwaltung, den Verwaltungsrealitäten im Sinne „brauchbarer Illegalität" Rechnung zu tragen,[11] zeitigt in der Vollzugspraxis erstaunliche Erscheinungsformen: In einigen Finanzämtern finden als „Grüne Wochen" oder „Durchwinktage" bezeichnete Schnellbearbeitungsaktionen statt, um Veranlagungsrückstände aufzuholen und ein dauerhaftes Absinken hinter den Bezirksschnitt zu vermeiden.[12] Der Druck der Statistik bestimmt den realen Steuervollzug.

Trotz der Kritik des Rechnungshofes und mancher Offenbarungseide aus den Reihen der Finanzverwaltung hat der Steuergesetzgeber seither keine Abhilfe geschaffen – im Gegenteil. Die Komplexität des materiellen Steuerrechts steigert sich kontinuierlich. Das belegen vier neue Herausforderungen für den Steuervollzug, die die jüngst in Kraft getretene Unternehmenssteuerreform 2008 mit sich bringt:

- die Sondertarifierung für Personenunternehmen nach § 34a EStG[13]
- die Zinsschranke nach § 4h EStG und § 8a KStG[14]
- die neue Verlustbeschränkung für Kapitalgesellschaften nach § 8c KStG[15], im fünfjährigen Übergangszeitraum kombiniert mit dem alten § 8 Abs. 4 KStG und
- schließlich die Funktionsverlagerung nach § 1 AStG.[16]

---

[8] Vgl. die jüngste Zusammenschau von NAGEL/WAZA, DStZ 2008, 321 (322).

[9] Die ungeschönte Rückmeldung von Finanzamtsvorstehern über an realen Vollzugsbedingungen in den Finanzämtern an die am Steuergesetzgebungsverfahren Beteiligten fordert mit Recht TIPKE, StuW 2007, 201 (215).

[10] Vgl. die „BURGHAUSENER RESOLUTION" bayerischer Finanzamtsleiter vom April 2002, wonach „das Steuerrecht einen Zustand erreicht (hat), der für alle Betroffenen unzumutbar geworden ist. Es ist in weiten Teilen unübersichtlich, unpraktikabel, unverständlich und unbeständig." (Finananzamts-Leiter fordern Steuervereinfachung, Pressearchiv, abrufbar unter http://www.finanzamt.bayern.de/passau/wir_ueber_uns/presse/2002/04-23b.htm).

[11] ISENSEE, Die typisierende Verwaltung, 1976, S. 155 ff., 171 ff.; zuvor DERS., StuW 1973, 199 (205).

[12] Die beispielhaft vom Bundesrechnungshof festgestellten Praktiken (vgl. DER PRÄSIDENT DES BUNDESRECHNUNGSHOFES [FN. 2], S. 43 ff.) kommen in der Vollzugspraxis in ganz unterschiedlichen Formen vor und sind freilich aus öffentlich zugänglichen Quellen nur schwer belegbar.

[13] Zu Fragen der Verwaltungspraktikabilität vgl. nur WACKER, in: SCHMIDT, EStG, 27. Aufl., 2008, § 34a Rn. 12, 91 f.

[14] Zur Komplexität und zum dadurch ausgelösten administrativen Aufwand vgl. nur LOSCHELDER, in: SCHMIDT, EStG, 27. Aufl., 2008, § 4h Rn. 1; PRINZ, in: HERRMANN/HEUER/RAUPACH, EStG/KStG, § 8a KStG Anm. J 07-3 (Febr. 2008).

[15] Zur Problematik der Administrierbarkeit vgl. VON FREEDEN, in: SCHAUMBURG/RÖDDER, Unternehmensteuerreform 2008, 2007, S. 531 und gerade hinsichtlich der Erstreckung auf mittelbare Anteilsübertragungen näher BRANDIS, in: BLÜMICH, EStG/KStG/GewStG, § 8c KStG Rn. 47 (Dez. 2007) m.w.N.

[16] Vgl. allein zu den begrifflichen Unsicherheiten der Terminii „Funktion" und „Transferpaket" BORSTELL/SCHÄPERCLAUS, DStR 2008, 275 ff.

Als Gegenbeispiel taugt auch die ursprünglich als Beitrag zur Steuervereinfachung vorgesehene[17] relative Abgeltung(s)steuer nur begrenzt,[18] weil sie mit den verschiedenen, zum Teil nicht sicher abgrenzbaren Ausnahmen und den Veranlagungsoptionen keineswegs durchgehend einfach ist.[19] Zudem ist sie unkoordiniert in die synthetische Einkommensteuer implantiert und wird sich als streitanfälliger Störfaktor entpuppen.[20] Jedenfalls sind die vier genannten Neuregelungen in meinen Augen sichere Kandidaten für künftige Beanstandungen durch die Rechnungshöfe. Die Ursache hierfür sind nicht allein Unsicherheiten bei der Auslegung des materiellen Rechts, wie sie nach jeder Reform auftreten. Entscheidend sind vielmehr die fehlende systematisch-teleologische Ausrichtung der „Reformvorschriften" und ihre enormen Anforderungen an die Administrierbarkeit, die zum Teil Steuerpflichtige und Finanzbehörden überfordern.[21] Die inzwischen zum geflügelten Wort gewordene Analyse als „Reform für Siegertypen" (WOLFGANG SCHÖN)[22] setzt nämlich die Verfahrensleistungsfähigkeit der Steuerpflichtigen voraus: Denn wer nicht Entnahmen und Einlagen überwacht und steuert, wird zum Verlierer der Nachbesteuerung. Wer nicht jedwede geplante Umstrukturierung im Konzerngeflecht überwacht, der kann bei der Zinsschranke die sog. Escape-Klausel und die Verlustkompensation quotal oder total verlieren. Und wer grenzüberschreitende Leistungsbeziehungen im Konzern nicht akribisch dokumentiert, wird zum doppelt besteuerten Verlierer einer Funktionsverlagerung.

Weitere besorgniserregende Herausforderungen für den Steuervollzug drohen durch die geplante Erbschaftsteuerreform. Die Administrierbarkeit des Abschmelzmodelles mit seiner Lohnsummengrenze über 10 Jahre und seiner Haltefrist von Betriebsvermögen über 15 Jahre[23] ist sowohl aus Sicht der Steuerpflichtigen als auch aus der Sicht der Finanzverwaltung mehr als fragwürdig.[24] Bereits diese kursorische

---

[17] SCHENK/BRUSCH, DStR 2005, 1254 (1255).

[18] Positiver aber SCHÖN, DStR-Beihefter zu Heft 17/2008, 10 (19).

[19] Für einen allenfalls bescheidenen Vereinfachungseffekt auch ENGLISCH, StuW 2007, 222 (230). Die Administrierbarkeit der Abgeltung(s)steuer erscheint fraglich (vgl. nur WEBER-GRELLET in: SCHMIDT, EStG, 27. Aufl. 2008, § 32d Rn. 6 m.N.).

[20] Zu den gebotenen Abgrenzungen vgl. nur den Überblick bei SCHÖNFELD, in: SCHAUMBURG/RÖDDER, Unternehmensteuerreform 2008, 2007, S. 623 ff.

[21] Diese materiell-rechtliche Komplexität wird durch die Tendenz zur fortschreitenden „Durchstufung" des Steuerverfahrens mit einer Vielzahl bestehender und neu eingeführter gesonderter Feststellungsverfahren (zuletzt § 34a Abs. 3 Satz 3, Abs. 9 EStG und § 4h Abs. 4 EStG) nicht beseitigt, sondern eher verschärft. Denn daraus erwachsen nicht nur verwaltungsökonomische Probleme und Rechtsschutzfragen, sondern auch Korrekturprobleme, vor allem auch in zeitlicher Hinsicht (näher ALBRECHT/LUSTIG, DStR 2008, 409, die zu Recht die Häufung von Vorschriften, die die gesonderte Feststellung von Besteuerungsgrundlagen anordnen, als „verfahrensrechtlichen Indikator" für die Komplexität des Steuerrechts ansehen).

[22] SCHÖN, FAZ v. 15.3.2007, S. 12.

[23] Zur der Entschärfung Ende 2008 und den einzelnen zeitlichen und sachlichen Voraussetzungen der Begünstigung von Unternehmensvermögen näher THONEMANN, DB 2008, 2616 (2617 ff.).

[24] Kritisch auch der nordrhein-westfälische Finanzminister LINSSEN, Grußwort zum 5. Deutschen Finanzrichtertag, in BRANDT, Steuerrecht im Wandel und Perspektiven der Reformdiskussion, 2008, S. 23 (25 f.); ebenso MÜLLER-GATERMANN, FR 2008, 353 (354 f.).

Diagnose[25] belegt, dass die Gewähr des gesetz- und gleichmäßigen Steuervollzugs trotz stereotyper Bekundung einer Steuervereinfachung in Gesetzesmaterialien ein Desiderat der Steuerpolitik bleibt.

1.2. Steuerpolitische Agenda

Zum Auftakt einer steuerpolitischen Vortragsreihe seien einige einführende Gedanken zum Verhältnis von Steuerpolitik und Verfassungsrecht vorweggeschickt, zumal das Risiko von Redundanzen nicht besteht.

1.2.1. Steuerpolitik und Verfassungsrecht

Verfassungstheoretisch fällt die Aussage leicht, dass Defizite im Vollzug der Steuergesetze gegen die verfassungsrechtlich gebotene Gleichheit der Rechtsanwendung verstoßen und die Steuer als Gemeinlast delegitimieren.[26] Wann indes die Verfehlung der Gleichheit im Belastungserfolg in praxi zur Verfassungswidrigkeit führt,[27] ist dagegen ungleich schwerer festzulegen. Davon zeugt der Streit verschiedener Gerichte über die Fortgeltung strukturell wirkender Vollzugsdefizite bei privaten Veräußerungsgeschäften für die Zeit ab dem Jahr 1999.[28] Die Demarkationslinie ist fließend. Die Deutungshoheit liegt letztlich beim Bundesverfassungsgericht und ist nicht nur Erkenntnisakt, sondern zugleich Wertungsakt. Das illustriert die jüngste Kammerentscheidung des Gerichts, die durch Nichtannahmebeschluss die Position des Bundesfinanzhofs stützt, nach der die Besteuerung privater Wertpapiergeschäfte nach § 23 EStG ab 1999 insgesamt verfassungsmäßig tolerabel sei.[29] Dass das Bundesverfassungsgericht das Verdikt der Verfassungswidrigkeit nur dosiert – quasi als Warnschuss zur Aktivierung der Verantwortung des Steuergesetzgebers – einsetzt, bedeutet aber keine Entwarnung für die Steuerpolitik. Denn im gewaltengeteilten Verfassungsstaat ist zwischen legislatorischem Handlungsauftrag und verfassungsgerichtlicher Kontrollfunktion zu differenzieren.[30] Der gesetzgeberische Handlungsauftrag geht über die Vermeidung struktureller Defizite beim Steuervollzug hinaus. Steuerpolitik ist mehr als die Verhinderung verfassungswidriger Zustände.

---

[25] Eine nähere Diagnose bietet die (bislang interne) 50-seitige Studie zum Gesetzescontrolling im Steuerrecht, in der die Oberfinanzdirektion Rheinland unter dem Titel „Administrierbarkeit von Steuergesetzen – Vereinfachung des Steuerrechts" die Vollzugsdefizite in der Praxis verschiedener Finanzämter ihres Bezirks im Jahre 2007 zusammengetragen hat. Die verdienstvolle Untersuchung analysiert konkrete Steuernormen mit Blick auf ihre komplizierte Ausgestaltung, den durch sie verursachten unangemessen hohen Verwaltungsaufwand und von ihnen ausgehenden Steuerwiderstand sowie ihre fehlende steuerliche Bedeutung und unterbreitet dem nordrhein-westfälischen Finanzministerium nach Prioritäten gelistete Handlungsempfehlungen. Speziell zu Vollzugsdefiziten bei der Umsatzsteuer jüngst OELLERICH, Defizitärer Vollzug des Umsatzsteuerrechts, 2008, S. 25 ff.

[26] ISENSEE, JZ 2005, 971 (978).

[27] Vgl. BVerfG, Beschl. v. 22.3.2005 – 1 BvR 2357/04, DStRE 2005, 482 (483 f., 486); nähere Analyse bei KÜHN, FR 2008, 506 (508 ff.).

[28] Zum Streitstand DRÜEN, in: KIRCHHOF/SÖHN/MELLINGHOFF, EStG, § 24c Rn. A 16 (Juni 2008).

[29] BVerfG, 3. Kammer des 2. Senats, Beschluss v. 10.1.2008 – 2 BvR 294/06, DStR 2008, 197.

Aus der vom Bundesverfassungsgericht in ständiger Rechtsprechung betonten Gestaltungsfreiheit des Steuergesetzgebers[31] folgt zugleich ein Gestaltungsauftrag. Wenn die Ausgestaltung des Steuerrechts nicht in der Lebenswirklichkeit vorzufinden ist und das fiskalische Ziel der Besteuerung dem Steuerzugriff weder Maß noch Grenze gibt,[32] so muss erst der Steuergesetzgeber die Steuerrechtsordnung schaffen. Dabei steht der Steuergesetzgeber immer vor einem Optimierungsauftrag,[33] dessen idealtypisches Ergebnis ein Optimierungs*punkt* ist. Da die Judikative und auch das Bundesverfassungsgericht keinen eigenen Gestaltungsauftrag haben, ist indes die verfassungsgerichtliche Kontrolle darauf beschränkt, ob die gesetzliche Lösung innerhalb eines Optimierungs*korridor*s liegt.[34]

Steuerpolitik und Verfassungsrecht dürfen nicht gleichgesetzt werden. WOLFGANG SCHÖN hat auf dem Finanzgerichtstag 2008 in Köln zu Recht einen steuerpolitischen Diskurs unterhalb des Verfassungsrechts angemahnt und für eine „Kultur der second-best-Lösungen" plädiert.[35] Steuerpolitik ist mehr als Verfassungsvollzug.[36] Darum sollte jeder Verfassungsexeget der Versuchung widerstehen, eigene Reformvorstellungen als verfassungsgeschuldet in steuerpolitische Beratungen einzubringen. Trotz allen Respekts vor dem demokratischen Mehrheitsprinzip darf aber das Ideal des skizzierten Optimierungspunktes nicht preisgegeben werden. Da auch Steuerpolitik immer die Kunst des Möglichen ist, wird dieser Punkt in der Steuerrechtswirklichkeit häufig verfehlt werden, ohne dass der gefundene politische Kompromiss aus der verfassungsgerichtlichen Kontrollperspektive zugleich als Verfassungsverstoß zu qualifizieren wäre. Die notwendige Trennung zwischen dem rechtspolitisch Wünschenswerten und dem verfassungsrechtlich Gebotenen ist konstitutiv.[37] Sie sollte auch bei Reformüberlegungen nicht verwischt werden.[38]

1.2.2. Steuerpolitik und Verfahrensrecht

Als Korrelat der primären steuerpolitischen Gestaltungsfreiheit betont das Bundesverfassungsgericht in jüngster Zeit verstärkt die Selbstbindungen des Steuergesetzgebers[39] durch das verfassungsrechtliche Gebot der Folgerichtig-

---

30 Zum funktionalen Unterschied allgemein SCHLAICH/KORIOTH, Das Bundesverfassungsgericht, 7. Aufl. 2007, Rn. 515 ff. m.w.N.; zu Kontrollkompetenz und –dichte des BVerfG speziell ZIPPELIUS/WÜRTENBERGER, Deutsches Staatsrecht, 32. Aufl. 2008, § 48 Rn. 33 ff.

31 Zuletzt BVerfG, Beschluss v. 15.1.2008 – 1 BvL 2/04, DStRE 2008, 1003 (1004) zur Gewerbesteuer m.w.N.; aus der Literatur jüngst KLOEPFER, in: FS Stober, 2008, S. 703.

32 DRÜEN, in: TIPKE/KRUSE, § 3 AO Rn. 45 (Juli 2007) m.w.N.

33 Näher zu Grundlagen und Grenzen verfassungsrechtlicher Optimierungsgebote WÜRTENBERGER, VVDStRL 58 (1999), 138 (141 ff., 158 ff.) m.w.N.

34 Zur Verbindung des Verständnisses von „Kontrollnormen" mit dem von Prinzipien als Optimierungsgeboten vgl. bereits VOGEL, DStJG 12 (1989), S. 123 (136 f.).

35 Pointiert SCHÖN, DStR-Beihefter zu Heft 17/2008, 10 (14, 17): „Es gibt auch steuerpolitische Torheiten unterhalb des Verfassungsbruchs".

36 Ebenso bereits ISENSEE, Verhandlungen des 57. Deutschen Juristentages, Bd. II, 1988, N 33 (39 f.).

37 Zutreffend MÖSTL, DStR 2003, 720 (726).

38 Ebenso SEER, StbJb. 2000/2001, 15 (20).

39 Dezidiert DI FABIO, JZ 2007, 749 (754), wonach der Gesetzgeber bis zu einem gewissen Maße „Gefangener der eigenen Entscheidung" sei.

keit.[40] Dadurch zwingt es auch die Steuerpolitik zur Selbstdisziplin.[41] Die Folgerichtigkeit bezieht sich zunächst auf die inhaltliche Ausgestaltung der Steuergesetze[42] und fordert, dass der Gesetzgeber nur mit besonderem sachlichen Grund von seiner Ausgangsentscheidung abweichen darf.[43] Das Folgerichtigkeitsgebot erstreckt sich aber auch auf den Steuervollzug. Materielles Recht und Steuervollzugsrecht sind aufeinander bezogen und müssen sich entsprechen.[44] Die Vollzugsfolgerichtigkeit ist darum eine Messlatte für das materielle Steuerrecht. Zu Recht hat das Bundesverfassungsgericht zuerst im bahnbrechenden Zinsbesteuerungsurteil[45] und sodann im sog. TIPKE-Verfahren den Konnex von materiellem Steuergesetz und Verfahrensrecht[46] betont:

> „Zusammen mit dem materiellen Recht steht das Verfahrensrecht im Dienst der gleichmäßigen Erfassung der wirtschaftlichen Leistungsfähigkeit des Steuerpflichtigen. Auch das Verfahrensrecht muss deshalb so ausgestaltet sein, dass es die gleichmäßige Umsetzung der durch eine materielle Steuernorm bestimmten Belastung in der regulären Besteuerungspraxis gewährleistet. Die Form der Steuererhebung und – in Ergänzung des Deklarationsprinzips – das behördliche Kontrollinstrumentarium haben somit der materiellen Steuernorm regelmäßig so zu entsprechen, dass deren gleichheitsgerechter Vollzug im Massenverfahren der Veranlagung möglich ist, ohne unverhältnismäßige Mitwirkungsbeiträge der Steuerpflichtigen oder übermäßigen Ermittlungsaufwand der Finanzbehörden zu fordern".[47]

Der Steuergesetzgeber muss darum auf der Stufe der Auswahl und der Ausgestaltung des Steuergegenstandes die Frage der Sicherung des Vollzugs in den Blick nehmen. Das materielle Steuergesetz muss auch verfahrensrechtlich durchsetzbar sein,[48] sonst bleibt es „papierenes Recht".[49] Stellt der Gesetzgeber fest, dass ein gleichmäßiger Vollzug eines Steuertatbestandes nicht mit zumutbaren Mitteln zu gewährleisten ist, muss er seine Belastungsentscheidung revidieren. Der Steuervollzug ist darum kein nachrangiger Annex des materiellen Rechts.[50] Die Realitäten des Steuervollzugs setzen vielmehr der Gestaltungsfreiheit der Steuerpolitik Grenzen.

---

[40] Akzentuiert und maßstabsbildend BVerfG v. 7.11.2006 – 1 BvL 10/02, BVerfGE 117, 1 (30 ff.); positiv TIPKE, StuW 2007, 201; kritisch SCHWARZ, in: FS Isensee, 2007, S. 949 (957 ff.).

[41] Ähnlich bereits SCHÖN, DStR-Beihefter zu Heft 17/2008, 10 (14, 17 f.).

[42] Näher zur Belastungs- und Entlastungsfolgerichtigkeit zuletzt MELLINGHOFF, Stbg. 2007, 549 (555 f.).

[43] Explizit PAPIER, DStR 2007, 973 (975).

[44] Zutreffend TIPKE, StuW 2004, 3 (4, 21 f.).

[45] BVerfG v. 27.6.1991 – 2 BvR 1493/89, BVerfGE 84, 239, 271 ff.; dazu TIPKE, Besteuerungsmoral und Steuermoral, 2000, S. 54 ff., 74.

[46] Auf einem ganz anderen Blatt steht die Frage der gesetzlichen Ausgestaltung dieses Konnexes. Trotz aller Tradition ist die Vermischung materiell-rechtlicher Vorschriften mit reinem Steuerverfahrensrecht in der Abgabenordnung durchaus nicht optimal (vgl. SCHÖN, StuW 2002, 23 [26]: „unglücklichster Aufbau").

[47] BVerfG, Urt. v. 9.3.2004 – 2 BvL 17/02, BVerfGE 110, 94 (115).

[48] SEER, Gedächtnisschrift Trzaskalik, 2005, 457 (466).

[49] Plastisch TIPKE, StuW 2004, 3 (4).

[50] DRÜEN, DStJG 31 (2008), 167.

1.3. Bausteine für den Umbau des Steuerverfahrens

Ausgehend von der eher deprimierenden Diagnose und der kurzen Grundlegung zu den Maßstäben der Steuerpolitik gilt es nunmehr den Blick nach vorn auf wichtige Entwicklungslinien für die Zukunft des Steuerverfahrens zu richten. Für die Reform des Steuervollzugs sind dabei die Qualifikation der Steuerverwaltung als Verifikationsverwaltung einerseits und die Steuervollzugskooperation andererseits Schlüsselbegriffe[51], die geeignet sind, Reformanforderungen zu erschließen und die sich zu künftigen Strukturprinzipen des Steuerverfahrens ausbauen lassen. Dabei bauen beide Prinzipien aufeinander auf, haben vergleichbare Zielrichtungen und verbinden verschiedene Reformaspekte. Die Finanzbehörden können ihren gesetzlichen Auftrag, die Steuern nach Maßgabe der Gesetze gleichmäßig festzusetzen und zu erheben (§ 85 AO) nur im Zusammenwirken mit dem Steuerpflichtigen erfüllen. Darum normiert die Abgabenordnung neben dem Untersuchungsgrundsatz (§ 88 Abs. 1 S. 1 AO) im Vergleich zum allgemeinen Verwaltungsrecht an Zahl und Intensität auffällig ausgeprägte Mitwirkungspflichten (§§ 90 ff. AO).[52] Dabei mag der Begriff der „Mit“-wirkung sowie die Charakterisierung des Steuervollzugs als „mitwirkungsoffenes Verwalten“[53] ein Fehlurteil über die tatsächlichen Arbeitsanteile von Steuerbürger und Finanzverwaltung und ihr Gewicht befördern. Denn bei der Steueranmeldung, aufgrund deren mehr als zwei Drittel des gesamten Steueraufkommens vom Bürger erklärt, errechnet und bezahlt werden, reduziert sich der staatliche Anteil allein auf die Überwachung des Steuerbürgers.[54] Das gilt *cum grano salis* vielfach auch für die Veranlagungssteuern, bei denen sich in der Praxis seit Jahren ein faktisches Selbstveranlagungsverfahren entwickelt hat.[55] Im Kern ist Steuerverwaltung daher auf die Verifikation der Steuererklärungen (§§ 149, 150 AO) der Steuerbürger gerichtet. Freilich bedeutet die Charakterisierung als Verifikationsverwaltung nicht, dass Steuerverwaltung auf einen rein schematischen Gesetzesvollzug zu reduzieren ist. Auch beim Steuervollzug muss und kann das administrative Handeln im Rahmen der Verfassung gesetzlich zuerkannte Gestaltungsräume nutzen und ausfüllen. Gerade unter den Bedingungen der Massenverwaltung ist die Entscheidung über den Einsatz von Ressourcen und Instrumenten der Verifikation eine Verteilungsentscheidung. Gesetzlich definiertes Ziel ist dabei der gesetzmäßige und gleichmäßige Vollzug der Steuergesetze. Das Bundesverfassungsgericht hat den Zusammenhang von Deklaration und Verifikation klarsichtig

---

51 Zu Schlüsselbegriffen und ihrer Funktion allgemein BAER, in: SCHMIDT-AßMANN/HOFFMANN-RIEM (Hrsg.), Methoden der Verwaltungswissenschaft, 2004, S. 223 (225 f.) m.w.N.; VOßKUHLE, VerwArch. 92 (2001), S. 184 (196 ff., 213 ff.).

52 Zur Rechtfertigung näher SÖHN, in: HÜBSCHMANN/HEPP/SPITALER, § 90 AO Rn. 24 (Nov. 2003).

53 So MÜLLER-FRANKEN, Maßvolles Verwalten, 2004, S. 236.

54 HEINTZEN, VVDStRL Bd. 62 (2003), S. 220 (225, 253, 261); eingehend MEINZENBACH, Die Steueranmeldung, 2006.

55 SEER, StuW 2003, S. 40, 42 f.; zu Grenzen eines Selbstveranlagungsverfahrens vgl. MEINZENBACH, (FN. 54), S. 252 ff.

und wegweisend betont.[56] Im Gegensatz zum durchaus umstrittenen Kooperationsprinzip (dazu 1.3.4.), ist das Verifikationsprinzip ein wohl anerkanntes Strukturprinzip des Steuerverfahrens.[57] Danach müssen das Deklarationsverfahren und das finanzbehördliche Kontrollverfahren so ausgestalten werden, dass ein gleichheitsgerechter Steuervollzug trotz der Veranlagungsmassen mit für beide Seiten verhältnismäßigen Vollzugsbeiträgen eröffnet wird.[58] Die Betitelung der Steuerverwaltung als Verifikationsverwaltung baut auf dem Verifikationsprinzip auf und rückt notwendige Bausteine für die funktionsgerechte Aufgabenerfüllung in das Zentrum weiterer Überlegungen (sogleich 1.3.1. bis 1.3.3.).

1.3.1. Digitalisierung des Steuerverfahrens

Mit der rasanten Entwicklung der Informationstechnik haben sich für den Steuervollzug auf beiden Seiten neue Vollzugspotentiale entwickelt, die Vollzugsaufgaben einerseits rationalisieren und andererseits optimieren können. Die angesichts der Vollzugsmassen dringend notwendige Modernisierung des Steuerverfahrens[59] ist bereits in vollem Gange. Wichtige Etappen der letzten Jahren sind die digitale Außenprüfung (§§ 147 Abs. 6, 200 AO), das digitale Steueranmeldungsverfahren (§ 41a EStG, § 18 UStG) und der Einstieg in ein digitales Lohnsteuerverfahren (§ 41b EStG), bei dem ab dem Jahr 2011 auch auf Wunsch vieler Unternehmen die als anachronistisch empfundene Lohnsteuerkarte in Papierform entfällt (§ 39e EStG).[60] Auf dem Weg hin zu einem vollständigen digitalisierten Steuerverfahren, das die Ziele der Verwaltungsfortentwicklung zu einem elektronischen Verwaltungsverfahren[61] oder neudeutsch E-Government[62] erfüllt, sind aber noch einige Klippen zu meistern.[63] Es wird noch Zeit in Anspruch nehmen bis die Vernetzung unter den Finanzbehörden und zwischen ihnen und den Steuerbürgern[64] so fortgeschritten ist, dass digitale Steuerbescheide der reguläre Vollzugsalltag sind.[65] Die

---

[56] S. Nachweise in FN. 45 und 47.

[57] Vgl. nur SEER, DStJG 31 (2008), S. 7 (16 f.) sowie SCHMIDT, DStJG 31 (2008), S. 37 (40).

[58] Ähnlich bereits BVerfG v. 9.3.2004 – 2 BvL 17/02, BVerfGE 110, 94 (115).

[59] Bundesministerium der Finanzen (Bearbeiter: ZINNER), Modernisierung des Lohnsteuer- und Einkommensteuerverfahrens – ein zentrales Element der Steuervereinfachung, in BMF-Monatsbericht 06/2004, S. 33 ff.

[60] Überblick über die jüngeren Entwicklungen des Steuerverfahrens bei SEER, DStR 2008, 1553 (1556 ff.).

[61] SKROBOTZ, Das elektronische Verwaltungsverfahren, 2005.

[62] EIFERT, Electronic Government, Das Recht der elektronischen Verwaltung, 2006.

[63] Eine zukünftige Perspektive ist vor allem eine umfassende Digitalisierung des Steuerabzugs, die im Extremfall durch Informationsaustausch hinsichtlich der Erwerbsaufwendungen und der persönlichen steuerrelevanten Daten sowie einer Zentralisierung bei einer Steuerzahlstelle im punktgenauen Vorgriff auf die synthetische Einkommensteuer des Gläubigers münden könnte.

[64] Eine externe und interaktive Vernetzung forderte mehrheitlich auch der 66. Deutsche Juristentag im Jahre 2006 in Stuttgart (vgl. Verhandlungen des 66. Deutschen Juristentages, Bd. II/1, München 1988, Q 310, Beschluss Nr. 23).

[65] So reklamiert OFD Frankfurt v. 31.1.2005 – S 0222a A – 2 – St II 4.03, DStR 2005, 699, für die Finanzverwaltung bei der Umsetzung der elektronischen Kommunikation mit dem Steuerbürger eine „erhebliche Vorlaufzeit“, um die technischen und organisatorischen Voraussetzungen für elektronische Steuerbescheide zu realisieren.

richtigen Schritte für die Zukunft des Steuerverfahrens sind vielfach erkannt, aber ihre Umsetzung kostet Zeit und zum Teil ist sie auch imperfekt oder mit handwerklichen Fehlern behaftet. Das belegt die Einführung des digitalen Steueranmeldungsverfahren, bei der fehlende Sensibilität gegenüber der Normenhierarchie zu erstaunlichen Problemen bei der Schaffung hinreichender Rechtsgrundlagen sogar zu Protesten der Vertretungen der Steuerberater führten.[66] Erst nach mehreren Abläufen scheint der Streit über hinreichende Rechtsgrundlagen der elektronischen Übermittlung von Steuererklärungen ausgeräumt. Dies ist nicht allein ein abschreckendes Beispiel kontraproduktiver Gesetzgebung, sondern illustriert auch das nicht von der Hand zu weisende Risiko, dass die EDV-Technik den Steuervollzug prägt und dabei „den Juristen einen Schritt" voraus ist.[67] Das Primat des Rechts muss allerdings auch im digitalen Steuerverfahren herrschen. Darum zählt die rechtliche Gestaltung und Kontrolle der datentechnischen Abläufe zu den wesentlichen Aufgaben der Zukunft des Steuerverfahrens.[68] Andernfalls tritt die normative Kraft der Datentechnik an die Stelle des Verfahrensrechts.

Neben den Schwierigkeiten, den Prozess der Digitalisierung des Steuerverfahrens rechtlich solide zu fundieren, gibt es aber auch faktische Hemmnisse. Die Akzeptanz mancher neuer Kommunikationsformen und Sicherungsmittel wie etwa der qualifizierten elektronischen Signatur und der elektronischen Steuererklärung ist (noch) unterentwickelt.[69] So ist die Zahl elektronischer Steuererklärungen in den letzten Jahren kontinuierlich gestiegen.[70] Allerdings liegt der Anteil immer noch unter einem Sechstel der Einkommensteuererklärungen.[71] Das mag daran liegen, dass die Steuerbürger nicht kostenlos mit Zugangssoftware für das digitale Steuerverfahren ausgestattet wurden. Zudem litt das Projekt „Elster" zumindest am Anfang an deutlichen „Kinderkrankheiten", so dass sich mancher Nutzer als Testkaninchen gefühlt hat und dadurch abgeschreckt wurde. Aber auch rechtliche Barrieren, wie der Zwang, Papierbelege der elektronischen Steuererklärung per „gelber Post" nachreichen zu müssen, um in den Genuss einer Steueranrechnung oder -ermäßigung zu kommen, erklären den noch geringen Verbreitungsgrad.

Freilich stößt die Digitalisierung des Steuerverfahrens auf Bedenken, ob hinreichender Datenschutz gewahrt bleibt.[72] Die Klage über den gläsernen Steuerbürger ist vielfach zu hören und zu lesen. Indes ist gerade die im Herbst 2008 vom Bundes-

---

[66] Dazu DRÜEN/HECHTNER, DStR 2006, 821 ff.; WISSENSCHAFTLICHER ARBEITSKREIS DES DEUTSCHEN WISSENSCHAFTLICHEN INSTITUTS DER STEUERBERATER E.V., DStR 2006, 1588 f.; MUSIL/BUCHARD/HECHTNER, DStR 2007, 2290 (2293 ff.).

[67] PEZZER, StuW 2007, 101 (107 f.).

[68] Zutreffend PEZZER, StuW 2007, 101 (108).

[69] Dazu SEER, DStR 2008, 1553 (1556).

[70] Im Jahr 1999 zählt die Statistik rund 0,027 Millionen, im Jahr 2007 bereits 4,9 Millionen Einkommensteuererklärungen (Quelle: www.elster.de/elster_stat.php, abgerufen am 6.2.2008).

[71] Laut Angaben des BMF werden bundesweit pro Jahr allein über 30 Millionen Einkommensteuerbescheide erlassen (vgl. BMF [FN. 59], Monatsbericht 6/2004, 33 [36]).

[72] Datenschutz in Steuerverfahren vermittelt primär das Steuergeheimnis (§ 30 AO), das punktuell und prozessbezogen durch Datenschutzgesetze ergänzt wird (vgl. DRÜEN, in: TIPKE/KRUSE, § 30 AO Rn. 5 [März 2004] m.w.N.).

zentralamt für Steuern versandte bundeseinheitliche Lebenszeit-Steuernummer unverzichtbar, um einen Datenaustausch zwischen den Ländern zu eröffnen und multiple Steuerpersönlichkeiten zu verhindern. Sie ist datenschutzrechtlich mit Akribie in §§ 139a-d AO abgesichert worden.[73] Überhaupt lässt sich gegen einen Steuerdatenverbund der deutschen Finanzbehörden mit ressortinternem Informationsaustausch über die Ländergrenzen nicht mit Erfolg der Datenschutz ins Feld führen.[74] Denn die Offenbarung an Finanzbehörden zur Durchführung von Steuerverwaltungsverfahren ist einfachgesetzlich explizit erlaubt (§ 30 Abs. 4 Nr. 1 AO). Verfassungsrechtlich lässt sich herleiten, dass der Steuerstaat nicht nur am wirtschaftlichen Erfolg Privater partizipiert, sondern zugleich auch zwingend Teilhaber der Steuerdaten seiner Steuerbürger ist.[75] Darum begegnet nicht der (föderale) Informationsaustausch zwischen den Steuerbehörden verfassungsrechtlichen Zweifeln, während die fortschreitende Durchlöcherung des Steuergeheimnisses mit Weiterleitungsbefugnissen z.B. an Sozialbehörden (§§ 31, 31a, 31b AO) nicht nur wegen der Gesetzesbestimmheit fragwürdig erscheint.[76]

Mit der Einsicht, dass die vom Bundesverfassungsgericht geforderte Verifikation hinreichende Verifikationsdaten voraussetzt, ist nicht nur das steuerstaatliche Informationsbedürfnis, sondern auch die Form seiner Erfüllung gerechtfertigt. Da angesichts der Vollzugsmassen eine Vollverifikation nicht möglich ist, braucht die Steuerverwaltung als Verifikationsverwaltung die Daten zur Kontrolle der Steuerdeklaration in einer dem Massenfallrecht adäquaten Form, die ihr eine Verteilung der Verifikationsressourcen nach der Kontrollbedürftigkeit erlaubt. Die Kontrollmöglichkeit muss darum bereits im Deklarationsakt antizipiert werden. Oder anders gewendet: Die Deklaration muss auf die Verifikationsmöglichkeit zugeschnitten sein, wie es z.B. mit der Standardisierung und digitalen Verkennzifferung im Vordruck zur Gewinnermittlung durch Überschussrechnung nach § 4 Abs. 3 EStG (sog. EÜR) erfolgt ist.[77] Diesem Auftakt sollen nach dem geplanten Steuerbürokratieabbaugesetz weitere digitale Erklärungspflichten folgen.[78] Sofern die Daten beim

---

[73] Positiv zur bundeseinheitlichen Steuernummer jüngst auch SEER, DStR 2008, 1553 (1557 f.).

[74] Zutreffend TIPKE, in: TIPKE/KRUSE, § 85 AO Rn. 46 ff., insbesondere Rn. 57 (April 2006); ebenso DRÜEN, ebenda, § 30 AO Rn. 66 (März 2004) sowie SEER, in Bonner Kommentar zum GG, Art. 108 Rn. 38 (Nov. 1999) m.w.N.

[75] Zur Begründung vgl. DRÜEN, StuW 2003, 205 (214); zustimmend SEER, FR 2004, 1037 (1044).

[76] Kritisch namentlich KRUSE, in: TIPKE/KRUSE, Vor § 31 AO Rn. 1 ff. (Juli 2005).

[77] Zur frühzeitigem Kontrolle bereits im Veranlagungsverfahren und zu einzelnen Prüffeldern vgl. SEIFERT, INF 2005, 817 (819 ff.).

[78] Ziel des jüngst vorgelegten Regierungsentwurfs eines „Gesetzes zur Modernisierung und Entbürokratisierung des Steuerverfahrens" ist es, die Steuererhebung bei Bürgern und Unternehmen so bürokratiearm wie möglich zu gestalten und die elektronische Kommunikation auszubauen, um weitgehend auf Papierunterlagen zu verzichten (BT-Drucksache 16/10188 v. 2.9.2008, S. 1). Der Entwurf sieht eine Pflicht zur elektronischen Übermittlung von Bilanzen und GuV für Wirtschaftsjahre, die nach dem 31.12.2010 beginnen (§ 5b EStG i.V. mit § 60 Abs. 1 EStDV) sowie Pflichten zur elektronischen Abgabe der Einkommensteuererklärung für Steuerpflichtige mit Gewinneinkünften ab dem Veranlagungszeitraum 2011 (§ 25 Abs. 4 EStG), der Erklärungen zur Körperschaftsteuer ab dem Veranlagungszeitraum 2011 (§ 31 Abs. 1a KStG) und zur Gewerbesteuer und Gewerbesteuerzerlegung ab dem Erhebungszeitraum 2011 (§ 14a GewStG) vor.

Steuerbürger ohnehin in digitaler Form vorhanden sind, was regelmäßig bei von Steuerberatern erstellten Abschlüssen und Erklärungen der Fall ist, gehen damit keine weiteren Belastungen und Kosten einher, allerdings muss stets Vorsorge für Härtefälle getroffen werden.[79] Der Vorteil für die Finanzverwaltung, Steuerdaten in elektronischer Form vorgelegt zu bekommen, liegt auf der Hand: Während papiergestützte Steuererklärungen erst personalintensiv und zugleich fehleranfällig für die weitere Verarbeitung im Steuerverfahren erfasst werden müssen, eröffnen digital eingehende Daten zusätzlich und unmittelbar die finanzbehördliche Kontrolle mit Hilfe risikoorientierter Verarbeitungsprogramme. Damit ist der Bogen zwischen digitalem Steuer(erklärungs)verfahren und steueradministrativem Risikomanagement gespannt.

1.3.2. Gesetzliche Implementierung eines risikoorientierten Steuervollzugs

Der Steuerbürger darf nicht entsprechend seiner in der Steuererklärung ausgedrückten, quasi „gefühlten Leistungsfähigkeit"[80] besteuert werden. Die Deklaration bedarf zumindest der Möglichkeit wirksamer finanzbehördlicher Kontrolle (s. 1.2.2.). Beim sog. Risikomanagement der Steuerverwaltungen[81] werden die – bestenfalls in digitaler Form verfügbaren – Steuererklärungsdaten vor oder anstatt einer personalintensiven manuellen Kontrolle computergestützt nach Risikoindikatoren analysiert, die nicht allein aus quantitativen Größen (Umsatz, Gewinn), sondern auch aus dem bisherigen Vorverhalten (sog. Steuervita) des Steuerpflichtigen bestehen.[82] Nüchtern betrachtet ist ein computergestützter risikoorientierter Steuervollzug die pragmatische Antwort der Finanzverwaltung auf Vollzugsbedingungen am Rande der Verfassungswidrigkeit (s. 1.1.), auch wenn er als „evolutionärer Prozess"[83] gerühmt wird. Er beruht auf ausländischen Vorbildern[84] und reiht sich in eine Entwicklungslinie ein, die sich international[85] und auch in der europäischen Gemeinschaft[86] abzeichnet. Die in Deutschland in den einzelnen Ländern mit unterschiedlicher Geschwindigkeit und auf unterschiedlichen Anwendungsfeldern beim Steuervollzug eingesetzten sog. Risikomanagementsysteme[87] sind aber – insoweit

---

79 Dafür plädieren auch die Ausschussempfehlungen im Zuge der aktuellen Gesetzesberatungen (vgl. BR-Drucksache 547/1/08 v. 8.9.2008, S. 6).

80 Vgl. – freilich in anderem Kontext – SCHÖN, DStR-Beihefter zu Heft 39/2007, 20 (22).

81 Eingehend HUBER/SEER, StuW 2007, 355 (356).

82 Zu Risikoindikatoren und Kontrollbedürfnis näher SEER, StuW 2003, S. 40 (48 ff.).

83 NAGEL/WAZA, DStZ 2008, 321 (322).

84 AHRENS, Der Vollzug von Steuergesetzen durch den niederländischen Belastingdienst im Vergleich zur deutschen Finanzverwaltung, 2005, S. 158 ff., 172 ff., S. 373 ff.; SEER, Besteuerungsverfahren: Rechtsvergleich USA-Deutschland, 2002, Rn. 51 ff., 151.

85 Vgl. den Überblick zum Einsatz von Risikomanagementsystemen in anderen Staaten bei DER PRÄSIDENT DES BUNDESRECHNUNGSHOFES [FN. 2], S. 131 ff.

86 Vgl. Europäische Kommission, Generaldirektion Steuern und Zollunion, Leitfaden – Risikomanagement für Steuerverwaltungen, Fiscalis-Projektgruppe Risikoanalyse, Febr. 2006 (abrufbar unter http://ec.europa.eu/taxation_customs/resources/documents/taxation/tax_cooperation/gen_overview/Risk_Management_Guide_for_tax_administrations_de.pdf).

87 Dazu jüngst SCHMIDT, DStJG 31 (2008), S. 37 (43 ff.).

stimmt die Evolutionsthese – keine völlig neue Form des Gesetzesvollzugs. Sie sind vielmehr eine Fortentwicklung der bisherigen Steuervollzugstechniken, getragen von dem Ziel, im Vollzugssystem immanente Risiken des Massenfallrechts objektiv zu erkennen und zu verarbeiten. Risikoanalyse und automatisierte Verfahren zur Risikosteuerung sind aufgrund der gesteigerten Leistungsfähigkeit der automatisierten Datenverarbeitung möglich geworden und werden inzwischen in zahlreichen Rechtsgebieten eingesetzt.[88]

Eine wichtige Zukunftsfrage des Steuerverfahrens ist, ob die derzeit praktizierten regelbasierten Steuerungsverfahren zwingend in die Abgabenordnung gesetzlich implementiert werden müssen, wie es bisweilen gefordert wird. Ausgangspunkt für eine Antwort auf die Frage der AO-Konformität von Risikomanagementsystemen muss dabei die Einsicht sein, dass der von § 85 AO formulierte „Sicherstellungsauftrag" von den Finanzbehörden Unmögliches verlangt.[89] Völlig unrealistisch und darum weder kraft der Verfassung noch kraft Gesetzes gefordert ist ein Vollzugsmodell, bei dem die ermittlungsrichterliche Überzeugung bereits in das finanzbehördliche Massenfallrecht antizipiert werden soll.[90] Angesichts des Massenvollzugs ist eine finanzbehördliche Vollüberprüfung nur in diesem Bruchteil der Fälle möglich. Um gleichwohl die Gesetz- und Gleichmäßigkeit der Besteuerung bestmöglich bei gegebenen Verwaltungsressourcen anzustreben, muss eine strukturelle Verifikation nach dem Kontrollbedürfnis erfolgen.[91] Das Risiko ist dabei nicht eine Mehrsteuer, sondern die Festsetzung einer gesetzeswidrigen Steuer. Ziel der Ermittlungsmaßnahmen ist, wie § 88 Abs. 2 und § 199 Abs. 1 AO belegen, nicht die Steuermaximierung.[92] Die Frage nach dem Erfordernis einer gesetzlichen Implementierung führt zu den Steuerungsebenen und –instrumenten für den Steuervollzug. Legislative und administrative Steuerung ergänzen sich. Der Gesetzgeber muss beim Steuerverfahrensrecht als Eingriffsrecht die Ermächtigungstitel schaffen. Trotz des Gesetzesvorbehaltes ist die gesetzliche Steuerung aber keine Vollsteuerung. Die Mitwirkungspflichten der Beteiligten und Dritter muss das Gesetz regeln. Wie die Finanzbehörden indes die dadurch gewonnenen Informationen, die selbstverständlich unter das Steuergeheimnis (§ 30 AO) als bereichspezifischem Datenschutz fallen, im Steuervollzug verarbeiten, ist dagegen eine Aufgabe der administrativen Vollzugsteuerung. Die Rücknahme vom Gesetzgeber eingeräumter Verifikationsinstrumente nach Risikoparametern und die dazu erforderliche innerfinanzbehördliche Informationsaufbereitung und -verarbeitung entzieht sich m.E. einer gesetzlichen Vollregelung. Um ein Minimum parlamentarischer Steuerung zu

---

[88] Zum Einsatz in der Verwaltung vgl. TRUTE, in: ISENSEE/KIRCHHOF, Handbuch des Staatsrechts der Bundesrepublik Deutschland, Bd. IV, 3. Aufl. 2006, § 88 Rn. 55 ff.; TRIPS, NVwZ 2003, 804 ff.

[89] So TIPKE, in: TIPKE/KRUSE, § 85 AO Rn. 14 (April 2006), unter Hinweis auf die realistischer formulierte östereichische Parallelvorschrift (§ 114 Bundesabgabenordnung).

[90] Vgl. aber MÜLLER-FRANKEN, Maßvolles Verwalten, 2004, insbesondere S. 135 ff., 146, 166, 236.

[91] Eingehend HUBER/SEER, StuW 2007, 355 (356).

[92] Zusammenfassend zum Fiskalinteresse als unzulässigem Auswahlkriterium jüngst NAGEL/WAZA, DStZ 2008, 321 (323).

gewährleisten, könnte man allenfalls eine Öffnungsklausel für Risikokriterien in die AO einfügen. Eine derartige „Anker-Norm" könnte aber – wie der Seitenblick ins Zollrecht (vgl. Art. 4 Nr. 26 ZK) bekräftigt[93] – nicht mehr als die bislang normativ nicht implementierten Risikoindikatoren (wie Steuervita oder sog. Compliance-Merkmale) aufnehmen. Da kaum mehr als allgemeine Risikomerkmale kodifiziert werden könnten, bedarf der Einsatz des Risikomanagements stets der „Feinsteuerung" durch (ggfs. koordinierte) Verwaltungsmaßstäbe. Eine flexible Anpassung auf untergesetzlicher Ebene muss schon darum gewährleistet sein, weil sich die Steuerberatungspraxis fortschreitend im Erklärungsverhalten auf Risikokriterien einstellen und risikogefilterte Erklärungen präsentieren wird. Darum würde selbst im Falle einer Kodifikation untergesetzlichen Instrumenten beim Steuervollzug weiterhin eine maßgebliche Steuerungs- und Kontrollfunktion zukommen. Eine Änderung der Abgabenordnung, wie sie zum Teil erwogen wird, erscheint aus diesen Gründen keine Vorbedingung für den Einsatz von risikoorientierten Steuerungsinstrumenten. Wenn jedoch eine Novellierung der §§ 85 und 88 AO in Angriff genommen wird, sollte aber nicht nur der Sicherstellungsauftrag auf ein realitätsgerechtes Maß abgesenkt werden, sondern auch der Einsatz automatisierter Steuerungsverfahren beim Steuervollzug erwähnt werden.[94] Allerdings macht „die Maschine" nicht die Verifikation durch Menschen obsolet, vielmehr müssen maschinelle Risikoanalyse, menschliche Verwaltungserfahrung und das Zufallsprinzip in Kombination zum Einsatz kommen.[95] Risikoorientierter Steuervollzug bedarf stets der Optimierung und Aktualisierung auf der Basis menschlicher Verwaltungserfahrung.[96]

1.3.3. Reform der Korrekturvorschriften

Ist das Zerrbild einer finanzbehördlichen Vollüberprüfung jeder Steuerfestsetzung verabschiedet, so rücken die Konsequenzen eines risikoorientierten Steuervollzugs ins Zentrum der weiteren Überlegungen. Wenn der Vollzug eines Großteils des Steueraufkommens *de jure* oder *de facto* in einem Selbstveranlagungsverfahren bewerkstelligt wird, dann entpuppt sich das Korrekturverfahren der Abgabenordnung als Ausprägung des Verifikationsprinzips als wahrer Nerv des Steuerverfahrens.[97]

---

[93] Bei der Fortentwicklung des steueradministrativen Risikomanagements kann ein Seitenblick auf das Risikomanagement der Zollverwaltung (dazu HÖLSCHER, BB 2005, 2444 ff.; WITTE, Zollkodex, 4. Aufl. 2006, Art. 4 Rn. 2 S. 77 f. und HENKE, ebenda, Art. 13 Rn. 20 ff.) gewinnbringend sein.

[94] Wenn dies auch im Außenverhältnis zum Bürger nicht zwingend erscheint, so schafft es jedoch Rechtssicherheit für die Bediensteten der Finanzverwaltung und entkräftet die zum Teil anzutreffende Angst, eine risikokonzentrierte Amtsermittlung könne später vom Rechnungshof beanstandet werden.

[95] Am Rande, aber gleichwohl mit Nachdruck sei angemerkt, dass Risikomanagementsysteme angesichts der vom Bundesrechnungshof dramatisch beschriebenen Vollzugssituation jedenfalls kurz- und mittelfristig nicht zum Personalabbau bei den Finanzverwaltungen instrumentalisiert werden dürfen!

[96] Übereinstimmend jüngst NAGEL/WAZA, DStZ 2008, 321 (324).

[97] Die Fehlerquote von Steuerbescheiden wird auf rund 60 v.H. geschätzt (BALMES/RÜDT VON COLLENBERG, Die Amtshaftung im Steuerrecht, AO-StB 2003, S. 77 m.w.N).

Konzeptionell macht die Abgabenordnung mit den Korrekturnormen (§§ 164, 165, 172 ff. AO) den Grad der Bestandskraft einer Steuerfestsetzung im Wesentlichen von der Intensität der vorangegangenen Aufklärung abhängig.[98] Die vom Gesetzgeber vorzunehmende Abwägung zwischen Rechtsrichtigkeit und Rechtssicherheit soll sich vor allem nach dem Umfang des dem Rechtserkenntnisakt vorangehenden Entscheidungsverfahrens richten.[99] Je gründlicher dieses ausfällt, desto schützenswerter ist das Vertrauen des Adressaten in den Bestand des Bescheides.[100] Je fehleranfälliger es ist, desto mehr muss der Gefahr rechtswidriger Entscheidungen durch großzügige Korrekturmöglichkeiten begegnet werden. Wie im allgemeinen Verwaltungsrecht soll der Bestandsschutz umso ausgeprägter sein, je subtiler und geordneter das den Staatsakt erzeugende Verfahren ist.[101] Die Durchbrechung der Bestandskraft soll nach der Konzeption der Abgabenordnung in Beziehung zur Sachverhaltsaufklärung stehen.[102]

Die Vollzugspraxis sieht freilich anders aus. Eine eigene finanzbehördliche Sachaufklärung (§ 88 AO) unterbleibt vielfach angesichts der Masse der Fälle. In zugespitzter Diktion rettet sich die überforderte Finanzverwaltung in den „Gesetzesnichtvollzug durch Abhaken von Steuererklärungen".[103] Die Praxis der „Steuerveranlagung laut Steuererklärung" bedeutet aber zumindest faktisch die Selbstveranlagung durch den Steuerpflichtigen.[104] Darauf lässt sich indes das von der Abgabenordnung für noch nicht abschließend geprüfte Steuerfälle vorgesehene Instrument der Steuerfestsetzung unter dem Vorbehalt der Nachprüfung (§ 164 AO) wegen der berechtigten Kritik an der weitreichenden Rechtsfolge der jederzeitiger Änderbarkeit des gesamten Steuerfalls während der regulären Festsetzungsfrist[105] nicht übertragen. Auch wenn die unterschiedliche Behandlung echter und „unechter Anmeldungssteuern" in Frage zu stellen ist, kann die richtige Antwort nicht darinliegen, die für gesetzliche Steueranmeldungen geltende Nebenbestimmung des § 164 AO mit aufgeschobener Bestandskraft über (regelmäßig) vier Jahre auf „faktische Anmeldungssteuern" auszudehnen. Andernfalls würde die Rechtssicherheit übermäßig strapaziert. Nicht zu Unrecht wird die Regelung der Abgabenordnung für Zölle und Verbrauchsteuern mit einjähriger Festsetzungsfrist (§ 169 Abs. 2 Satz 1 Nr. 1 AO) bei voraussetzungsloser Korrekturmöglichkeit (§ 172 Abs. 1 Nr. 1

---

[98] KRUSE, in: TIPKE/KRUSE, Vor § 130 Rn. 11 (Juli 2007).

[99] Zusammenfassend WERNSMANN, in: HÜBSCHMANN/HEPP/SPITALER, Vor §§ 130-133 AO Rn. 28 (März 2008) m.w.N.

[100] V. GROLL, in: HÜBSCHMANN/HEPP/SPITALER, Vor §§ 172-177 AO Rn. 37 (Aug. 2002).

[101] Allgemein MERTEN, NJW 1983, 1993 (1994).

[102] WERNSMANN, in: HÜBSCHMANN/HEPP/SPITALER, Vor §§ 130-133 AO Rn. 28 (März 2008) in Anschluss an KRUSE, in: TIPKE/KRUSE, Vor § 130 Rn. 11 (Juli 2007).

[103] So NIEUWENHUIS, UR 2008, 48 (49) mit Note 11.

[104] SEER, StuW 2003, 40 (42).

[105] Zusammenfassend HEUERMANN, in: HÜBSCHMANN/HEPP/SPITALER, § 164 AO Rn. 5 (Juni 2006); näher HEY, Steuerplanungssicherheit als Rechtsproblem, 2002, S. 768 ff.; TRZASKALIK, StuW 1993, 371 (372 ff.).

AO)[106] als Argument für eine stärkere Verkürzung der Zeiträume der Unsicherheit angeführt.[107] Dabei ist die allgemeine Forderung, den Zeitraum der Änderungsfähigkeit von Steuerfestsetzungen zu verkürzen, keineswegs neu,[108] gewinnt im faktischen Selbstveranlagungsverfahren aber an Gewicht.[109]

Verbietet sich *de lege lata et ferenda* ein flächendeckender Einsatz der Vorbehaltsfestsetzung mit erleichterter Korrekturmöglichkeit im faktischen Selbstveranlagungsverfahren, so zeigen sich Lücken im Korrektursystem der Abgabenordnung. Denn gerade die praxiswichtigen Korrekturvorschriften von § 129 und § 173 AO basieren unausgesprochen auf einem hoheitlichen Vollzugsbild. Gedanklich stammen sie noch aus der von OTTO MAYER geprägten Vorstellung der Justizförmigkeit der Verwaltung, bei der der Staat dem Bürger durch Verwaltungsakt als Parallele zum gerichtlichen Urteil sagt, was rechtens ist.[110] *De facto* sagt der Bürger indes der Steuerverwaltung was rechtens ist und diese kontrolliert ihn. Steuerverwaltung ist Verifikationsverwaltung. Darauf und dass *in praxi* eine nähere finanzbehördliche Kontrolle verbreitet nicht stattfindet, muss das Korrekturverfahren aber ausgerichtet sein. Bereitet der Steuerbürger den Bescheid maßgeblich vor, kann ein genereller Ausschluss der Korrektur von Rechen- und Rechtsfehlern des Steuerpflichtigen nicht (mehr) befriedigen.

Bei der Korrektur offenbarer Unrichtigkeiten nach § 129 AO nimmt die Rechtsprechung die gegenüber der Parallelvorschrift des § 42 Satz 1 VwVfG weitergehende Formulierung „Unrichtigkeiten, ... die beim Erlass eines Verwaltungsaktes unterlaufen sind" zwar zum Anlass, auch nicht „ins Auge springende" Unrichtigkeiten[111] der Finanzverwaltung ohne Rücksicht auf die Perspektive des Steuerpflichtigen und seines schützenwerten Vertrauens zu korrigieren.[112] Für Versehen des Steuerpflichtigen soll aber § 129 AO nur gelten, wenn dessen Unrichtigkeit für die Finanzbehörde als offenbare Unrichtigkeit erkennbar war,[113] wobei ein sog. Über-

---

[106] Zu den Gründen historisch E. BECKER, Reichsabgabenordnung, 5. Aufl. 1926, § 76 Anm. 2 sowie aus neuerer Zeit v. GROLL, in: HÜBSCHMANN/HEPP/SPITALER, § 172 AO Rn. 70 (Aug. 2002). Da die dort zur Rechtfertigung der Regelung für Verbrauchsteuern angeführte Informationsverteilung und die regelmäßig begrenzte Verifikation von Steuererklärungen durch die Finanzverwaltung nahezu alle Steuerarten betreffen, stellt sich im Zeitalter faktischer Selbstveranlagung die Frage, ob die Auflösung des Prinzipienwiderspruchs zwischen Vertrauensschutz und Rechtssicherheit einerseits und materieller Rechtsrichtigkeit andererseits bei den Verbrauchsteuern zugunsten der Rechtsrichtigkeit innerhalb einer kurzen Frist nicht paradigmatisch für andere Steuerarten sein kann.

[107] HEY, Steuerplanungssicherheit als Rechtsproblem, 2002, S. 781 f.

[108] Bereits VOGEL, Gutachten für den 46. DJT, 1966, S. 101, plädierte schon mit Blick auf die Selbstveranlagung (!) für die Beschränkung der Berichtigung auf eine Frist von z.B. 1 bis 2 Jahren.

[109] SEER, StuW 2003, 40 (55).

[110] O. MAYER, Deutsches Verwaltungsrecht, Bd. I, 3. Aufl. 1924, S. 93, 318, 321 f.

[111] Zu diesem Erfordernis im allgemeinen Verwaltungsrecht sowie zur abweichenden Finanzrechtsprechung SACHS, in: STELKENS/SACHS/BONK, VwVfG, 7. Aufl. 2008, § 41 Rn. 13 ff., speziell Rn. 22 f.

[112] Dagegen zu Recht kritisch TIPKE, in: TIPKE/KRUSE, § 129 AO Rn. 6 (April 2008) m.w.N.

[113] BROCKMEYER, in: KLEIN, AO, 9. Aufl. 2006, § 129 Rn. 14 m.w.N.

nahmefehler bei der Verletzung von Ermittlungspflichten ausscheiden soll.[114] Das faktische Kontrollvakuum hindert demnach – außerhalb der Anwendung des § 164 Abs. 2 AO für „offizielle" Steueranmeldungen – die Korrektur selbst himmelschreiender Schreib- oder Rechenfehler. Eine paritätische Ausgestaltung sähe anders aus. Wenn der Gesetzgeber und die Rechtsprechung ein Bedürfnis vereinfachter Korrekturmöglichkeiten im steuerlichen Massenvollzug sehen, so sollte dies bei faktischer Selbstveranlagung in gleicher Weise für Unrichtigkeiten gelten, die dem Steuerpflichtigen bei seiner Steuererklärung unterlaufen.

Kennzeichen der zentralen und in der praktischen Bedeutsamkeit herausragenden Korrekturvorschrift des § 173 AO ist, dass Rechtsfehler in Steuerbescheiden – abgesehen von ihrer passiven Saldierung nach § 177 AO – nicht korrigiert werden können, weshalb neue Tatsachen und Beweismittel scharf von „neuen" Rechtsansichten abzugrenzen sind.[115] So einfach es theoretisch ist, Tatsachen und rechtliche Schlussfolgerungen abzugrenzen, so schwierig ist dies aber in praktischen Einzelfällen.[116] Bei der faktischen Selbstveranlagung gehen indes Tatsachenangabe und rechtliche Würdigung durch den Steuerpflichtigen Hand in Hand. Die zum Teil filigrane Abgrenzung von Tatsachen und Rechtsfragen sowie der erbitterte Streit über die Frage der Rechtserheblichkeit einer neuen Tatsache,[117] mit der die herrschende Anicht sicherstellen will, dass nicht im „Schafspelz" der nachträglichlich bekannt gewordenen Tatsache doch der „Wolf" der geläuterten Rechtsansicht steckt,[118] geht insoweit an der Vollzugswirklichkeit vorbei. Denn, wenn abweichend vom Vollzugsideal OTTO MAYERs die Finanzverwaltung vor Erlass des Steuerbescheides im Einzelfall noch nicht einmal den Versuch einer rechtlichen Subsumtion des vom Steuerpflichtigen erklärten Sachverhalts gemacht hat, verfehlen die Abgrenzungs- und Kausalitätsüberlegungen schlicht den eigentlichen Punkt: Unter welchen Voraussetzungen können auf falschen tatsächlichen Erklärungen und/oder rechtlichen Schlussfolgerungen des Steuerpflichtigen basierende, von der Finanzbehörde *ad hoc* nicht beanstandete Steuerfestsetzungen später, z.B. nach einer Außenprüfung, noch korrigiert werden? Die Antworten, die die Abgabenordnung im Jahre 1977 auf diese Frage vor allem mit § 173 AO gegeben hat, sind im Selbstveranlagungsverfahren nicht mehr zeitgemäß. Da das Heil nicht in der Extension der Vorbehaltsfestsetzung zu suchen ist, steht eine Reform der Korrekturvorschriften an. Die Herausforderung der allgemeinen Fehlergeneigtheit jeder Massenverwaltung, gepaart mit der angespannten Personalsituation in der Finanzverwaltung und die beschriebene Antwort mit dem risikoorientierten Steuervollzug zwingen zu Änderungen des Korrektursystems der Abgabenordnung. Ziel muss es sein, die finanz-

---

[114] TIPKE, in: TIPKE/KRUSE, § 129 AO Rn. 15 (April 2008) m.w.N.; zu Recht eingrenzend aber jüngst BFH v. 14.6.2007 – IX R 2/07 NV, DStRE 2007, 1404.

[115] V. GROLL, in: HÜBSCHMANN/HEPP/SPITALER, § 173 AO Rn. 1, 10 (Sept. 2007).

[116] Treffend LOOSE, in: TIPKE/KRUSE, § 173 AO Rn. 3 (Aug. 2006).

[117] Gegen die h.A. LOOSE, in: TIPKE/KRUSE, § 173 AO Rn. 54 ff. (Aug. 2006); SEER, in: TIPKE/LANG, Steuerrecht, 19. Aufl. 2008, § 21 Rn. 414.

[118] So plastisch zur Verteidigung der h.A. V. GROLL, in: HÜBSCHMANN/HEPP/SPITALER, § 173 AO Rn. 125 ff. (Sept. 2007).

behördliche Risikosteuerung (s. 1.3.2.) mit den Korrekturvorschriften abzustimmen und zu verbinden. Die Konzeption der Abgabenordnung, die Korrekturmöglichkeiten an die Intensität der vorangegangenen Sachaufklärung zu koppeln, ist und bleibt richtig. Sie muss allerdings aktualisiert werden. Die Absenkung der Kontrolle nach Erklärungseingang muss sich dabei in der vereinfachten Korrekturmöglichkeit widerspiegeln, ohne freilich das Bedürfnis des Bürgers nach Rechtssicherheit zu vernachlässigen. Das faktische Selbstveranlagungsverfahren und der risikoorientierte Steuervollzug durch die Finanzbehörden sprechen für gestufte Lösungen nach Maßgabe der tatsächlichen Verifikationsintensität vor Erlass der Steuerfestsetzung. Das dem Vorbehalt der Nachprüfung inhärente „Alles-oder-Nichts-Prinzip“[119] erscheint dafür nicht als Modell einer sachgerechten Abwägung zwischen Änderungsinteresse und Vertrauensschutz.

1.3.4. Kooperation als Strukturprinzip des Steuerverfahrens

Der von Teilen der Literatur vor gut zehn Jahren konstatierte Wandel vom hoheitlichen zum kooperativen Steuerstaat[120] hat erwartungsgemäß Kritik erfahren.[121] Indes lässt sich die steueradministrative Kooperationsmaxime verfassungsdogmatisch fundieren.[122] Zusammenarbeit kennzeichnet nicht nur faktisch seit jeher das deutsche Steuerverfahren,[123] vielmehr ist das Kooperationsprinzip[124] auch rechtlich ein Strukturprinzip des Steuerverfahrens, weil die Steuerverwaltung zur Durchsetzung der Grundentscheidungen des materiellen Steuerrechts zwingend auf Kooperation angewiesen ist. Die Mitwirkung des Steuerpflichtigen und Dritter ist kein Notbehelf, sondern Folge der materiellen Grundwertungen des Steuergesetzgebers. Je mehr das Steuergesetz eine Erfassung der individuellen Leistungsfähigkeit anstrebt, desto mehr bedarf der Vollzug der Steuergesetze der Kooperation von Finanzverwaltung und Steuerpflichtigen. Denn die Steuerverwaltung ist regelmäßig gar nicht in der Lage, den gesetzlich zutreffenden Steueranspruch alleine durchzusetzen.[125] Die Entscheidung des Gesetzgebers für eine Besteuerung nach der wirtschaftlichen Leistungsfähigkeit ist darum zugleich eine Entscheidung für private Vollzugspflichten und für die Steuervollzugskooperation zwischen Staat und Privaten.[126] Die Zusammenarbeit mit dem Steuerpflichtigen zeugt nicht von einem

---

[119] So HEY, Steuerplanungssicherheit als Rechtsproblem, 2002, S. 769.

[120] ECKHOFF, StuW 1996, 107 ff.; SEER, Verständigungen in Steuerverfahren, 1996, S. 1 ff., 179 ff. Allgemein zum Leitbild des kooperativen Staats und mit einem kooperativen Verwaltungsverfahren vgl. nur REMMERT, Private Dienstleistungen in staatlichen Verwaltungsverfahren, 2003, S. 1 m.w.N.

[121] Namentlich MÜLLER-FRANKEN, Maßvolles Verwalten, 2004, insbesondere S. 166 ff. m.w.N.; zur Gegenkritik jüngst SEER, DStR 2008, 1553 (1554 ff.).

[122] Grundlegend SEER, Verständigungen in Steuerverfahren, 1996, S. 225 ff.

[123] So schon SPITALER, in IFA (Hrsg.), Cahiers de droit fiscal international, Volume XXXVI, 1958, S. 316 (326 f.).

[124] Dazu positiv auch WIELAND, in: BRANDT, Für eine bessere Steuerrechtskultur, 2004, S. 97 (113).

[125] BIRK, StuW 2004, 277.

[126] DRÜEN, DStJG 31 (2008), 167 (171 f.).

schwachen, sondern vielmehr von einem realistischen Staat, der seine faktischen Grenzen bei der Sachverhaltsermittlung erkennt und konsequent auf die Mitwirkung des Steuerpflichtigen setzt, um die Steuergesetze gesetzmäßig und gleichmäßig zu vollziehen.[127]

Ein Gutteil der Kritik, die sich am kooperativen Steuerstaat entzündet, richtet sich gegen konsensuale Formen des Steuervollzugs.[128] Wenngleich Kooperation und Konsens häufig in einem Atemzug genannt werden, dürfen sie nicht gleichgesetzt werden. Das Kooperationsmodell zielt auf rechtliche Erfassung und Steuerung des Zusammenwirkens beim Steuervollzug, ohne konträre Ausgangsinteressen zu negieren und zwingend Konsens einzufordern.[129] Der Begriff der Kooperation mag „angenehme" Assoziationen wecken und bestehende „Eingriffslagen" verdecken.[130] Darum lohnt es zu betonen, dass jeder Besteuerungsakt, auch die auf (erzwungener) Kooperation[131] basierende Erfüllung von Verfahrenspflichten, ein Grundrechtseingriff (vgl. § 413 AO) ist, der zur Not mit Zwangsgewalt (§§ 249 ff., §§ 328 ff. AO) durchgesetzt werden kann. Eine „Kooperationseuphorie"[132], durch die divergierende Interessen von Steuerbürgern und Steuerverwaltung sowie faktische Machtverteilungen im Besteuerungsverfahren schlicht ausgeblendet werden, ist fehl am Platze. Der Steuerstaat mag darauf hoffen und daran appellieren, dass die Steuerzahlungspflicht dem demokratischen Ethos entspricht.[133] Er darf aber nicht so naiv sein, darauf zu vertrauen, dass es sämtliche Steuerbürger mit der Überzeugung des Justice OLIVER WENDELL HOLMES, „I like to pay taxes. With them I buy civilization"[134], halten. Im Gegenteil, muss Kooperation eine wirksame Kontrolle durch die Finanzverwaltung als Treuhänderin der Solidargemeinschaft der Steuerbürger einschließen.[135] Insoweit ist die Qualifikation der Steuerverwaltung als Verifikationsverwaltung das Gegengewicht zur Kooperation beim Steuervollzug. Zur Erfüllung dieser Funktion bedarf sie effektiver Verifikationsinstrumente. Darum muss die allgemeine Steueraufsicht, die in der Abgabenordnung im Gegensatz zur

---

[127] So bereits SEER, FR 2004, 1037 (1045).

[128] Deutlich MÜLLER-FRANKEN, Maßvolles Verwalten, 2004, S. 151 ff., 161 ff.

[129] Die Fortentwicklung kooperativer Handlungsformen für den Steuervollzug zählt trotz der dogmatischen Erträge der letzten Jahre zu den Zukunftsaufgaben. In dem Maße, in dem der Gesetzgeber im materiellen Recht zunehmend in Steuertatbestände Wertungsspielräume einführt, wie z.B. bei der Funktionsverlagerung im Außensteuergesetz (s. FN. 16) oder der künftigen Unternehmensbewertung bei der Erbschaftsteuer, wächst auch das Bedürfnis nach einem kodifizierten Verständigungsrecht. Auch insoweit muss das Verfahrensrecht mit dem materiellen Recht Schritt halten.

[130] So DI FABIO, VVDStRL 56 (1997), S. 235 (258).

[131] Kooperation bedeutet nicht Freiwilligkeit, sondern kann notfalls von der Finanzverwaltung erzwungen werden (näher ECKHOFF, Rechtsanwendungsgleichheit im Steuerrecht, 1999, S. 450 ff.).

[132] Vgl. ECKHOFF, Rechtsanwendungsgleichheit im Steuerrecht, 1999, S. 447.

[133] Dies betonend SÖHN, in: HÜBSCHMANN/HEPP/SPITALER, § 90 AO Rn. 24 (Nov. 2003).

[134] Nachweis und Analyse bei ZELENAK, Tax Law Review, New York University, Vol. 61: 2007, p. 53 (59 et seqq.).

[135] Ähnlich bereits WEBER-GRELLET, Steuern im modernen Verfassungsstaat, 2001, S. 228 f.

Reichsabgabenordnung (§ 201 RAO) nicht vorgesehen ist,[136] gerade wegen der kooperativen Strukturen ausgebaut werden. Überdies bedeutet Kooperation nicht, dass die Steuerverwaltung den vielfach befürchteten und mitunter wohl auch praktizierten „Schmusekurs" mit dem einzelnen Steuerbürger pflegen soll. M.E. darf es auch nicht allgemein zur Maxime des Steuervollzugs erhoben werden, dass die Steuerverwaltung Konfliktpotential wenn möglich vermeiden solle.[137] Auch beim kooperativen Steuervollzug muss der „Kampf ums Recht" notfalls gerichtlich ausgetragen werden. Das Kooperationsprinzip verdient demnach keinen Vorrang gegenüber dem Verifikationsprinzip, vielmehr sind beide Strukturprinzipien des Steuerverfahrens.

Aufbauend auf der Einsicht der zwingenden und regelmäßig lebenslangen Kooperationsgemeinschaft zwischen Staat und Steuerbürger rückt die Ausgestaltung der Kooperation ins Blickfeld. Ist Kooperation alternativlos, so gilt es sie mit dem Verfahrensrecht in rechtliche Bahnen zu lenken, damit ungebremster Machtentfaltung – auf welcher Seite des Steuerrechtsrechtsverhältnisses sie auch *in concreto* dominieren mag – ein Riegel vorgeschoben werden kann. *Idealiter* sollte die Steuervollzugskooperation paritätisch ausgestaltet sein. Der sich mit Blick auf die Praxis einstellende Eindruck einer „Einbahnstrasse"[138] darf sich nicht verfestigen, zumal die Abgabenordnung bereits Ermittlungs- und Beratungspflichten der Finanzverwaltung zugunsten des Steuerbürgers vorsieht (§ 88 Abs. 2, § 89 AO). Diese dürfen auch im Massenvollzug nicht zu Mauerblümchen verkümmern. Freilich bleiben bei der Rolle der Finanzverwaltung als steuerlichem Berater des Steuerbürgers gerade angesichts der unlängst eingeführten Gebührenpflicht für verbindliche Auskünfte (§ 89 Abs. 2 AO) Wünsche offen, wobei dies wiederum (s. 1.2.1.) nicht mit der Verfassungswidrigkeit der gesetzlichen Regelung[139] gleichzusetzen ist.[140]

Insgesamt bedarf es klarer und tragfähiger Kooperationsgrundlagen, gerade für Kooperation mit steuerlichen Beratern, denen die wichtige Rolle eines Kooperationsgliedes zwischen Finanzverwaltung und Steuerbürger zukommt.[141] Rollenkonflikte stören dagegen den Steuervollzug. So fügt sich die zivilrechtliche Rechtsprechung zur Haftung von Steuerberatern[142] nicht bruchlos zur verfassungs-

---

[136] § 209 AO normiert nur den Spezialfall der Steueraufsicht bei Verbrauchsteuern.

[137] So aber BIRK, Steuerrecht, 11. Aufl. 2008, Rn. 50-59.

[138] Dagegen bereits ECKHOFF, StuW 1996, 107 (111).

[139] Von der Verfassungskonformität geht inzwischen auch FG Baden-Württemberg v. 20.5.2008 – 1 K 46/07, EFG 2008, 1342 aus; a.A. STORK, DB 2007, 2333 (2334 ff.); differenzierend und für eine verfassungskonforme Reduktion der Gebühr der Höhe nach dagegen WIENBRACKE, NVwZ 2007, 749 ff.

[140] Vertiefend BIRK, Festschrift zum zehnjährigen Bestehen von P+P PÖLLATH + PARTNERS, 2008, 161 (164 ff.) m.w.N.

[141] Zur Rolle des Steuerberaters beim Steuervollzug jüngst SEER, DStR 2008, 1553 f.

[142] So erweist sich die teils äußerst strenge Steuerberaterhaftung insbesondere als Motor für sog. Massenrechtsbehelfe, weil der Steuerberater seinen Mandanten zumindest auf Zweifel an der Vereinbarkeit der Steuerfestsetzung mit höherrangigem Recht hinweisen muss (näher LANGE, DB 2008, 511 [517]).

gerichtlichen Judikatur, die Steuerberater nicht als bloße Interessenvertreter ihrer Mandanten, sondern als unabhängige und eigenverantwortliche Organe der Rechtspflege charakterisiert.[143] Die besondere „Mittelstellung der Steuerberater", die zwischen Steuerpflichtigem und Finanzverwaltung stehen, aber nicht Vorposten des Finanzamts sind, verlangt diesen bereits einiges ab.[144] Die jüngste Abschaffung des Abzugs privater Steuerberatungskosten als Sonderausgaben ist in meinen Augen ein denkbar falsches Signal für den kooperativen Steuervollzug. Zum einen ist die Zuordnung von Beratungskosten zur Erwerbs- oder Privatsphäre streitintensiv, wie das aktuelle BMF-Schreiben zu Abgrenzungsfragen zeigt.[145] Zum anderen ist zu Recht die Frage der Verfassungswidrigkeit der Neuregelung aufgeworfen worden, weil es nicht folgerichtig erscheint, dass der Gesetzgeber den Abzug bestimmter Steuerberatungskosten trotz der Komplexität des Steuerrechts vom Abzug ausschließt.[146] Dies mag an dieser Stelle offen bleiben, zumal ich ohnehin steuerpolitisch der Ansicht bin, die Kosten der Deklarationsberatung[147] sollten am besten progressionsunabhängig[148] von der Steuerschuld abgezogen werden.[149] Das kann man steuerpolitisch natürlich auch anders sehen.

Überhaupt lässt sich die Form der Kooperation beim Steuervollzug auch anders ausgestalten, wofür ein – freilich zu vertiefender – Rechtsvergleich anregende oder auch abschreckende Beispiele liefern kann. So gibt es in Frankreich öffentlich anerkannte Beratungszentren (Centres de gestion et associations agréés) für bestimmte Steuerpflichtige (kleine und mittlere Unternehmen), die von der Finanzverwaltung überwacht werden.[150] Sie sollen für eine Regelmäßigkeit und Richtigkeit der Erfüllung der steuerlichen Pflichten ihrer Mitglieder sorgen. Der französische Fiskus prämiert die Mitgliedschaft mit bestimmten steuerlichen Vergünstigungen. Die wichtigste liegt darin, dass im Gegensatz zu Nichtmitgliedern der steuerliche Gewinn nicht um 25 % erhöht wird.[151] Die Beratungsstellen unter staatlicher Aufsicht ver-

---

[143] BVerfG v. 18.6.1980 – 1 BvR 697/77, BVerfGE 54, 301 (315); BVerfG v. 27. 1. 1982 – 1 BvR 807/80, BVerfGE 59, 302 (316 f.).

[144] Näher jüngst SEER, DStR 2008, 1553 f.

[145] BMF v. 21.12.2007 – IV B 2 S 2144/07/0002, DB 2008, 22.

[146] Zum Streitstand FG Niedersachsen, Urteil v. 17.1.2008 – 10 K 103/07, EFG 2008, 622 (623) m.w.N.

[147] Trotz nicht zu leugnender Abgrenzungsschwierigkeiten erscheint eine (ggfs. typisierende) Trennung zwischen Kosten für die Deklarationsberatung und legitime Gestaltungsberatung möglich.

[148] Allgemein zur „progressionsstimmigen" Ausgestaltung der Steuerbemessungsgrundlage und zum vorzugswürdigen Abzug von der Steuerschuld TRZASKALIK, Gutachten E zum 63. Deutschen Juristentag, 2000, Bd. I, S. 1 (86 f.).

[149] Ähnlich TIPKE, in: FS Raupach, 2006, S. 177 (193), der den Abzug von Steuerberatungskosten von der Steuerschuld jedenfalls als Lenkungsnorm für gerechtfertigt hält und den Nichtabzug zumindest als „groben politischen Fehler" einstuft.

[150] Dazu HELLIO/THILL, Steuern in Frankreich, 2. Aufl. 2002, Rn. 75 ff.; zu den inzwischen eingetretenen Änderungen s. folgende Note.

[151] Ab dem Jahr 2006 ist an die Stelle des früheren Abschlages von 20 % für Mitglieder eine Befreiung vom für Nichtmitglieder geltenden Zuschlag in Höhe von 25 % getreten (Quelle: www.apce.com/pid1664/centre-gestion-agree.html#toc2, abgerufen am 6.2.2008).

mitteln demnach eine niedrigere steuerliche Belastung, was – erwartbar – unseren überkommenen Denkmustern und dem aufgezeigten deutschen Verständnis von der Rolle des Steuerberaters widerspricht. Das Beispiel soll keineswegs als Vorlage für Deutschland dienen, zeigt aber, dass staatliche, private oder gemischte Steueragenturen für die Deklarationsberatung zumindest steuerpolitisch denkbar sind. Zu den Aufgaben der (Steuer-)Politik gehört es, in den Grenzen der Verfassung geeignete und vor allem stimmige Kooperationsformen für den Steuervollzug zu entwickeln. Ob die derzeitige Lösung in Deutschland, gerade nach der gesetzgeberischen Intervention beim Abzug der Steuerberatungskosten optimal die Kooperationsmaxime umsetzt, ist aber zu bezweifeln.[152] Ob sie dagegen auch verfassungswidrig ist, steht auf einem anderen Blatt.

Das erwähnte französische Beispiel der steuerlichen Beratungsstellen unter staatlicher Aufsicht beleuchtet zugleich einen noch ungelösten Aspekt der Steuervollzugskooperation: Empfiehlt es sich, zum Ausbau der Kooperationsbereitschaft der Steuerpflichtigen ein Bonussystem einzuführen? Bereits auf der Jahrestagung der Deutschen Steuerjuristischen Gesellschaft im Jahre 2007 wurde die Frage kontrovers diskutiert, ob positive Kooperationsanreize ins Steuerverfahrensrecht zur Steigerung der Akzeptanz aufgenommen werden sollten.[153] Bislang ist der Steuervollzug vorwiegend durch Sanktionen geprägt, die das Gesetz trotz ihrer Heterogenität unter dem Oberbegriff der steuerlichen Nebenleistungen (§ 3 Abs. 4 AO) zusammenfasst.[154] In letzter Zeit hat der Gesetzgeber deren Konglomerat in Ausfüllung von Kooperations- und Verifikationsprinzip um neue Zuschläge (vgl. § 162 Abs. 4 AO, § 4h Abs. 2 lit. c) Sätze 14 bis 16 EStG und § 16 Abs. 3 bis 6 i.V.m. § 21 REITG) ergänzt. Zwischen der praktizierten negativen Reaktion des Staates auf unterbliebene oder unzureichende Kooperation des Steuerbürgers und einem Bonus für zeitgerechte und sachlich nicht zu beanstandende Kooperation besteht indes kein apodiktischer Gegensatz, vielmehr liegt beidem nur ein anderer Ansatzpunkt zugrunde. Das illustriert gerade das französische Exempel: Denn ursprünglich prämierte der französische Staat die Inanspruchnahme einer von ihm überwachten steuerlichen Beratungsstelle mit einem Steuernachlass in Höhe von 20 v.H., während nunmehr ein Zuschlag im Falle der Nichtteilnahme anfällt.[155] Diese Entwicklung lässt sich freilich auch umkehren, indem ein Bonussystem an die Stelle oder neben bisherige Sanktionsinstrumente wie den kaum angewendeten Verspätungszuschlag (§ 152 AO) gesetzt wird. Allerdings ist nach bisher wohl vorherrschender Ansicht die Rechtstreue des Steuerbürgers gesetzlich geschuldet und bedarf keiner Prämierung. Indes sollte wegen des Kooperationsbedürfnisses beim Steuervollzug ein Prämiensystem nicht zu schnell abgetan werden, auch wenn die entstehenden Kosten allzu innovativen Lösungen Grenzen setzen. Die Erweiterung des staatlichen Reaktionsarsenals auf „Zuckerbrot und Peitsche" würde der faktischen Limitation der

---

[152] Kritisch auch SEER, DStR 2008, 1553 (1560).

[153] Zusammenfassend und selbst aufgeschlossen das Resümee von WIDMANN, DStJG 31 (2008), S. 305 f. zur Diskussion, ebenda, S. 90 ff. und 238 ff.

[154] Dazu jüngst LOOSE, DStJG 31 (2008), S. 203 ff.

[155] S. FN. 150 f.

Verwaltungsressourcen Rechnung tragen, denn der Staat kann bei Millionen von Steuerbürgern im Falle massenhaft verweigerter Kooperation nicht überall zugleich die Peitsche[156] schwingen.[157] Darum erscheint eine Erweiterung des Sanktionssystems um einzelne Bonuselemente durchaus erwägenswert, sofern dadurch Ressourcen der Finanzverwaltung geschont und ihre Arbeit erleichtert wird. Denkbare Beispiele sind die Teilnahme am Lastschriftverfahren oder anderen Verwaltungskosten ersparenden (digitalen) Verfahren. Die fortzusetzende Diskussion mag weitere kreative Vorschläge hervorbringen, die ernsthaft auf ihre Umsetzbarkeit geprüft werden sollten. Dem vielfach als zwanghaft charakterisierten Steuerspartrieb der Steuerbürger könnte zur Effektuierung des Steuervollzugs der Anreiz an die Seite gestellt werden, steuerliche Kooperationsvorteile „mitzunehmen". Der Versuch, derartige Anreize zu schaffen, mag auch hier klug machen.[158]

Anleihen können – wie schon beim sog. Risikomanagement (s. 1.3.2) – bei der Zollverwaltung genommen werden. Das harmonisierte Zollrecht prämiert den durch Verwaltungsakt begründeten Status[159] des „zugelassenen Wirtschaftsbeteiligten"[160] durch Verfahrensvereinfachungen und Erleichterungen bei Kontrollen.[161] Zugleich soll der Wirtschaftsbeteiligte, der nach dem Rating-System für Zollbeteiligte als Kooperationspartner eingestuft worden ist, positiv von anderen Wirtschaftsteilnehmern herausgehoben werden und dadurch in den Genuss wirtschaftlicher Vorteile durch das Vertrauen der Geschäftspartner in seinen Status kommen.[162] Die zollrechtliche Prämierung basiert auf der Risikoeinschätzung des Wirtschaftsbeteiligten, was die Verbindungslinie zwischen einem Bonussystem und dem risikoorientierten Steuervollzug aufzeigt. Das Modell des Zolls taugt durchaus für das Steuerrecht, wobei ein Einsatz zum Kampf gegen den grassierenden Umsatzsteuerbetrug in greifbare Nähe zu rücken scheint.[163] Dem kooperierenden Steuerpflichtigen könnten vielfältige Absenkungen von Verfahrenslasten in Aussicht gestellt werden, wie eine bevorzugte zeitliche Bearbeitung von Anträgen, Konzessionen bei Prüfungsterminen oder auch verkürzte bzw. sachlich begrenzte Außenprüfungen bei Großbetrieben und

---

[156] Ähnlich das Bild von ECKHOFF, Rechtsanwendungsgleichheit im Steuerrecht, 1999, S. 449, 456, von der „Rute im Fenster", mit der die Finanzverwaltung drohe.

[157] Das ist keine neue Einsicht, vgl. bereits NEUMARK, Grundsätze gerechter und ökonomisch rationaler Steuerpolitik, 1970, S. 361: „Zwang ist ein dem Wesen der modernen Steuer immanentes Prinzip. Er muß jedoch nicht zu aktueller Anwendung gelangen, vielmehr genügt es, wenn der einzelne weiß, daß, sofern er seinen Verpflichtungen nicht nachkommt, deren Erfüllung – notfalls mit mehr oder minder harten Strafen – vom Fiskus erzwungen werden kann. Unabhängig davon ist zu betonen, daß gerade die ertragsreichsten und auch wirtschaftlich bedeutsamsten Abgaben der Gegenwart ohne gewisse freiwillige, auf Einsicht gegründete Mitwirkung der großen Mehrzahl der Pflichtigen nicht praktikabel sind."

[158] Dies gilt insbesondere, wenn er in überschaubaren Dosen und Verwaltungseinheiten (dazu sub 1.4.2.) erprobt wird.

[159] HARINGS, in: DORSCH, Zollrecht, Art. 5a ZK Rn. 9 ff. (April 2008).

[160] Authorised Economic Operator (AEO).

[161] THOMA, UStB 2006, 46 (48).

[162] HARINGS, in: DORSCH, Zollrecht, Art. 5a ZK Rn. 13 (April 2008); näher zu den rechtlichen und wirtschaftlichen Vorteilen WOLFFGANG/NATZEL, ZfZ 2006, 357 (362 ff.).

[163] So jüngst JOCHUM, UR 2008, 578 ff.

Konzernen nach ergebnisloser Vorprüfung. Nicht alle Kooperationsanreize wären gänzlich neu, aber Voraussetzungen und Folgen wären im Falle eines formellen Statusverfahren verobjektiviert und vorhersehbarer, mitunter aber weniger flexibel handhabbar als bisher. Mehr als fragwürdig erscheint es aber so weit zu gehen dem „bewährten Steuerpflichtigen" nicht nur Verfahrenserleichterungen, sondern – wie im genannten französischen Beispiel – sogar einen „Steuerrabatt" zu gewähren.

1.4. Wichtige Impulse für die Reform des Steuerverfahrens

Im Anschluss an Strukturprinzipien und exemplarische Bauelemente eines zukünftigen Steuerverfahrens sollen im Folgenden wichtige Impulse für den anstehenden Umbau beleuchtet werden. An der Spitze stehen die das Steuerrecht und den Steuervollzug inzwischen entscheidend prägenden gemeinschaftsrechtlichen Einflüsse.

1.4.1. Europäische Herausforderungen und Perspektiven

Obwohl das Verwaltungsverfahren nur ausnahmsweise gemeinschaftsrechtlich normiert ist und nach wie vor der Grundsatz der Anwendung der nationalen Verfahrensordnung gilt, ist auch das deutsche Steuerverfahrensrecht nicht immun gegenüber dem europäischen Gemeinschaftsrecht.[164] Die vielfach proklamierte „Vollzugsautonomie" der Mitgliedstaaten für das Verwaltungsverfahren[165] stößt nach der Rechtsprechung des Gerichtshofs der Europäischen Gemeinschaften (EuGH) an die gemeinschaftsrechtlichen Schranken des Effektivitätsprinzips und des Äquivalenzprinzips. Danach darf die Anwendung des nationalen Verfahrensrechts die Tragweite und die Wirksamkeit des Gemeinschaftsrechts, insbesondere die Ausübung der durch die Gemeinschaftsrechtsordnung verliehenen Rechte, nicht praktisch unmöglich machen oder übermäßig erschweren (Beeinträchtigungsverbot oder Effektivitätsprinzip). Überdies dürfen bei der Anwendung der nationalen Rechtsvorschriften keine Unterschiede im Vergleich zu Verfahren gemacht werden, in denen über gleichartige innerstaatliche Sachverhalte entschieden wird (Diskriminierungsverbot oder Äquivalenzprinzip).[166] Das nationale Steuerverfahrensrecht muss sich vor allem an diesen Grundsätzen des Gemeinschaftsrechts messen lassen. Aus dem weiten Feld der im Einzelnen noch zu klärenden Gemeinschaftskonformität des deutschen Steuerverfahrensrechts[167] möchte ich drei aktuelle Heraus-

---

[164] KAHL, in: CALLIESS/RUFFERT, EUV/EGV, 3. Aufl. 2007, Art. 10 EGV Rn. 31 m.w.N.

[165] Statt vieler KADELBACH, Allgemeines Verwaltungsrecht unter europäischem Einfluss, 1999, S. 131; kritisch zuletzt ENGLISCH, Anspruch auf Rücknahme gemeinschaftsrechtswidriger belastender Verwaltungsakte nach Eintritt der Bestandskraft?, Die Verwaltung 41 (2008), 99 (100).

[166] Zusammenfassend KAHL, in: CALLIESS/RUFFERT, EUV/EGV, 3. Aufl. 2007, Art. 10 EGV Rn. 31 sowie SACHS, in: STELKENS/SACHS/BONK, VwVfG, 7. Aufl. 2008, Einleitung Rn. 77, § 48 Rn. 24, jeweils unter Hinweis auf die EuGH-Judikatur.

[167] Dazu, freilich nicht erschöpfend, KLIMECK, Einfluss des europäischen Primärrechts auf das nationale Verfahrensrecht, 2006. Zum österreichischen Recht eingehend EHRKE-RABEL, Gemeinschaftsrecht und österreichisches Abgabeverfahren, 2006 sowie HOLOUBEK/LANG (Hrsg.), Abgabenverfahrensrecht und Gemeinschaftsrecht, 2006.

forderungen für den Steuervollzug herausgreifen, die zugleich Perspektiven für die steuerverfahrensrechtliche Kooperation in Europa eröffnen.

1.4.1.1. Wirksame Steuerkontrolle als gemeinschaftsrechtlicher Rechtfertigungsgrund

Bei der vom EuGH seit dem Jahre 1986 betriebenen „stillen Harmonisierung" der direkten Steuern über den Umweg des primären Gemeinschaftsrechts[168] ist die fortbestehende Steuerverfahrenshoheit der Mitgliedstaaten auf der Rechtfertigungsebene angesiedelt. Der EuGH erkennt grundsätzlich die Wirksamkeit der Steuerkontrolle als Rechtfertigungsgrund für Diskriminierungen und Beschränkungen von Grundfreiheiten an, misst indes bloßen verwaltungstechnischen Schwierigkeiten seit jeher keine rechtfertigende Kraft zu.[169] Vielfach scheiterte eine Rechtfertigung bisher an dem vom EuGH fast schon „gebetsmühlenartig"[170] wiederholten Verweis der Mitgliedstaaten auf die Möglichkeiten der Amtshilfe nach der EG-Amtshilferichtlinie.[171] Dadurch scheint der EuGH die Effektuierung der Kooperation der nationalen Steuerverwaltungen quasi erzwingen zu wollen, wenngleich das Vertrauen auf Effizienz und Schnelligkeit der europaweiten Amtshilfe im steuerlichen Massenfallrecht durchaus Züge eines Wunschdenkens trägt.[172] In der jüngeren Entscheidung über die Reichweite des Gemeinnützigkeitsrechts hat der EuGH in einem sog. Inbound-Fall bei der Rechtssache STAUFFER bekräftigt, dass die Notwendigkeit effektiver Steuerkontrolle keine statische Versagung steuerlicher Vorteile rechtfertige und wiederum auf die Amtshilfe verwiesen.[173] Allerdings hält der EuGH es vorrangig für zulässig, die „Vorlage stichhaltiger Belege" zu verlangen, um „klar und genau nachzuprüfen", ob die tatbestandlichen Voraussetzungen einer Norm vorliegen.[174] Hierin könnte insoweit eine Akzentverschiebung zu erblicken sein, dass der EuGH den Steuerpflichtigen treffende Mitwirkungspflichten akzeptiert und dadurch zugleich die Vollzugssicherung der Mitgliedstaaten aufwertet.[175] Der Testfall, ob und inwieweit der EuGH die von einem Mitgliedstaat erstrebte Sicherung eines gleich- und gesetzmäßigen Steuervollzugs toleriert, ist das aktuelle Vorabentscheidungsersuchen des XI. Senats des BFH vom 9.5.2007 in der Rechtssache PERSCHE[176] zur einkommensteuerlichen Abzugsfähigkeit einer in einen anderen Mitgliedstaat geleisteten Auslandsspende, das zugleich das Spannungsverhältnis zwischen deutschem Verfassungsrecht und europäischem Gemeinschaftsrecht illustriert. Ein verfassungsrechtlich fundiertes Gebot der wirksamen Steueraufsicht, wie

---

[168] Eingehend CORDEWENER, Europäische Grundfreiheiten und nationales Steuerrecht, 2002, S. 25 ff.

[169] EuGH v. 14.9.2006 – Rs. C-386/04, STAUFFER, EuGHE I 2006, 8203, Rn. 48 m.w.N.

[170] So HEY, StuW 2004, 193 (196).

[171] RL 77/799/EWG vom 27.12.1977, ABl. EG Nr. L 336, 15.

[172] Zur Recht kritisch HEY, StuW 2005, 317 (323); FISCHER, FR 2007, 361 (367).

[173] EuGH v. 14.9.2006 – Rs. C-386/04 STAUFFER, EuGHE I 2006, 8203, Rn. 48, 50.

[174] Ebenda, s. FN. 173, Rn. 49 f.

[175] Vorsichtig mit Blick auf die Verfahren STAUFFER und PERSCHE auch STARINGER, Diskussionsbeitrag, DStJG 31 (2008), S. 164.

[176] BFH v. 9.5.2007 – XI R 56/05, IStR 2007, 599.

es das deutsche Bundesverfassungsgericht in seinen grundlegenden Entscheidungen zum Verifikationsprinzip herausgearbeitet hat,[177] ist in anderen Mitgliedstaaten unbekannt und wird darum oft kurzerhand als gemeinschaftsrechtlich irrelevantes deutsches Sonderproblem abgetan.[178] Allerdings hat der XI. Senat des BFH in seinem Vorabentscheidungsersuchen dem EuGH deutlich zu machen versucht, dass eine beim deutschen Steuervollzug verfassungsrechtlich gebotene Kontrolle nicht immer durch Vorlage von schriftlichen Unterlagen erfolgen könne, die ergänzende Amtshilfe durch eine andere europäische Finanzverwaltung, die in Kontrollintensität und -qualität einer Außenprüfung (§§ 193 ff. AO) nicht entspreche, nicht hinreiche und insgesamt die Grenzen der Verhältnismäßigkeit bei der Kontrolle von Auslandszuwendungen deutlich überschritten seien.[179] Entgegen anderen Stimmen[180] unterscheidet sich die der Rechtssache PERSCHE zugrundeliegende sog. Outbound-Konstellation durch den Multiplikatoreffekt bei Spenden signifikant von der entschiedenen Rechtssache STAUFFER.[181] Derzeit bleibt der Stellenwert der aus deutscher Sicht unverzichtbaren Vollzugssicherung mit Spannung abzuwarten.[182] Je nach der Antwort des EuGH stehen gesetzliche Reaktionen im Gemeinnützigkeitsrecht und/oder im Verfahrensrecht auf der Tagesordnung der Steuerpolitik.[183]

1.4.1.2. Nationales Steuerverfahren und zeitliche Wirkungen der EuGH-Rechtsprechung

Im zeitlichen Umfeld der Entscheidung des EuGH in der Rechtssache MEILICKE werden in Deutschland steuerverfahrensrechtliche Änderungen erwogen, um die Auswirkungen der EuGH-Rechtsprechung in bereits veranlagten Steuerfällen zu begrenzen.[184] Denn der EuGH begrenzt die zeitlichen Urteilswirkungen seiner Rechtsprechung – ganz anders als die staatsbugdetschonende Übergangsrechtsprechung[185] des Bundesverfassungsgerichts[186] – nur in Ausnah-

---

[177] S. bereits sub 1.2.2.

[178] So jüngst STARINGER, Diskussionsbeitrag, DStJG 31 (2008), S. 164.

[179] BFH v. 9.5.2007 – XI R 56/05, IStR 2007, 599, 601 f.

[180] Namentlich HÜTTEMANN, Gemeinnützigkeits- und Spendenrecht, 2008, § 1 Rn. 133 f.; STARINGER, DStJG 31 (2008), S. 135 (148 ff.).

[181] Näher DRÜEN/LIEDTKE, FR 2008, 1 (12 ff.).

[182] Inzwischen liegen die – insoweit eher tastenden (Rn. 77 ff.) – Schlussanträge des Generalanwalts MENGOZZI vom 14.10.2008 vor (abrufbar http://curia.europa.eu Rs. C-318/07).

[183] So könnte z.B. die vielfach geforderte Einführung eines allgemeinen Anerkennungs- oder Feststellungsverfahrens für gemeinnützige Einrichtungen (vgl. LAHME, Spendenabzugsverfahren & Anerkennungsverfahren gemeinnütziger Körperschaften, 2004, S. 11 f., 47) forciert oder zumindest eine zentrale Registrierung und Kontrolle ausländischer Einrichtungen eingeführt werden.

[184] Deutlich aus den Reihen des BMF STEINBERG/BARK, EuZW 2007, 245 (246 f.); zu den Reaktionen von deutscher Gesetzgebung und Finanzverwaltung auf die EuGH-Rechtsprechung allgemein MÜLLER-GATERMANN, StbJb. 2007/2008, 151 (153, 171 ff.).

[185] Gegen die rechtsschutzverkürzende Rechtsprechung eingehend HABSCHEIDT, Der Anspruch des Bürgers auf Erstattung verfassungswidriger Steuern, 2003, S. 13 ff.

[186] Zu den Unterschieden der Rechtsfolgenaussprüche von BVerfG und EuGH vgl. einerseits DÜSTERHAUS, EuZW 2006, 393 (396) und andererseits WALDHOFF, EuR 2006, 615 (634 ff.); näher jüngst KOENIG/SCHREIBER, DÖV 2008, 450.

mefällen.[187] Diese Rechtsprechung des EuGH stellt die Haushalte einzelner Mitgliedstaaten vor erhebliche Risiken und die Finanzverwaltung vor erhebliche administrative Schwierigkeiten.[188] Vergeblich hatte die deutsche Regierung in der Rechtssache MEILICKE den EuGH ersucht, die Möglichkeit zu erwägen, die zeitliche Wirkung seines Urteils zu beschränken und dabei auf die andernfalls zu erwartenden „schwerwiegenden finanziellen Folgen"[189] aufmerksam gemacht.[190] Der EuGH hat dieses Ersuchen nach Wiederaufnahme der mündlichen Verhandlung und divergierenden Schlussanträgen zweier Generalanwälte bekanntlich zurückgewiesen.[191] Die Gründe des EuGH erläutert schonungslos die deutsche Generalanwältin JULIANE KOKOTT:

> „Der Umfang der drohenden Steuerausfälle infolge EuGH-Urteile in Deutschland scheint auch auf hausgemachten Problemen zu beruhen. Angeblich ziehen sich Steuerveranlagungen manchmal über 10 Jahre und länger hin. In dieser Zeit sind neuere Entwicklungen, etwa Urteile des Gerichtshofs, noch uneingeschränkt zu berücksichtigen. Die Bundesrepublik hätte es selbst in der Hand, die „Rückwirkung" der EuGH-Urteile zu begrenzen, indem die Steuerverfahren beschleunigt würden".[192] „Die finanziellen Risiken für den nationalen Fiskus könnten ... dadurch verringert werden, dass die Besteuerungsverfahren schneller bestandskräftig abgeschlossen werden, so dass Urteile des EuGH nicht mehr so viele offene Veranlagungen beeinflussen können".[193]

Die Entscheidung des EuGH und die von der Generalanwältin zur Begründung formulierten gemeinsamen „Hausaufgaben" von deutschem Gesetzgeber und Finanzverwaltung zwingen diese, die gesetzlichen Regeln über die Bestandskraft von Steuerbescheiden, also insbesondere die zur umfassenden bzw. partiellen Offenheit führenden §§ 164, 165 AO, einer steuerpolitischen Revision zu unterziehen. Daneben werden auch besondere Erstattungsbarrieren diskutiert, um nach dem Muster anderer Mitgliedstaaten die finanziellen Konsequenzen der Grundfreiheiten-Rechtsprechung des EuGH einzudämmen. Auftrieb haben derartige Überlegungen durch die Entscheidung in der Rechtssache ROQUETTE FRÈRES erhalten: Der EuGH hat darin die französische Regelung des Art. 190 Abs. 3 und 4 Livre des procedures fiscales (LPF), wonach eine Erstattung von unter Verletzung höherrangigen Rechts erhobenen Abgaben nur auf Antrag und begrenzt auf bestimmte Zeiträume erstattet

---

[187] Dazu zuletzt SEER/MÜLLER, IWB 2008, 311 = Fach 11, Gruppe 2, 851 m.w.N.

[188] Vgl. nur DRÜEN/KAHLER, StuW 2005, 171 (174, 176, 180 ff.) m.w.N.; WALDHOFF, EuR 2006, 615 (635).

[189] Zusammenfassend aus Sicht des BMF MÜLLER-GATERMANN, StbJb. 2007/2008, 151 (162 ff.), der von einer „Größenordnung von 5 Mrd. Euro" ausgeht. Freilich schwankte die Bezifferung der Auswirkungen beträchlich (vgl. nur THÖMMES, JbFStR 2007/2008, S. 30 f.).

[190] Vgl. EuGH, Urteil vom 6.3.2007, Rs. C-292/04 – MEILICKE, EuGHE I 2007, 1835, Rn. 32 f.

[191] EuGH, Urteil vom 6.3.2007, Rs. C-292/04 - MEILICKE, EuGHE I 2007, 1835, Rn. 34-41; zustimmend M. LANG, IStR 2007, 235.

[192] So KOKOTT/HENZE, NJW 2006, 177 (179).

[193] KOKOTT/HENZE, BB 2007, 913 (917 f.), wobei sie zu Recht an erster Stelle auf die Möglichkeit einer Vorbeugung durch die Mitgliedstaaten verweisen, bestehende und geplante Vorschriften auf ihre Europatauglichkeit zu prüfen.

werden, als mit dem Gemeinschaftsrecht vereinbar angesehen.[194] Wenngleich aufgrund dieses Präjudizes die europarechtliche Zulässigkeit der französischen Lösung als geklärt gilt,[195] wirft die steuerpolitisch vorgeschlagene Übernahme in das deutsche Steuerverfahrensrecht[196] freilich verfassungsrechtliche und systematische Fragen auf.[197] Diese mögen an dieser Stelle dahinstehen, weil der Vorschlag nur zur Verdeutlichung der gemeinschaftsrechtlichen Impulse für das Steuerverfahren dient. Diese Impulse werden die Zukunft des Steuerverfahrens mitprägen. Eine durchschlagende Neuorientierung ist dabei für die Teilkomplexe zu erwarten, bei denen administrative Vollzugsschwierigkeiten und finanzielle Budgetrisiken in dieselbe Richtung wirken.

1.4.1.3. Langfristige Perspektive: Europäische Steuerverwaltungskooperation

Während die nationalen Steuerverwaltungen bislang vor allem durch Rechtsprechung des EuGH zum Primärrecht gezwungen werden, die gegenseitige Amtshilfe zu effektuieren (s. 1.4.1.1.), könnten sich langfristig intensivere Kooperationserfordernisse auch durch das Sekundärrecht ergeben. Die Europäische Kommission verfolgt seit einiger Zeit das Projekt einer gemeinsamen konsolidierten Körperschaftsteuer-Bemessungsgrundlage,[198] um steuerliche Hindernisse für im EU-Binnenmarkt tätige Unternehmen zu beseitigen.[199] Innerhalb der EU tätigen Unternehmen soll zukünftig optional auf Basis einer einheitlichen Bemessungsgrundlage ermöglicht werden, eine konsolidierte Steuererklärung für das Unternehmen bzw. die Unternehmensgruppe zu erstellen.[200] Dabei sind der administrative Rahmen für eine konsolidierte Unternehmensbesteuerung und die Zuständigkeitsverteilung beim Steuervollzug noch nicht geklärt.[201] Die Europäische Kommission hat bereits die Frage aufgeworfen, inwieweit es neben der materiell-rechtlichen Harmonisierung auch einer Vereinheitlichung verfahrensrechtlicher Regelungen bedarf.[202] So werden beispielsweise harmonisierte Fristen für die Abgabe von Steuererklärungen von neun Monaten und für die Steuerfestsetzung von drei Jahren erwogen.[203] Eine umfassende Harmonisierung des steuerlichen Verfahrensrechts der Mitgliedstaaten ist dagegen im Zuge des sog. CCCTB-Projektes nicht vorgesehen und wäre auch

---

[194] EuGH, Urteil vom 28.11.2000, Rs. C-88/99, EuGHE I 2000, 10465.

[195] STEINBERG/BARK, EuZW 2007, 245 (247).

[196] Bereits frühzeitig ging HAHN, IStR 2005, 145 (149), davon aus, dass eine Übertragung auf das deutsche Recht „mit einigen Maßgaben möglich" sei.

[197] Vgl. bereits STEINBERG/BARK, EuZW 2007, 245 (247).

[198] GKKB, englisch: Common Consolidated Corporate Tax Base, abgekürzt CCCTB.

[199] Vgl. KOM (2001) 582 endg vom 23. 10. 2001, S. 13, verfügbar unter http://eur-lex.europa.eu/LexUriServ/LexUriServ.do?uri=COM:2001:0582:FIN:DE:PDF, sowie die Bestätigung dieser Strategie in KOM (2003) 726 endg vom 24. 11. 2003. S. 18 f., verfügbar unter http://eur-lex.europa.eu/LexUriServ/LexUriServ.do?uri=COM:2003:0726:FIN:DE:PDF.

[200] Ausführlich zu den Vorteilen SPENGEL/BRAUNAGEL, StuW 2006, 34 (46 ff.).

[201] Zum Vollzug einer CCCTB jüngst STARINGER, DStJG 31 (2008), S. 135 (156 f.).

[202] Dazu CCCTB\WP\046\doc\de vom 20.11.2006, S. 19, verfügbar unter http://ec.europa.eu/taxation_customs/resources/documents/taxation/company_tax/common_tax_base/CCCTBWP46_progress_future_de.pdf.

[203] MARS/RAUTENSTRAUCH, Ubg 2008, 97 (104).

absolut unrealistisch.[204] Indes zeigt die aktuelle Diskussion der Kommissionsvorarbeiten, dass das ambitionierte Ziel einer konsolidierten Besteuerung verfahrensrechtlich solide abgesichert werden muss.[205] Unterhalb der Etablierung eines europäischen Steuerverwaltungsverbunds besteht im Falle der Realisation des Projektes ein Bedürfnis, administrative Strukturen und Verfahrensregeln z.B. für eine gemeinsame Konzernbetriebsprüfung zu schaffen. Denn die herkömmlichen Instrumente der Amtshilfe und Verständigungsverfahren werden nicht ausreichen, um eine konsolidierte europaweite Unternehmensbesteuerung adäquat zu administrieren. Wenngleich der ursprünglich für das Frühjahr 2008 angekündigte Entwurf einer Richtlinie über eine gemeinsame konsolidierte Körperschaftsteuerbemessungsgrundlage noch immer nicht vorliegt und die Zustimmung aller 27 Mitgliedstaaten auch wegen der traditionell betonten nationalen Steuervollzugshoheit mehr als fragwürdig ist,[206] gehört die wie auch immer ausgestaltete Steuerverwaltungskooperation in Europa zu den (langfristigen) Zukunftsfragen des Steuerverfahrens.

1.4.2. Zentralisierung der Steuerverwaltung oder föderale Steuerverwaltungskooperation?

Der letzte anzusprechende Impuls für die Zukunft des Steuervollzugs ist die aktuell diskutierte Organisationsreform im föderalen Bundesstaat. Die föderale Steuerverwaltung ist auf den Druck der Alliierten eingeführt worden, aber im Laufe der Zeit zu einer deutschen Strukturentscheidung über die Verteilung der Finanzverwaltungsmacht geworden.[207] Das Bundesfinanzministerium fordert seit längerem, die Verwaltungskompetenz der Gemeinschaftsteuern (Art. 106 Abs. 3 GG) von den Ländern auf den Bund zu übertragen und erhofft sich davon erhebliche Effizienzvorteile.[208] In der eingangs zitierten Studie hat der Bundesrechnungshof Mängel bei der Verwaltung der Gemeinschaftsteuern ausgemacht, „die überwiegend im föderalen Steuersystem begründet liegen“. Diese Mängel lägen in den Bereichen Organisation, Personal und Haushalt, für den die Länder allein verantwortlich seien, ebenso wie im Bereich der Rechtsanwendung, in dem der Bund nur eingeschränkte Rechte habe.[209] Darum hat sich der Bundesrechnungshof dem Vorschlag des Bundesministeriums der Finanzen angeschlossen, durch Einrichtung einer Bundessteuerverwaltung die Verwaltungskompetenz bei den Gemeinschaftsteuern von den Ländern auf den Bund zu übertragen. Auch in der Steuerrechtswissenschaft halten manche Autoren die Forderung nach einer Zentralisierung der Steuerverwaltung für unterstützungswürdig.[210] Namentlich KLAUS TIPKE hat jüngst für eine einheitliche

[204] SCHÖN, ZHR 171 (2007), 409 (444).

[205] Zu den zahlreichen verfahrensrechtlichen Fragen vgl. das Kapitel „Administrative Aspects“ im Tagungsband LANG/PISTONE/SCHUCH/STARINGER, Common Consolidated Corporate Tax Base, 2008, S. 887 ff.

[206] Zu Recht skeptisch jüngst STARINGER, DStJG 31 (2008), S. 135 (157).

[207] Näher auch zum Folgenden DRÜEN, FR 2008, 295 ff. m.w.N.

[208] Zuletzt BMF v. 10.12.2007, Bund und Länder profitieren von Bundessteuerverwaltung (Quelle: www.bundesfinanzministerium.de/lang_de/DE/Aktuelles, abgerufen am 14.1.2008).

[209] DER PRÄSIDENT DES BUNDESRECHNUNGSHOFES (FN. 2), S. 17.

[210] So PEZZER, StuW 2007, 101 (108); zuvor HEY, VVDStRL 66 (2007), S. 277 (314 f.).

Bundessteuerverwaltung plädiert, die gegenüber einer Mehrzahl von Finanzverwaltungen einen gleichmäßigeren Steuervollzug gewährleiste und zudem weniger kostenaufwendig und effizienter sei.[211] Ob letzteres zutrifft, ist freilich zwischen Bund und Ländern umstritten.[212] Steuerpolitisch wird um einen umfassenden oder partiellen Transfer von Verwaltungszuständigkeiten von den Ländern auf den Bund derzeit in der Föderalismuskommission II gerungen.[213]

Jedenfalls fordert die Besteuerungsgleichheit *de constitione lata* keine zentralisierte Bundessteuerverwaltung.[214] Die Entwicklung der letzten Jahre belegt, dass Vereinheitlichung und Kooperation auch unterhalb der Einführung einer Bundessteuerverwaltung und ohne Änderung des Grundgesetzes möglich sind. Der Schlüssel hierfür ist die Kooperations- und Delegationsklausel des Art. 108 Abs. 4 GG.[215] Danach können durch Bundesgesetz mit Zustimmung des Bundesrates Zuständigkeits- und Aufgabenverflechtungen und die Übertragung von Verwaltungszuständigkeiten und -aufgaben ohne Verfassungsänderung eingeführt werden, wenn und soweit dadurch der Vollzug der Steuergesetze erheblich verbessert oder erleichtert wird. Das Ringen um die richtige Auslegung dieser Norm ist noch nicht abgeschlossen. Das illustriert der Streit über die nach dem Kompromiss der Föderalismuskommission I eingeführten einfachgesetzlichen Kooperations- und Aufsichtsmaßnahmen und ihre Vereinbarkeit mit dem Grundgesetz.[216] In der Föderalismuskommission II wird über grundlegendere Änderungen diskutiert.[217] Sollte wiederum die Kraft nicht reichen, um das Grundgesetz zu ändern, muss die bislang herrschende Ansicht, die Flexibilitätsnorm eröffne nur Modifikationen in Teilbereichen[218] oder allein punktuelle Durchbrechungen,[219] auf den Prüfstand gestellt werden.[220] Denn nach dem Willen des verfassungsändernden Gesetzgebers im Jahre 1969 sollte mit Art. 108 Abs. 4 GG ein zukunftsoffener Beweglichkeitsfaktor in die Steuerverwaltungshoheit eingebaut werden, der ein wesentlicher Garant für ein zweckmäßiges und anpassungsfähiges Steuerverwaltungssystem ist.[221] Richtig umgesetzt, eröffnet bereits die bestehende grundgesetzliche Kooperations- und Delegationsklausel die Möglichkeit, den föderalen Steuervollzug ständig zu verbessern.[222]

---

211 Beiläufig TIPKE, in: TIPKE/KRUSE, § 85 AO Rn. 12 f. (April 2006).
212 Zur Kritik der Länder näher SCHMITT, DStJG 31 (2008), S. 99 (100 f., 122 ff.).
213 Dazu nunmehr HOFMANN, DÖV 2008, 833 (841 f.).
214 HEINTZEN, in: v. MÜNCH/KUNIG, GG, 5. Aufl. 2003, Art. 108 Rn. 3; HEUN, in: DREIER, GG, Bd. III, 2. Aufl. 2008, Art. 108 Rn. 8.
215 Insoweit gl.A. SCHMITT, DStJG 31 (2008), S. 99 (131).
216 Dazu kontrovers SEER/DRÜEN, in: KLUTH, Föderalismusreformgesetz, 2007, Art. 108 GG Rn. 1 ff. und SCHMITT, DStJG 31 (2008), S. 99 (119 ff.).
217 Zum Stand nunmehr HOFMANN, DÖV 2008, 833 (842).
218 So HEUN, in: DREIER, GG, Bd. III, 2. Aufl. 2008, Art. 108 Rn. 19 m.w.N.
219 So SIEKMANN, in: SACHS, GG, 4. Aufl. 2007, Art. 108 Rn. 11 m.w.N.
220 Dazu bereits DRÜEN, StuW 2007, 112 (119 ff.).
221 So bereits FISCHER-MENSHAUSEN, in: v. MÜNCH/KUNIG, GG, 3. Aufl. 1996, Art. 108 Rn. 4, 8.
222 Zutreffend SCHMITT, DStJG 31 (2008), S. 99 (131).

Die föderale Aufteilung der Steuerverwaltung birgt Risiken, aber auch Chancen für den gleichmäßigen und gesetzmäßigen Steuervollzug. Erheblichen Divergenzen beim Steuervollzug im Bundesstaat[223] setzt die Verfassung Grenzen.[224] Verfassungswidrig ist jedenfalls ein steueradministrativer Konkurrenzföderalismus, wie er in der Vergangenheit nach Berichten des Bundesrechnungshofes zum Teil im Bereich der Betriebsprüfung anzutreffen war.[225] Auf der anderen Seite bietet ein richtig verstandener kompetitiver Verwaltungsföderalismus beim Steuervollzug durchaus Vorzüge. Das Vollzugsniveau kann gegenüber einer Zentralverwaltung steigen, wenn die Länder miteinander im Wettbewerb um vollzugssichernde Konzepte und Maßnahmen stehen. Ein derartiger Innovationswettbewerb hat den Vorzug, dass Risiken zunächst auf kleinere Verwaltungseinheiten begrenzt bleiben und auch die administrativen Innovationskosten überschaubar bleiben.[226] Ein „Lernen vom Besten" nutzt dabei Bund und Ländern.[227] Positiv für den Vollzugswettbewerb stehen der risikoorientierte Steuervollzug und die länderübergreifende Vereinheitlichung der Informationssysteme.[228] Auf diesen für die Zukunftsfähigkeit des Steuervollzugs zentralen Gebieten wäre ohne den kompetitiven Wettbewerb der Länder m.E. nicht der bisherige Fortschritt erreicht worden. Die Verbesserung des Steuervollzugs bleibt indes eine Zukunftsaufgabe von Bund und Ländern.

1.5. Resümee

WOLFGANG SCHÖN hat jüngere Steuerrechtslehrer zu der Veranstaltungsreihe „Zukunftsfragen des deutschen Steuerrechts" eingeladen, damit wir frei nach SAVINIGY definieren, was im Steuerrecht der „Beruf unserer Zeit für Gesetzgebung und Rechtswissenschaft"[229] ist. Die deutsche Steuerpolitik sieht sich neben einem wachsenden Steuerwiderstand der Bürger vor allem durch den infolge der Globalisierung entfachten Steuerwettbewerb in Europa und der Welt herausgefordert. Der deutsche Steuergesetzgeber agiert – oftmals von der Finanzverwaltung motiviert[230] – situativ, zum Teil auf nationalen Sonderwegen, in jüngster Zeit vielfach prinzipienzerstörend und manchmal auch konzeptlos. Das Ergebnis ist ernüchternd: Das deutsche Steuerrecht gilt vielen wegen seiner Komplexität, Inkonsistenz und Unverständlichkeit als nicht zukunftsfähig, weil es Steuerpflichtige und Finanzver-

---

[223] Dazu bereits DITTMANN, in: FS Dürig, 1990, S. 221 (227 ff.); umfassend VOGEL, Ungleichheiten beim Vollzug von Steuergesetzen im Bundesstaat, 2000.

[224] SEER, in Bonner Kommentar zum GG, Art. 108 Rn. 45 (Nov. 1999).

[225] Dazu bereits DRÜEN, StuW 2007, 112 (117 ff.) und antikritisch SCHMITT, DStJG 31 (2008), S. 99 (126 ff.).

[226] Insoweit übereinstimmend DRÜEN, FR 2008, 295 (300) und SCHMITT, DStJG 31 (2008), S. 99 (125).

[227] Ebenso jüngst mit aktuellen Beispielen der Kooperation der Finanzverwaltungen SCHMIDT, FR 2008, 317 (318).

[228] Dazu näher DER PRÄSIDENT DES BUNDESRECHNUNGSHOFES (FN. 2), S. 97 ff.

[229] V. SAVIGNY, Vom Beruf unserer Zeit für Gesetzgebung und Rechtswissenschaft, 3. Aufl., 1840.

[230] Vgl. dazu nur DEUTSCHES WISSENSCHAFTLICHES INSTITUT DER STEUERBERATER E.V. (Hrsg.), Die Finanzverwaltung – ein Ersatzgesetzgebers?, DWS-Symposium 2005.

waltung überfordert.[231] Der Ruf nach Steuervereinfachung ist so verbreitet[232] wie berechtigt.

Mit der Wahl meines Themas möchte ich nicht zum Ausdruck bringen, dass die alleinige oder vorrangigste steuerpolitische Aufgabe auf dem Feld des Steuerverfahrens liegt. Ich habe mir erlaubt, zum Auftakt der steuerpolitischen Überlegungen den Steuervollzug vor die Klammer zu ziehen, weil er mehr als ein nachgängiger Annex des materiellen Rechts ist. Das Steuerverfahren ist das Rückgrat des rechtstaatlichen Steuerstaates.[233] Das materielle Steuerrecht und jede erwogene Lösung der steuerpolitischen Zukunftsfragen muss im Massenvollzug administrierbar sein. Nur solche Steuergesetze, die trotz der Vollzugsmassen gleichmäßig mit Hilfe der notwendigen Kooperation von Steuerpflichtigen und Finanzverwaltung umgesetzt werden können, sind zukunftsfähig. Auch wenn zahlreiche Detailfragen der Zukunft des Steuerverfahrens an dieser Stelle offen bleiben müssen, hoffe ich die künftigen Aufgaben formuliert und mögliche Entwicklungsrichtungen angedeutet zu haben. Bei der Lösung der anstehenden Aufgaben bietet es sich auch an, früher oder heute praktizierte Vollzugsinstrumente im Wege des historischen und internationalen Rechtsvergleichs zu Rate zu ziehen,[234] was an dieser Stelle nur punktuell angedeutet werden konnte.

Literaturverzeichnis

AHRENS, SUSANNE: Der Vollzug von Steuergesetzen durch den niederländischen Belastingdienst im Vergleich zur deutschen Finanzverwaltung, Berlin 2005 (zugl. Diss. Bochum 2003).

BAER, SUSANNE: Schlüsselbegriffe, Typen und Leitbilder als Erkenntnismittel und ihr Verhältnis zur Rechtsdogmatik, in: SCHMIDT-AßMANN, EBERHARD (Hrsg.), Methoden der Verwaltungsrechtswissenschaft, Baden-Baden 2004, S. 223 ff.

BALMES, FRANK/ RÜDT VON COLLENBERG, WOLF FRHR: Die Amtshaftung im Steuerrecht, AO-StB 2003, S. 77 ff.

BECKER, ENNO: Reichsabgabenordnung, 5. Aufl. 1926.

BIRK, DIETER: Das Gebot des gleichmäßigen Steuervollzugs und dessen Sanktionierung, StuW 2004, S. 277 ff.

BIRK, DIETER: Steuerrecht, 11. Auflage, Heidelberg 2008.

BIRK, DIETER: Die Finanzverwaltung als steuerlicher Berater, in: BIRK (Hrsg.), Transaktionen Vermögen Pro Bono, Festschrift zum zehnjährigen Bestehen von P+P PÖLLATH + PARTNERS, 2008, S. 161 ff.

BLÜMICH, WALTER (Begr.): EStG/KStG/GewStG, Loseblatt, München, Stand: September 2008.

BORSTELL, THOMAS/ SCHÄPERCLAUS, JENS: Was ist eigentlich eine Funktion?, IStR 2008, S. 275 ff.

---

231 So jüngst explizit MELLINGHOFF, Stbg. 2007, 549 (550 f.).

232 Vgl, nur den von P. FISCHER herausgegebenen Tagungsband DStJG 21 (1998) sowie SCHÖN, StuW 2002, 23 m.w.N.

233 TIPKE, StuW 2004, 3 (4). Zur Bedeutung des gleichmäßigen Steuervollzugs für die Akzeptanz des Steuerrechts vgl. bereits PEZZER, StuW 2007, 101 f.

234 Das gilt z.B. für die Fragen nach Vor- und Nachteilen mehrjähriger Steuerveranlagungen zur Reduktion der Verfahrensmassen, für die es historische und ausländische Beispiele (insbesondere in der Schweiz) gibt.

CALLIES, CHRISTIAN/ RUFFERT, MATTHIAS (Hrsg.): Kommentar des Vertrages über die Europäische Union und des Vertrages zur Gründung der Europäischen Gemeinschaft, 3. Auflage, München 2007.

CORDEWENER, AXEL: Europäische Grundfreiheiten und nationales Steuerrecht, Köln 2002 (zugl. Diss. Bonn 2001).

DER PRÄSIDENT DES BUNDES-RECHNUNGSHOFES ALS BUNDESBEAUFTRAGTER FÜR DIE WIRTSCHAFTLICHKEIT IN DER VERWALTUNG: Probleme beim Vollzug der Steuergesetze, Stuttgart 2006.

DEUTSCHES WISSENSCHAFTLICHES INSTITUT DER STEUERBERATER E.V. (Hrsg.): Die Finanzverwaltung – ein Ersatzgesetzgeber?, Berlin 2006.

DI FABIO, UDO: Verwaltung und Verwaltungsrecht zwischen gesellschaftlicher Selbstregulierung und staatlicher Steuerung, VVDStRL 56 (1997), S. 235 ff.

DI FABIO, UDO: Steuern und Gerechtigkeit, JZ 2007, S. 749 ff.

DITTMANN, ARMIN: Gleichheitssatz und Gesetzesvollzug im Bundesstaat, in: MAURER (Hrsg.), Das akzeptierte Grundgesetz, Festschrift für Günther Dürig, München 1990 S. 221 ff.

DOLZER, RUDOLF/ WALDHOFF, CHRISTIAN/ GRAßHOF, KARIN (Hrsg.): Bonner Kommentar zum Grundgesetz, Loseblatt, Heidelberg, Stand: August 2008.

DORSCH, EBERHARD/ RÜSKEN, REINHART/ BEUßEL, RAINER (Hrsg.): Zollrecht, Loseblatt, Bonn, Stand: August 2008.

DREIER, HORST: (Hrsg.), Grundgesetz, 2. Auflage, Tübingen 2008.

DRÜEN, KLAUS-DIETER: Verfassungsfragen der digitalen Außenprüfung, StuW 2003, S. 205 ff.

DRÜEN, KLAUS-DIETER: Konzernbetriebsprüfung im föderalen Steuerstaat, StuW 2007, S. 112 ff.

DRÜEN, KLAUS-DIETER: Die föderale Steuerverwaltung aus der Sicht des Grundgesetzes, FR 2008, S. 295 ff.

DRÜEN, KLAUS-DIETER: Inanspruchnahme Dritter für den Steuervollzug, in: WIDMANN (Hrsg.), Steuervollzug im Rechtsstaat, DStJG 31 (2008), S. 167 ff.

DRÜEN, KLAUS-DIETER/ HECHTNER, FRANK: Rechts- und Sicherheitsfragen der elektronischen Umsatzsteuer-Voranmeldung im Projekt „ELSTER“, DStR 2006, S. 821 ff.

DRÜEN, KLAUS-DIETER/ KAHLER, BJÖRN: Die nationale Steuerhoheit im Prozess der Europäisierung, StuW 2005, S. 171 ff.

DRÜEN, KLAUS-DIETER/ LIEDTKE, STEFAN: Die Reform des Gemeinnützigkeits- und Zuwendungsrechts und ihre europarechtliche Flanke, FR 2008, S. 1 ff.

DÜSTERHAUS, DOMINIK: Es geht auch ohne Karlsruhe: Für eine rechtsschutzorientierte Bestimmung der zeitlichen Wirkungen von Urteilen im Verfahren nach Art. 234 EG, EuZW 2006, S. 393 ff.

ECKHOFF, ROLF: Vom konfrontativen zum kooperativen Steuerstaat, StuW 1996, S. 107 ff.

ECKHOFF, ROLF: Rechtsanwendungsgleichheit im Steuerrecht, Köln 1999 (zugl. Habil. Münster 1999).

EGGE, HINNERK: Lage der Steuerverwaltung und Folgerungen, StuW 1994, S. 272 ff.

EHRKE-RABEL, TINA: Gemeinschaftsrecht und österreichisches Abgabeverfahren, Wien 2006 (zugl. Habil. Graz 2006).

EIFERT, MARTIN: Electronic Government, Baden-Baden 2006 (zugl. Habil. Hamburg 2005).

ENGLISCH, JOACHIM: Verfassungsrechtliche und steuersystematische Kritik der Abgeltungssteuer, StuW 2007, S. 222 ff.

ENGLISCH, JOACHIM: Anspruch auf Rücknahme gemeinschaftsrechtswidriger belastender Verwaltungsakte nach Eintritt der Bestandskraft?, Die Verwaltung 2008, S. 99 ff.

FISCHER, PETER (Hrsg.): Steuervereinfachung, DStJG 21, Köln 1998.

FISCHER, PETER: Unorthodoxe Überlegungen zur Verfassungsarchitektur Europas am Beispiel des Falles „Stauffer“, FR 2007, S. 361 ff.

HABSCHEIDT, GERHARD: Der Anspruch des Bürgers auf Erstattung verfassungswidriger Steuern, Köln 2003 (zugl. Diss. Bochum 2002).

HAHN, HARTMUT: § 175 Abs. 2 AO n. F. und das EuGH-Urteil in der Rechtssache Manninen – ein Lehrstück darüber, wie man es nicht macht, IStR 2005, S. 145 ff.

HEINTZEN, MARKUS: Beteiligung Privater an der Wahrnehmung öffentlicher Aufgaben und staatliche Verantwortung, VVDStRL Bd. 62 (2003), S. 220 ff.

HELLIO, FRANÇOIS/ THILL, PIERRE-SÉBASTIEN: Steuern in Frankreich, 2. Auflage, Köln 2002.

HERRMANN, CARL/ HEUER, GERHARD/ RAUPACH, ARNDT (Begr.): Einkommensteuergesetz, Körperschaftssteuergesetz, Loseblatt, Köln, Stand: Oktober 2008.

HEY, JOHANNA: Steuerplanungssicherheit als Rechtsproblem, Habil. Köln 2002.

HEY, JOHANNA: Perspektiven der Unternehmensbesteuerung in Europa, StuW 2004, S. 193 ff.

HEY, JOHANNA: Erosion nationaler Besteuerungsprinzipien im Binnenmarkt?, StuW 2005, S. 317 ff.

HEY, JOHANNA: Finanzautonomie und Finanzverflechtung in gestuften Rechtsordnungen, VVDStRL 66 (2007), S. 277 ff.

HOFMANN, HANS: Föderalismusreformen im Verfassungsstaat, DÖV 2008, S. 833 ff.

HOLOUBEK, MICHAEL/ LANG, MICHAEL (Hrsg.): Abgabenverfahrensrecht und Gemeinschaftsrecht, Wien 2006.

HÖLSCHER, CHRISTOPH: Novellierung des Zollrechts durch Einführung des Risikomanagements, BB 2005, S. 2444 ff.

HUBER, ERICH/ SEER, ROMAN: Steuerverwaltung im 21. Jahrhundert: Risikomanagement und Compliance, StuW 2007, S. 355 ff.

HÜBSCHMANN, WALTER/ HEPP, ERNST/ SPITALER, ARMIN: Abgabenordnung/Finanzgerichtsordnung, Loseblatt, Köln, Stand: Oktober 2008.

HÜTTEMANN, RAINER: Gemeinnützigkeits- und Spendenrecht, Köln 2008.

ISENSEE, JOSEF: Verwaltungsraison gegen Verwaltungsrecht, StuW 1973, S. 199 ff.

ISENSEE, JOSEF: Die typisierende Verwaltung, Berlin 1976 (zugl. Habil. Erlangen 1976).

ISENSEE, JOSEF: Referat zur Frage: Empfiehlt es sich, das Einkommensteuerrecht zur Beseitigung von Ungleichheiten und zur Vereinfachung neu zu ordnen?, Verhandlungen des 57. Deutschen Juristentages, Bd. II, München 1988, N 33 ff.

ISENSEE, JOSEF: Budgetrecht des Parlaments zwischen Schein und Sein, JZ 2005, S. 971 ff.

JENETZKY, JOHANNES: Die Misere der Steuerverwaltung, StuW 1982, S. 273 ff.

JOCHUM, HEIKE: Zugelassene Wirtschaftsbeteiligte bald auch im Umsatzsteuerrecht, UR 2008, 578 ff.

KADELBACH, STEFAN: Allgemeines Verwaltungsrecht unter europäischem Einfluss, Tübingen 1999 (zugl. Habil. Frankfurt a.M. 1996).

KIRCHHOF, PAUL/ SÖHN, HARTMUT/ MELLINGHOFF, RUDOLF (Hrsg.): Kommentar zum Einkommensteuergesetz, Loseblatt, Heidelberg, Stand: November 2008.

KLEIN, FRANZ (Begr.): Abgabenordnung, Kommentar, 9.Aufl., München 2006.

KLIMECK, LARS: Einfluss des europäischen Primärrechts auf das nationale Verfahrensrecht, Münster 2006 (zugleich Diss. Münster 2005).

KLOEPFER, MICHAEL: Gleichheitssatz und Abgabengewalt, in: KLUTH (Hrsg.), Wirtschaft-Verwaltung-Recht, Festschrift für Rolf Stober, Köln, 2008, S. 703 ff.

KLUTH, WINFRIED (Hrsg.): Föderalismusreformgesetz, Einführung und Kommentierung, Baden-Baden 2007.

KOENIG, CHRISTIAN/ SCHREIBER, KRISTINA: Gewährung von Übergangsfristen à la Bundesverfassungsgericht durch den Europäischen Gerichtshof?, DÖV 2008, S. 450 ff.

KOKOTT, JULIANE/ HENZE, THOMAS: Die Beschränkung der zeitlichen Wirkung von EuGH-Urteilen in Steuersachen, NJW 2006, S. 177 ff.

KOKOTT, JULIANE/ HENZE, THOMAS: Ist der EuGH – noch – ein Motor für die Konvergenz der Steuersysteme?, BB 2007, S. 913 ff.

KÜHN, MARTIN: Das strukturelle Vollzugsdefizit in der Rechtsprechung des BVerfG – eine Bestandsaufnahme nach dem Nichtannahmebeschluss vom 10.1.2008, FR 2008, S. 506 ff.
LAHME, STEFAN: Spendenabzugsverfahren & Anerkennungsverfahren gemeinnütziger Körperschaften, Aachen 2004 (zugl. Diss. Heidelberg 2004).
LANG, MICHAEL: Die Beschränkung der zeitlichen Wirkung von EuGH-Urteilen im Lichte des Urteils Meilicke, IStR 2007, S. 235 ff.
LANG, MICHAEL/ PISTONE, PASQUALE/ SCHUCH, JOSEF/ STARINGER, CLAUS (Hrsg.): Common Consolidated Corporate Tax Base, Wien 2008.
LANGE, HANS-FRIEDRICH: Steuerberaterhaftung: Die Hinweispflicht des Steuerberaters bei ernsthaften Bedenken gegen die Verfassungsmäßigkeit einer Steuerrechtsnorm, DB 2008, S. 511 ff.
LENZ, MARTIN/ RIBBROCK, MARTIN: Versagung des Verlustabzugs bei Anteilseignerwechsel, BB 2007, S. 587 ff.
LINSSEN, HELMUT: Grußwort, in: BRANDT (Hrsg.), Steuerrecht im Wandel und Perspektiven der Reformdiskussion, 5. Deutscher Finanzrichtertag, 2008, S. 23 ff.
LOOSE, MATTHIAS: Funktion der steuerlichen Nebenleistungen für den Steuervollzug, in: WIDMANN (Hrsg.), Steuervollzug im Rechtsstaat, DStJG 31 (2008), S. 203 ff.
MAYER, OTTO: Deutsches Verwaltungsrecht, Bd. I, 3. Aufl., Berlin 1924.
MEINZENBACH, NICO: Die Steueranmeldung, Hamburg 2006 (zugl. Diss. Berlin 2004).
MELLINGHOFF, RUDOLF: Anforderungen an ein zukunftsfähiges Steuerrecht, Stbg. 2007, S. 549 ff.
MERTEN, DETLEF: Bestandskraft von Verwaltungsakten, NJW 1983, S. 1993 ff.
MORS, MATTHIAS/ RAUTENSTRAUCH, GABRIELE: Die gemeinsame konsolidierte Körperschaftsteuer-Bemessungsgrundlage (GKKB) als harmonisiertes europäisches Körperschaftsteuerrecht der Zukunft?, Ubg 2008, S. 97 ff.
MÖSTL, MARKUS: Verfassungsrechtliche Grenzen der Besteuerung, DStR 2003, S. 720 ff.
MÜLLER-FRANKEN, SEBASTIAN: Maßvolles Verwalten, Tübingen 2004 (zugl. Habil. Passau 2002).
MÜLLER-GATERMANN, GERT: Reaktionen von deutscher Gesetzgebung und Finanzverwaltung auf die EuGH-Rechtsprechung, StbJb. 2007/2008, S. 151 ff.
MÜLLER-GATERMANN, GERT: Das Abzinsungsmodell als eine Alternative zur geplanten Erbschaftsteuerreform, FR 2008, S. 353 ff.
MÜNCH, INGO V./ KUNIG, PHILIP (Hrsg.): Grundgesetz Kommentar, Bd. 3, 3. Aufl. München 1996, 5. Auflage, München 2003.
NAGEL, SIBYLLE/ WAZA, THOMAS: Risikomanagement beim Steuervollzug – ein Weg aus der Krise!, DStZ 2008, S. 321 ff.
NEUMARK, FRITZ: Grundsätze gerechter und ökonomisch rationaler Steuerpolitik, Tübingen 1970.
NIEUWENHUIS, HELMUT: Steuervereinfachung auf dem Drahtseil zwischen Einzelfallgerechtigkeit und Praktikabilität, UR 2008, S. 48 ff.
OELLERICH, INGO: Defizitärer Vollzug des Umsatzsteuerrechts, Baden Baden 2008 (zugl. Diss. Münster 2007).
PAPIER, HANS-JÜRGEN: Steuerrecht im Wandel – verfassungsrechtliche Grenzen der Steuerpolitik, DStR 2007, S. 973 ff.
PEZZER, HEINZ JÜRGEN: Gleichmäßiger Gesetzesvollzug in der Steuerrechtsordnung, StuW 2007, S. 101 ff.
REMMERT, BARBARA: Private Dienstleistungen in staatlichen Verwaltungsverfahren, Tübingen 2003 (zugl. Habil. Berlin 2002).
SAVIGNY, FRIEDRICH CARL V.: Vom Beruf unserer Zeit für Gesetzgebung und Rechtswissenschaft, 3. Auflage, Heidelberg 1840.
SCHAUMBURG, HARALD/ RÖDDER, THOMAS: Unternehmenssteuerreform 2008, München 2007.

SCHENK, MATTHIAS/ BRUSCH, FRIEDRICH: Eine neue Kapitalsteuer für Deutschland, DStR 2005, S. 1254 ff.

SCHLAICH, KLAUS/ KORIOTH, STEFAN: Das Bundesverfassungsgericht, 7. Auflage, München 2007.

SCHLEICHER, KLAUS: Die Kontrolle des Steuervollzugs durch die Rechnungshöfe, in: WIDMANN (Hrsg.), Steuervollzug im Rechtsstaat, DStJG 31 (2008), S. 59 ff.

SCHMIDT, ECKEHARD: Moderne Steuerungssysteme im Steuervollzug, in: WIDMANN (Hrsg.), Steuervollzug im Rechtsstaat, DStJG 31 (2008), S. 37 ff.

SCHMIDT, ECKEHARD: Die Rolle der Landesfinanzministerien im Zusammenspiel untereinander und im Verhältnis zum Bund, FR 2008, S. 317 ff.

SCHMIDT, LUDWIG (Begr.): Einkommensteuergesetz-Kommentar, 27. Aufl., München 2008.

SCHMITT, MICHAEL: Steuervollzug im föderalen Staat, in: WIDMANN (Hrsg.), Steuervollzug im Rechtsstaat, DStJG 31 (2008), S. 99 ff.

SCHÖN, WOLFGANG: Vermeidbare und unvermeidbare Hindernisse der Steuervereinfachung, StuW 2002, S. 23 ff.

SCHÖN, WOLFGANG: Eine Reform für Siegertypen – Die Unternehmensteuerreform stärkt starke und schwächt schwache Unternehmen, FAZ v. 15.3.2007, S. 12 ff.

SCHÖN, WOLFGANG: Subjektive Tatbestandsmerkmale in der Einkommensermittlung, DStR-Beihefter zu Heft 39/2007, S. 20 ff.

SCHÖN, WOLFGANG: Perspektiven der Konzernbesteuerung, ZHR 171 (2007), S. 409 ff.

SCHÖN, WOLFGANG: Steuerpolitik 2008 – Das Ende der Illusionen?, in: 5 Jahre Deutscher Finanzgerichtstag, DStR-Beihefter zu Heft 17/2008, S. 10 ff.

SCHWARZ, KYRILL-A.: Folgerichtigkeit" im Steuerrecht, in: DEPENHEUER/ HEINTZEN/ JESTAEDT/ AXER (Hrsg.), Staat im Wort, Festschrift für Josef Isensee, Heidelberg 2007, S. 949 ff.

SCHWEDHELM, ROLF: Die Neuregelung des Mantelkaufs in § 8c KStG – verfassungsrechtliche und steuersystematische Würdigung, GmbHR 2008, S. 404 ff.

SEER, ROMAN: Verständigungen in Steuerverfahren, Köln 1996 (zugleich Habil. Köln 1996).

SEER, ROMAN: Unternehmenssteuerreform – Verfassungsrechtliche Aspekte, StbJb. 2000/2001, S. 15 ff.

SEER, ROMAN: Besteuerungsverfahren: Rechtsvergleich USA-Deutschland, Heidelberg 2002.

SEER, ROMAN: Reform des Veranlagungsverfahrens, StuW 2003, S. 40 ff.

SEER, ROMAN: Reform des (Lohn-)Steuerabzugs, FR 2004, S. 1037 ff.

SEER, ROMAN: Steueramnestie und Idee einer Entpönalisierung des Steuerrechts, in: TIPKE/ SÖHN (Hrsg.), Gedächtnisschrift für Christoph Trzaskalik, Köln 2005, S. 457 ff.

SEER, ROMAN: Die Rolle des Steuerberaters in einer elektronischen Finanzverwaltung, DStR 2008, S. 1553 ff.

SEER, ROMAN: Der Vollzug von Steuergesetzen unter den Bedingungen einer Massenverwaltung, in WIDMANN (Hrsg.), Steuervollzug im Rechtsstaat, DStJG 31 (2008), S. 7.

SEER, ROMAN/ MÜLLER, JÖRG PETER: Begrenzung der Wirkungen seiner Richtersprüche durch den EuGH, IWB 2008, 311 = Fach 11, Gruppe 2, S. 851 ff.

SEIFERT, MICHAEL: Neue Kontrollmöglichkeiten für die Finanzverwaltung durch die Anlage EÜR, INF 2005, S. 817 ff.

SKROBOTZ, JAN: Das elektronische Verwaltungsverfahren, Berlin 2005 (zugl. Diss. Regensburg 2004).

SPENGEL, CHRISTOPH/ BRAUNAGEL, RALF U.: EU-Recht und Harmonisierung der Konzernbesteuerung in Europa, StuW 2006, S. 34 ff.

SPITALER, ARMIN: Deutscher Nationalbericht zum Generalbericht: Der Nachweis im Steuerrecht (Einkommensteuer), in: IFA (Hrsg.), Cahiers de droit fiscal international, Volume XXXVI, 1958.

STARINGER, CLAUS: Steuervollzug bei grenzüberschreitenden Sachverhalten, in: WIDMANN (Hrsg.), Steuervollzug im Rechtsstaat, DStJG 31 (2008), S. 135 ff.

STEINBERG, PHILLIP/ BARK, FELIX: Zur Frage der Zulässigkeit der Verweigerung von Steuergutschriften auf Dividenden ausländischer Kapitalgesellschaften, Anmerkung zum EuGH-Urteil Meilicke, EuZW 2007, S. 245 ff.
STELKENS, PAUL/ BONK, HEINZ JOACHIM/ SACHS, MICHAEL: Verwaltungsverfahrensgesetz, 7. Aufl. München 2008.
STORK, THORSTEN: Die Verfassungsmäßigkeit der Auskunftsgebühr, DB 2007, S. 2333 ff.
SUCHANEK, MARKUS/ HERBST, CHRISTIAN: Unternehmensteuerreform 2008: fatale Wirkungen des neuen § 8c KStG zur Verlustnutzung bei Körperschaften und der Auslaufvorschrift zu § 8 Abs. 4 KStG, FR 2007, S. 863 ff.
THOMA, ALEXANDER: Das Zollrecht im Wandel, UStB 2006, S. 46 ff.
THÖMMES, OTTMAR: Grenzüberschreitende Anrechnung von im EU-Ausland gezahlter Körperschaftsteuer und zeitliche Wirkungen von Urteilen des EuGH, JbFStR 2007/2008, S. 30 ff.
THONEMANN, SUSANNE: Erbschaftsteuerreform – Änderungsantrag der Regierungsfraktionen, DB 2008, S. 2616 ff.
TIPKE, KLAUS: Besteuerungsmoral und Steuermoral, Wiesbaden 2000.
TIPKE, KLAUS: Zwischen materiellem Recht und Verfahrensrecht, StuW 2004, S. 3 ff.
TIPKE, KLAUS: Hütet das Nettoprinzip!, in: KIRCHHOF (Hrsg.), Festschrift für Arndt Raupach, Köln 2006, S. 177 ff.
TIPKE, KLAUS: Steuergerechtigkeit unter besonderer Berücksichtigung des Folgerichtigkeitsgebots, StuW 2007, S. 201 ff.
TIPKE, KLAUS/ LANG, JOACHIM: Steuerrecht, 19. Auflage, Köln 2008.
TIPKE, KLAUS/ KRUSE, HEINRICH WILHELM (Begr.): Abgabenordnung/Finanzgerichtsordnung, Köln, Loseblattwerk, Stand: November 2008.
TRIPS, MARCO: Risikomanagement in der öffentlichen Verwaltung, NVwZ 2003, S. 804 ff.
TRUTE, HANS-HEINRICH: Wissenschaft und Technik, in: ISENSEE/ KIRCHHOF (Hrsg.), Handbuch des Staatsrechts der Bundesrepublik Deutschland, Band IV, 3. Auflage, Heidelberg 2006.
TRZASKALIK, CHRISTOPH: Über die Vorbehaltsfestsetzung und die Steueranmeldung, StuW 1993, S. 371 ff.
TRZASKALIK, CHRISTOPH: Inwieweit ist die Verfolgung ökonomischer, ökologischer und anderer öffentlicher Zwecke durch Instrumente des Abgabenrechts zu empfehlen?, in: STÄNDIGE DEPUTATION DES DEUTSCHEN JURISTENTAGS (Hrsg.), Verhandlungen des 63. Deutschen Juristentags, 2000, Bd. I, Gutachten E, S. 1 ff.
VOGEL, HOLGER: Ungleichheiten beim Vollzug von Steuergesetzen im Bundesstaat, Frankfurt a.M. 2000 (zugleich Diss. Hohenheim 2000).
VOGEL, KLAUS: Empfiehlt sich eine Anpassung der Vorschriften über Berichtigung und Änderung von Steuerbescheiden an das Allgemeine Verwaltungsrecht, und welche sonstigen Reformen sind auf diesem Gebiet in Betracht zu ziehen? Gutachten für den 46. DJT, Band 1/5, 1966, S. 3 ff.
VOGEL, KLAUS: Der Verlust des Rechtsgedankens im Steuerrecht als Herausforderung an das Verfassungsrecht, in: FRIAUF (Hrsg.), Steuerrecht und Verfassungsrecht, DStJG 12 (1989), S. 123 ff.
VOßKUHLE, ANDREAS: Schlüsselbegriffe der Verwaltungsrechtsreform, VerwArch. 92 (2001), S. 184 ff.
WALDHOFF, CHRISTIAN: Die Rückwirkung von EuGH-Entscheidungen, EuR 2006, S. 615 ff.
WEBER-GRELLET, HEINRICH: Strukturwandel des Steuerstaats, DB 2007, S. 1717 ff.
WIELAND, JOACHIM: Wege und Irrwege der Steuergesetzgebung, in: BRANDT (Hrsg.), Für eine bessere Steuerrechtskultur, 1. Deutscher Finanzgerichtstag, Stuttgart 2004, S. 97 ff.
WIENBRACKE, MIKE: Gebühr für verbindliche Auskunft (§ 89 III-V AO) verfassungsgemäß? NVwZ 2007, S. 749 ff.
WISSENSCHAFTLICHER ARBEITSKREIS DES DEUTSCHEN WISSENSCHAFTLICHEN INSTITUTS DER STEUERBERATER E.V.: Verfahrensrechtliche Probleme der elektronischen Steuererklärung, DStR 2006, S. 1588 ff.

WITTE, PETER (Hrsg.): Zollkodex, 4. Aufl. München 2006.

WOLFFGANG, HANS-MICHAEL/ NATZEL, JULIA: Der zugelassene Wirtschaftsbeteiligte, ZfZ 2006, S. 357 ff.

WÜRTENBERGER, THOMAS: Rechtliche Optimierungsgebote oder Rahmensetzungen für das Verwaltungshandeln?, VVDStRL 58 (1999), S. 138 ff.

ZELENAK, LAWRENCE: Justice Holmes, Ralph Kramden and the Civic Virtues of a Tax Return Filing Requirement, Tax Law Review, New York University, Vol. 61 (2007), p. 53 ff.

ZIPPELIUS, REINHOLD/ WÜRTENBERGER, THOMAS: Deutsches Staatsrecht, 32. Auflage, München 2008.

2. Gemeinschaftsgrundrechte im harmonisierten Steuerrecht

Joachim Englisch[*]

Abstract

Der Topos „Europäisches Primärrecht und mitgliedstaatliches Steuerrecht" weckt meist Assoziationen an die Implikationen von Grundfreiheiten und Beihilfeverbot im Recht der direkten Steuern. Daneben besteht aber noch ein zweites bedeutsames Einfallstor für eine primärrechtliche Einwirkung auf das nationale Steuerrecht: Die Bindung des Richtliniengebers und der Mitgliedstaaten an die allgemeinen Rechtsgrundsätze und namentlich die Gemeinschaftsgrundrechte im Bereich des harmonisierten Steuerrechts. Der nachfolgende Beitrag beleuchtet die Bedeutung von Gleichheits- und Freiheitsrechten für die Auslegung und Gültigkeitsprüfung der einschlägigen Richtlinien sowie der nationalen Umsetzungs- und Vollzugsakte. Er nimmt ferner kritisch Stellung zum Konkurrenzverhältnis zwischen nationalen und Gemeinschaftsgrundrechten und den sich daraus ergebenden Folgerungen für den gerichtlichen Rechtsschutz.

---

* Prof. Dr. jur.; Ordinarius für Steuerrecht, Finanzrecht und Öffentliches Recht an der Juristischen Fakultät der Universität Augsburg; aktualisierter Vortrag vom 21. April 2008 (Stand: 31. Dezember 2008).

W. Schön and K.E.M. Beck (eds.), *Zukunftsfragen des deutschen Steuerrechts*,
MPI Studies on Intellectual Property, Competition and Tax Law.
DOI: 10.1007/978-3-642-00258-8_2,

2.1. Einleitung

Klaus Tipke hat zu Beginn dieses Jahrhunderts bemerkt: „... wenn Europas Steuerrechtsordnungen harmonisiert werden sollen, muss man möglichst mit den Verfassungen und ihrem Verständnis anfangen, weil von ihnen ein europäisches Steuerrechtsbewusstsein ausgehen muss ...“.[1] Es ist nicht zu erwarten, dass der europäische Gesetz- bzw. Richtliniengeber bei seinen Harmonisierungsbestrebungen von sich aus in größerem Maße Rationalität und Sachgerechtigkeit walten lässt, als dies der nationale Gesetzgeber ohne verfassungsrechtliche Einhegung seiner Gestaltungsfreiheit tun würde.[2] Die von *Klaus Tipke* daher zu Recht geforderte Verständigung über verfassungsfundierte Prinzipien des – in zunehmendem Maße – harmonisierten Steuerrechts muss letztlich in die Herausbildung allgemeiner (Steuer-)Rechtsgrundsätze auf Gemeinschaftsrechtsebene münden. Denn wie Generalanwalt *Lenz* schon 1990 festgestellt hat, kann vor dem Hintergrund der ständigen Rechtsprechung des EuGH zum Anwendungsvorrang des Gemeinschaftsrechts „... ein angeblicher oder tatsächlicher Verstoß einer gemeinschaftsrechtlichen Regelung gegen mitgliedstaatliche Steuererhebungsgrundsätze deren Unwirksamkeit nur insoweit bewirken ..., als nationale Verfassungsgrundsätze auch als allgemeine Rechtsgrundsätze des Gemeinschaftsrechts Geltung haben. Nur dann können sie als Gültigkeitsmaßstab herangezogen werden.“[3]

Damit sind insbesondere die nationalen Gerichte der Finanzgerichtsbarkeit aufgefordert, in einen steuerverfassungsrechtlichen Dialog mit dem EuGH einzutreten, um dessen Bewusstsein für die verfassungsrechtliche Anbindung und Kontrolle des europäischen Steuergesetzgebers zu schärfen. Das Vorlageverfahren nach Art. 234 (1) lit. b EG erlaubt Vorlagen an den EuGH auch bei Zweifeln über die Gültigkeit von Gemeinschaftsrechtsakten. Einen Kristallisationspunkt der Bemühungen um die Entwicklung einer europäischen Steuerrechtfertigungslehre könnten insbesondere aus der deutschen Verfassungstradition heraus die Gemeinschaftsgrundrechte bilden. Sie sind vom EuGH in mittlerweile ständiger Rechtsprechung als ungeschriebene Rechtsgrundsätze des Gemeinschaftsrechts anerkannt, harren aber noch der bereichsspezifischen Effektuierung im harmonisierten Steuerrecht. Die

---

1 TIPKE, in: FS Vogel, 561 (562).

2 Exemplarisch ist der auf Gemeinschaftsrechtsebene bislang noch zu beobachtende Mangel an Sensibilität für die Notwendigkeit einer prinzipienbasierten Rechtfertigung der Umsatzsteuer und für die sich hieraus für ihre Ausgestaltung ergebenden Konsequenzen; dazu kritisch TIPKE, Die Steuerrechtsordnung, Bd. II, 2. Aufl., 969.

3 GA LENZ, Rs. C-143/88 u.a., Zuckerfabrik, Slg. 1991, I-415 (Rn. 173); siehe dazu noch näher und kritisch unter 3.

bisherige Rechtsprechung des EuGH zeugt zwar von ersten Ansätzen auch in diese Richtung; zudem zeichnen sich potenzielle Folgewirkungen im Recht des Steuerverfahrens in ersten Konturen ab. Es mangelt dieser Grundrechtsjudikatur aber bislang noch an Kohärenz und dogmatischer Durchdringung. Der vorliegende Beitrag unternimmt es, die bisherigen Entwicklungslinien zu systematisieren und mögliche Weiterungen aufzuzeigen.

2.2. Entwicklung der Gemeinschaftsgrundrechte

Die Gründungsverträge der vormals drei Europäischen Gemeinschaften beinhalteten keinerlei Vorgaben hinsichtlich des Schutzes von Grundrechten. Zwar waren schon damals Hoheitsrechte von den Mitgliedstaaten auf die Gemeinschaften übertragen worden. Die Vertragsparteien waren aber offenbar der Auffassung, dass ihre Bürger auch hinsichtlich des sekundären bzw. abgeleiteten Gemeinschaftsrechts ausreichend durch die jeweiligen nationalen Grundrechtsstandards geschützt wären. Indes deutete sich schon bald an, dass der EuGH den von ihm angenommenen Anwendungsvorrang des Gemeinschaftsrechts vor innerstaatlichem Recht auch auf nationale Verfassungsbestimmungen erstrecken könnte.[4] Damit drohte ein nicht vorhergesehenes grundrechtliches Vakuum zu entstehen, wenn die entsprechenden Garantien der mitgliedstaatlichen Verfassungen nicht durch einen äquivalenten gemeinschaftsrechtlichen Grundrechtsstandard kompensiert würden.[5]

Im Jahr 1970 hat der Gerichtshof in der Rechtssache *Internationale Handelsgesellschaft* seinen Standpunkt zur mangelnden Relevanz nationaler Grundrechte für die Geltung von sekundärem Gemeinschaftsrecht erstmals ausdrücklich offen gelegt.[6] Er hat sich aber zugleich um einen Ausgleich durch die prätorianische Entwicklung eines gemeinschaftsrechtlichen Grundrechtskatalogs bemüht.[7] Demnach gehört die „Beachtung der Grundrechte ... zu den allgemeinen Rechtsgrundsätzen, deren Wahrung der Gerichtshof zu sichern" habe. Die Gewährleistung dieser Rechte müsse „von den gemeinsamen Verfassungsüberlieferungen der Mitgliedstaaten getragen sein", obschon sie sich auch in die Struktur und die Ziele der Gemeinschaft einfügen müssten. In nachfolgenden Entscheidungen hat der EuGH zur Herleitung und Konkretisierung grundrechtlicher Gewährleistungen zusätzlich auf „die internationalen Verträge über den Schutz der Menschenrechte, an deren Abschluss die Mitgliedstaaten beteiligt waren oder denen sie beigetreten sind", und namentlich auf

---

[4] Vgl. die weite Formulierung in EuGH, Rs. 6/64, Costa/ENEL, Slg. 1964, 1253 (1270): „Aus alledem folgt, dass dem vom Vertrag geschaffenen ... Recht ... keine *wie immer gearteten* innerstaatlichen Rechtsvorschriften vorgehen können ..." (Hervorhebung nur hier).

[5] Vgl. KINGREEN, in: CALLIESS/RUFFERT, EUV/EGV, 2. Aufl., Art. 6 EUV Rn. 28; SCHEUING, EuR 2005, 162 f. m.w.N.

[6] EuGH, Rs. 11/70, Internationale Handelsgesellschaft, Slg. 1970, 1125 (Rn. 3); bestätigt durch EuGH, Rs. 44/79, Hauer, Slg. 1979, 3727 (Rn. 14).

[7] EuGH, Rs. 11/70, Internationale Handelsgesellschaft, Slg. 1970, 1125 (Rn. 4). Schon ein Jahr zuvor hatte der EuGH die „Grundrechte der Person" eher beiläufig als Bestandteil der „allgemeinen Grundsätze der Gemeinschaftsrechtsordnung" anerkannt, vgl. EuGH, Rs. 29/69, Stauder, Slg. 1969, 419 (Rn. 7).

die EMRK verwiesen.[8] Dieser Begründungsansatz hat sich zu einer ständigen Rechtsprechung verfestigt,[9] wobei der Gerichtshof die Bedeutung der EMRK besonders betont und auch auf deren Auslegung durch den EGMR rekurriert.[10]

Ihren Niederschlag in den Verträgen hat diese richterliche Rechtsfortbildung schließlich in Art. 6 (2) EU gefunden. Danach achtet die Union die Grundrechte, wie sie in der EMRK gewährleistet sind und wie sie sich aus den gemeinsamen Verfassungsüberlieferungen der Mitgliedstaaten als allgemeine Grundsätze des Gemeinschaftsrechts ergeben. Keine Erwähnung findet die am 7. Dezember 2000 in Nizza proklamierte Charta der Grundrechte der Europäischen Union,[11] da ihr nach dem Willen der Mitgliedstaaten bislang noch keine Rechtsverbindlichkeit zukommt.[12] Nach anfänglicher Zurückhaltung zieht der EuGH einzelne Garantien der Charta inzwischen aber gleichwohl ergänzend heran, um die Geltung bestimmter Grundrechte in der gemeinschaftsrechtlichen Rechtsordnung zu begründen.[13] Speziell das in Art. 8 GRCh anerkannte Grundrecht auf Schutz personenbezogener Daten ist außerdem querschnittsartig, das heißt für den gesamten Anwendungsbereich des Gemeinschaftsrechts durch Richtlinien und Verordnungen mit Bindungswirkung sowohl für die Union als auch für die Mitgliedstaaten näher ausgeformt worden.[14]

---

[8] Vgl. EuGH, Rs. 4/73, Nold, Slg. 1974, 491 (Rn. 12 f.); Rs. 44/79, Hauer, Slg. 1979, 3727 (Rn. 15). Siehe dazu auch GA POIARES MADURO, Rs. C-465/07, Elgafaji, n.n.v. (Rn. 21 ff.); KLEIN, in: GS Bleckmann, 257 (258 ff.).

[9] Vgl. statt aller EuGH, Rs. C-387/02 u.a., Berlusconi u.a., Slg. 2005, I-3565 (Rn. 67) m.w.N.; Rs. C-305/05, Ordre des barreaux francophones et germanophone, Slg. 2007, I-5305 (Rn. 29) m.w.N.; Rs. C-402/05 P u.a., Kadi, n.n.v. (Rn. 283 f.).

[10] Vgl. beispielsweise EuGH, Rs. C-260/89, ERT, Slg. 1991, I-2925 (Rn. 41) m.w.N.; Rs. C-368/95, Vereinigte Familiapress v. Bauer Verlag, Slg. 1997, I-3689 (Rn. 25 f.); Rs. C-60/00, Carpenter, Slg. 2002, I-6279 (Rn. 41 f.); Rs. C-347/03, ERSA, Slg. 2005, I-3785 (Rn. 120 ff.); Rs. C-305/05, Ordre des barreaux francophones et germanophone, Slg. 2007, I-5305 (Rn. 29).

[11] ABl. 2000 C 364/1.

[12] Vgl. CALLIESS, in: CALLIESS/RUFFERT, EUV/EGV, 3. Aufl., Art. 1 GRCh Rn. 7; STREINZ, in: STREINZ, EUV/EGV, GR-Charta Vorbem Rn. 4.

[13] Vgl. etwa EuGH, Rs. C-432/05, Unibet, Slg. 2007, I-2271 (Rn. 37); Rs. C-303/05, Advocaten voor de Wereld, Slg. 2007, I-3633 (Rn. 46); Rs. C-438/05, International Transport Workers Federation, Slg. 2007, I-10779 (Rn. 43 f.); Rs. C-341/05, Laval, Slg. 2007, I-11767 (Rn. 90 f.). Das Gericht erster Instanz hat die Charta hingegen schon frühzeitig bemüht, um die Geltung und Bedeutung bestimmter Grundrechte in der Gemeinschaftsrechtsordnung zu klären, vgl. z.B. EuG, Rs. T-77/01, Diputación Foral de Álava, Slg. 2002, II-81 (Rn. 35); Rs. T-377/00 u.a., Philip Morris u.a., Slg. 2003, II-1 (Rn. 122).

[14] Vgl. Richtlinie 95/46/EG des Europäischen Parlaments und des Rates v. 24.10.1995 zum Schutz natürlicher Personen bei der Verarbeitung personenbezogener Daten und zum freien Datenverkehr (ABl. L 281/31); ergänzt durch Richtlinie 97/66/EG v. 15.12.1997 (ABl. L 24/1) und Richtlinie 2002/58/EG v. 12.7.2002 (ABl. L 201/37), betreffend die Mitgliedstaaten; sowie Art. 286 (1) EG und Verordnung (EG) Nr. 45/2001 (ABl. L 8/1), betreffend die Organe und Einrichtungen der Gemeinschaft. Zum weiten Anwendungsbereich der vorerwähnten Richtlinienbestimmungen siehe EuGH, Rs. C-465/00 u.a., Rechnungshof/Österreichischer Rundfunk u.a., Slg. 2003, I-4989 (Rn. 39 ff.); sowie – zu extensiv – Rs. C-73/07, Satakunnan Markkinapörssi u.a., n.n.v. (Rn. 38 ff.).

Mit Inkrafttreten der Neufassung des Art. 6 (1) EU durch den Vertrag von Lissabon[15], dessen Ratifizierung durch alle Mitgliedstaaten noch aussteht, werden die Unionsorgane unmittelbar durch die Rechte und Freiheiten der Grundrechtecharta gebunden sein.[16] Da deren Bestimmungen gemäß Art. 6 (1) EU n.F. „unter gebührender Berücksichtigung der in der Charta angeführten Erläuterungen" auszulegen sind, wird außerdem auch die Maßgeblichkeit der Rechtsprechung des EGMR für den Grundrechtsstandard der EU verbindlich festgelegt. Denn gemäß Art. 52 GRCh haben Grundrechtsverbürgungen der Charta die gleiche Bedeutung und Tragweite wie die ihnen ggf. entsprechenden Garantien der EMRK; diese wiederum ergibt sich ausweislich der Erläuterung zu Art. 52 GRCh nicht nur aus dem Wortlaut der Konvention und der zugehörigen Protokolle, sondern auch aus der Rechtsprechung des EGMR. Im Übrigen bleiben aber auch die gemeinsamen Verfassungsüberlieferungen der Mitgliedstaaten eine bedeutsame Rechts- und Erkenntnisquelle für die Grundrechtsverbürgungen des Gemeinschaftsrechts, wie sich aus Art. 6 (3) EU i.d.F. des Vertrags von Lissabon sowie aus Art. 52 (4) GRCh ergibt.

2.3. Bedeutung der Gemeinschaftsgrundrechte für die Mitgliedstaaten

Die gemeinschaftsrechtlichen Grundrechte entfalten ihre Wirkkraft nach der ständigen Rechtsprechung des EuGH nur im Geltungsbereich des übrigen Gemeinschaftsrechts.[17] Auch in der beabsichtigten Neufassung des Art. 6 (1) EU wird hervorgehoben, dass durch die Bestimmungen der künftig rechtsverbindlichen Grundrechtscharta die in den Verträgen festgelegten Zuständigkeiten der Union in keiner Weise erweitert werden.[18] In diesem Rahmen bilden sie zunächst und primär einen metagesetzlichen Beurteilungsmaßstab von Handlungen der Organe und Einrichtungen der Union. Daneben unterliegen aber auch Maßnahmen der Mitgliedstaaten „im Anwendungsbereich des Gemeinschaftsrechts" einer Kontrolle anhand

---

[15] Vertrag zur Änderung des Vertrags über die Europäische Union und des Vertrags zur Gründung der Europäischen Gemeinschaft, unterzeichnet in Lissabon am 13. Dezember 2007, ABl. C 306/1.

[16] Art. 6 (1) EU n.F. lautet: „Die Union erkennt die Rechte, Freiheiten und Grundsätze an, die in der Charta der Grundrechte der Europäischen Union vom 7. Dezember 2000 in der am 12. Dezember 2007 in Straßburg angepassten Fassung niedergelegt sind; die Charta der Grundrechte und die Verträge sind rechtlich gleichrangig."

[17] Siehe vorerst EuGH, Rs. 12/86, Demirel, Slg. 1987, 3719 (Rn. 28); Rs. C-260/89, ERT, Slg. 1991, I-2925 (Rn. 42); Rs. C-442/00, Rodríguez Caballero, Slg. 2002, I-11915 (Rn. 31). Speziell zur Bindung der Mitgliedstaaten siehe ferner die Ausführungen unten bei Fn. 19.

[18] Anlass zu dieser Klarstellung geben zum einen die sog. „sozialen Grundrechte" der Charta, zum anderen die Ableitbarkeit nicht nur von Abwehrrechten, sondern auch von Schutzrechten aus den einzelnen Grundrechtsverbürgungen. Siehe dazu eingehend SZCZEKALLA, in: HESELHAUS/NOWAK, Handbuch der Europäischen Grundrechte, § 5.

der Unionsgrundrechte.[19] Dabei sind in der Rechtsprechung des EuGH zwei für die Setzung und Anwendung von nationalem Recht bedeutsame Anwendungsfelder zu identifizieren:[20]

2.3.1. Geltung bei der Rechtfertigung grundfreiheitlicher Beschränkungsverbote?

Der Gerichtshof nimmt im Verhältnis zwischen den in Art. 14 (2) EG niedergelegten Grundfreiheiten des EGV[21] einerseits und den gemeinschaftsrechtlichen Grundrechten andererseits ein Verhältnis der Wechselwirkung an:[22] So soll der Schutz gemeinschaftsrechtlich anerkannter Grundrechte ein berechtigtes bzw. zwingendes Allgemeininteresse im Sinne der ungeschriebenen sog. „rule of reason" sein. Nach Auffassung des EuGH ist dieses Anliegen daher grundsätzlich geeignet, einen Verstoß gegen die den Grundfreiheiten inhärenten Beschränkungs- und Diskriminierungsverbote zu rechtfertigen.[23] Indes kommt ein in der nationalen Verfassung eines Mitgliedstaates verankertes Grundrecht richtigerweise auch dann als Rechtfertigungsgrund in Betracht, wenn es keinen Widerhall in der Gemeinschaftsrechtsordnung findet.[24]

---

[19] Siehe neben den nachfolgend zitierten Urteilen etwa EuGH, Rs. C-260/89, ERT, Slg. 1991, I-2925 (Rn. 42); Rs. C-2/92, Bostock, Slg. 1994, I-955 (Rn. 16); Rs. 292/97, Karlsson, Slg. 2000, I-2737 (Rn. 37 f.); Rs. C-107/97, Rombi und Arkopharma, Slg. 2000, I-3367 (Rn. 65); Rs. C-81/05, Alonso, Slg. 2006, I-7569 (Rn. 35 u. 37); Rs. C-13/05, Chacón Navas, Slg. 2006, I-6467 (Rn. 56) m.w.N.; Rs. C-354/04 P, Gestoras pro amnistía u. a./Rat, Slg. 2007, I-1579 (Rn. 51); Rs. C-303/05, Advocaten voor de Wereld, Slg. 2007, I-3633 (Rn. 45); Rs. C-349/07, Sopropé, n.n.v. (Rn. 34). Zur Bindung auch der Mitgliedstaaten siehe ferner eingehend BROSIUS-GERSDORF, Bindung der Mitgliedstaaten an die Gemeinschaftsgrundrechte, 17 ff.; sowie EHLERS, in: EHLERS, Europäische Grundrechte und Grundfreiheiten, 2. Aufl., § 14 Rn. 34; JARASS, EU-Grundrechte, § 24 Rn. 3; LENAERTS, 27 Cahiers de Droit Europeén, 1991, 3 (6 f.); TRIDIMAS, The General Principles of EU Law, 2. ed., 74.

[20] Vgl. auch BROSIUS-GERSDORF, (Fn. 19), 23 ff.; EECKHOUT, 39 Common Market Law Review, 2002, 945 (953); ZORN, in: FS Ruppe, 744 (746). Diese lassen sich jeweils noch weiter auffächern. Siehe dazu eingehend ZORN/TWARDOSZ, ÖStZ 2006, 34 (36 f.) sowie 58 ff., die insgesamt sechs Fallkonstellationen ausmachen.

[21] Im Einzelnen handelt es sich um die Warenverkehrsfreiheit der Art. 25, 28 f. u. 90 EG, die Arbeitnehmerfreizügigkeit des Art. 39 EG, die Niederlassungsfreiheit des Art. 43 EG, die Dienstleistungsfreiheit des Art. 49 EG sowie die Kapital- und Zahlungsverkehrsfreiheit des Art. 56 EG.

[22] Siehe dazu eingehend SKOURIS, DÖV 2006, 89 ff.

[23] Vgl. EuGH, Rs. C-112/00, Schmidberger, Slg. 2003, I-5659 (Rn. 74); Rs. C-36/02, Omega, Slg. 2004, I-9609 (Rn. 35); Rs. C-438/05, International Transport Workers Federation, Slg. 2007, I-10779 (Rn. 45 f.); Rs. C-250/06, United Pan-Europe Communications, Slg. 2007, I-11135 (Rn. 41 ff.); Rs. C-341/05, Laval, Slg. 2007, I-11767 (Rn. 93 f.). Der EuGH verweist darauf, dass zwischen beiden Anliegen unter Wahrung des Verhältnismäßigkeitsgrundsatzes ein Ausgleich im Sinne praktischer Konkordanz gefunden werden muss.

[24] Siehe dazu eingehend ENGLISCH, Wettbewerbsgleichheit im grenzüberschreitenden Handel, 342 f. m.w.N. auch zur Gegenansicht. Da die verfassungsrechtlichen Überlieferungen der Mitgliedstaaten eine wesentliche Rechtsquelle zur Bestimmung des Bestands an gemeinschaftsrechtlichen Grundrechten bilden, wird diese Streitfrage aber nur selten relevant werden.

Ferner soll umgekehrt eine Beeinträchtigung von Grundfreiheiten besonders schwer wiegen und dementsprechend auch nur unter strengeren Voraussetzungen hinzunehmen sein, wenn die grundfreiheitswidrige nationale Maßnahme zugleich in gemeinschaftsrechtlich anerkannte Grundrechte des Betroffenen eingreift.[25] Dies überzeugt jedoch nicht:[26] Ist ein Mitgliedstaat bei der Ausübung bestimmter Hoheitsrechte generell nicht an die gemeinschaftsrechtlichen Grundrechte gebunden, weil er insoweit nicht im Kompetenzbereich der Gemeinschaft agiert, so ist nicht einzusehen, warum diese Grundrechte bei Grundfreiheitsverstößen als zusätzlicher Beurteilungsmaßstab heranzuziehen sein sollten. Denn die Grundfreiheiten wirken *neben* den Grundrechten als eine weitere Schicht quasi-konstitutioneller Rechtsprinzipien, deren Geltung aber gerade nicht auf den Anwendungsbereich des Gemeinschaftsrechts begrenzt ist. Im Gegenzug erfassen sie nur spezifische Beschränkungen des grenzüberschreitenden Wirtschaftsverkehrs und belassen den Mitgliedstaaten wegen ihrer jedenfalls primär gleichheitsrechtlichen Struktur einen weitergehenden Handlungsspielraum.[27] Es erscheint daher verfehlt, gleichsam im „Huckepackverfahren" über die Grundfreiheiten auch den Gemeinschaftsgrundrechten einen weitergehenden Anwendungsbereich zu verschaffen.

2.3.2. Auslegungsdirektive und Gültigkeitsmaßstab im harmonisierten Recht

Im vorliegenden Kontext der Grundrechtswirkungen im Bereich des mitgliedstaatlichen Steuerrechts ist die geschilderte – fragwürdige – Wechselbeziehung aber ohnehin von geringerer Relevanz. Bedeutsamer sind die Auswirkungen der Grundrechte auf die Gültigkeit, Umsetzung und Anwendung von sekundärem Gemeinschaftsrecht sowie darauf beruhenden nationalen Vorschriften. Im Einzelnen können sich die europarechtlichen Grundrechte hier in verschiedener Hinsicht auf die mitgliedstaatliche Besteuerung auswirken:[28] Zunächst ist festzuhalten, dass nach ständiger Rechtsprechung des EuGH eine Bestimmung des sekundären Gemeinschaftsrechts nur dann für nichtig erklärt werden kann, wenn ihre primärrechtskonforme Auslegung nicht in Betracht kommt.[29] Hieraus folgt, dass zwingende sekundärrechtliche Vorgaben für die Ausgestaltung nationaler Steuersysteme und insbesondere dahingehende Richtlinienbestimmungen nach Möglichkeit grund-

---

[25] Grundlegend EuGH, Rs. C-260/89, ERT, Slg. 1991, I-2925 (Rn. 43 ff.); seither st. Rspr., vgl. Rs. C-60/00, Carpenter, Slg. 2002, I-6279 (Rn. 40); Rs. C-370/05, Festersen, Slg. 2007, I-1129 (Rn. 35-37). Anders noch EuGH, Rs. 60/84 u.a., Cinéthèque, Slg. 1985, 2605 (Rn. 25 f.).

[26] Zu recht kritisch HUBER, EuR 2008, 190 (194 f.); SCHILLING, EuGRZ 2000, 3 (34); a.A. EECKHOUT, 39 Common Market Law Review, 2002, 945 (977 ff.); SCHALLER, Die EU-Mitgliedstaaten als Verpflichtungsadressaten der Gemeinschaftsgrundrechte, 50 f.; WALLRAB, Die Verpflichteten der Gemeinschaftsgrundrechte, 90 ff.; tendenziell befürwortend auch JÜRGENSEN/SCHLÜNDER, AöR 1996, 200 (216 ff.).

[27] Eingehend MÖSTL, EuR 2002, 318 (328 ff.); MÜLLER-GRAFF, in: FS Steinberger, 1281 ff.; siehe zur unterschiedlichen Funktion auch ZORN, in: FS Ruppe, 744 (745).

[28] Zu undifferenziert bzgl. der verschiedenartigen Einwirkungen von Unionsgrundrechten auf das harmonisierte nationale Recht HUBER, EuR 2008, 190 (191 f.).

[29] Vgl. EuGH, Rs. 218/82, Kommission/Rat, Slg. 1983, 4063 (Rn. 15); Rs. C-135/93, Spanien/Kommission, Slg. 1995, I-1651 (Rn. 37).

rechtskonform auszulegen sind.[30] Die Mitgliedstaaten haben folglich nicht nur ihr nationales Recht gemeinschaftsrechts- und insbesondere richtlinienkonform auszulegen.[31] Sie müssen dabei vielmehr auch darauf achten, dass sie sich nicht auf eine Auslegung einer Vorschrift des abgeleiteten Rechts stützen, die mit den durch die Gemeinschaftsrechtsordnung geschützten Grundrechten kollidiert. Lässt eine belastende nationale Steuerrechtsbestimmung keine dahingehende Interpretation zu, darf sie nicht angewendet werden.[32]

Scheidet hingegen schon auf Ebene des EG-Rechts eine grundrechtskonforme Auslegung der in Rede stehenden Verordnungs- oder Richtlinienbestimmung aus, ist die fragliche gemeinschaftsrechtliche Norm ungültig.[33] Allerdings muss die Grundrechtsverletzung schon in der Richtlinie selbst angelegt bzw. in einer Ermächtigung an die Mitgliedstaaten vorgezeichnet sein. Letzteres ist dann der Fall, wenn die Richtlinie es den Mitgliedstaaten explizit oder implizit den Erlass oder die Beibehaltung nationaler Gesetze gestattet, die absehbar die Grundrechte missachten würden.[34] Belässt eine Richtlinie den Mitgliedstaaten hingegen einen Ermessensspielraum, der weit genug ist, um diesen die Anwendung der darin enthaltenen Vorschriften in einer mit den Erfordernissen des Grundrechtsschutzes im Einklang stehenden Weise zu ermöglichen, so kann sie als solche grundrechtlich nicht beanstandet werden.[35]

Stattdessen sind es dann die Mitgliedstaaten, welche bei der Ausübung des ihnen eingeräumten Gestaltungs- oder Beurteilungsermessens den Erfordernissen eines wirksamen Schutzes der europarechtlichen Grundrechte Rechnung tragen müssen.[36]

---

[30] Siehe dazu – ohne spezifisch steuerrechtlichen Bezug – EuGH, Rs. C-305/05, Ordre des barreaux francophones et germanophone, Slg. 2007, I-5305 (Rn. 28); sowie speziell zum harmonisierten Steuerrecht EuGH, Rs. C-322/99 u.a., Fischer u.a., Slg. 2001, I-4049 (Rn. 75).

[31] Zur dahingehenden Verpflichtung der Mitgliedstaaten vgl. grundlegend EuGH, Rs. 14/83, Colson, Slg. 1984, 1891 (Rn. 26). Siehe zur nachfolgenden steuerspezifischen Judikatur etwa EuGH, Rs. C-365/98, Brinkmann Tabakfabriken, Slg. 2000, I-4619 (Rn. 40) m.w.N.

[32] Vgl. EuGH, Rs. C-322/99 u.a., Fischer u.a., Slg. 2001, I-4049 (Rn. 75). Siehe zu dieser Stufenfolge allgemein auch EuGH, C-327/00, Santex, Slg. 2003, I-1877 (Rn. 63 f.); sowie SCHMAHL, EuR 2008 – Beiheft 1, 7 (12).

[33] Vgl. EuGH, Rs. C-453/03 u.a., ABNA u.a., Slg. 2005, I-10423 (Rn. 85-88); Rs. C-303/05, Advocaten voor de Wereld, Slg. 2007, I-3633 (Rn. 45).

[34] EuGH, Rs. C-540/03, Parlament/Rat, Slg. 2006, I-5769 (Rn. 23). Unbefriedigend ist daher die Entscheidung des EuGH, Rs. C-166/98, Socridis, Slg. 1999, I-3791, wo der Gerichtshof einen Verstoß gegen den gemeinschaftlichen Gleichbehandlungsgrundsatz durch den sekundärrechtlich ermöglichten Nullsteuersatz für Wein bei gleichzeitiger Anordnung eines Mindeststeuersatzes für Bier nicht einmal thematisierte, sondern allein auf die dem Bereich der Grundfreiheiten zuzuordnende Vorschrift des Art. 90 EG rekurrierte.

[35] Vgl. EuGH, Rs. 5/88, Wachauf, Slg. 1989, 2609 (Rn. 22); Rs. C-166/98, Socridis, Slg. 1999, I-3791 (Rn. 19); Rs. C-540/03, Parlament/Rat, Slg. 2006, I-5769 (Rn. 104).

[36] EuGH, Rs. C-2/92, Bostock, Slg. 1994, I-955 (Rn. 16); Rs. C-107/97, Rombi und Arkopharma, Slg. 2000, I-3367 (Rn. 65); Rs. C-101/01, Lindqvist, Slg. 2003, I-12971 (Rn. 84-86); Rs. C-540/03, Parlament/Rat, Slg. 2006, I-5769 (Rn. 104 f.); Rs. C-275/06, Promusicae, Slg. 2008, I-271 (Rn. 68); speziell zum harmonisierten Steuerrecht EuGH, Rs. C-141/00, Kügler, Slg. 2002, I-6833 (Rn. 55 f.). Siehe dazu auch LINDNER, EuZW 2007, 71 (72 f.); sowie BROSIUS-GERSDORF, (Fn. 19), 21 mit einer Vielzahl von Lit.-Nachweisen.

Dabei spielt es hinsichtlich der Bindungswirkung keine Rolle, ob der gemeinschaftsrechtlich eröffnete Spielraum abstrakt-generell seitens der nationalen Legislativorgane ausgefüllt wird,[37] oder ob es das Sekundärrecht bzw. der mitgliedstaatliche Gesetzgeber den nationalen Behörden aufgeben, eine dem konkreten Einzelfall angemessene Regelung zu treffen.[38] Das jeweils zur Implementierung des Gemeinschaftsrechts berufene Organ muss seine Befugnisse grundrechtskonform ausüben. Genügen nationale Umsetzungsrechtsakte in Gesetzesform nicht den Anforderungen der Unionsgrundrechte, so sind sie unangewendet zu lassen.[39]

Strittig ist, welche Konsequenzen sich aus der Nichtigkeit schon der zugrunde liegenden Richtlinienbestimmung selbst für das nationale harmonisierte Recht ergeben. Speziell mit Blick auf die Ungültigkeit zwingend umzusetzender Richtlinienvorgaben meint das BVerfG in Anlehnung an *Cremer*[40], das deutsche Umsetzungsgesetz werde damit nicht automatisch ebenfalls unbeachtlich. Es sei dann vielmehr Raum für eine Prüfung an den deutschen Grundrechten und gegebenenfalls für eine Vorlage nach Art. 100 GG. Denn der Sperrwirkung der zwingenden Richtlinienvorgabe für eine Kontrolle des nationalen Umsetzungsaktes anhand der Grundrechtsgarantien der nationalen Verfassung[41] sei damit die Grundlage entzogen.[42] Dieser Sichtweise ist im Schrifttum entgegengehalten worden, eine konkrete Normenkontrolle im Gefolge eines Verdikts des EuGH sei schon deshalb entbehrlich, weil die Nichtigkeit der Richtlinienbestimmung aus rechtsstaatlichen Gründen bzw. mit Blick auf das Demokratieprinzip ohne weiteres auch die Nichtigkeit des Umsetzungsaktes zur Folge habe.[43] Dieser Grundsatzkritik ist entgegenzuhalten, dass Richtlinien gemäß Art. 249 (3) EG grundsätzlich, d.h. abgesehen von den Fällen unmittelbarer Anwendbarkeit, auf eine Implementierung nach dualistischem Modell hin angelegt sind. Es kann daher nicht ohne weiteres davon ausgegangen werden, dass der nationale Gesetzgeber bei der Umsetzung nur als Erfüllungsgehilfe agiert und der Umsetzungsakt nicht von einem eigenständig gebildeten parlamentarischen Willen getragen ist.[44]

Gleichwohl muss die Verletzung von Unionsgrundrechten durch eine Richtlinienbestimmung entgegen der Auffassung des BVerfG regelmäßig auf den Umset-

---

[37] Siehe dazu etwa EuGH, Rs. 201/85 u.a., Klensch u.a., Slg. 1986, 3477 (Rn. 10); sowie speziell zum harmonisierten Steuerrecht EuGH, Rs. 443/04 u.a., Solleveld u.a., Slg. 2006, I-3617 (Rn. 35); Rs. C-106/05, L.u.P., Slg. 2006, I-5123 (Rn. 48).

[38] Siehe dazu EuGH, Rs. C-141/00, Kügler, Slg. 2002, I-6833 (Rn. 56); Rs. C-45/01, Dornier, Slg. 2003, I-12911 (Rn. 69); Rs. C-498/03, Kingscrest Associates, Slg. 2005, I-4427 (Rn. 52); jeweils zu Befreiungstatbeständen im Rahmen des gemeinsamen Mehrwertsteuersystems.

[39] Siehe generell zum Verstoß gegen zwingende primärrechtliche Grundsätze durch nationales Recht EuGH, Rs. C-387/02 u.a., Berlusconi u.a., Slg. 2005, I-3565 (Rn. 72).

[40] Cremer, Die Verwaltung 2004, 165 (186 f.).

[41] Siehe dazu nachfolgend unter 4.

[42] BVerfG – 1 BvF 1/05, BVerfGE 118, 79 (97 f.); zustimmend Karpenstein, in: Grabitz/Hilf, EUV/EGV, Art. 234 EGV (Stand 07/2008) Rn. 63.

[43] Vgl. Nettesheim, in: Grabitz/Hilf, EUV/EGV, Art. 249 EGV (Stand: 08/2002) Rn. 186; Payandeh, DVBl. 2007, 741 (743 ff.).

[44] Insoweit zutreffend Cremer, Die Verwaltung 2004, 165 (186 f.).

zungsrechtsakt „durchschlagen“, wenn sie dem nationalen Gesetzgeber keine Umsetzungsspielräume belassen hat. Nichts anderes ergibt sich auch bei der Grundrechtswidrigkeit sekundärrechtlicher Öffnungsklauseln. Sowohl *Cremer* als auch ihm folgend das BVerfG übersehen, dass der fragliche Umsetzungsakt des nationalen Gesetzgebers ungeachtet der Nichtigkeit der Richtlinienvorgabe, auf der er beruht, nach wie vor im Anwendungsbereich des Gemeinschaftsrechts angesiedelt ist.[45] Dies gilt jedenfalls dann, wenn die sekundärrechtliche Angleichung der mitgliedstaatlichen Rechtsordnungen nicht lediglich punktuell in Gestalt gerade der ungültigen Richtlinienbestimmung erfolgte, sondern sich wie im Recht der harmonisierten Verbrauchsteuern auf ein ganzes Rechtsgebiet erstreckt. Damit unterliegt der nationale Umsetzungsrechtsakt aber weiterhin einer Kontrolle anhand der Unionsgrundrechte, weil diese wie vorstehend dargelegt auf das gesamte angeglichene Recht im Rahmen der Zielvorgaben der Richtlinie ausstrahlen.[46] Gerade bei zwingenden Richtlinienvorgaben wird die nationale Umsetzungsbestimmung aber in aller Regel den vom EuGH festgestellten Grundrechtsverstoß auch in die mitgliedstaatliche Rechtsordnung hineintragen.

Damit ist die entsprechende Norm nach dem allgemeinen, auch vom BVerfG akzeptierten Grundsatz vom Vorrang des Gemeinschaftsrechts unanwendbar, ohne dass es insoweit noch auf eine Nichtigkeitserklärung in einem konkreten Normenkontrollverfahren nach Art. 100 GG ankäme. So hat denn auch der EuGH in sehr grundsätzlich gehaltenen Formulierungen festgestellt: „Gewiss wären die vorlegenden Gerichte in dem Fall, dass sie *aufgrund der ihnen vom Gerichtshof erteilten Antworten* zu dem Ergebnis gelangen sollten, dass … [bestimmte Normen des nationalen Rechts gemeinschaftsrechtswidrig sind], nach gefestigter Rechtsprechung des Gerichtshofes gehalten, die … [betreffenden Normen] aus eigener Entscheidungsbefugnis unangewendet zu lassen, ohne dass sie die vorherige Beseitigung dieser Bestimmungen auf gesetzgeberischem Wege *oder durch irgendein anderes verfassungsrechtliches Verfahren* beantragen oder abwarten müssten.“[47] Es wäre auch widersprüchlich, wenn sich der nationale Gesetzgeber zwar unmittelbar an den Unionsgrundrechten messen lassen müsste, soweit die Richtlinie von vornherein einen grundrechtskonform ausfüllbaren Ermessensspielraum einräumt, nicht aber bei unbeabsichtigten Regelungslücken im Richtlinienrecht infolge der nachträglich festgestellten Grundrechtswidrigkeit einer zwingenden Richtlinienvorgabe.

---

[45] Es ist bezeichnend, dass CREMER, Die Verwaltung 2004, 165 (186 f.), allein aus verfassungsrechtlicher Warte argumentiert und die Judikatur des EuGH zur Geltung der Grundrechte auch im nicht durch zwingende Richtlinienbestimmungen, aber durch verbindliche Richtlinienziele vorstrukturierten Regelungsbereich nicht einmal erwähnt.

[46] So im Ergebnis auch PAYANDEH, DVBl. 2007, 741 (742 f.). Siehe zu dieser Ausstrahlungswirkung auch SCHMAHL, EuR 2008 – Beiheft 1, 7 (17 f.).

[47] Vgl. EuGH, Rs. C-387/02 u.a., Berlusconi u.a., Slg. 2005, I-3565 (Rn. 72) (Hervorhebung nur hier); ebenso LINDNER, EuZW 2007, 71 (73).

Infolge der weit fortgeschrittenen Harmonisierung sämtlicher fiskalisch bedeutsamer Verbrauchsteuern[48] einschließlich der Mehrwertsteuer bzw. Umsatzsteuer[49] unterliegen damit letztlich weite Bereiche des nationalen Steuerrechts dem direkten wie indirekten Einfluss europarechtlicher Grundrechtsverbürgungen. Daneben ist auch das Recht der Ertragsteuern punktuell betroffen, soweit es sekundärrechtliche Vorgaben umsetzt.[50] Sollten sich die Mitgliedstaaten auf eine gemeinsame körperschaftsteuerliche Bemessungsgrundlage[51] einigen, wird die darauf fußende innerstaatliche Steuererhebung ebenfalls einer Überprüfung anhand europarechtlicher Grundrechtsstandards zugänglich sein. Hingegen ist gegenwärtig das deutsche Steuerbilanzrecht noch von einer solchen Kontrolle abgeschirmt, selbst wenn man diese Materie mit dem EuGH[52] aufgrund des in § 5 I EStG niedergelegten Maßgeblichkeitsgrundsatzes als dessen Jurisdiktion mittelbar unterstellt ansehen wollte.[53] Denn eine etwaige Eingriffsqualität resultiert hier nicht aus dem harmonisierten Handelsrecht, sondern erst aus dessen Inbezugnahme durch steuerrechtliche Vorschriften, die aber als solche nicht mehr in den Anwendungsbereich des sekundären Gemeinschaftsrechts fallen.

2.3.3. Ausstrahlung auf das akzessorische Verfahrensrecht und Sanktionensystem

Von besonderer Bedeutung ist schließlich noch, dass der EuGH den „Anwendungsbereich" des sekundären Gemeinschaftsrechts und damit auch den Wirkungskreis der europarechtlichen Grundrechte auch hinsichtlich der Anwendung des harmonisierten Rechts extensiv versteht. Insbesondere rechnet er auch das mitgliedstaatliche (Steuer-) Verfahrensrecht zu besagtem Anwendungsbereich, obschon dessen nähere Ausgestaltung nach dem Grundsatz der Verfahrensautonomie[54] regelmäßig den Mitgliedstaaten überlassen ist. Soweit die Durchführung materiellen Gemeinschaftsrechts in Rede steht, muss das nationale Verwaltungsverfahren also nicht nur dem in ständiger Rechtsprechung begründeten Äquivalenz- und Effektivitätsprinzip

---

[48] Siehe zu den Harmonisierungsrechtsakten auf dem Gebiet der speziellen Verbrauchsteuern näher ENGLISCH, in: TIPKE/LANG, Steuerrecht, 19. Aufl., § 16 Rn. 2.

[49] Bedeutsamster Rechtsakt ist insoweit die Mehrwertsteuer-Systemrichtlinie (MwStSystRL) 2006/112/EG, ABl. L 347/1.

[50] Vgl. dazu die Übersicht bei WEBER-GRELLET, Europäisches Steuerrecht, § 22. Am grundrechtsrelevantesten ist wegen der damit verbundenen verfahrens- und datenschutzrechtlichen Aspekte wohl die Zinsrichtlinie 2003/48/EG, ABl. L 157/38.

[51] Siehe dazu das jüngste „Working Document" der Kommission v. 26.7.2007, CCCTB/WP057\doc\en, 4 ff., einsehbar unter http://ec.europa.eu/taxation_customs/taxation/company_tax/common_tax_base/index_en.htm.

[52] Vgl. EuGH, Rs. C-306/99, BIAO, Slg. 2003, I-1 (Rn. 88 ff.).

[53] Gegen eine Vorlage*pflicht* aber WEBER-GRELLET, DStR 2003, 67 (69); wohl auch LUTTERMANN, JZ 2003, 417 (473).

[54] So ausdrücklich EuGH, Rs. C-201/02, Delena Wells, Slg. 2004, I-723 (Rn. 67); Rs. C-392/04 u.a., i-21 Germany u.a., Slg. 2006, I-8559 (Rn. 57); sowie speziell zum Vollzug von harmonisiertem Steuerrecht EuGH, Rs. C-35/05, Reemtsma, Slg. 2007, I-2425 (Rn. 40). Siehe dazu auch VON DANWITZ, DVBl. 1998, 421 (429); EILMANSBERGER, Rechtsfolgen und subjektives Recht im Gemeinschaftsrecht, 58 ff.; SUERBAUM, VerwArch 2000, 169 (173).

genügen,[55] sondern auch die Grundrechte der betroffenen Steuerpflichtigen wahren.[56] Dasselbe hat der Gerichtshof auch für die Ausgestaltung nationaler Rechtsbehelfsverfahren angenommen.[57] Desgleichen müssen Mitgliedstaaten bei der gesetzlichen Androhung und bei der Verhängung von Sanktionen wie Geldbußen, Geldstrafen oder Freiheitsstrafen, die an die Missachtung gemeinschaftsrechtlich vorgegebener Regelungen anknüpfen, die allgemeinen Grundsätze des Gemeinschaftsrechts[58] und folglich auch die Grundrechte beachten.

Allerdings formuliert Art. 51 GRCh in seiner deutschen Fassung scheinbar enger, dass die Charta der Grundrechte für die Mitgliedstaaten „ausschließlich bei der Durchführung des Rechts der Union“ Geltung beansprucht. Gleichwohl ist damit auch künftig keine Verkürzung des Grundrechtsschutzes verbunden, wenn die Charta mit dem Inkrafttreten des Vertrages von Lissabon Rechtsqualität erlangen sollte.[59] Denn wie sich aus der in Art. 6 (1) EU n.F. in Bezug genommenen Erläuterung zu Art. 51 GRCh ergibt, soll damit lediglich die bisherige ständige Rechtsprechung wiedergegeben werden, wonach eine Verpflichtung zur Einhaltung der im Rahmen der Union definierten Grundrechte für die Mitgliedstaaten nur, aber auch immer dann besteht, wenn sie im Anwendungsbereich des Unionsrechts handeln. Für eine solch weite Interpretation sprechen auch die übrigen Sprachfassungen. Nicht zuletzt hat sich auch der EuGH schon bisher gelegentlich der deutschen Formulierung des Art. 51 GRCh bedient, ohne damit die Kontinuität der einschlägigen Rechtsprechungsgrundsätze in Frage zu stellen.[60]

---

55 Siehe dazu etwa EuGH, verb. Rs. 205/82 u.a., Deutsche Milchkontor, Slg. 1983, 2633 (Rn. 19); Rs. C-312/93, Peterbroeck, Slg. 1995, I-4599 (Rn. 12); und speziell zum Vollzug harmonisierter Steuern EuGH, Rs. C-30/02, Recheio, Slg. 2004, I-6051 (Rn. 17); Rs. C-291/03, MyTravel, Slg. 2005, I-8477 (Rn. 17) m.w.N.; Rs. C-35/05, Reemtsma, Slg. 2007, I-2425 (Rn. 37). Zu den parallelen Anforderungen an das mitgliedstaatliche Prozessrecht siehe EuGH, Rs. C-234/04, Kapferer, Slg. 2006, I-2585 (Rn. 22) m.w.N.; Rs. C-446/04, FII Group Litigation, n.n.v. (Rn. 203) m.w.N. Siehe dazu statt aller STREINZ, in: ISENSEE/KIRCHHOF, HbStR VII, 1992, § 182 Rn. 25 f.

56 So ausdrücklich EuGH, Rs. C-85/97, SFI, Slg. 1998, I-7447 (Rn. 31) (obschon seinerzeit tatsächlich) eine Vorschrift des materiellen Steuerschuldrechts zur Prüfung anstand; ähnlich EuGH, Rs. C-95/07 u.a., Ecotrade, n.n.v. (Rn. 51). Vgl. nunmehr eindeutig EuGH, Rs. C-349/07, Sopropé, n.n.v. (Rn. 38) zur Anwendung des EG-Zollkodex. Siehe zur Bindung beim mittelbaren Vollzug von Richtlinienrecht auch BROSIUS-GERSDORF, (Fn. 19), 17 f.; KUNTZE, VBlBW 2001, 5 (11); SZCZEKALLA, NVwZ 2006, 1019 (1021).

57 Vgl. EuGH, Rs. C-276/01, Steffensen, Slg. 2003, I-3735 (Rn. 66).

58 Grundlegend EuGH, Rs. 68/88, Kommission/Griechenland, Slg. 1989, 2965 (Rn. 23 f.); Rs. C-210/91, Kommission/Griechenland, Slg. 1992, I-6735 (Rn. 19); Rs. C-36/94, Siesse, Slg. 1995, I-3573 (Rn. 21).

59 Wie hier BROSIUS-GERSDORF, (Fn. 19), 42 ff.; GRABENWARTER, EuGRZ 2004, 563 (564 f.); LADENBURGER, in: TETTINGER/STERN, Kölner Gemeinschafts-Kommentar, EuGrCh, Art. 51 Rn. 23; SCHEUING, EuR 2005, 162 (182 ff.); SCHMAHL, EuR 2008 – Beiheft 1, 7 (12, dort Fn. 41). A.A. CALLIESS, EuZW 2001, 261 (266); HUBER, EuR 2008, 190 (197).

60 Vgl. z.B. EuGH, Rs. C-303/05, Advocaten voor de Wereld, Slg. 2007, I-3633 (Rn. 45).

2.4. Adäquater Ersatz für verdrängten nationalen Grundrechtsschutz?

Seine eigentliche Brisanz erhält das Vordringen europäischer Grundrechtsstandards in Materien mitgliedstaatlichen Steuerrechts durch die damit einhergehende – allerdings nicht vollständige – Verdrängung der Kontrolle am Maßstab national-verfassungsrechtlicher Grundrechte. Der entsprechende Standpunkt des EuGH ist oben bereits dargelegt worden.[61]

Ihn hat sich inzwischen auch das BVerfG im Wesentlichen zu Eigen gemacht. Bis vor kurzem hatten die Senate des BVerfG allerdings nur zum Ausschluss einer grundrechtlichen Überprüfung von gemeinschaftsrechtlichen *Verordnungen* Stellung genommen, die steuerrechtlich von untergeordneter Bedeutung sind: Nach anfänglicher Ablehnung im sog. „Solange I"-Beschluss[62] hat das BVerfG im sog. „Solange II"-Beschluss festgestellt, es werde EG-Verordnungen nicht mehr am Maßstab der nationalen Grundrechte messen, solange der durch den EuGH gewährleistete Grundrechtsschutz demjenigen des deutschen Grundgesetzes im Wesentlichen gleichzuachten sei.[63] Vor kurzem hat der erste Senat klargestellt, dass er bei EG-Richtlinienrecht ebenso verfährt, soweit selbiges dem nationalen Gesetzgeber keinen Umsetzungsspielraum belässt.[64] Diese Selbstbeschränkung hat das BVerfG mittlerweile auch im Bereich des harmonisierten Steuerrechts erkennen lassen.[65]

Die jüngere Rechtsprechung des BVerfG ist insofern konsequent, als eine Kontrolle zwingender Richtlinienvorgaben am Maßstab rein mitgliedstaatlicher Grundrechte ebenso wie bei Verordnungen die mit einer sekundärrechtlichen Harmonisierung angestrebte Rechtsangleichung im Binnenmarkt zu unterlaufen droht.[66] Nur insoweit dem mitgliedstaatlichen Gesetzgeber ein Gestaltungsermessen eingeräumt ist, bleibt es bei einem parallelen bzw. „kumulativen" Grundrechtsschutz anhand europarechtlicher wie national-verfassungsrechtlicher Standards.[67] Denn insoweit

---

[61] Siehe oben bei Fn. 6.

[62] BVerfG – 2 BvL 52/71, BVerfGE 37, 271 (285).

[63] BVerfG – 2 BvR 197/83, BVerfGE 73, 339 (387); bestätigt durch das sog. „Maastricht-Urteil" – 2 BvR 2134/92 u.a., BVerfGE 89, 155 (174 f.).

[64] BVerfG – 1 BvF 1/05, BVerfGE 118, 79 (95 ff.); zustimmend HOLZ, NVwZ 2007, 1153 ff. So zuvor auch schon die Kammerentscheidungen BVerfG – 1 BvR 1036/99, NJW 2001, 1267; BVerfG – 1 BvR 1270/04, NVwZ 2004, 1346; sowie die Entscheidungen des BVerwG – 3 C 10/98, NJW 1999, 2752 (2754); BVerwG – 7 C 26/04, NVwZ 2005, 1178 (1181). Zur vorherigen Kontroverse im deutschen Schrifttum vgl. statt aller KINGREEN, in: CALLIESS/RUFFERT, EUV/EGV, 3. Aufl., Art. 51 GRCh Rn. 9 ff. m.w.N.

[65] Vgl. Kammerbeschluss des BVerfG – 1 BvR 2129/07, DVBl. 2008, 105 (106); ebenso Österreichischer VwGH, Zl. EU 2007/2008-1, IStR 2007, 781 (784); ZORN, in: FS Ruppe, 744 (747).

[66] Näher ENGLISCH (Fn. 24), 738 ff.

[67] Vgl. BVerfG – 1 BvF 1/05, BVerfGE 118, 79 (95 ff.); siehe dazu auch LINDNER, EuZW 2007, 71 (73); SZCZEKALLA, NVwZ 2006, 1019 (1020); SCHMAHL, EuR 2008 – Beiheft 1, 7 (17); zweifelnd ZORN, in: FS Ruppe, 744 (749). Zu weitgehend KUNTZE, VBlBW 2001, 5 (11), nach dessen Auffassung national-verfassungsrechtliche Grundrechte auch nicht mehr zur Kontrolle des mittelbaren Vollzugs von Richtlinienrecht herangezogen werden können, obwohl die Ausgestaltung des Verwaltungsverfahrens regelmäßig den Mitgliedstaaten überlassen ist.

besteht von vornherein keine Gefahr einer gerade erst durch die Anwendung nationaler Grundrechtsstandards hervorgerufenen Rechtszersplitterung innerhalb der EU. In der Konsequenz bietet das Grundgesetz dann freilich im Verhältnis zu zwingendem Gemeinschaftsrecht und darauf basierenden nationalen Umsetzungsakten nurmehr die Ausfallgarantie eines „unabdingbaren Grundrechtsstandards". Sie wird vom BVerfG in einem vorgeblichen „Kooperationsverhältnis" mit dem Gerichtshof gewahrt,[68] soll tatsächlich aber nur bei einem Absinken von dessen Rechtsprechung unter diesen Standard eingreifen.[69]

Zu dieser Zurücknahme grundrechtlicher Kontrolle durch das BVerfG ist gleichwohl kritisch anzumerken: Auf dem Papier gewährleisten die richterrechtlich entwickelten Grundrechte der Union wohl *prinzipiell* mindestens ebenso umfassende Freiheiten, Teilhaberechte und Gleichheitsverbürgungen wie der Grundrechtskatalog des Grundgesetzes. Offenbar aus integrationspolitischen Gründen nimmt das BVerfG aber in Kauf, dass der EuGH realiter eine wesentlich laxere Kontrolle von Rechtsakten der Union anhand dieser Grundrechte praktiziert, als dies dem mittlerweile in der Rechtsprechung des BVerfG erreichten Stand entspricht.[70] Insbesondere wird der Gleichheitssatz im Ergebnis häufig nach wie vor als bloßes Willkürverbot gehandhabt,[71] und in der freiheitsrechtlichen Verhältnismäßigkeitsprüfung oft ein weites politisches Ermessen des Gemeinschaftsgesetzgebers betont.[72]

Speziell die Freiheitsrechte werden in der Abwägung mit kollidierenden Zielen teilweise auf eine Garantie ihres Wesensgehalts reduziert.[73] Im Übrigen wird die

---

[68] BVerfG – 2 BvR 2134/92 u.a., BVerfGE 89, 155 (175).

[69] So die Klarstellung durch BVerfG – 2 BvL 1/97, BVerfGE 102, 147 (164 ff.); vgl. auch HIRSCH, NJW 2000, 1817 (1818 f.). Zustimmend SCHMAHL, EuR 2008 – Beiheft 1, 7 (14 f.).

[70] Siehe dazu die Nachweise bei CLASSEN, EuR 2008, 627 (dort Fn. 1); sowie bei VON DANWITZ, in: TETTINGER/STERN, Kölner Gemeinschaftskommentar, EuGRCh, Art. 52 Rn. 19 f. Vgl. ferner ZORN/TWARDOSZ, ÖStZ 2006, 58 f., aus österreichischer Perspektive.

[71] Exemplarisch EuGH, Rs. C-210/03, Swedish Match, Slg. 2004, I-11893 (Rn. 71); Rs. C-155/04, Alliance for Natural Health, Slg. 2005, I-6451 (Rn. 116). Allerdings greift der EuGH anders als zu Beginn seiner einschlägigen Rechtsprechung nicht mehr explizit auf die Rechtsfigur des Willkürverbotes zurück, vgl. ODENDAHL, in: HESELHAUS/NOWAK, Handbuch der Europäischen Grundrechte, § 43 Rn. 26. In manchen Entscheidungen lässt er denn auch die Notwendigkeit eines verhältnismäßigen Ausgleichs von gleichheitsrechtlichen Leitprinzipien und kollidierenden Zielen erkennen, vgl. z.B. EuGH, Rs. C-292/97, Karlsson, Slg. 2000, I-2737 (Rn. 45). A.A. HUBER, EuR 2008, 190 (196): „... die unionsrechtliche Durchdringung des Gleichheitssatzes [ist] weiter gediehen ... als ... im deutschen Recht." Als zutreffend erweist sich dies jedoch allenfalls bei der Kontrolle anhand spezieller Diskriminierungsverbote, siehe dazu CLASSEN, EuR 2008, 627 (633 ff.).

[72] Exemplarisch EuGH, Rs. C-380/03, Deutschland/Parlament u. Rat, Slg. 2006, I-11573 (Rn. 144 ff.) m.w.N. Vgl. das Resümee von CLASSEN, EuR 2008, 627 (632); siehe ferner HUBER, EuR 2008, 190 (195): „... bislang ist noch kein unionaler Rechtsakt explizit an einem Freiheitsrecht gescheitert ...". Siehe ferner KOKOTT, AöR 1996, 599 (608 f.), zu den im steuerrechtlichen Kontext besonders bedeutsamen Grundrechten der Eigentums- und Berufsfreiheit: „außerordentlich niedriger Kontrollmaßstab".

[73] Vgl. EuGH, Rs. C-184/02 u.a., Spanien u.a./Parlament u. Rat, Slg. 2004, I-7789 (Rn. 52) m.w.N.; Rs. C-120/06 P u.a., FIAMM u.a., n.n.v. (Rn. 183) m.w.N.

Notwendigkeit einer *normspezifischen* Abwägung anhand des Gewichtes des betroffenen Grundrechts einerseits und gegenläufiger Grundrechte oder Ziele andererseits häufig gar nicht erkannt, sondern es wird eine abstrakte Vorrangwertung allein aufgrund des generellen Ranges der betroffenen Belange in der Rechtsordnung durchgeführt, womit sich die Verhältnismäßigkeitsprüfung faktisch auf die zweite Erforderlichkeit der Erforderlichkeit der Maßnahme reduziert.[74] Eine echte Abwägung findet meist nur dann statt, wenn sie durch parallele Gewährleistungen der EMRK bzw. durch die Rechtsprechung des EGMR vorstrukturiert ist.[75] Auch mangelt es vielfach noch an einer überzeugenden bereichsspezifischen Entfaltung und Konkretisierung der Gemeinschaftsgrundrechte in einzelnen Regelungsfeldern. Nicht zuletzt lässt es der EuGH bislang generell an Sensibilität für die Grundrechtsbezüge des von ihm zu beurteilenden Sekundärrechts mangeln.[76]

All dies zeigt sich gerade im Bereich des Steuerrechts: Hier wurde bislang seit dem Einsetzen der Grundrechtsrechtsprechung des EuGH vor nahezu vierzig Jahren nicht eine einzige Richtlinienbestimmung für ungültig erklärt.[77] Im Gegenteil hat der Gerichtshof wiederholt gleichheitsrechtliche Bedenken gegen einzelne Vorschriften der 6. MwSt-Richtlinie mit der Bemerkung abgetan, gewisse Ungleichbehandlungen müssten als „bewusste Entscheidung des Gemeinschaftsgesetzgebers" hingenommen werden.[78] Eine Prüfung anhand des gemeinschaftsrechtlichen Gleichbehandlungsgrundsatzes hingegen wurde nicht einmal in Erwägung gezogen.[79] Lediglich bei nationalen Rechtsakten, hinsichtlich derer die einschlägige

[74] Exemplarisch ist die Entscheidung der Großen Kammer des EuGH, Rs. C-73/07, Satakunnan Markkinapörssi u.a., n.n.v. (Rn. 56). Siehe dazu generell VON DANWITZ (Fn. 70), Art. 52 Rn. 20 m.w.N.

[75] Vgl. EuGH, Rs. C-465/00 u.a., Rechnungshof/Österreichischer Rundfunk u.a., Slg. 2003, I-4989 (Rn. 82 ff.); Rs. C-380/03, Deutschland/Parlament u. Rat, Slg. 2006, I-11573 (Rn. 154 f.).

[76] Vgl. SCHWARZE, NJW 2005, 3459 (3460): Der Anteil der Entscheidungen mit ausdrücklichem Grundrechtsbezug im Verhältnis zur Gesamtzahl der erledigten Rechtssachen betrug für die Jahre 2000 bis 2004 jeweils rund 3%.

[77] Nur Randbereiche des Tertiär- bzw. Sekundärrechts, namentlich Entscheidungen des Rates betreffend Ausnahmeermächtigungen für einzelne Mitgliedstaaten, wurden bislang vereinzelt wegen Verstoßes gegen den Verhältnismäßigkeitsgrundsatz oder den Grundsatz des Vertrauensschutzes für ungültig erklärt, vgl. EuGH, Rs. C-63/96, Skripalle, Slg. 1997, I-2847 (Rn. 24 ff.); Rs. C-177/99 u.a., Ampafrance u.a., Slg. 2000, I-7013 (Rn. 56 ff.); Rs. C-17/01, Sudholz, Slg. 2004, I-4243 (Rn. 32 ff.). Der – tatsächlich gegebene – Grundrechtsbezug der betreffenden Ausführungen, d.h. die Einbettung des Verhältnismäßigkeitsgrundsatzes bzw. des Dispositionsschutzes der Steuerpflichtigen in eine gleichheits- oder freiheitsrechtliche Prüfungsstruktur, wird aber selbst in diesen Urteilen nicht erkannt.

[78] Vgl. EuGH, Rs. C-269/00, Seeling, Slg. 2003, I-4101 (Rn. 54); Rs. C-72/05, Wollny, Slg. 2006, I-8297 (Rn. 46-48); ähnlich EuGH, Rs. C-378/02, Waterschap Zeeuws Vlaanderen, Slg. 2005, I-4685 (Rn. 43).

[79] Zustimmend TUMPEL, Mehrwertsteuer im innergemeinschaftlichen Warenverkehr, 163: „Die gänzliche Beseitigung von Ungleichbehandlungen bei der Mehrwertsteuer ist dem Gemeinschaftsgesetzgeber vorbehalten und muss daher als rechtspolitische Aufgabe angesehen werden." Dieser Standpunkt verkennt, dass der allgemeine Gleichbehandlungsgrundsatz auch und gerade für den Gemeinschaftsgesetzgeber verbindliche primärrechtliche Vorgaben an die Ausgestaltung von Rechtsakten der EG aufstellt.

Richtlinie den Mitgliedstaaten Ermessen einräumt, hat der EuGH auch ungefragt Stellung zu grundrechtlichen Aspekten genommen.[80] Erschwerend kommt hinzu, dass es auch seitens des EGMR bislang kaum steuerrechtliche Leitentscheidungen gibt, an die sich der Gerichtshof bei der grundrechtlichen Kontrolle des harmonisierten Steuerrechts und seines Vollzugs anlehnen könnte.[81] Jenseits steuerstrafrechtlicher Verfahren zeigt der EGMR in Steuersachen nämlich ein hohes Maß an richterlicher Zurückhaltung, das durch Art. 1 Abs. 2 des Zusatzprotokolls zur EMRK nahegelegt wird.

Zwar mag man zugestehen, dass der EuGH angesichts der sehr unterschiedlichen mitgliedstaatlichen Einstellungen zur Bedeutung und den Kompetenzen, die einer Verfassungsgerichtsbarkeit im Verhältnis zum Gesetzgeber zukommen sollten,[82] vorerst oder auch auf Dauer einen Mittelweg wählen wird, der im Vergleich zur aktiveren Rolle des deutschen BVerfG als judicial restraint erscheint.[83] Der Mangel an *jeglicher* effektiver Durchsetzung der Grundrechte in einer so klassischen Materie des Eingriffsrechts, wie sie das Steuerrecht darstellt, stimmt aber gleichwohl bedenklich.[84] Dies gilt umso mehr, als der Gemeinschaftsgesetzgeber in weitaus geringerem Maße demokratisch legitimiert ist als dies die mitgliedstaatlichen Legislativorgane sind. Der im Grundsatz durchaus integrationsfreundlich eingestellte EGMR hat sich denn auch vorsichtiger als das BVerfG gezeigt und sich für jeden *Einzelfall* eine Kontrolle vorbehalten, ob die Grundrechtsprüfung von Gemeinschaftsrecht durch den EuGH „offensichtlich unzureichend" ist.[85]

Hält man dies bei nationalen Verfassungsgerichten aus den genannten Gründen für unglücklich, so ist es Wissenschaft und vorlageberechtigten Gerichten geboten, vom EuGH gerade auch im Steuerrecht nachdrücklicher als bisher einen effektiven Grundrechtsschutz einzufordern.[86] Es ist daher zu begrüßen, dass der österreichische VwGH die *Seeling*-Rechtsprechung des EuGH[87] zum Anlass für einen Vorlagebe-

---

[80] Vgl. EuGH, Rs. C-85/97, SFI, Slg. 1998, I-7447 (Rn. 29 ff.); Rs. C-95/07 u.a., Ecotrade, n.n.v. (Rn. 51); siehe auch generell EuGH, C-276/01, Steffensen, Slg. 2003, I-3735 (Rn. 70) m.w.N.

[81] Am ehesten zu nennen wäre hier noch die Entscheidung des EGMR, Rs. 11581/85, Darby v. Sweden.

[82] Vgl. dazu die Länderberichte in Teil A des von TETTINGER/STERN herausgegebenen Kölner Gemeinschafts-Kommentar, EuGRCh; sowie ZORN, in: FS Ruppe, 744 (755 f.).

[83] Vgl. auch HEY, StuW 2005, 317 (325): „Das Bundesverfassungsgericht gilt als das weltweit aktivste Verfassungsgericht in Steuerrechtsfragen ... Es ist wenig wahrscheinlich, dass sich Deutschland mit seiner Tradition eines Steuerverfassungsrechts innerhalb der Gemeinschaft wird durchsetzen können."

[84] Kritisch auch ZORN, in: FS Ruppe, 744 (755).

[85] Vgl. das Urteil des EGMR, Rs. 45036/98, Bosphorus, NJW 2006, 197 (Rn. 155 f.), sowie die selbst insoweit noch kritische Concurring Opinion der Richter ROZAKIS, TULKENS, TRAJA, BOTOUCHAROVA, ZAGREBELSKY und GARLICKI. Siehe dazu auch WINKLER, EuGRZ 2007, 641 (650 ff.).

[86] So auch die Schlussfolgerung von ZORN/TWARDOSZ, ÖStZ 2006, 58 (59).

[87] EuGH, Rs. C-269/00, Seeling, Slg. 2003, I-4101, betreffend die optionale Gewährung eines vollen Vorsteuerabzugs an Unternehmer bei teilweise unternehmerischer Nutzung eines Gebäudes auch hinsichtlich privat genutzter Gebäudeteile; siehe dazu und zu Folgeurteilen auch BIRKENFELD, USt-Kongr-Bericht 2004, 45 (66 ff.); STERZINGER, UR 2008, 641 ff.; sowie kritisch ZORN, in: FS Ruppe, 744 (755).

schluss genommen hat, der nunmehr ausdrücklich die Vereinbarkeit der einschlägigen Bestimmungen der 6. MwSt-Richtlinie mit dem gemeinschaftsrechtlichen Gleichheitssatz thematisiert.[88] Diese Vorlage und ihre bisherige Behandlung sind zugleich symptomatisch dafür, dass ein Bedarf an schärferer Konturierung der europäischen Grundrechte vor allem im Bereich gemeinschaftsrechtlich vorgegebener Befreiungstatbestände und Privilegien besteht. Dies gilt umso mehr, als insoweit nicht nur die Überprüfung am Maßstab nationaler Grundrechte entfällt, sondern entgegen der Annahme des österreichischen VwGH[89] regelmäßig auch diejenige anhand des Beihilfeverbotes nach Art. 87 EG.[90] Grenzen sind dem Richtliniengeber daher nur durch die gemeinschaftsrechtlichen Grundrechte gesetzt.

Die grundrechtliche Würdigung durch Generalanwältin *Sharpston* gibt Zeugnis vom beklagenswerten Entwicklungsstand des europäischen Steuerverfassungsrechts. Die Generalanwältin widmet der gleichheitsrechtlichen Problematik in ihren Schlussanträgen gerade einmal fünf Randziffern.[91] Sie nimmt eine Ungleichbehandlung durch die Gewährung eines vollen Vorsteuerabzugs an Unternehmer auch hinsichtlich privat genutzter Gebäudeteile im Wesentlichen allein deshalb hin, weil nur Unternehmer ein solches Wirtschaftsgut möglicherweise nachträglich für unternehmerische Zwecke verwenden würden, mangels Einlagenentsteuerung aber keinen nachträglichen Vorsteuerabzug geltend machen könnten. Der Gerichtshof habe sich daher „in voller Kenntnis der Folgen" für den sofortigen vollen Vorsteuerabzug entschieden; demgegenüber – so heißt es an anderer Stelle[92] – sei eine Einlagenentsteuerung zwar ebenfalls möglich, aber „nicht offensichtlich vorzuziehen" gewesen. Im Übrigen würden nur Unternehmer binnenmarktförderliche Risiken eingehen und mit der (wohl: belastenden) Aufgabe als Steuereinnehmer betraut.

Diese Ausführungen sind in mehrfacher Hinsicht verfehlt: Erstens kann sich der Gerichtshof grundrechtlichen Bindungen nicht entziehen, sondern soll diese im Gegenteil effektuieren; seine bisherige, nicht grundrechtssensible Rechtsprechungslinie schirmt das beanstandete Zuordnungswahlrecht darum nicht schon *eo ipso* vor einem grundrechtlichen Verdikt ab. Zweitens fehlt es an einer Erforderlichkeitsprüfung für die Ungleichbehandlung des privaten Verbrauchs entgegen dem Belastungsgrund einer als umfassende Verbrauchsteuer konzipierten Mehrwertsteuer. Eine solche Prüfung hätte verdeutlicht, dass die Alternative einer Einlagenentsteuerung nicht nur vorzugswürdig, sondern gleichheitsrechtlich geboten wäre. Generalanwältin *Sharpston* reduziert den Gleichheitssatz hingegen auf ein Willkürverbot. Drittens schließlich bleibt die saldie-

---

[88] Österreichischer VwGH, Zl. EU 2007/2008-1, IStR 2007, 781; beim EuGH als Rs. C-460/07 (Puffer) anhängig.

[89] Österreichischer VwGH, Zl. EU 2007/2008-1, IStR 2007, 781 (Rn. 20).

[90] So jetzt auch GA SHARPSTON in ihren Schlussanträgen v. 11.12.2008, Rs. C-460/07 (Puffer), n.n.v. (Rn. 69 f.). Nach Auffassung des EuG in seiner Entscheidung v. 5.4.2006, T-351/02 (Deutsche Bahn), Slg. 2006, II-1047 (Rn. 102 u. 106), gilt dies ungeachtet einer Ermächtigung an die Mitgliedstaaten zum Verzicht auf die Steuerbefreiung. Anders muss es sich aber verhalten, wenn die Richtlinie umgekehrt als Regelfall die Besteuerung vorsieht und den Mitgliedstaaten die Steuerbefreiung als Ausnahme gestattet, vgl. auch Art. 26 (2) der Energiesteuerrichtlinie 2003/96/EG. Näher dazu ENGLISCH, Zur Bedeutung des gemeinschaftsrechtlichen Gleichheitssatzes im Recht der Gemeinschaftsbeihilfen, EuR 4/2009 (im Erscheinen).

[91] Vgl. GA SHARPSTON, Schlussanträge v. 11.12.2008, Rs. C-460/07 (Puffer), n.n.v. (Rn. 58 bis 62).

[92] GA SHARPSTON, Schlussanträge v. 11.12.2008, Rs. C-460/07 (Puffer), n.n.v. (Rn. 53).

rende Betrachtungsweise am Ende ihrer Stellungnahme vage und kann jedenfalls im Ergebnis nicht überzeugen.[93]

Daneben ist eine stärker steuerspezifische Konkretisierung der gemeinschaftsrechtlichen Grundrechte auch erforderlich, um den nationalen Gerichten verlässliche Anhaltspunke für eine teleologische und grundrechtskonforme Interpretation des angeglichenen Steuerrechts zu liefern. So hätte etwa der EuGH zur Beantwortung einer auf die Verbrauchsteuerbefreiung von zur Tabakentwöhnung dienenden Kräuterzigaretten abzielenden Vorlagefrage vornehmlich eine gleichheitsrechtlich angeleitete Prüfung des Entlastungsgrundes der einschlägigen Befreiungsvorschrift durchführen müssen, statt sich auf eine Analyse von Wortlaut und äußerer Systematik zurückzuziehen.[94] Immerhin zeichnet sich im gemeinsamen Mehrwertsteuerrecht eine dahingehende Tendenz in jüngerer Zeit stärker ab.[95] Schließlich bedarf auch die Finanzverwaltung grundrechtsfundierter Leitlinien für die Handhabung etwaiger Ermessensspielräume im Bereich des Steuerverfahrens. Auch in dieser Hinsicht hat der EuGH schon mehrfach eine größere Bereitschaft zur Entfaltung grundrechtlicher Wertungen erkennen lassen. Beispielhaft sind etwa die Ausführungen zu europarechtlich gebotenen Verhältnismäßigkeitserwägungen bei der Entscheidung über einen Billigkeitserlass nach § 227 AO.[96]

2.5. Steuerspezifische Konkretisierung und Effektuierung

Im Folgenden sollen die bisherigen Ansätze des EuGH zur steuerspezifischen Konkretisierung der gemeinschaftsrechtlichen Grundrechte kritisch gewürdigt und mögliche künftige Entwicklungslinien aufgezeigt werden. Dabei kann es angesichts der Vielzahl möglicher Implikationen nicht darum gehen, sämtliche einschlägigen Entscheidungen detailliert zu diskutieren und alle potenziellen Grundrechtsverstöße durch einzelne Steuerrechtsnormen aufzuspüren. Es sollen vielmehr aus einer prinzipiellen Warte heraus einige der praktisch bedeutsamsten Aspekte erörtert werden.

2.5.1. Gleichheitssatz

Für die Gemeinschaftsrechtsordnung hat der EuGH die Geltung eines allgemeinen Gleichheitssatzes bzw. „Gleichbehandlungsgrundsatzes" frühzeitig aus den geschriebenen Diskriminierungsverboten des EG-Vertrages hergeleitet, die er ledig-

---

93 Siehe dazu näher unten bei 4.a) (4).

94 Vgl. EuGH, Rs. C-495/04, Smits-Kolhoven, Slg. 2006, I-3129 (Rn. 18 ff.).

95 Vgl. z.B. EuGH, Rs. C-137/02, Faxworld, Slg. 2004, I-5547 (Rn. 37 ff.), zur Vorsteuerabzugsberechtigung nach MwSt-Richtlinie und deutschem UStG. Der EuGH nimmt hier eine Auslegung der Richtlinie am Maßstab des Neutralitätsgrundsatzes vor, den er an anderer Stelle wiederholt als systemspezifische Ausprägung des gemeinschaftsrechtlichen Gleichbehandlungsgrundsatzes bezeichnet hat; siehe dazu näher unten bei Fn. 115. Noch deutlicher etwa EuGH, Rs. C-371/07, Dannfoss u. Astrazeneca, n.n.v. (Rn. 46 f.), zur gleichheitsrechtlich und damit verbrauchsteuerteleologisch angeleiteten Auslegung von Tatbeständen der Eigenverbrauchsbesteuerung im harmonisierten Mehrwertsteuerrecht; ähnlich bereits EuGH, Rs. C-72/05, Wollny, Slg. 2006, I-8297 (Rn. 48).

96 Vgl. EuGH, Rs. C-271/06, Netto Supermarkt, n.n.v. (Rn. 17 ff.).

lich als dessen besondere Ausprägung ansieht.[97] Inzwischen hat sich der Gerichtshof auch wiederholt zum Grundrechtscharakter des allgemeinen Gleichheitssatzes bekannt.[98] Bestätigt wird diese Entwicklung in Art. 20 GRCh, der die Gleichheit aller vor dem Gesetz und damit ausweislich der zugehörigen Erläuterung auch die Rechtssetzungsgleichheit postuliert. Demnach müssen Gemeinschaftsgesetzgeber und Mitgliedstaaten auch bei der Ausgestaltung des harmonisierten Steuerrechts auf die Gleichmäßigkeit der Besteuerung achten. Dies folgt nicht zuletzt auch aus der gebotenen Anlehnung an die mitgliedstaatlichen Verfassungsüberlieferungen und die Grundrechtsstandards der EMRK. Die gerechte und gleichmäßige Austeilung steuerlicher Lasten ist dem Gesetzgeber nämlich in nahezu sämtlichen Mitgliedstaaten der EU kraft Verfassung aufgegeben und wird dort regelmäßig gleichheitsrechtlich fundiert.[99] Eine dahingehende Verpflichtung lässt sich nach der Rechtsprechung des EGMR ansatzweise auch der EMRK entnehmen.[100]

2.5.1.1. Orientierung des Belastungsvergleichs am Belastungsgrund der Steuer

Angesichts des bislang erreichten Harmonisierungsgrades im Steuerrecht betrifft diese Vorgabe gegenwärtig im Wesentlichen das Recht der Verbrauchsteuern im weiteren – materiellen – Sinne, einschließlich der Umsatzsteuer. Wie der Gerichtshof seit jeher betont, orientieren sich diese Steuern zuvörderst am Ziel der Wettbewerbsneutralität,[101] was hinsichtlich des gemeinschaftlichen Mehrwertsteuer-

---

97 Grundlegend EuGH, verb. Rs. 117/76 und 16/77, Ruckdeschel u.a., Slg. 1977, 1753 (Rn. 7). Seither st. Rspr., vgl. EuGH, Rs. C-280/93, Deutschland/Rat, Slg. 1994, I-4973 (Rn. 67); Rs. C-15/95, Earl de Kerlast, Slg. 1997, I-1961 (Rn. 35). Angedeutet wurde diese Entwicklung bereits in den Entscheidungen des EuGH, Rs. 48/70, Bernardi, Slg. 1971, 175 (Rn. 27); EuGH, Rs. 1/72, Frilli, Slg. 1972, 457 (Rn. 19). Näher zur historischen Entwicklung WAHLE, Der allgemeine Gleichheitssatz in der Europäischen Union, 36 ff.

98 Vgl. EuGH, Rs. 292/97, Karlsson, Slg. 2000, I-2737 (Rn. 37 f.); Rs. C-442/00, Caballero, Slg. 2002, I-11915 (Rn. 31 f.); Rs. C-177/05, Guerrero Pecino, Slg. 2005, I-10887 (Rn. 26); Rs. C-81/05, Alonso, n.n.v. (Rn. 37). Auch juristische Personen des Privatrechts können sich auf den allgemeinen Gleichheitssatz als Grundrecht berufen, vgl. MEYER, Das Diskriminierungsverbot des Gemeinschaftsrechts als Grundsatznorm und Gleichheitsrecht, 2002, 77 f. m.w.N.

99 Vgl. MEUSSEN, The principle of equality in European Taxation; TIPKE, in: FS Vogel, 561 (567 ff.).

100 Vgl. EGMR, Rs. 11581/85, Darby v. Sweden, (Rn. 28-31). Da die EMRK keinen allgemeinen Gleichheitssatz, sondern mit Art. 14 nur ein Diskriminierungsverbot bezüglich des Gebrauchmachens von den in der Konvention garantierten Rechten und Freiheiten kennt, muss der EGMR dabei in einer ungleichen Besteuerung eine potenziell diskriminierende Beeinträchtigung der Eigentumsfreiheit sehen, vgl. auch EGMR, Rs. 8695/79, Inze vs. Austria, (Rn. 36); GRABENWARTER, Europäische Menschenrechtskonvention, 3. Aufl., § 26 Rn. 1 ff.; ODENDAHL (Fn. 71), § 43 Rn. 8.

101 Vgl. für die Mehrwertsteuer z.B. EuGH, Rs. 126/78, Nederlandse Spoorwegen, Slg. 1979, 2041 (Rn. 7); Rs. 89/81, Hongkong Trade Development Council, Slg. 1982, 1277 (Rn. 6); Rs. C-481/98, Kommission/Frankreich, Slg. 2001, I-3369 (Rn. 21 f.); GA LÉGER, Schlussanträge v. 12.5.2005, Rs. C-291/03 (My Travel) Slg. 2005, I-8477 (Rn. 66 f.); für das Recht der speziellen Verbrauchsteuern EuGH, Rs. C-240/01, Kommission/Deutschland, Slg. 2004, I-4733 (Rn. 39 u. 44).

systems schon in den Erwägungsgründen der maßgeblichen Richtlinienbestimmungen zum Ausdruck kommt.[102] Aus diesem Grundsatz steuerlicher Neutralität hat der Gerichtshof umfangreiche Schlussfolgerungen zur Bestimmung des Steuersubjekts[103], des Steuerobjekts[104], zum Umfang und zur Berechnung der steuerlichen Bemessungsgrundlage[105], sowie zur sachlichen und persönlichen Reichweite von Steuerbefreiungen[106], Vorsteuerabzug[107] und ermäßigtem Steuersatz[108] gezogen. Auch hat er den Mitgliedstaaten auf Basis des Neutralitätsgrundsatzes Vorgaben zur Ausgestaltung ihres Besteuerungsverfahrens gemacht.[109]

Dabei hat der EuGH schon früh zu erkennen gegeben, dass aus dem Neutralitätsgrundsatz im Verhältnis zwischen konkurrierenden Waren oder Dienstleistungen bzw. mit Blick auf deren Anbieter ein prinzipielles Gleichbehandlungsgebot folgt, ohne jedoch unmittelbar einen Grundrechtsbezug herzustellen.[110] Ausdrücklich hat der allgemeine Gleichheitssatz in die Rechtsprechung des Gerichtshofs vielmehr erst spät und zunächst auch nur mit Blick auf Übergangsrecht[111] und die Ausübung behördlicher Ermessensspielräume[112] Eingang gefunden. Im Urteil „*HE*" hat der EuGH dann davon gesprochen, der Grundsatz der Gleichbehandlung stelle eine Folge des Grundsatzes der Neutralität dar.[113] Dies entspricht auch der Auffassung von Teilen des Schrifttums.[114] In jüngster Zeit hat der EuGH aber klargestellt, dass es sich allenfalls umgekehrt verhalten kann und dass der Neutralitätsgrundsatz als

---

[102] Vgl. die Erwägungsgründe 4, 5 und 7 der MwStSystRL 2006/112/EG, vormals 8. Erwägungsgrund der Ersten Mehrwertsteuerrichtlinie 67/227/EWG.

[103] Vgl. EuGH, Rs. C-400/98, Breitsohl, Slg. 2000, I-4321 (Rn. 34-37) m.w.N.; siehe aus jüngerer Zeit auch EuGH, Rs. C-430/04, Feuerbestattungsverein Halle, Slg. 2006, I-4999 (Rn. 24); Rs. C-408/06, Götz, n.n.v. (Rn. 41 f.).

[104] Vgl. EuGH, Rs. C-186/89, Van Tiem, Slg. 1990, I-4363 (Rn. 18); Rs. C-80/95, Harnas & Helm, Slg. 1997, I-745 (Rn. 13 f.).

[105] Vgl. EuGH, Rs. C-322/99 u.a., Fischer u. Brandenstein, Slg. 2001, I-4049 (Rn. 75 f.) m.w.N.; Rs. C-291/03, MyTravel, Slg. 2005, I-8477 (Rn. 32 ff.).

[106] Vgl. EuGH, Rs. C-216/97, Gregg, Slg. 1999, I-4947 (Rn. 20); Rs. C-141/00, Kügler, Slg. 2002, I-6833 (Rn. 30 f.); Rs. C-144/00, Hoffmann, Slg. 2003, I-2921 (Rn. 27).

[107] Vgl. EuGH, Rs. 268/83, Rompelmann, Slg. 1985, 655 (Rn. 19); Rs. C-137/02, Faxworld, Slg. 2004, I-5547 (Rn. 37) m.w.N.; Rs. C-453/02 u.a., Linneweber u.a., Slg. 2005, I-1131 (Rn. 24 ff.).

[108] Vgl. EuGH, Rs. C-109/02, Kommission/Deutschland, Slg. 2003, I-12691 (Rn. 20).

[109] Vgl. EuGH, Rs. C-342/87, Genius Holding, Slg. 1989, I-4227 (Rn. 18); siehe auch EuGH, Rs. C-361/96, Société générale des grandes sources d'eaux minérales françaises, Slg. 1998, I-3495 (Rn. 32 ff.) (i.E. offen gelassen).

[110] Vgl. EuGH, Rs. 126/78, Nederlandse Spoorwegen, Slg. 1979, 2041 (Rn. 12); seither st. Rspr., siehe dazu ausführlich EuGH, Rs. C-363/05, JP Morgan, Slg. 2007, I-5517 (Rn. 46 f.) m.w.N.

[111] Vgl. EuGH, Rs. C-36/99, Idéal tourisme, Slg. 2000, I-6049 (Rn. 30 ff.).

[112] Erstmals in den Urteilen des EuGH, Rs. C-141/00, Kügler, Slg. 2002, I-6833 (Rn. 56); Rs. C-45/01, Dornier, Slg. 2003, I-12911 (Rn. 69).

[113] EuGH, Rs. C-25/03, HE, Slg. 2005, I-3123 (Rn. 72).

[114] Vgl. LOHSE, UR 2004, 582 (583).

eine bereichsspezifische Ausprägung des allgemeinen Gleichbehandlungsgrundsatzes anzuerkennen sei.[115]

Diese Feststellung erscheint auf den ersten Blick durchaus plausibel, eben weil dem Neutralitätspostulat ein gleichheitsrechtliches Element immanent ist, das im siebten Erwägungsgrund der MwSt-Systemrichtlinie auch explizit Erwähnung findet. Es lässt sich auch nicht bestreiten, dass eine Verletzung des Neutralitätsgrundsatzes regelmäßig eine ungleichmäßige bzw. nicht sachgerechte Auferlegung steuerlicher Lasten nach sich zieht. Gleichwohl greift es zu kurz, den allgemeinen Gleichheitssatz im Recht der Steuern auf den Verbrauch auf ein steuerliches Neutralitätsgebot zu reduzieren oder darin auch nur seine primäre Konkretisierung zu erblicken. Die Mehrwertsteuer ist anerkanntermaßen eine allgemeine Verbrauchsteuer; dies kommt auch in Art. 1 (2) MwStSystRL klar zum Ausdruck. Die steuerliche Belastung soll also letztlich den Endverbraucher am Maßstab seiner Konsumaufwendungen treffen und idealtypisch auf ihn überwälzt werden. Dies hat auch der EuGH selbst wiederholt anerkannt.[116] Bei den harmonisierten besonderen Verbrauchsteuern muss darüber hinaus auf etwaige sozial- oder umweltpolitische Lenkungszwecke Bedacht genommen werden. In jedem Fall aber fungiert der steuerpflichtige Unternehmer bloß als „Steuereinnehmer für Rechnung des Staates und im Interesse der Staatskasse“[117].

Sind aber die Unternehmer nicht die intendierten Steuerträger, so kann die Erhebung und Ausgestaltung einer Verbrauchsteuer und speziell der Mehrwertsteuer ihre Gerechtigkeitsqualität nicht in erster Linie aus der wettbewerbsneutralen Behandlung der Unternehmer untereinander gewinnen. Vielmehr muss zuvörderst die vom Richtliniengeber beabsichtigte Steuerbelastung – nur – der Verbraucher entsprechend dem legitimen Belastungsgrund der jeweiligen Steuer gleichmäßig ausfallen.[118] Es ist daher diese Perspektive, welche die gleichheitsrechtliche Prüfung des harmonisierten Verbrauchsteuerrechts im Sinne eines *tertium comparationis* anleiten muss.[119] Die Sichtweise des EuGH ist demgegenüber noch zu stark im integrationspolitischen Zweck der sekundärrechtlichen Harmonisierung verhaftet, durch den Abbau von Wettbewerbsverzerrungen einen gemeinschaftsweiten Binnenmarkt

---

[115] Vgl. EuGH, Rs. C-498/03, Kingscrest Associates, Slg. 2005, I-4427 (Rn. 54 f.); verb. Rs. 443 u. 444/04, Solleveld u.a., Slg. 2006, I-3617 (Rn. 35); Rs. C-106/05, L.u.P., Slg. 2006, I-5123 (Rn. 48); Rs. C-240/05, Eurodental, Slg. 2006, I-11479 (Rn. 55) m.w.N.; Rs. C-309/06, Marks & Spencer, n.n.v. (Rn. 49); Rs. C-484/06, Koninklijke Ahold, n.n.v. (Rn. 36); vgl. auch ZORN, in: FS Ruppe, 2007, 744 (749).

[116] EuGH, Rs. C-317/94, Elida Gibbs, Slg. 1996, I-5339 (Rn. 19 u. 22); Rs. C-427/98, Kommission/Deutschland, Slg. 2002, I-8315 (Rn. 29); Rs. C-409/04, Teleos, n.n.v. (Rn. 60); Rs. C-475/03, Banca Popolare di Cremona, Slg. 2006, I-9373 (Rn. 31 f.); Rs. C-283/06 u.a., KÖGÁZ, n.n.v. (Rn. 50 f.).

[117] Vgl. EuGH, Rs. C-10/92, Balocchi, Slg. 1993, I-5105 (Rn. 25); Rs. C-271/06, Netto Supermarkt, n.n.v. (Rn. 21).

[118] Wie hier LÖHR, Das umsatzsteuerrechtliche Optionsrecht für Vermietungsumsätze, 242; TIPKE, StuW 1992, 103 (105).

[119] Schon früh erkannt von LANG, Die Bemessungsgrundlage der Einkommensteuer, 110.

zu verwirklichen.[120] Bei einer bloßen Koordinierung originär mitgliedstaatlich definierter Steueransprüche, wie sie für die punktuelle Rechtsangleichung auf dem Gebiet der direkten Steuern charakteristisch ist, mag dies noch angehen. Bei der grundrechtlichen Würdigung einer umfassenden gemeinschaftsrechtlichen Regelung von Steuergegenstand und Steuertatbestand erweist sich dieser Standpunkt jedoch als inadäquat, auch und gerade weil dann national-verfassungsrechtliche Kontrollmaßstäbe gleichheitssatzkonformer Steuerbelastung verdrängt werden.[121]

Mit dem hier vertretenen Standpunkt ist mitnichten eine radikale Abkehr von der auf den Gesichtspunkt steuerlicher Neutralität gestützten Argumentation des Gerichtshofs verbunden. Denn ein dahingehender Verstoß *indiziert* eine am Verbrauchsteuerideal gemessen ungleichmäßige Belastung: So muss etwa eine unternehmerische Verwendung von Waren oder Dienstleistungen grundsätzlich zum Vorsteuerabzug berechtigen, wenn nur der Endverbraucher belastet werden soll. Aus demselben Grund dürfen auch konkurrierende Güter nicht unterschiedlich besteuert werden, weil sonst eine vollständige Überwälzung der Steuer im Wettbewerb schon strukturell ausgeschlossen ist und damit der Belastungsgrund der Steuer verfehlt wird.[122] Daneben kann auch die Wettbewerbsfreiheit der benachteiligten Unternehmen tangiert sein.[123] Festzuhalten ist gleichwohl, dass sich die gleichheitsrechtlichen Implikationen einer folgerichtigen Umsetzung des Verbrauchsteuergedankens nicht in Neutralitätspostulaten erschöpfen. Deshalb vermag die bisherige Tendenz zur Reduktion gleichheitsrechtlicher Erwägungen auf den Neutralitätsgrundsatz in der Rechtsprechung des EuGH[124] wie auch der nationalen Finanzgerichtsbarkeit grundrechtlich nicht voll zu befriedigen.

---

[120] Siehe dazu die Erwägungsgründe der Ersten Richtlinie 67/227/EWG des Rates vom 11.4.1967 zur Harmonisierung der Rechtsvorschriften der Mitgliedstaaten über die Umsatzsteuer (ABl. 71/1301). Danach soll die Harmonisierung der Rechtsvorschriften über die Umsatzsteuern einen gemeinsamen Markt schaffen, auf dem ein unverfälschter Wettbewerb herrscht und der ähnliche Merkmale aufweist wie ein Binnenmarkt; hierzu sollen die Unterschiede in der Besteuerung beseitigt werden, die geeignet sind, den Wettbewerb zu verfälschen und den Handelsverkehr zu behindern. Zur Betonung wirtschaftspolitischer, und zwar in erster Linie wettbewerbsbezogener Zielsetzungen und der damit einhergehenden Vernachlässigung klassischer steuerstaatlicher Themen durch den EuGH vgl. auch SCHÖN, USt-Kongr-Bericht 2001/2002, 17 (20); kritisch FANTOZZI, in: FS Vanistendael, 387 (388).

[121] Kritisch auch TIPKE (Fn. 2), 969.

[122] Vgl. REIß, in: FS Tipke, 433 (440).

[123] Die frühere Rspr. des EuGH sah die Wettbewerbsfreiheit als eigenständiges Grundrecht an, vgl. EuGH, verb. Rs. 133/85 u.a., Rau, Slg. 1987, 2289 (Rn. 15 u. 18). Inzwischen tendiert der EuGH zu Recht dazu, sie als Teilelement der Berufsfreiheit anzusehen, vgl. EuGH, Rs. C-280/93, Deutschland/Rat, Slg. 1994, I-4973 (Rn. 81 u. 87); verb. Rs. C-435/02 u.a., Axel Springer, Slg. 2004, I-8663 (Rn. 48 u. 53); Rs. C-295/03 P, Alessandrini, Slg. 2005, I-5673 (Rn. 90). Zustimmend CICHY, Wettbewerbsverfälschungen durch Gemeinschaftsbeihilfen, 187; PENSKI/ELSNER, DÖV 2001, 265 (271). Ablehnend hingegen RODI, Die Subventionsrechtsordnung, 2000, 285; PERNICE/MAYER, in: GRABITZ/HILF, EUV/EGV, EUV nach Art. 6 (Stand 08/2002) Rn. 141: Nur objektiver Rechtsgrundsatz.

[124] Siehe jetzt aber ansatzweise EuGH, Rs. C-72/05, Wollny, Slg. 2006, I-8297 (Rn. 48); Rs. C-309/06, Marks & Spencer, n.n.v. (Rn. 49 f.); Rs. C-371/07, Danfoss u. AstraZeneca, n.n.v. (Rn. 46 f.).

Beispielhaft sei eine Problemstellung aus dem Bereich der Differenzbesteuerung nach Art. 311 ff. MwStSystRL bzw. § 25a UStG genannt: Als Zweck dieser Regelung wird bekanntlich angeführt, die Wettbewerbsnachteile zu beseitigen, die Händlern von Gebrauchtwaren im Verhältnis zu privaten Anbietern beim Verkauf an Verbraucher erwachsen können. Es würde eine wettbewerbsverzerrende Steuerkumulation drohen, wenn der von Privat erwerbende Händler die im Ankaufspreis implizit noch enthaltenen Restmehrwertsteuer nicht abziehen könnte und zusätzlich die von ihm selbst geschuldete Mehrwertsteuer auf Basis des vollen Verkaufspreises berechnen müsste.[125] Denn der private Anbieter wird nur die implizite Restmehrwertsteuer weitergeben. Gestaltet aber der Händler die Gebrauchtware vor ihrer Veräußerung um, soll die Differenzbesteuerung nach herrschender Meinung nicht greifen, weil für den bearbeiteten Gegenstand keine beachtliche private Konkurrenz mehr besteht.[126] Unter dem Gesichtspunkt der Wettbewerbsneutralität wäre dies tatsächlich konsequent. Jedoch führt die Versagung der Differenzbesteuerung in diesen Fällen tendenziell zu einer kumulierten Steuerbelastung beim privaten Endabnehmer der Gebrauchtware, obwohl sich in seinen Aufwendungen für den Erwerb keine höhere Steuerwürdigkeit als beim Erwerb sonstiger, nur einmal belasteter Konsumgüter manifestiert. Dies ist gleichheitsrechtlich nicht zu rechtfertigen und somit eine extensive Auslegung des § 25a UStG geboten.

Auf gleichheitsrechtliche Bedenken muss aus der gebotenen verbrauchsteuerrechtlichen Warte ferner die Versagung des Vorsteuerabzugs gegenüber der reinen Finanzholding[127] stoßen, weil deren Tätigkeit keinen privaten Konsum beinhaltet.[128] Die Rechtsprechung zur Eigenverbrauchsbesteuerung unternehmerisch veranlasster Werbegeschenke[129] überzeugt vor diesem Hintergrund ebenfalls nicht.[130] Denn der zuwendende Unternehmer konsumiert nicht, und der empfangende Endverbraucher

---

[125] Vgl. STADIE, Umsatzsteuerrecht, Rn. 17.85.

[126] FG Münster – 15 K 7988/98 U, EFG 1999, 1000; DENNISEN, Die Differenzbesteuerung im Umsatzsteuergesetz, Diss. Köln 2008, im Erscheinen; STADIE, in: RAU/DÜRRWÄCHTER, UStG, § 25a (Stand 02/2005) (Rn. 65). A.A. BIRKENFELD, USt-Handbuch, § 236 (Stand 09/2004) Rn. 66 f.

[127] Siehe dazu EuGH, Rs. C-60/90, Polysar, Slg. 1991, I-3111 (Rn. 17); Rs. C-333/91, Sofitam, Slg. 1993, I-3513 (Rn. 12); Rs. C-142/99, Floridienne, Slg. 2000, I-9567 (Rn. 17); Rs. C-102/00, Welthgrove, Slg. 2001, I-5679 (Rn. 13); BFH – V R15/00, BFH/NV 2002, 1346 (1349).

[128] Soweit vom EuGH darauf hingewiesen wird, dass auch ein privater Anleger keinen Vorsteuerabzug für die im Zusammenhang mit seinen Investitionen bezogenen mehrwertsteuerpflichtigen Leistungen geltend machen kann (vgl. EuGH, Rs. C-155/94 [Wellcome Trust], Slg. 1996, I-3013 (Rn. 36 f.), so trifft dies zwar zu. Dieser Einwand verdeutlicht jedoch nur, dass auch Aufwendungen im Zusammenhang mit der privaten Kapitalanlage mangels Konsumbezugs von Vorsteuern entlastet werden müssten, vgl. dazu unten bei Fn. 213. Aus Praktikabilitätsgründen könnte letzteres aber auch typisierend über eine (echte) Steuerbefreiung von Finanzdienstleistungen bewirkt werden.

[129] EuGH, Rs. C-48/97, Kuwait Petroleum, Slg. 1999, I-2323 (Rn. 22); bestätigt durch EuGH, Rs. C-427/98, Kommission/Deutschland, Slg. 2002, I-8315 (Rn. 75).

[130] Kritisch auch JAKOB, Umsatzsteuer, 3. Aufl., Rn. 446; KLENK, in: SÖLCH/RINGLEB, UStG, § 3 (Stand 04/2008) Rn. 373; LIPROSS, UR 2006, 142 (149 ff.). Zustimmend hingegen LOHSE, UR 1999, 316 f.

tätigt keine Aufwendungen für seinen Konsum.[131] Der gelegentlich zu lesende Einwand eines ansonsten drohenden unversteuerten Letztverbrauchs[132] verfängt nicht. Maßstab der Lastenausteilung sind die Konsumaufwendungen und die darin aufscheinende Leistungsfähigkeit, nicht der Konsum als solcher.[133] Verstöße gegen das gleichheitsrechtliche Gebot einer gleichmäßigen Belastung – nur – des Endverbrauchs wären auch zu befürchten, müssten oder dürften die Mitgliedstaaten Mehrwertsteuer auf ihrer Natur nach illegale Transaktionen erheben.[134] Mangels legaler Konkurrenz wird hier nämlich eine Umsatzsteuerbelastung nicht in den Preis mit einkalkuliert, so dass eine nachträgliche Erhebung von Umsatzsteuer zwangsläufig den Unternehmer treffen würde.

Gleichheitsrechtlich in hohem Maße fragwürdig sind ferner auch die sog. „unechten" Steuerbefreiungen, die einen Ausschluss des Vorsteuerabzugs nach Art. 168 ff. MWStSystRL bzw. § 15 II, III UStG nach sich ziehen. Selbst wenn man von einer indirekten Überwälzbarkeit der nicht abziehbaren Vorsteuer auf den Endabnehmer ausgeht,[135] wäre allenfalls Neutralitätspostulaten auf Unternehmerebene genügt. Nicht gewahrt wäre aber das Gebot einer gleichmäßigen Lastenausteilung am Maßstab der verbrauchsteuerrechtlich maßgeblichen Konsumaufwendungen. So würden dann etwa Aufwendungen des Steuerträgers für eine apparateintensive ärztliche Heilbehandlung signifikant höher mit impliziter – nicht abziehbarer – Umsatzsteuer belastet als solche für eine personalintensive medizinische Betreuung. Vollends fragwürdig erscheint diese Besteuerungstechnik, wenn derart existenzielle Leistungen in der Folge sogar noch stärker mit Steuern belegt sein könnten als etwa der Kauf von Schnittblumen.[136] Die einzig denkbare Rechtfertigung, nämlich eine solche aus rein fiskalischen Motiven, weist der EuGH im Kontext der grundfreiheitlichen Überprüfung der nicht harmonisierten direkten Steuern stets zurück.[137] Für den gemeinschaftsrechtlichen Gleichheitssatz kann nichts anderes gelten. Daneben unterliegen sowohl Steuerbefreiungen wie auch

---

[131] Für eine unentgeltlich erbrachte Dienstleistung mit Lieferelementen ist dies auch anerkannt, vgl. EuGH, Rs. C-371/07, Danfoss u. AstraZeneca, n.n.v. (Rn. 46 u. 50 f.). Zwischen dem diesbzgl. einschlägigen Art. 26 MwStSystRL und dem für die Zuwendung von Waren maßgeblichen Art. 16 MwStSystRL besteht nach Sinn und Zweck aber kein Unterschied, auch wenn die Formulierungen leicht abweichen.

[132] So die Gesetzesbegründung, vgl. BT-Drs. 14/23, 196; ebenso STADIE, Umsatzsteuerrecht, Rn. 4.16.

[133] Siehe dazu statt aller LÖHR (Fn. 118), 250 u. 252 ff.

[134] Für ein dahingehendes Wahlrecht der Mitgliedstaaten SCHÖN, USt-Kong-Bericht 2001/2002, 17 (40). Nach vorzugswürdiger Auffassung des EuGH ist hingegen in derartigen Konstellationen zwingend von der Mehrwertsteuererhebung abzusehen, vgl. EuGH, Rs. C-455/98, Salumets, Slg. 2000, I-4993 (Rn. 19) m.w.N.

[135] So STADIE, Umsatzsteuerrecht, Rn. 10.68 f.

[136] Die Lieferung von Schnittblumen unterliegt gemäß § 12 II Nr. 1 UStG i.V.m. Nr. 8 der Anlage 2 dem ermäßigten Steuersatz von 7 %.

[137] Grundlegend EuGH, Rs. C-120/95, Decker, Slg. 1998, I-1831 (Rn. 39); Rs. C-158/96, Kohll, Slg. 1998, I-1931 (Rn. 41); Rs. C-264/96, ICI, Slg. 1998, I-4695 (Rn. 28); seither st. Rspr.; vgl. auch LENAERTS, in: FS Vanistendael, 617 (626) m.w.N.

Steuerermäßigungen einem gleichheitsrechtlichen Rechtfertigungszwang,[138] sofern sie nicht ausnahmsweise – wie etwa die Steuerfreiheit der ärztlichen Heilbehandlung – dem Leistungsfähigkeitsprinzip entsprechen.

2.5.1.2. Ausbau von Verhältnismäßigkeitskontrolle und Folgerichtigkeitsgebot

Angesichts der Aversion der europäischen Gerichtsbarkeit gegen eine effektive Kontrolle nicht nur des mitgliedstaatlichen, sondern auch des europäischen Steuergesetzgebers verwundert es nicht, dass auch die Rechtsprechung zu den Grenzen einer im prinzipiellen Ausgangspunkt womöglich legitimen Durchbrechung des Gebotes gleichmäßiger Besteuerung defizitär ist. Dies betrifft sowohl die Notwendigkeit, den Verhältnismäßigkeitsgrundsatz zu wahren, als auch insbesondere die folgerichtige Ausgestaltung des Ausnahmetatbestandes.[139] Der EuGH scheut sich nicht, diese fundamentalen Schranken-Schranken in der Rechtfertigungsprüfung bei den grundfreiheitlichen Diskriminierungsverboten zu effektuieren, wenn es um die Kontrolle originär mitgliedstaatlichen Steuerrechts geht.[140] Sie müssen aber ebenso im Rahmen des allgemeinen Gleichbehandlungsgrundsatzes auf Gemeinschaftsrechtsebene Beachtung finden.[141] Der Gerichtshof könnte und sollte daher insoweit auf den *acquis* seiner Grundfreiheitsjudikatur zurückgreifen.

So konnte etwa die in der seinerzeitigen Mineralölsteuer-StrukturRL vorgesehene Steuerbefreiung für Flugbenzin[142] im Ansatz wohl dadurch gerechtfertigt werden, dass die Überwälzbarkeit von Kerosinsteuern wegen paralleler und völkerrechtlich vorgegebener Befreiungstatbestände in Drittstaaten jedenfalls bei internationalen Flügen aus oder in die EU nicht gewährleistet sein dürfte. Für Flüge innerhalb der EU erscheint diese Rechtfertigung aber bereits zweifelhaft, zumal auch Art. 307 EG insoweit nicht mehr greift; für rein innerstaatliche Flüge kann sie jedenfalls mangels privilegierter Konkurrenz nicht überzeugen.[143] Wenn das Gericht erster Instanz hier die sachgerechte Abgrenzung des Ausnahmetatbestandes allein dem „weiten Ermessen" des Gemeinschaftsgesetzgebers überantwortet und damit im Ergebnis eine undifferenzierte Befreiung akzeptiert,[144] kann das gleichheitsrecht-

---

[138] Vgl. zu den Steuerbefreiungen RUPPE, in: FS Tipke, 457 (460 ff.); HOFFSÜMMER, Steuerbefreiungen für Inlandsumsätze, Diss. Köln 2008, im Erscheinen.

[139] Dazu kritisch KIRCHHOF, UR 2002, 541 (547).

[140] Instruktiv sind die auf der Rspr. des EuGH basierenden Schlussanträge von GA PAOLO MENGOZZI, Rs. C-318/07, Persche, n.n.v. (Rn. 77 ff.), insbes. Rn. 92. Siehe ferner eingehend ENGLISCH, (Fn. 24), 353 ff.; SCHNITGER, Die Grenzen der Einwirkung der Grundfreiheiten des EG-Vertrages auf das Ertragsteuerrecht, 397 ff.; WEBER, Tax Avoidance and the EC Treaty Freedoms, 2005, 179 f. u. 209 ff.; jeweils m.w.N. aus der Rspr. des EuGH.

[141] Näher dazu ENGLISCH (Fn. 24), 108 ff. u. 119 ff. m.w.N.; sowie speziell zur Bedeutung des Folgerichtigkeitsgebotes auch TIPKE, StuW 2007, 201 ff.; DERS., in: FS Reiß, 2008, 9 (11 ff.; insbes. 14 f. zur Folgerichtigkeit im Gemeinschaftsrecht).

[142] Art. 8 (1) lit. b der Richtlinie 92/81/EWG des Rates vom 19. Oktober 1992 zur Harmonisierung der Struktur der Verbrauchsteuern auf Mineralöle.

[143] Vgl. nunmehr auch Art. 14 (1) lit. b der Richtlinie 2003/96/EG des Rates vom 27. Oktober 2003 zur Restrukturierung der gemeinschaftlichen Rahmenvorschriften zur Besteuerung von Energieerzeugnissen und elektrischem Strom.

[144] Vgl. EuG, Rs. T-351/02, Deutsche Bahn, Slg. 2006, II-1047 (Rn. 112 u. 139).

lich nicht befriedigen. Dies zumal dann nicht, wenn der Gleichheitssatzverstoß auch Wettbewerbsverzerrungen im Verhältnis zu anderen Verkehrsträgern nach sich zieht.

Dieselben Fragen stellen sich aber auch dann, wenn kein unmittelbares Wettbewerbsverhältnis zwischen den Betroffenen besteht, sofern man den Verbrauchsteuercharakter der Mehrwertsteuer ernst nimmt. Fraglich erscheint beispielsweise, ob Gründe der Verwaltungsökonomie die Versagung des Vorsteuerabzugs für Arbeitsmittel, Fortbildungskosten oder sonstige Erwerbsaufwendungen nicht steuerpflichtiger Arbeitnehmer zu rechtfertigen vermögen. Derartige Aufwendungen dienen nicht dem Konsum und dürften daher nicht mit Verbrauchsteuern belastet werden.[145] Allerdings ist es um der Praktikabilität der Besteuerung willen nicht zu beanstanden, dass nichtselbständig Tätige keine Mehrwertsteuer zu berechnen haben, nicht zuletzt weil ihre Dienstleistungen nahezu immer in eine unternehmerische Wertschöpfung mit einfließen und damit letztlich *be*lastet werden. Für den Vorsteuerabzug fehlt es aber an einer spiegelbildlichen, vergleichbar typischen *Ent*lastungskomponente, zumal selbst beim Gelingen einer Überwälzung auf den Arbeitgeber sodann dieser verbrauchsteuerwidrig belastet bliebe. Außerdem ließe sich ein Vorsteuerabzug relativ leicht in eine Einkommensteuerveranlagung integrieren. Eine solche Lösung sollte den Mitgliedstaaten zumindest freigestellt werden.

2.5.1.3. Angemessenheit von Typisierungen und Pauschalierungen

Eine Durchbrechung des Gebotes gleichmäßiger Lastenausteilung entsprechend den individuellen Konsumaufwendungen wird auch durch gesetzliche Typisierungen und Pauschalierungen bewirkt.[146] Gerade das gemeinsame Mehrwertsteuersystem macht von solchen Typisierungen vielfältigen Gebrauch. Sieht man die Versagung des Vorsteuerabzugs bei den sog. unechten Steuerbefreiungen nicht ohnehin als gleichheitsrechtlich verfehlt an, erscheint es beispielsweise als zumindest diskussionswürdig, dass die Art. 173 ff. MwStSystRL bei gemischter Verwendung von Eingangsleistungen eine Bestimmung des abziehbaren Vorsteueranteils pauschal nach dem Gesamtumsatzschlüssel gestatten.[147] Zur Typisierungsbefugnis von Richtliniengeber und Mitgliedstaaten hat sich der EuGH allerdings bislang noch nicht explizit in einem gleichheitsrechtlichen Kontext geäußert. Der Gerichtshof hat aber zu erkennen gegeben, dass Typisierungen als Abweichungen vom Regelmaßstab, der auf eine exakte Be- oder Entlastung von Umsatzsteuer entsprechend den

---

[145] Siehe dazu unten bei Fn. 213 ff.

[146] Zwar ist jede gesetzliche Regelung notwendig von abstrakt-genereller Natur. Gleichheitsrechtlich unbedenklich und auch gefordert ist aber nur die abstrakte Festlegung derjenigen Tatbestandsmerkmale, deren Erfüllung oder Nichterfüllung für die Erreichung des der Norm zugrunde liegenden Regelungszieles von Bedeutung ist. Vergröberungen aus Gründen der Verwaltungsvereinfachungen hingegen, die im Einzelfall zu einer Verfehlung dieses Zieles führen können, sind nur unter Verhältnismäßigkeitsvorbehalt zulässig. Siehe dazu näher ENGLISCH (Fn. 24), 159 m.w.N.

[147] Kritisch auch STADIE, in: RAU/DÜRRWÄCHTER, UStG, § 15 (Stand 08/2006) Rn. 864: „wenig sachgerecht"; für unbedenklich hält dies hingegen ersichtlich JAKOB, Umsatzsteuer, 3. Aufl., Rn. 861.

individuellen Verhältnissen angelegt ist, einer Prüfung anhand des Verhältnismäßigkeitsgrundsatzes zu unterziehen sind.[148]

Bei dieser Prüfung gesteht der Gerichtshof dann zwar tendenziell Gesichtspunkten der Verwaltungspraktikabilität ein hohes Gewicht zu, bemüht sich aber dennoch um die ausgewogene Abwägung aller relevanten Gesichtspunkte. Allerdings hat er es im Fall einer Ausnahmegenehmigung für einen Mitgliedstaat scheinbar strenger beanstandet, dass die genehmigte Pauschalregelung in zwar seltenen, aber nicht außergewöhnlichen Konstellationen zu einer überhöhten Umsatzsteuerbelastung führen könne[149]. Der EuGH hat in diesem Zusammenhang aber auch darauf hingewiesen, dass die fragliche mitgliedstaatliche Regelung gerade nicht als Vereinfachungsmaßnahme vom Rat genehmigt worden sei.[150] Letztere Kategorie von Regelungen wurden hingegen auch dann vom Gerichthof akzeptiert, wenn sie grob geschätzte Pauschalierungen auf Basis von Durchschnittswerten beinhalteten.[151] Berücksichtigt wurde dabei allerdings auch, wie komplex und schwierig eine Verifizierung der wahren Verhältnisse im Einzelfall für die Verwaltungsbehörden wäre.[152] Es ist zu erwarten, dass sich der Gerichtshof bei der Kontrolle einer dem Richtliniengeber – oder den Mitgliedstaaten in noch nicht harmonisierten Regelungsbereichen – originär zustehenden Typisierungsbefugnis von ähnlichen Gesichtspunkten und Wertungen leiten lassen wird. Verworfen wurde vom EuGH lediglich ein pauschales Verbot des Abzugs jeglicher Vorsteuern auf Grundlage unwiderlegbarer Vermutungen zur privaten Mitveranlassung bestimmter Arten von Aufwendungen;[153] als Übergangsrecht wurden aber selbst derart weitgehende Typisierungen hingenommen.[154]

Der Gerichtshof wird sich in Zukunft bei wachsender Sensibilität der vorlageberechtigten mitgliedstaatlichen Gerichte für die Notwendigkeit einer primärrechtlichen Kontrolle des harmonisierten Rechts der indirekten Steuern wohl noch verstärkt mit derartigen Fragestellungen auseinandersetzen müssen. Wie die bisherigen Entscheidungen zeigen, ist nicht unbedingt zu erwarten, dass sich die deutsche Neigung zur Betonung von Einzelfallgerechtigkeit auch gemeinschaftsrechtlich durchsetzen wird. Gefordert ist der EuGH aber darin, die gleichheitsrechtlichen Bezüge typisierender Regelungen zu verdeutlichen und seine Beurteilungsmaßstäbe klarer als bisher herauszuarbeiten. Ansätze dazu sind vorhanden: Schwere und Dauer der Abweichung von einer sachgerechten Besteuerung in Einzelfällen einerseits und der Gewinn an Verwaltungspraktikabilität und Rechtsanwendungsgleichheit andererseits sind bereits als relevante Aspekte erkannt, wenn auch noch nicht ausdrücklich benannt worden. Hierauf gilt es aufzubauen und weitere Abwägungsgesichtspunkte

---

148 Vgl. EuGH, Rs. C-63/96, Skripalle, Slg. 1997, I-2847 (Rn. 24); Rs. C-177/99 u.a., Ampafrance u.a., Slg. 2000, I-7013 (Rn. 42 f.); Rs. C-17/01, Sudholz, Slg. 2004, I-4243 (Rn. 46).

149 EuGH, Rs. C-63/96, Skripalle, Slg. 1997, I-2847 (Rn. 28).

150 EuGH, Rs. C-63/96, Skripalle, Slg. 1997, I-2847 (Rn. 30); vgl. auch EuGH, Rs. C-17/01, Sudholz, Slg. 2004, I-4243 (Rn. 51).

151 EuGH, Rs. C-17/01, Sudholz, Slg. 2004, I-4243 (Rn. 60 ff.).

152 EuGH, Rs. C-17/01, Sudholz, Slg. 2004, I-4243 (Rn. 54 u. 63).

153 EuGH, Rs. C-177/99 u.a., Ampafrance u.a., Slg. 2000, I-7013 (Rn. 62).

154 Vgl. EuGH, Rs. C-305/97, Royscot u.a., Slg. 1999, I-6671 (Rn. 23-25).

wie etwa die zu erwartende Häufigkeit einer nicht unerheblichen Abweichung zu präzisieren.

Daneben wird sich der EuGH zumindest längerfristig aber auch mit dem Kontrast dieser grundrechtlich bzw. in allgemeine Rechtsgrundsätze eingebetteten Rechtsprechungslinie zu dem weitaus strengeren Standpunkt im Kontext seiner Grundfreiheitsjudikatur auseinandersetzen müssen. In zahlreichen Entscheidungen des Gerichtshofes zur Vereinbarkeit von Regelungen des nicht harmonisierten nationalen Steuerrechts mit grundfreiheitlichen Diskriminierungs- und Beschränkungsverboten wurde Gründen der Verwaltungsökonomie schon die Eignung als legitimer Rechtfertigungsgrund abgesprochen.[155] Zu fordern ist aber, dass in einer entwickelten und gereiften Rechtsgemeinschaft Gründen der Verwaltungspraktikabilität im Verhältnis zu grundrechtlich abgesicherten Gerechtigkeitspostulaten kein höheres Gewicht zukommen darf als im Verhältnis zu primär ökonomischen Zielsetzungen, wie sie die binnenmarktfinalen Grundfreiheiten verfolgen.

2.5.1.4. Begrenzung unsystematischen Vorteilsausgleichs

In engem Zusammenhang mit den vorstehenden Erwägungen steht die Frage, inwieweit eine saldierende Betrachtungsweise im harmonisierten Steuerrecht zulässig sein kann, um den Vorwurf eines Gleichheitssatzverstoßes zu entkräften. Besondere Brisanz erhält diese aus dem nationalen Verfassungsrecht hinlänglich bekannte Fragestellung[156] durch die Schlussanträge von Generalanwältin *Sharpston* im Vorlageverfahren zur möglichen Gleichheitswidrigkeit der Steuervorteile für Unternehmer, die auf Grundlage der Seeling-Rechtsprechung des EuGH teilweise privat genutzte Gegenstände voll dem Unternehmen zuordnen und darum zunächst voll von Umsatzsteuer entlastet werden. Die Generalanwältin hat angedeutet, dass die resultierenden Liquiditäts- und Zinsvorteile[157] kompensiert werden zum einen durch die entschädigungslose Heranziehung der Unternehmer als Steuereinnehmer für den Fiskus, und zum anderen durch deren Risikobereitschaft im Dienste der Entwicklung des Wirtschaftslebens im Binnenmarkt.[158]

Indes dürfte es schon unzulässig sein, punktuelle Steuervorteile für einige Unternehmer mit generellen, nicht quantifizierbaren und zusammenhanglosen steuerverfahrensrechtlichen Belastungen aller Unternehmer zu saldieren. Zu fordern wäre wohl, dass dem Steuerprivileg Belastungsnachteile zumindest in näherungsweise gleicher Höhe gegenüberstehen, und dass es auch typischerweise und nicht nur vereinzelt zu einem solchen Ausgleich kommt. In seiner grundfreiheitlichen Judikatur akzeptiert der EuGH sogar nur einen nach Art und Höhe *exakten* Nachteilsausgleich

---

[155] Vgl. EuGH, Rs. C-334/02, Kommission/Frankreich, Slg. 2004, I-2229 (Rn. 29); Rs. C-319/02, Manninen, Slg. 2004, I-7477 (Rn. 54); Rs. C-386/04, Stauffer, Slg. 2006, I-8203 (Rn. 48); Rs. C-360/06, Heinrich Bauer Verlag, n.n.v. (Rn. 36 u. 40 f.).

[156] Vgl. etwa HEY, AöR 2003, 226 (232 f.).

[157] Die Besteuerung des privaten Nutzungsanteils wird sukzessive durch die Eigenverbrauchsbesteuerung der Nutzungsentnahme nachgeholt, vgl. §§ 3 IXa Nr. 1; 10 IV Nr. 2 UStG.

[158] Vgl. GA SHARPSTON, Schlussanträge v. 11.12.2008, Rs. C-460/07 (Puffer), n.n.v. (Rn. 62); die entsprechenden Argumente sind dabei offenbar von der Kommission vorgetragen worden.

als Rechtfertigungsgrund für *prima facie* diskriminierende Steuerbegünstigungen.[159] Auch insoweit erscheint letztlich eine Annäherung auf einen vermittelnden Standpunkt angezeigt; divergierende Standards sind jedenfalls nicht hinnehmbar. Soll die gleichheitsrechtliche Prüfung nicht jede Orientierung – insbesondere am Prinzip leistungsfähigkeitsgerechter Lastenverteilung – verlieren, kommt zudem ein Ausgleich durch vermeintliche außersteuerliche Nachteile wie etwa ein höheres unternehmerisches Risiko nicht in Betracht. Gemeinwohlorientierte Lenkungsziele sind vielmehr gesondert als Rechtfertigungsgrund zu würdigen, wobei auch insoweit ein Mindestmaß an Eignung, Zielgenauigkeit, Folgerichtigkeit und rechtsstaatlicher Transparenz[160] zu verlangen ist.

2.5.1.5. Effektuierung des Gleichheitssatzes auch bei schrittweiser Harmonisierung

Bereits mehrfach geäußert hat sich der EuGH zu den inhärenten Grenzen des Gleichbehandlungsgrundsatzes im Übergang vom unvereinheitlichten nationalen Recht zum harmonisierten Gemeinschaftsrecht. Angesprochen ist damit letztlich die Frage, ob und ggf. inwieweit der Gemeinschaftsgesetzgeber gleichheitsrechtlich gezwungen sein kann, ein bestimmtes Rechtsgebiet so weit zu harmonisieren, dass keine gleichheitswidrigen Steuerbelastungswirkungen mehr auftreten. Bislang hat der Gerichtshof dies pauschal in Abrede gestellt. Soweit die Mitgliedstaaten ihr nationales Recht in einem Prozess der schrittweisen Harmonisierung noch beibehalten dürften, seien daraus resultierende ungleichmäßige Steuerbelastungen grundrechtlich hinzunehmen, selbst wenn selbige bei vollständiger Harmonisierung gegen den Gleichbehandlungsgrundsatz verstoßen würden.[161] Auch die Mitgliedstaaten selbst seien dann nicht verpflichtet, um der Vermeidung gleichheitswidriger Ergebnisse willen auf ein Gebrauchmachen von dahingehenden Ermächtigungen zu verzichten.

Überzeugender dürfte eine differenziertere Herangehensweise sein: Allerdings vermag der Gleichheitssatz den Gemeinschaftsgesetzgeber nicht zu binden, wo seine Kompetenzen zur Harmonisierung mit Blick auf das Subsidiaritätsprinzip und das in Art. 6 (3) EU ausgesprochene Gebot zur Achtung der Identität der Mitgliedstaaten enden. Dies kommt gerade auch in Art. 6 (1) 2 EU in der Fassung des Vertrags von Lissabon zum Ausdruck, wonach aus den Grundrechten nicht etwa zusätzliche Rechtssetzungskompetenzen der Gemeinschaft erwachsen. Steuerliche Disparitäten zwischen den Mitgliedstaaten wie etwa unterschiedliche Steuersätze müssen insoweit hingenommen werden; der Gleichheitssatz stößt hier an quasi-

---

[159] Vgl. EuGH, Rs. C-319/02, Manninen, Slg. 2004, I-7477 (Rn. 54); Rs. C-524/04, Thin Cap Group Litigation, Slg. 2007, I-2107 (Rn. 69).

[160] Vgl. dazu BVerfG – 1 BvL 10/02, BVerfGE 117, 1 (33); BVerfG – 2 BvL 1/07 u.a., n.n.v., unter C.I.2.b)aa) der Gründe; die Argumentation des BVerfG lässt sich ohne weiteres auf den gemeinschaftsrechtlichen Gleichheitssatz übertragen.

[161] Vgl. EuGH, Rs. C-240/05, Eurodental, Slg. 2006, I-11479 (Rn. 55-57); Rs. C-36/99, Idéal tourisme, Slg. 2000, I-6049 (Rn. 34 ff.); siehe ferner auch schon – aber ohne Eingehen auf gleichheitsrechtliche Bedenken – EuGH, Rs. C-165/88, ORO Amsterdam, Slg. 1989, 4081 (Rn. 17 ff.); Rs. C-305/97, Royscot, Slg. 1999, I-6671 (Rn. 31).

föderale Grenzen. Dasselbe wird man auch noch annehmen dürfen, sofern die Harmonisierungsmaßnahmen sich – wie etwa bislang noch im Bereich der direkten Steuern – auf die Koordinierung weiterhin unvereinheitlichter mitgliedstaatlicher Steuersysteme beschränken.

Prinzipiell nicht hinzunehmen ist es jedoch, dass für einen möglicherweise indefiniten „Übergangszeitraum" auch noch innerhalb der angeglichenen mitgliedstaatlichen Steuerrechtsordnung sachlich nicht gerechtfertigte Gleichheitsverstöße aufgrund von nurmehr *punktuellen* Ausnahmeermächtigungen auftreten. Es ist inkonsequent, einerseits die Mitgliedstaaten auf die Wahrung der Grundrechte einschließlich des Gleichheitssatzes zu verpflichten, wenn sie großzügig eingeräumte Ausnahmebestimmungen in eigenem Ermessen konkretisieren dürfen,[162] sie und den Gemeinschaftsgesetzgeber aber andererseits von jeglicher Bindungswirkung zu absolvieren, wenn die Ausnahmeermächtigung enger gefasst ist und dem Mitgliedstaat nur die Wahl zwischen ihrer Inanspruchnahme oder dem Verzicht darauf belässt. Es darf beispielsweise keinen Unterschied machen, ob der nationale Gesetzgeber im Rahmen einer weitgehenden Ermächtigung zur Beibehaltung etwaiger Steuerbefreiungen von Transportdienstleistungen nur noch den Flugverkehr im Gegensatz zum Busverkehr befreit, oder ob sich diese Ungleichbehandlung aus dem ebenfalls in sein Belieben gestellten Gebrauchmachen von einer enger gefassten Richtlinienermächtigung ergibt, die von vornherein nur eine Begünstigung des Flugverkehrs gestattet.[163] Derartige Grundrechtsverstöße erhalten nicht dadurch „höhere Weihen", dass sie von den Mitgliedstaaten im politischen Konsens beschlossen werden.

Dabei soll hier nicht verkannt werden, dass die Angleichung der nationalen Steuersysteme mitunter schwierige politische Kompromisse zwischen den Mitgliedstaaten erfordert. Es ist daher hinzunehmen, wenn für einen Übergangszeitraum mangels hinreichender Einigungsbereitschaft der Mitgliedstaaten gewisse, das mitgliedstaatliche Rechtssystem prägende Merkmale fortbestehen. Eine Gleichheitssatzverletzung ist jedenfalls dann nicht festzustellen, wenn es infolgedessen schon an einer allgemeinverbindlichen Festlegung auf die für die sekundärrechtliche Gesetzgebung maßgeblichen – und damit gleichheitsrechtlich maßstabsgebenden – Wertungen fehlt.

Auch kann es in umstrittenen Regelungsbereichen den Mitgliedstaaten überlassen werden, einen Abwägungsspielraum zwischen widerstreitenden Prinzipien und Zielen durch eigene Vorrangwertungen auszufüllen, um nationalen Besonderheiten Rechnung zu tragen. Misst etwa ein Mitgliedstaat der effektiven Bekämpfung von Steuerumgehung besondere Priorität zu, darf ihm die Fortgeltung seiner im Vergleich zum Richtlinienkonzept stärker typisierenden Regelungen gestattet werden, sofern diese Typisierung noch den Verhältnismäßigkeitsgrundsatz wahrt. Der gemeinschaftsrechtliche Gleichheitssatz verbürgt dann nur deren folgerichtige Ausgestaltung. Grundrechtswidrig sind jedoch bloß punktuelle Abweichungen allein zur Wahrung tradierter Besteuerungskonzepte, aus rein fiskalischen Interessen oder

---

[162] Siehe dazu oben bei Fn. 36 ff.

[163] Vgl. dazu EuGH, Rs. C-36/99, Idéal tourisme, Slg. 2000, I-6049 (Rn. 34 ff.).

in evidenter Missachtung des gleichheitsrechtlichen Gebotes der Wertungskonsistenz. Solche „faulen" Kompromisse sollten dem Gemeinschaftsgesetzgeber ebenso wie dem nationalen Gesetzgeber untersagt sein.

2.5.1.6. Rechtsanwendungsgleichheit

Aus dem Gleichheitssatz folgt schließlich für das harmonisierte Steuerrecht auch ein Gebot der Rechtsanwendungsgleichheit, das sich vornehmlich an die mitgliedstaatlichen Finanzbehörden richtet.[164] Da sie insoweit im Geltungsbereich des Gemeinschaftsrechts handeln, gilt dies unbeschadet der Tatsache, dass die Mitgliedstaaten in Ermangelung einer gemeinschaftsrechtlichen Regelung ihre nationalen Steuerverfahrensvorschriften anwenden können.[165] Der Grundsatz der Selbstbindung der Verwaltung ist demnach auch europarechtlich beachtlich,[166] wobei nach herrschender Auffassung ebenfalls das Verbot einer Gleichbehandlung im Unrecht gelten soll.[167]

Nicht hinreichend effektuiert hat der EuGH bislang allerdings die den Gemeinschaftsgesetzgeber treffende Verpflichtung, das materielle Steuerrecht bei der Wahrnehmung seiner Harmonisierungskompetenz so zu regeln, dass dessen gleichmäßiger Vollzug durch die nationalen Steuerbehörden nicht durch die Vorgaben des Richtlinienrechts von vornherein vereitelt wird. Entsprechendes hat das deutsche Bundesverfassungsgericht bekanntermaßen für Vollzugsdefizite im nicht harmonisierten Steuerrecht festgestellt.[168] Es ist nicht ersichtlich, weshalb im Kontext des europarechtlichen Gebotes der Rechtsanwendungsgleichheit etwas anderes gelten sollte.[169] Auf gleichheitsrechtliche Bedenken müssen daher etwa die Ortsvorschriften der Art. 45 ff. MwStSystRL stoßen, soweit danach an Endverbraucher bewirkte Dienstleistungen im Bestimmungsland zu besteuern sind, ohne flankierende Maßnahmen zur steuerlichen Kontrolle vorzusehen.[170]

---

[164] Vgl. EuGH, Rs. C-309/06, Marks & Spencer, n.n.v. (Rn. 50); Rs. C-132/06, Kommission/Italien, IStR 2008, 593 (Rn. 39).

[165] EuGH, Rs. C-85/97, SFI, Slg. 1998, I-7447 (Rn. 30 f.).

[166] Vgl. EuGH, Rs. 265/78, Ferwerda, Slg. 1980, 617 (Rn. 7 f.), sowie mit Bezug auf die Exekutivorgane der Gemeinschaft EuGH, Rs. C-242/97, Belgien/Kommission, Slg. 2000, I-3421 (Rn. 128 ff.).

[167] Vgl. EuG, Rs. T-13/99, Pfizer, Slg. 2002, II-3305 (Rn. 479); Rs. T-120/04, Peróxidos Orgánicos, Slg. 2006, II-4441 (Rn. 77); GA RUIZ-JARABO COLOMER, Schlussanträge v. 11.2.2003, Rs. C-217/00 P (Buzzi Unicem), Slg. 2004, I-123 (Rn. 148); TRIDIMAS, The General Principles of EU Law, 2. ed., 77.

[168] Vgl. BVerfG – 2 BvR 1493/89, BVerfGE 84, 239 (272); BVerfG – 2 BvL 17/02, BVerfGE 110, 94 (112 f.).

[169] Ausführlich dazu OELLERICH, Defizitärer Vollzug des Umsatzsteuerrechts, 120 ff.

[170] Siehe dazu eingehend ENGLISCH, Die territoriale Zuordnung von Umsätzen, in: DStJG 32 (2009), im Erscheinen.

2.5.2. Freiheitsrechte

2.5.2.1. Bedeutung für den Unternehmer im Rahmen indirekter Verbrauchsteuern

Gerade für deutsche Steuerjuristen liegt angesichts der jüngeren Rechtsprechung des BVerfG auch die Bedeutung der Freiheitsrechte als verfassungsrechtliche Schranken der Besteuerung auf der Hand. So sind es speziell im harmonisierten Recht der indirekten Verbrauchsteuern nach zutreffendem Verständnis die Freiheitsrechte eher denn gleichheitsrechtliche Garantien, die den steuerpflichtigen Unternehmer vor wettbewerbsverzerrender Besteuerung schützen.

2.5.2.1.1. Wettbewerbsneutralität

Führt die Ausgestaltung oder der Vollzug von Steuervorschriften zu wettbewerbsrelevanten Unterschieden in der Steuerbelastung – einschließlich der Vorsteuerentlastung – miteinander konkurrierender Anbieter von substituierbaren Gütern, droht nämlich nicht nur eine gleichmäßige Steuerbelastung der Verbraucher verfehlt zu werden. Es ist vielmehr bei signifikanten, d.h. gemessen an der Wettbewerbsintensität spürbaren Belastungsunterschieden auch ein mittelbarer Eingriff in die Wettbewerbsfreiheit der Unternehmer[171] zu konstatieren.

Derartige Beeinträchtigungen können legitimen Zielen dienen. So kann etwa die den Mitgliedstaaten zugestandene Steuerbefreiung der Umsätze von Kleinunternehmern Wettbewerbsverzerrungen im Verhältnis zu mittleren und großen Unternehmern hervorrufen. Dies ist aber grundsätzlich gerechtfertigt, denn § 19 UStG wirkt einem übermäßigen Eingriff in die Berufsausübungsfreiheit der Kleinunternehmer entgegen. Bei ihnen würde die entschädigungslose Instrumentalisierung als Steuereinnehmer für den Fiskus nämlich eine im Verhältnis zu ihren Umsätzen und ihrem Gewinn häufig unzumutbare Belastung darstellen.[172] Im Ansatz gerechtfertigte mittelbare Eingriffe unterliegen aber zusätzlich einem Verhältnismäßigkeitsvorbehalt.[173] Sind Richtlinienbestimmungen nach diesem Maßstab nicht zu rechtfertigen, so sind sie ungültig und darauf beruhende nationale Steuervorschriften unanwendbar. Wettbewerbsverzerrende Diskrepanzen im Steuervollzug wiederum können im Wege der negativen Konkurrentenklage angegriffen werden.[174]

---

[171] Zu deren Grundrechtsqualität siehe oben Fn. 123.

[172] Der gängige Verweis auf ihre Vereinfachungswirkung bringt dies nicht hinreichend zum Ausdruck; vgl. diesbzgl. REIß, in: TIPKE/LANG, Steuerrecht, 19. Aufl., § 14 Rn. 183; STADIE, in: RAU/DÜRRWÄCHTER, UStG, § 19 (Stand 02/2005) Rn. 2 m.w.N. zur Gesetzesbegründung.

[173] Daher bestehen an der Ausgestaltung der Kleinunternehmerregelung im Übergangsbereich zur regulären Besteuerung wegen des „Fallbeileffekts" der maßgeblichen Umsatzgrenze erhebliche Bedenken; vgl. auch STADIE, Umsatzsteuerrecht, Rn. 17.10, der allerdings mit der h.M. gleichheitsrechtlich argumentiert.

[174] Vgl. EuGH, Rs. C-430/04, Feuerbestattungsverein Halle, Slg. 2006, I-4999 (Rn. 29 ff.) sowie grundlegend EuGH, Rs. C-201/02, Wells, Slg. 2004, I-723 (Rn. 56 f.); siehe dazu auch HUFELD, in: FS Stober, 717 ff.; sowie eingehend ENGLISCH, StuW 2008, 43 (53 ff.).

2.5.2.1.2. Angemessene Risikoverteilung zwischen Unternehmer und Fiskus

Daneben verbürgt die Berufsausübungs- bzw. Unternehmerfreiheit[175] der steuerpflichtigen Unternehmer, dass sie als bloße „Steuereinnehmer für Rechnung des Staates und im Interesse der Staatskasse“[176] vor unverhältnismäßigen Risiken und Belastungen aus dieser Indienstnahme geschützt werden müssen. Denn eine an die selbständige Berufsausübung anknüpfende Inanspruchnahme für den Vollzug einer indirekten Steuer, die letztlich den Endverbraucher als Steuerträger treffen soll, beeinträchtigt besagte Grundrechtsgarantien der betroffenen steuerpflichtigen Unternehmer. Dieser Eingriff ist zwar grundsätzlich durch das Allgemeininteresse an einer solidarischen Finanzierung der öffentlichen Hand gerechtfertigt,[177] da Konsumaufwendungen einerseits einen sachgerechten Indikator steuerlicher Leistungsfähigkeit darstellen,[178] andererseits eine direkt beim Verbraucher ansetzende Konsumsteuer völlig unpraktikabel wäre. Indes muss dann auch ein verhältnismäßiger Ausgleich zwischen den grundrechtlich geschützten beruflichen Belangen des Unternehmers und dem Gemeinwohlziel einer gerechten Aufteilung staatlicher Finanzierungslasten gefunden werden.[179]

Dabei ist eine Grenze der Zumutbarkeit jedenfalls dann erreicht, wenn das gesamte Risiko einer Weiterwälzung der gesetzlich geschuldeten Steuer auf den Endverbraucher und ihrer Vereinnahmung durch den Fiskus einseitig dem steuerpflichtigen Unternehmer zugewiesen wird, selbst wenn er die im Geschäftsverkehr zu erwartende Sorgfalt beachtet hat.[180] Zwar muss der Gesetzgeber keine Garantie für die Überwälzbarkeit der Steuerlast auf dem jeweiligen Gütermarkt bieten; er muss aber – vor allem durch eine verzerrungsfreie Ausgestaltung der Besteuerung – sicherstellen, dass sie zumindest typischerweise an den Leistungsempfänger weiter-

---

[175] Grundlegend zur Grundrechtsqualität der Berufsausübungsfreiheit EuGH, Rs. 4/73, Nold, Slg. 1974, 491 (Rn. 13 f.). Zur Ableitung der Unternehmerfreiheit aus der Berufsausübungsfreiheit vgl. EuGH, Rs. C-143/88 u.a., Zuckerfabrik, Slg. 1991, I-415 (Rn. 72 ff.); Rs. C-184/02 u.a., Spanien u.a./Parlament u. Rat, Slg. 2004, I-7789 (Rn. 51); siehe dazu auch BLANKE, in: TETTINGER/STERN, Kölner Gemeinschaftskommentar, EuGrCh, Art. 16 Rn. 3.

[176] So ausdrücklich EuGH, Rs. C-271/06, Netto Supermarkt, n.n.v. (Rn. 21).

[177] So im Ergebnis auch DRÜEN, DStJG 31 (2008), 167 (184 f.), und STADIE, Umsatzsteuerrecht, Rn. 1.39, die zudem auf die von ihnen angenommene Überwälzbarkeit der Vollzugskosten auf den Endverbraucher verweisen. Da sich die Kosten anders als die Steuer selbst nicht proportional zum Preis von Waren oder Dienstleistungen verhalten, sondern je nach den individuellen Verhältnissen in unterschiedlicher Höhe anfallen, ist unter Wettbewerbsbedingungen bei den meisten Unternehmern indes nur von einer teilweisen Überwälzbarkeit auszugehen (a.A. STADIE a.a.O.). Immerhin ist aber auch dies schon ein in der Abwägung beachtlicher Aspekt.

[178] Vgl. dazu die Nachweise aus dem nationalen und internationalen Schrifttum bei ENGLISCH (Fn. 170), unter II.1. (dort Fn. 27).

[179] Zum Ausgleich von Unternehmerfreiheit und Gemeinwohlzielen grundlegend EuGH, Rs. C-200/96, Metronome Musik, Slg. 1998, I-1953 (Rn. 21); Rs. C-184/02 u.a., Spanien u.a./Parlament u. Rat, Slg. 2004, I-7789 (Rn. 52).

[180] Vgl. auch REIß, Stbg 2004, 113 (117 f.), der allerdings von einer Verletzung des – gleichheitsrechtlich fundierten – Neutralitätsgrundsatzes statt von einem unverhältnismäßigen Eingriff in die Berufsfreiheit ausgeht.

gereicht werden kann.[181] Außerdem hat der EuGH inzwischen in einer Reihe von Urteilen zu Recht darauf hingewiesen, dass der Unternehmer nicht in eine rechtliche oder faktische Haftung für betrügerische Machenschaften seiner Lieferanten oder Abnehmer genommen werden darf, wenn er deren Fehlverhalten weder erkannte noch damit rechnen musste.[182] Unverhältnismäßig wäre es nach zutreffender ständiger Rechtsprechung auch, ihm eine Vorsteuerentlastung oder Steuerbefreiung zu versagen, wenn er zwar fahrlässig handelte, aber letztlich kein Schaden für den Fiskus entstanden ist.[183]

Ferner kann zwar erwartet werden, dass er sich zunächst an den von ihm selbst gewählten Vertragspartner hält, wenn dieser ihm zu Unrecht oder unter falschen Angaben Umsatzsteuer berechnet hat, und sich nicht ohne weiteres durch einen Vorsteuerabzug entlasten darf.[184] Kann ein diesbezüglich gutgläubiger Unternehmer die ihm in Rechnung gestellte Umsatzsteuer jedoch wegen nachhaltiger Rückzahlungsverweigerung oder Insolvenz seines Geschäftspartners nicht zurückerlangen, so fordert der EuGH zu Recht stattdessen eine Erstattung seitens des nationalen Fiskus.[185] Der Steuerpflichtige darf insoweit nicht auf sein allgemeines Unternehmerrisiko verwiesen werden.[186] Denn selbiges betrifft nur die von ihm frei gewählten Folgen seiner Geschäftstätigkeit, nicht auch die Konsequenzen eines steuerrechtlich überbrachten Eingriffs in seine Berufsfreiheit. Es wäre unverhältnismäßig, ihn in seinem Vertrauen auf eine korrekte Rechnungserteilung zu enttäuschen, sofern ihm die Fehlerhaftigkeit des Umsatzsteuerausweises oder sonstiger Angaben nicht ohne weiteres erkennbar und eine genauere Prüfung nach den Umständen des Einzelfalls unzumutbar war. Allerdings hat auch der EuGH gelegentlich dem Aspekt einer

---

[181] Noch weitergehend TIPKE, in: FS Reiß, 9 (17 f.): auch das Misslingen der Überwälzung im Einzelfall sei zu berücksichtigen, erforderlichenfalls durch einen Billigkeitserlass.

[182] Vgl. EuGH, Rs. C-354/03 u.a., Optigen u.a., Slg. 2006, I-483 (Rn. 52 ff.); Rs. C-384/04, FTI, Slg. 2006, I-4191 (Rn. 30-33); Rs. C-439/04 u.a., Kittel u.a., Slg. 2006, I-6161 (Rn. 45 ff.); Rs. C-271/06, Netto Supermarkt, n.n.v. (Rn. 22 f.); siehe demgegenüber zur Verantwortung des Steuerpflichtigen für seinem Einfluss unterliegende bzw. in seinen betrieblichen Abläufen angesiedelte Umstände EuGH, Rs. C-494/04, Landewijick, Slg. 2006, I-5381 (Rn. 63 ff.).

[183] Vgl. EuGH, Rs. C-454/98, Schmeink & Cofreth und Strobel, Slg. 2000, I-6973 (Rn. 58 ff.) m.w.N.; Rs. C-146/05, Collée, Slg. 2007, I-7861 (Rn. 37 f.). Die Umsatzsteuererhebung als solche darf nämlich nicht entgegen ihrem Belastungsgrund den Charakter einer Sanktion erhalten; vgl. dazu auch EuGH, Rs. C-395/02, Transport Service, Slg. 2004, I-1991 (Rn. 30); Rs. C-454/98, Schmeink & Cofreth und Strobel, Slg. 2000, I-6973 (Rn. 58 ff.); Rs. C-146/05, Collée, Slg. 2007, I-7861 (Rn. 40): Diese kann vielmehr nur gesondert nach den *dafür* geltenden (Gerechtigkeits-)Maßstäben festgesetzt werden.

[184] Vgl. EuGH, Rs. C-342/87, Genius Holding, Slg. 1989, 4227 (Rn. 17 f.); Rs. C-35/05, Reemtsma, Slg. 2007, I-2425 (Rn. 39).

[185] EuGH, Rs. C-35/05, Reemtsma, Slg. 2007, I-2425 (Rn. 41); ebenso STADIE, in: RAU/DÜRRWÄCHTER, UStG, § 14c (Stand: 10/2007) Rn. 235; DERS., UR 2007, 431 f.; BURGMAIER, UR 2007, 348 ff., allerdings jeweils auf Basis der Grundrechte des GG. Unzureichend ist vor diesem Hintergrund die Entscheidung des BFH – V R 27/05, UR 2008, 311; mit Anm. ENGLISCH, UR 2008, 466.

[186] So aber tendenziell VALENTIN, EFG 2005, 992.

angemessenen Risikoverteilung nicht die gebührende, grundrechtlich geforderte Beachtung geschenkt.[187]

Allerdings rekurrierte der Gerichtshof in den vorstehend erörterten Konstellationen regelmäßig nicht auf die Berufsfreiheit bzw. die unternehmerische Freiheit des Steuerpflichtigen, sondern unmittelbar auf den Verhältnismäßigkeitsgrundsatz. Als Regel zur Auflösung von Prinzipienkonflikten[188] setzt letzterer aber tatsächlich voraus, dass ein schutzwürdiges Recht bzw. Rechtsprinzip durch die staatliche Maßnahme beeinträchtigt wird. Ansonsten lässt sich auch der Bezugspunkt der Erforderlichkeits- und der Angemessenheitsprüfung nicht feststellen, und sie verliert sich in allgemeinen Billigkeitserwägungen. Eine dogmatisch überzeugende Durchdringung der Problematik durch den EuGH dürfte in der Zukunft vor allem von der präzisen Formulierung von Vorlagefragen durch die vorlageberechtigten nationalen Gerichte abhängen.

Darüber hinaus muss es auf freiheitsrechtliche Bedenken stoßen, dass der Steuerpflichtige eine bindende Auskunft zu umsatzsteuerrechtlichen Zweifelsfragen gemäß § 89 Abs. 3 AO nur noch gebührenpflichtig erhalten kann. Eine nachträgliche Klärung der Steuerbarkeit oder Steuerpflicht bestimmter Geschäfte im Steuerbescheid oder gar erst in der Außenprüfung wird häufig zu spät kommen, wenn eine Preisanpassungsklausel der Natur der Geschäftsbeziehung nach nicht in Betracht kommt oder wenn der Leistungsempfänger sich weder darauf noch auf eine vorläufige Einpreisung von Umsatzsteuer einlassen will. Ohne eine verbindliche Vorabklärung der umsatzsteuerrechtlichen Rechtslage hat der Steuerpflichtige dann bei zweifelhafter Rechtslage nur die Möglichkeit, von dem Geschäft Abstand zu nehmen oder aber das Risiko einzugehen, die Umsatzsteuer entgegen der gesetzlichen Belastungskonzeption selbst zu tragen. Eine solche einseitige Risikozuweisung wäre entsprechend den obigen Ausführungen als unverhältnismäßiger Eingriff in die Berufsfreiheit des lediglich als Steuereintreiber fungierenden Unternehmers zu werten; er muss darum die Möglichkeit haben, bei berechtigtem wirtschaftlichen Interesse eine bindende Auskunft der Finanzverwaltung zur umsatzsteuerrechtlichen Beurteilung der geplanten Transaktion zu erhalten. Hier muss also „Grundrechtsschutz durch Verfahren“ bewirkt werden.

Damit nicht zu vereinbaren ist eine Gebührenpflichtigkeit des Auskunftsverfahrens jedenfalls insoweit, als die Höhe der Gebühr eine Anfrage als unökonomisch erscheinen lässt und damit abschreckende Wirkung entfaltet. Sie dürfte jedoch auch unterhalb dieser Schwelle nicht zu halten sein.[189] Denn die Beeinträchtigung der Berufsfreiheit des Unternehmers ist auch schon nicht mehr zu rechtfertigen, wenn er

---

[187] Vgl. EuGH, Rs. C-374/06, BATIG, Slg. 2007, I-11271 (Rn. 52 ff.); der Gerichtshof hat hier im Bereich der Tabakbesteuerung dem steuerpflichtigen Hersteller einseitig das Risiko des Diebstahls von bereits mit Steuerbanderolen versehenen Zigaretten zugewiesen, obschon daraus im konkreten Fall sogar eine offensichtlich unverhältnismäßige internationale Doppelbesteuerung resultierte.

[188] Dazu statt aller ALEXY, Theorie der Grundrechte, 3. Aufl., 100.

[189] Gl.A. SEER, in: TIPKE/KRUSE, AO/FGO, § 89 AO (Stand 04/2007) Rn. 61: „Wertungsschieflage".

nicht nur für den Fiskus in Dienst genommen wird, sondern darüber hinaus Gewissheit über die ihm insoweit obliegenden Verpflichtungen nur kostenpflichtig erlangen kann. Es besteht diesbezüglich eine Parallele zur einkommensteuerrechtlichen Indienstnahme des Arbeitgebers bei der Einbehaltung und Abführung von Lohnsteuer für seine Arbeitnehmer. Der Arbeitgeber hat im Verfahren der Lohnsteuer-Anrufungsauskunft nach § 42e EStG nach wie vor die Möglichkeit, eine gebührenfreie verbindliche Auskunft zu erhalten. Damit verstößt die Vorschrift des § 89 Abs. 3 AO im Recht der harmonisierten Verbrauchsteuern auch gegen den gleichheitsrechtlich fundierten Äquivalenzgrundsatz, den der EuGH für den indirekten bzw. mittelbaren Vollzug von Gemeinschaftsrecht[190] aufgestellt hat.

2.5.2.1.3. Ausstrahlung auf das Steuerverfahren

Damit wird bereits erkennbar, dass die Unionsgrundrechte auch auf das mitgliedstaatliche Steuerverfahren ausstrahlen, soweit es dem Vollzug von harmonisiertem Steuerrecht dient. Das Bewusstsein hierfür ist zumindest in der deutschen Steuerrechtswissenschaft bislang noch nicht besonders geschärft; so befasste sich etwa keiner der Beiträge auf der 32. Jahrestagung der Deutschen Steuerjuristischen Gesellschaft zum „Steuervollzug im Rechtsstaat" auch nur beiläufig mit diesem Phänomen.[191] Tatsächlich hat auch der EuGH selbst, der ja wesentlich auf geeignete Vorlagen durch mitgliedstaatliche Gerichte angewiesen ist, bislang fast nur Vorschriften des mitgliedstaatlichen Verfahrens betreffend die verzögerte Erstattung von Vorsteuerüberhängen auf ihre Verhältnismäßigkeit hin gewürdigt.[192] Als beeinträchtigt angesehen wurden hier außerdem „Grundprinzipien des Mehrwertsteuersystems", nämlich der Vorsteuerabzug, und nicht etwa Grundrechte der betroffenen Unternehmer. Begreift man aber unverhältnismäßige (Vor-)Finanzierungslasten der Unternehmer anlässlich ihrer Heranziehung als „Steuereinsammler" zutreffend als eine Verletzung ihrer Unternehmerfreiheit, wird der Grundrechtsbezug der vorerwähnten Entscheidungen deutlich.[193] Daneben hat der EuGH auch einen Billigkeitserlass von harmonisierten Steuern unter den strikten Vorbehalt des gemein-

---

[190] Zur Begrifflichkeit statt aller KUNTZE, VBlBW 2001, 5 (11).

[191] Nachzulesen sind die Beiträge im Tagungsband DStJG 31 (2008); Erwähnung finden gelegentlich nur die in ihren potenziellen Implikationen wesentlich weniger weit reichenden Grundfreiheiten des EG-Vertrags. Dieser Befund dürfte nicht auf die deutsche Steuerwissenschaft beschränkt sein; vgl. etwa MAISTO, in: FS Vanistendael, 635 ff., der sich in seinem Beitrag zur kritischen Analyse der Rspr. des EuGH auf dem Gebiet des mitgliedstaatlichen Steuerverfahrensrechts allein mit grundfreiheitlichen Restriktionen befasst. Siehe demgegenüber EHRKE-RABEL, Gemeinschaftsrecht und österreichisches Abgabenverfahren, 91 ff.

[192] Vgl. EuGH, Rs- C-286/94 u.a., Garage Molenheide u.a., Slg. 1997, I-7281 (Rn. 46 f.); Rs. C-25/07, Sosnowska, n.n.v. (Rn. 23); siehe ferner SCHÖN, USt-Kong-Bericht 2001/2002, 17 (59). Vgl. auch EuGH, Rs. C-309/06, Marks & Spencer, n.n.v. (Rn. 45 ff.), wo mitgliedstaatliche Erstattungsregelungen Gegenstand einer freiheitsrechtlichen Kontrolle waren.

[193] Dasselbe gilt letztlich auch für die Entscheidung des EuGH, Rs. C-10/92, Balocchi, Slg. 1993, I-5105 (Rn. 25 ff.), wo allerdings nicht einmal der Verhältnismäßigkeitsgrundsatz als solcher Erwähnung findet, obwohl er in der Sache angewendet wird.

schaftsrechtlichen – und tatsächlich freiheitsrechtlich angebundenen – Verhältnismäßigkeitsgrundsatzes gestellt.[194]

Darüber hinaus hat der EuGH in einer Reihe von außersteuerrechtlichen Entscheidungen grundrechtliche Grenzen behördlicher Ermittlungsbefugnisse aufgezeigt. So hat er festgestellt, dass die Erhebung personenbezogener Daten über die beruflichen Einkünfte Einzelner durch staatliche Behörden in den Anwendungsbereich von Artikel 8 (1) EMRK fällt. Mit Blick auf die in Art. 6 (2) EU ausgesprochene Achtung der Garantien der EMRK auch im Gemeinschaftsrecht bedarf es hierfür folglich einer Rechtfertigung durch legitime Informationsbedürfnisse.[195] Außerdem muss die fragliche Maßnahme wie von Art. 8 (2) EMRK gefordert erforderlich und angemessen sein.[196] Dies gilt letztlich auch dann, wenn eine juristische Person des Privatrechts von Ermittlungsmaßnahmen im Zusammenhang mit ihren unternehmerischen Aktivitäten betroffen ist.[197] Die Verarbeitung der gewonnenen Daten wiederum unterliegt bei natürlichen Personen dem Schutz der einschlägigen EG-Richtlinien.[198]

Ferner genießen natürliche Personen einen besonderen Schutz gegen das Eindringen in ihre privaten Räumlichkeiten ohne ihre Einwilligung; bei Geschäftsräumen soll immerhin noch eine allgemeine Verhältnismäßigkeitskontrolle erfolgen.[199] Von Bedeutung ist dies etwa für das Verfahren der Umsatzsteuer-Nachschau.[200] Aus dem Grundsatz des rechtlichen Gehörs hat der Gerichtshof für das Handeln der Gemeinschaftsbehörden zudem weitgehende Verfahrensgarantien abgeleitet.[201] Es dürfte nur eine Frage der Zeit sein, bis diese und andere grundrechtliche Garantien auch für den Vollzug des harmonisierten Steuerrechts fruchtbar gemacht werden.[202] Daneben bilden im Übrigen stets auch noch die nationalverfassungsrechtlichen

---

[194] Vgl. EuGH, Rs. 299/84, Neumann, Slg. 1985, 3663 (Rn. 25 ff.).

[195] EuGH, Rs. C-465/00 u.a., Rechnungshof/Österreichischer Rundfunk u.a., Slg. 2003, I-4989 (Rn. 73).

[196] EuGH, Rs. C-465/00 u.a., Rechnungshof/Österreichischer Rundfunk u.a., Slg. 2003, I-4989 (Rn. 82 ff.).

[197] Vgl. EuGH, Rs. C-46/87 u.a., Hoechst, Slg. 1989, 2859 (Rn. 13 ff.); Rs. C-94/00, Roquette Frères, Slg. 2002, I-9011 (Rn. 59 u. 76); jeweils zu Ermittlungsbefugnissen der Kommission im direkten Vollzug.

[198] Siehe dazu die Nachweise oben in Fn. 14.

[199] Vgl. EuGH, Rs. C-46/87 u.a., Hoechst, Slg. 1989, 2859 (Rn. 17 f.); zum weitergehenden Schutz auch von Geschäftsräumen in der Rspr. des EGMR und zur möglichen Beeinflussung der bislang eher restriktiven Rspr. des EuGH durch die extensive Interpretation der EMRK vgl. SCHWARZE, NJW 2005, 3459 (3461).

[200] Vgl. HAEP, UR 2008, 445 ff., zur Garantie der Unverletzlichkeit der Wohnung bei einer Umsatzsteuer-Nachschau. HAEP geht allerdings ausführlich nur auf Art. 13 GG ein, wohingegen die ebenfalls einschlägigen Grundrechtsbestimmungen des EG-Primärrechts keine Beachtung finden.

[201] Vgl. EuGH, Rs. C-402/05 P u.a., Kadi, n.n.v. (Rn. 331 ff.) m.w.N.

[202] Siehe schon jetzt EuGH, Rs. C-349/07, Sopropé, n.n.v. (Rn. 36 ff.), zu grundrechtlichen Anforderungen beim Vollzug des EG-Zollkodex; sowie EuGH, Rs. C-73/07, Satakunnan Markkinapörssi u.a., n.n.v., zur Verarbeitung von Daten, die in Deutschland dem Steuergeheimnis des § 30 I AO unterfallen würden.

Grundrechtsgarantien eine Schranke für finanzbehördliche Ermittlungsmaßnahmen.

2.5.2.1.4. Gewährleistung angemessener Sanktionen bei Verstößen gegen steuerliche Pflichten

Für die Zukunft ist ferner auch eine erhebliche Zunahme von Vorlage- und Vertragsverletzungsverfahren zu erwarten, in denen sich der EuGH mit den mitgliedstaatlichen Systemen der Sanktionierung von Verstößen gegen steuerrechtliche Verfahrens- und Mitwirkungspflichten befassen wird. Im Recht der direkten Steuern auf den Ertrag wird dies derzeit nur relevant, wenn Strafzuschläge o.ä. eine diskriminierende Beschränkung spezifisch des grenzüberschreitenden Wirtschaftsverkehrs und damit einen Grundfreiheitsverstoß bewirken; paradigmatisch ist insoweit § 162 Abs. 4 AO.[203] Anders verhält es sich im Recht der weitgehend harmonisierten indirekten Steuern. Die Mitgliedstaaten agieren insoweit im Anwendungsbereich des Gemeinschaftsrechts und haben dabei sogar gegenläufige Gemeinschaftsrechtsprinzipien zu beachten, weshalb die Kontrolle durch den EuGH hier absehbar engmaschig ausfallen dürfte: Auf der einen Seite gebietet der Effektivitätsgrundsatz, dass Verstöße gegen Bestimmungen des Gemeinschaftsrechts wirksame und abschreckende Sanktionen zur Folge haben.[204] Auf der anderen Seite müssen derartige Sanktionen – richtigerweise wegen des damit verbundenen Grundrechtseingriffs – nach ständiger Rechtsprechung verhältnismäßig ausgestaltet sein.[205]

Speziell zum Steuerrecht hat der EuGH festgestellt, dass sich die Bemessung der Sanktion stets an der Schwere des Verstoßes ausrichten muss.[206] Strafzuschläge oder Geldbußen, die sich an der Höhe der betroffenen Steuerschuld orientieren, dürften mit diesem Erfordernis nur dann vereinbar sein, wenn sie daneben zumindest auch eine grobe Abstufung nach dem Schuldvorwurf – etwa vorsätzlicher oder fahrlässiger Pflichtverletzung – vorsehen.[207] Daneben ist auch zu berücksichtigen, ob der Verstoß überhaupt zu einer Gefährdung des Steueraufkommens führen konnte, oder ob es sich bei der verletzten Norm um eine bloße Ordnungsvorschrift handelt.[208]

[203] Vgl. dazu MAISTO, in: FS Vanistendael, 635 (639 f.); SEER, in: TIPKE/KRUSE, AO/FGO, § 162 (08/2006) Rn. 82 m.w.N.

[204] Vgl. EuGH, Rs. 68/88, Kommission/Griechenland, Slg. 1989, 2965 (Rn. 23 f.); Rs. C-326/88, Hansen, Slg. 1990, I-2911 (Rn. 17); Rs. C-36/94, Siesse, Slg. 1995, I-3573 (Rn. 20); Rs. C-177/95, Ebony Maritime u.a., Slg. 1997, I-1111 (Rn. 35); Rs. C-167/01, Inspire Art, Slg. 2003, I-10155 (Rn. 62); Rs. C-387/02 u.a., Berlusconi u.a., Slg. 2005, I-3565 (Rn. 65).

[205] Vgl. EuGH, Rs. C-210/91, Kommission/Griechenland, Slg. 1992, I-6735 (Rn. 19); Rs. C-36/94, Siesse, Slg. 1995, I-3573 (Rn. 20 f.); Rs. C-177/95, Ebony Maritime u.a., Slg. 1997, I-1111 (Rn. 35); Rs. C-167/01, Inspire Art, Slg. 2003, I-10155 (Rn. 62); Rs. C-387/02 u.a., Berlusconi u.a., Slg. 2005, I-3565 (Rn. 65).

[206] Siehe dazu EuGH, Rs. 299/86, Drexl, Slg. 1988, 1213 (Rn. 17); Rs. C-146/05, Collée, Slg. 2007, I-7861 (Rn. 40).

[207] Eine gewisse Klärung bringt hier möglicherweise die Entscheidung in der beim EuGH anhängigen Rechtssache C-502/07 („K-1"). Zum Verschuldenserfordernis generell vgl. EuGH, Rs. C-10/92, Balocchi, Slg. 1993, I-5105 (Rn. 26) a.E.

[208] Vgl. dazu allgemein EuGH, Rs. C-52/77, Cayrol, Slg. 1977, 2261 (Rn. 33-38).

Dies muss etwa bei der Festsetzung von Geldbußen für unrichtige, unvollständige oder verspätete Intrastat-Meldungen von innergemeinschaftlichen Lieferungen beachtet werden.[209] Die Mitgliedstaaten bewegen sich daher bei der Wahl der Sanktion innerhalb einer gemeinschaftsrechtlich vorgegebenen Bandbreite, die sie weder über- noch unterschreiten dürfen. Zusätzlich unterliegen sie in diesem Rahmen den Anforderungen des Äquivalenzgrundsatzes: Sanktionen dürfen grundsätzlich nur verhängt werden, soweit sie unter sonst vergleichbaren Umständen auch im Bereich des nicht harmonisierten (Steuer-)Rechts vorgesehen sind. Die Mitgliedstaaten müssen also darauf achten, dass Verstöße gegen das Gemeinschaftsrecht nach ähnlichen sachlichen und verfahrensrechtlichen Regeln geahndet werden wie nach Art und Schwere gleiche Verstöße gegen rein nationales Recht.[210]

2.5.2.2. *Bedeutung für die Steuerträger*

2.5.2.2.1. Im Verbrauchsteuerrecht

Aufgrund seiner Fokussierung auf den Gesichtspunkt der Wettbewerbsneutralität und den freien Waren- und Dienstleistungshandel hat der EuGH bislang die mögliche Bedeutung freiheitsrechtlicher Garantien für die Verbraucher als Steuerträger indirekter Verbrauchsteuern noch nicht in den Blick genommen. Sie soll hier nur kurz abgehandelt werden, da eine ausgiebige Befassung damit den Rahmen dieses Beitrags überschreiten würde. Anlass zur Erörterung gibt nicht zuletzt die Weigerung des BVerfG, die beanstandete Vernachlässigung des Familienexistenzminimums in der Umsatzsteuer einer grundrechtlichen Kontrolle zu unterziehen.[211] Das BVerfG hat angesichts des zwingenden Charakters der insoweit relevanten Bestimmungen der Mehrwertsteuersystemrichtlinie vielmehr auf die Zuständigkeit des EuGH verwiesen. Dieser wird sich in Zukunft wohl auf Basis der Gemeinschaftsgrundrechte mit Fragestellungen befassen müssen, die auf nationaler Ebene seit jeher kontrovers diskutiert werden.

---

[209] Der in §§ 18 I BStatG iVm. § 23 III BStatG allgemein für Verstöße gegen gemeinschaftsrechtliche Auskunftspflichten vorgesehene Bußgeldrahmen darf hinsichtlich der Instrastat-Meldepflichten nicht voll ausgeschöpft werden, weil der Gesetzgeber dort ebenso wie in § 26a II UStG eine maximale Geldbuße von 5.000 € vorgesehen hat. Während aber die in § 26 I Nr. 5 UStG genannten Verstöße gegen die Pflicht zur Abgabe einer Zusammenfassenden Meldung innergemeinschaftlicher Lieferungen zu einer Gefährdung des Steueraufkommens führen können, dienen die Intrastat-Meldungen nur statistischen Zwecken. Der drohende Wertungswiderspruch ist durch eine gleitende Reduktion des Bußgeldrahmens im Rahmen des § 23 III BStatG zu vermeiden.

[210] Vgl. EuGH, Rs. C-36/94, Siesse, Slg. 1995, I-3573 (Rn. 20); Rs. C-177/95, Ebony Maritime u.a., Slg. 1997, I-1111 (Rn. 35); Rs. C-387/02 u.a., Berlusconi u.a., Slg. 2005, I-3565 (Rn. 65). Siehe dazu auch im außersteuerlichen Kontext EuGH, Rs. C-251/89, Athanasopoulos, Slg. 1991, I-2797 (Rn. 49).

[211] Vgl. BVerfG, Kammerbeschluss – 1 BvR 2129/07, DVBl. 2008, 105 (106). Das BVerfG hätte sich freilich konsequenterweise auch der – gleichheitsrechtlich relevanten – Feststellung enthalten sollen, eine relativ stärkere Belastung der Familien sei im System der indirekten Steuern notwendig angelegt und gesetzessystematisch folgerichtig.

Zu klären sein wird etwa generell, inwieweit auch indirekte Steuern auf den Verbrauch das Existenzminimum der Verbraucher steuerlich verschonen müssen.[212] Mindestens bei solchen Kategorien von Waren oder Dienstleistungen, die typischerweise unabhängig von der Höhe der Aufwendungen einen existenziellen Bedarf abdecken, muss eine ungemilderte oder bloß ermäßigte Besteuerung, oder auch eine lediglich „unechte" Steuerbefreiung freiheitsrechtlich auf Bedenken stoßen.

Die freiheitlichen Garantien der Gemeinschaftsrechtsordnung vermögen zudem den Belastungsgrund einzelner harmonisierter Verbrauchsteuern in seinen jeweiligen Randbereichen stärker zu konturieren: So bedarf die Belastung von zu Erwerbszwecken getätigten Aufwendungen nicht nur bei Unternehmern, sondern auch bei Privaten – etwa im Bereich der privaten Finanzkapitalanlage oder der Arbeitsmittel – gerade auch deshalb einer Rechtfertigung vor dem Prinzip der Besteuerung nach der Konsumleistungsfähigkeit,[213] weil dadurch Verwerfungen zum freiheitsrechtlich fundierten objektiven Nettoprinzip[214] in der Einkommensteuer drohen.[215]

Soweit bestimmte Verbrauchsteuern, wie etwa solche auf Energie oder Alkohol, Lenkungswirkungen entfalten sollen, muss die angestrebte Verhaltenslenkung ebenfalls einer Überprüfung anhand der jeweils betroffenen Freiheitsrechte unterzogen werden. Dabei könnte sich vor allem eine ergänzende gleichheitsrechtliche Folgerichtigkeitskontrolle als scharfes Schwert erweisen, sollte es der EuGH denn in die Hand nehmen wollen. Zu erwarten ist dies nicht unbedingt; eine Auseinandersetzung mit diesen und ähnlichen Fragestellungen dürfte für den EuGH aber in absehbarer Zeit anstehen.

2.5.2.2.2. Für den Fall einer harmonisierten Körperschaftsteuerbemessungsgrundlage

Sollte das Projekt einer gemeinsamen konsolidierten körperschaftsteuerlichen Bemessungsgrundlage (CCCTB)[216] tatsächlich einmal Besteuerungsrealität werden, werden freiheitsrechtliche Wertungen der Gemeinschaftsrechtsordnung erstmals auch in größerem Umfang im Kontext direkter Ertragsteuern relevant werden. Denn „Prinzipien des Steuerbilanzrechts sind zunächst die allgemeinen Verfassungsprinzipien für die Besteuerung"[217]. Problematisch könnte vor allem die Frage einer grundrechtlichen Absicherung des Vorsichtsprinzips und des Realisationsprinzips

---

[212] Zum Diskussionsstand in Deutschland näher ENGLISCH (Fn. 24), 594 ff.

[213] Siehe dazu RUPPE, in: FS Tipke, 457 (464): „Der Einsatz von Einkommen (Vermögen) für solche Transaktionen bringt, da es sich bloß um Umschichtung von Vermögen ... handelt, keine besteuerbare Leistungsfähigkeit zum Ausdruck ...", vgl. ferner DENS., Umsatzsteuergesetz, 3. Aufl., Einf. Rn. 42. Im Ergebnis gl.A. HENKOW, Financial Activities in European VAT, 78 ff.; TIEDE, Die Holding als umsatzsteuerlicher Unternehmer, 78 ff. A.A. wohl REIß, DStJG 13 (1990), 3 (24 f.).

[214] Vgl. statt aller LEHNER, in: LEHNER, Verluste im nationalen und Internationalen Steuerrecht, 1 (5 ff.).

[215] Siehe dazu auch LÖHR (Fn. 118), 258.

[216] Vgl. dazu den Nachweis in Fn. 51.

[217] Vgl. HENNRICHS, DStJG 24 (2001), 301 (308).

werden,[218] sollten die Bilanzierungsregeln wie zwischenzeitlich von der Kommission erwogen[219] die stärker am „true and fair view" ausgerichteten internationalen Standards IAS/IFRS zum Ausgangspunkt nehmen.[220]

Auch Einschränkungen des Imparitätsprinzips[221] bedürften mit Blick auf die gemeinschaftsrechtliche Garantie der Unternehmerfreiheit einer besonderen Rechtfertigung, wenn man dieses Prinzip als Ausdruck unternehmensschonender Besteuerung begreift.[222] Mindestens wäre es als jedenfalls im Ansatz folgerichtiges Element einer auf einem Reinvermögensbestandsvergleich basierenden steuerlichen Gewinnermittlung anzusehen, berücksichtigen doch Wertberichtigungen und tendenziell auch Rückstellungen eine schon gegenwärtige Minderung des Betriebsvermögens, die einen gedachten Erwerber zu einem Abschlag auf den Kaufpreis für den Gesamtbetrieb veranlassen würden.[223] Abweichungen wären darum zumindest gleichheitsrechtlich rechtfertigungsbedürftig.

Schließlich würde eine Harmonisierung auf diesem Gebiet des Steuerrechts entsprechend den oben genannten Grundsätzen auch das Besteuerungsverfahren einer Kontrolle anhand der Unionsgrundrechte unterwerfen.

2.6. Vorlagepflichten der nationalen Fachgerichte

Abschließend ist zu klären, welche Konsequenzen ein nationales Finanzgericht oder der BFH zu ziehen haben, wenn sie von der Grundrechtswidrigkeit einer Bestimmung des harmonisierten Steuerrechts oder ihrer Anwendung bzw. ihres Vollzugs durch die Finanzverwaltung überzeugt sind. Unproblematisch sind die Fachgerichte zur EG-grundrechtskonformen Auslegung des nationalen Rechts befugt, soweit das zugrundeliegende Richtlinienrecht dem Gesetzgeber bei seiner Ausgestaltung einen Spielraum belassen hat. Auch können sie ohne Befassung von BVerfG oder EuGH Maßnahmen des Verwaltungsvollzugs wegen Verletzung von Unionsgrundrechten für rechtswidrig erklären. Denn insoweit steht weder die Auslegung von Gemeinschaftsrecht in Rede, die gemäß Art. 234 lit. b EG jedenfalls in Zweifelsfällen dem

---

[218] Siehe dazu HENNRICHS, DStJG 24 (2001), 301 (316 f.); HERZIG, IAS/IFRS und steuerliche Gewinnermittlung, 2004, 49; SCHLOTTER, Teilwertabschreibung und Wertaufholung zwischen Steuerbilanz und Verfassungsrecht, 2005, 256 ff.; vgl. auch LANG (Fn. 119), 368 f.; DENS., DStJG 4 (1981), 45 (81 f.)

[219] Vgl. das „Commission Non-Paper to informal Ecofin Council, 10 and 11 September 2004" v. 7.7.2004, einsehbar unter http://ec.europa.eu/taxation_customs/taxation/company_tax/common_tax_base/index_en.htm.

[220] Die Kommission bzw. die von ihr eingesetzte Working Group scheinen dies erkannt zu haben; die jüngsten Vorschläge nehmen nur noch gelegentlich Bezug auf die IAS, machen diese aber nicht zum Referenzgebiet, vgl. das in Fn. 51 zitierte „Working Document", 7 ff.

[221] Nach Aussage der Kommission wird derzeit etwa noch über die Abzugsfähigkeit von Rückstellungen diskutiert, vgl. die Mitteilung der Kommission v. 2.5.2007, KOM (2007) 223, 10.

[222] So etwa HERZIG (Fn. 218), 57; SCHLOTTER (Fn. 218), 260; wohl auch SCHÖN, StuW 1995, 366 (377); a.A. JACHMANN, DStJG 23 (2000), 9 (56); SCHULZE-OSTERLOH, DStJG 23 (2000), 67 (73).

[223] Siehe dazu SCHLOTTER (Fn. 218), 259 f.; LANG (Fn. 119), 369 f.; HENNRICHS, DStJG 24 (2001), 301 (320 ff.) m.w.N.

EuGH vorbehalten ist, noch die Gültigkeit eines nachkonstitutionellen Gesetzes im Sinne des Art. 100 GG.

Nicht ausdrücklich Stellung genommen hat der EuGH bislang zu der Frage, ob die nationalen Gerichte auch zu einer grundrechtskonformen Auslegung von Richtlinienbestimmungen befugt sind.[224] Dabei kann diese Auslegung sowohl eine Grundlage für die richtlinienkonforme Auslegung des nationalen Umsetzungsaktes als auch – subsidiär – für dessen Nichtanwendung bieten; letzteres allerdings nur dann, wenn diese Rechtsfolge dem Steuerpflichtigen günstig ist. In beiden Konstellationen wird man anhand der allgemeinen Grundsätze davon ausgehen müssen, dass die nationalen Fachgerichte die Auslegung des sekundären Gemeinschaftsrechts zumindest in letzter Instanz nicht selbst vornehmen dürfen, sondern gemäß Art. 234 lit. b EG grundsätzlich dem EuGH vorlegen müssen. Ausnahmen sind nur in den engen Grenzen der „acte-claire"-Doktrin zulässig, d.h. wenn „die richtige Anwendung des Gemeinschaftsrechts derart offenkundig [ist], dass keinerlei Raum für einen vernünftigen Zweifel an der Entscheidung der gestellten Frage bleibt"[225]. Dies wird hinsichtlich der Anwendung von Unionsgrundrechten, deren Effektuierung im Einzelfall in hohem Maße von richterlicher Wertung und vom richterlichen Selbstverständnis des EuGH im komplexen Gefüge von Gewaltenteilung und Mehrebenensystem abhängt, ohnehin kaum je der Fall sein. Selbst dann bliebe es dem nationalen Gericht aber aus europarechtlicher Warte noch unbenommen, den EuGH anzurufen.[226] Nach der innerstaatlichen Wertung des Art. 100 GG wird man für ein deutsches Fachgericht darüber hinaus eine entsprechende Verpflichtung annehmen müssen, wenn die Folge der von ihm präferierten Auslegung die Nichtanwendung eines nachkonstitutionellen Parlamentsgesetzes wäre.[227]

Eine von der richterlichen Praxis noch nicht bewältigte Herausforderung stellt auch die etwaige Grundrechtswidrigkeit von nationalen Gesetzesbestimmungen dar, wenn diese zwar dem harmonisierten Steuerrecht zuzurechnen sind, aber in einen Bereich mitgliedstaatlichen Gestaltungsspielraumes fallen. Hier ist eine Kontrolle am Maßstab der nationalen Grundrechte weiterhin möglich, aber auch schon der Anwendungsbereich des Gemeinschaftsrechts und damit eine Überprüfung anhand der Unionsgrundrechte eröffnet. In der Regel werden durch die in Rede stehende

[224] EuGH, Rs. C-305/05, Ordre des barreaux francophones et germanophone, Slg. 2007, I-5305 (Rn. 28), nimmt nur zur Notwendigkeit einer primärrechtskonformen Auslegung an sich Stellung.

[225] Grundlegend EuGH, Rs. 283/81, CILFIT, Slg. 1982, 3415 (Rn. 12 ff.); vgl. auch GAITANIDES, in: VON DER GROEBEN/SCHWARZE, EUV/EGV, 6. Aufl., Art. 234 EG Rn. 67. Kritisch dazu HIRSCH, FG 50 Jahre Bundesverwaltungsgericht, 3 (6); HESS, RabelsZ 2002, 470 (493 f.). Für eine Lockerung der Anforderungen plädieren GA JACOB, Schlussanträge v. 10.7.1997, Rs. C-338/95, Wiener, Slg. 1997, I-6495 (Rn. 15 ff.); GA COLOMER, Schlussanträge v. 30.6.2005, Rs. C-461/03, Gaston Schul, Slg. 2005, I-10513 (Rn. 35 ff.); BROBERG, Common Market Law Review 2008, 1383 (1396 ff.); dezidiert dagegen GA TIZZANO, Schlussanträge v. 21.2.2002, Rs. C-99/00, Lyckeskog, Slg. 2002, I-4839 (Rn. 60 ff.). Der EuGH hat bislang noch kein Abrücken von seinen Grundsätzen erkennen lassen.

[226] EuGH, Rs. 283/81, CILFIT, Slg. 1982, 3415 (Rn. 15).

[227] A.A. wohl HIRSCH, NJW 2000, 1817 (1819).

Norm auch parallele Grundrechtsgarantien – meist der Gleichheitssatz oder die Berufsfreiheit – auf beiden Ebenen betroffen sein. Nach dem Wortlaut des Art. 100 Abs. 1 GG muss das Fachgericht eine konkrete Normenkontrolle beim BVerfG anstrengen, wenn es von der Grundrechtswidrigkeit überzeugt ist.[228]

Es darf also nicht stattdessen die Frage nur dem EuGH vorlegen, der über Verstöße nationalen Rechts gegen Unionsgrundrechte auf Basis des Art. 234 lit. a EG entscheidet.[229] Erst recht darf ein Finanzgericht nicht selbst unter Berufung auf eine vermeintlich offensichtliche Verletzung von Unionsgrundrechten die streitgegenständliche Vorschrift unangewendet lassen; Art. 100 GG entfaltet also auch hier eine Sperrwirkung im Verhältnis zur acte claire-Doktrin des EuGH. Das mit dem Fall befasste Finanzgericht bzw. der BFH sind aber nicht gehindert, schon parallel zur Vorlage beim BVerfG ein Vorabentscheidungsverfahren beim EuGH einzuleiten. Denn der Ausgang eines dieser beiden Verfahren präjudiziert nicht den des je anderen.[230] Für die Entscheidung des Falles maßgeblich wird vielmehr der jeweils strengere Grundrechtsstandard.[231] Die bisherigen Entscheidungen des EuGH zeigen, dass dies keineswegs derjenige des BVerfG sein muss, wenn es um die Beurteilung von gemeinschaftsrechtlich nicht eindeutig vorgegebenen Bestimmungen des nationalen Rechts geht.

Von besonderer Brisanz ist dies bei Verstößen gegen den Gleichheitssatz: Das BVerfG räumt hier dem Gesetzgeber mit Blick auf dessen Handlungsalternativen zur Herstellung eines gleichheitssatzkonformen Rechtszustandes insbesondere bei haushaltswirtschaftlich bedeutsamen Normen häufig eine Frist für eine Neuregelung ein, innerhalb derer die bisherige Regelung trotz ihrer Grundrechtswidrigkeit fortgilt.[232] Anderenfalls gestattet es im Regelfall zumindest eine rückwirkende Umgestaltung der Rechtslage und ordnet gelegentlich eigenständige Übergangsregelungen an;[233] eine sofortige Ausdehnung der Begünstigung auf die bislang gleichheitswidrig davon ausgeschlossene Gruppe wird hingegen nur ausnahms-

---

[228] BVerfG – 1 BvL 20/77, BVerfGE 48, 40 (45 f.); BVerfG – 2 BvL 22/82, BVerfGE 68, 337 (344); BVerfG – 1 BvL 19/91, BVerfGE 86, 52 (57); st. Rspr. Vgl. auch ULSAMER, in: MAUNZ U.A., Bundesverfassungsgerichtsgesetz, § 80 (Stand 10/1985) Rn. 296; WIELAND, in: DREIER, GG, Bd. III, 2. Aufl., Art. 100 Rn. 18.

[229] Siehe zu letzterem EuGH, Rs. C-309/06, Marks & Spencer, n.n.v. (Rn. 45 ff.).

[230] Vgl. aus europarechtlicher Perspektive EuGH, Rs. C-387/02 u.a., Berlusconi u.a., Slg. 2005, I-3565 (Rn. 72); GA POIARES MADURO, Schlussanträge v. 9.9.2008, Rs. C-465/07 (Elgafaji), n.n.v. (Rn. 22). Das BVerfG wiederum hat dies aus national-verfassungsrechtlicher Warte implizit durch seine – unpräzisen, s.o. bei Fn. 42 – Ausführungen zu den Konsequenzen einer Ungültigkeitserklärung zwingenden Richtlinienrechts ebenfalls zu erkennen gegeben: Wenn ein entsprechendes Verdikt des EuGH lediglich eine nachfolgende Kontrolle des Umsetzungsaktes anhand der Grundrechte des GG ermöglichen soll, muss sich diese an eigenständigen Maßstäben ausrichten, weil sie ansonsten überflüssig wäre.

[231] Siehe dazu eingehend LINDNER, EuZW 2007, 71 (73 ff.).

[232] BVerfGE – 2 BvL 37/91, BVerfGE 93, 121 (148); BVerfG – 2 BvL 17/99, BVerfGE 105, 73 (134); BVerfG – 1 BvL 10/02, BVerfGE 117, 1 (70); BVerfG – 2 BvL 1/06, DStR 2008, 604 (611); kritisch gerade im Vergleich zur EuGH-Rspr. HEY, FR 2008, 1033 (1039).

[233] Vgl. etwa BVerfG – 2 BvL 1/07 u.a., n.n.v., unter D.II.2.

weise für möglich gehalten.[234] Demgegenüber verlangt der EuGH vom nationalen Gericht bei Annahme eines Gleichheitssatzverstoßes, auf die Mitglieder der benachteiligten Gruppe ohne weiteres diejenige Regelung anzuwenden, die für die Mitglieder der begünstigten Gruppe gilt, und dem entgegenstehende Bestimmungen außer Anwendung zu lassen.[235]

Zur rückwirkenden „Reparatur" eines Gleichheitssatzverstoßes zu Lasten der bislang Begünstigten hat sich der EuGH noch nicht geäußert; sie dürfte aber – übrigens auch aus national-verfassungsrechtlicher Warte[236] – im Regelfall mit Blick auf den Vertrauensschutz der Betroffenen unzulässig sein. Denn diese müssen grundsätzlich auf die Gültigkeit der ihnen günstigen Norm vertrauen und ihre Dispositionen daran ausrichten dürfen. Die Sachlage ist hier also eine andere als bei der rückwirkenden Abmilderung von Grundfreiheitsverstößen durch weniger belastende und daher noch gerechtfertigte Rechtsfolgen,[237] in denen allenfalls ein – nicht gleichermaßen schutzwürdiges – Vertrauen in die Ungültigkeit der betroffenen Norm enttäuscht werden könnte.[238] Damit wird es für den Regelfall dabei bleiben, dass nach dem derzeitigen Stand der Rechsprechung des EuGH die Rechtsfolgen der Feststellung einer gleichheitssatzwidrigen Besteuerung oder einer Diskriminierung im Steuervollzug für den betroffenen Steuerpflichtigen definitiv günstiger sind als bei einem ebensolchen Verdikt des BVerfG.

Aufgrund dessen wird eine Vorabentscheidung des EuGH aber regelmäßig unabhängig von einer etwaigen Unvereinbarkeitserklärung durch das BVerfG für die Entscheidung des Fachgerichts „erforderlich" im Sinne des Art. 234 EG. Es besteht daher bei vermuteten Gleichheitssatzverstößen nicht nur eine Vorlagemöglichkeit

---

[234] Vgl. BVerfG – 2 BvL 4/05, DStRE 2008, 1206 (1211).

[235] Vgl. EuGH, Rs. C-309/06, Marks & Spencer, n.n.v. (Rn. 63); kritisch SCHWARZE, NJW 2005, 3459 (3464 f.); differenzierend STAHL, Intertax 2008, 548 ff. Grenzen setzt hier allenfalls das sekundäre Richtlinienrecht, wenn man davon ausgeht, dass die Außerachtlassung der diskriminierenden Vorschriften keinen richtlinienwidrigen Zustand herbeiführen darf, vgl. dazu GA KOKOTT in ihren Schlussanträgen v. 13.12.2007, a.a.O. (Rn. 76 f.).

[236] Zwar hat das BVerfG wiederholt entschieden, dass eine (sog. „echte") Rückwirkung ausnahmsweise zulässig sein könne, wenn eine bisherige Norm mit höherrangigem Recht unvereinbar und darum nichtig sei und rückwirkend durch eine nicht zu beanstandende Norm ersetzt werden solle. Der Staatsbürger könne sich nicht immer auf den durch eine ungültige Norm erzeugten Rechtsschein verlassen; vgl. etwa BVerfG – 2 BvL 6/59, BVerfGE 13, 261 (272); BVerfG – 2 BvL 17/63, BVerfGE 18, 429 (439). Die ursprüngliche Entscheidung des BVerfG, in der es darauf ankam, und auf welche die Verweisungskette stets zurückführt, betraf aber einen Fall, in dem die Betroffenen nicht auf den Rechtsschein der gültigen Norm, sondern auf ihre Ungültigkeit vertraut hatten, vgl. BVerfG – 1 BvL 23/52, BVerfGE 7, 89 (93). Allein dies rechtfertigt auch eine Einschränkung des Vertrauensschutzes, denn grundsätzlich muss der Staatsbürger davon ausgehen (können), dass die vom zuständigen Gesetzgebungsorgan beschlossenen Gesetze verfassungsmäßig sind. Vgl. auch BVerfG – 2 BvL 4/05, HFR, DStRE 2008, 1206 (1211): regelmäßig entfällt erst mit der Entscheidung des BVerfG ein schutzwürdiges Vertrauen in den (Fort-)Bestand der gleichheitswidrig begünstigenden Regelung.

[237] Vgl. dazu BFH – I B 92/08, DStR 2008, 2154 (2156); siehe in diesem Zusammenhang ferner EuGH, Rs. C-158/07, Förster, n.n.v. (Rn. 61 ff., insbes. Rn. 70).

[238] Siehe dazu auch BVerfG – 1 BvL 23/52, BVerfGE 7, 89 (93); BverfG – 2 BvL 7/64 u.a., BVerfGE 22, 330 (348).

neben der konkreten Normenkontrolle nach Art. 100 GG, sondern auch eine Pflicht zur parallelen Vorlage beim EuGH. Im Übrigen sind auch Konstellationen denkbar, in denen allein eine Vorlage beim EuGH in Betracht kommt: Hält das Fachgericht die Grundrechtswidrigkeit einer entscheidungserheblichen nationalen Steuerrechtsbestimmung lediglich für möglich, ohne indes davon überzeugt zu sein, scheidet eine konkrete Normenkontrolle nach Art. 100 GG aus,[239] nicht aber ein Vorabentscheidungsverfahren nach Art. 234 EG.[240]

Eindeutig sind die Verhältnisse schließlich, wenn die Grundrechtswidrigkeit von sekundärem Gemeinschaftsrecht angenommen wird, auf dem nationale Umsetzungsbestimmungen beruhen. Insofern beansprucht der EuGH gestützt auf Art. 234 lit. b EG ein Verwerfungsmonopol.[241] Es ergibt sich nicht zuletzt auch aus dem Gebot gemeinschaftsweit einheitlicher Rechtsanwendung als einem „Grunderfordernis der gemeinschaftsrechtlichen Rechtsordnung"[242]. Lediglich einstweiligen Rechtsschutz durch die nationalen Fachgerichte lässt der EuGH unter strengen Voraussetzungen zu.[243] Sollte der Gerichtshof sodann tatsächlich auf eine Verletzung von Unionsgrundrechten und damit auf die Nichtigkeit der sekundärrechtlichen Bestimmung erkennen, was bislang wie schon geschildert nur höchst selten der Fall war, stünde damit regelmäßig auch ein Verstoß der darauf beruhenden Norm des nationalen Steuerrechts gegen die gemeinschaftsrechtlichen Grundrechtsgarantien fest. Die nationale Steuervorschrift darf dann nach hier vertretener Auffassung, die sich auf eine unzweideutige Rechtsprechung des EuGH stützen kann, vom Fachgericht nicht mehr angewendet werden. Einer Aufhebung durch den Gesetzgeber oder einer Anrufung des BVerfG im Wege der konkreten Normenkontrolle bedarf es

---

239 Siehe dazu die Nachweise oben Fn. 228.

240 Vgl. KARPENSTEIN (Fn. 42), Art. 234 EGV (Stand 07/2008) Rn. 36 m.w.N.: begründete Zweifel genügen.

241 Vgl. EuGH, Rs. 314/85, Foto-Frost, Slg. 1987, 4225 (Rn. 11 ff.); Rs. C-50/00 P, Unión de Pequeños Agricultores, Slg. 2002, I-6677 (Rn. 40); siehe auch BVerfG – 2 BvL 12/88 u.a., BverfGE 82, 159 (194), unter Verweis auf EuGH, a.a.O. Siehe dazu auch eingehend GAITANIDES, in: VON DER GROEBEN/SCHWARZE, EUV/EGV, 6. Aufl., Art. 234 EG Rn. 68; KARPENSTEIN (Fn. 42), Art. 234 EGV (Stand 07/2008) Rn. 62. Die sog. „acte-claire"-Doktrin (dazu sogleich) ist daher nicht anwendbar; dies übersieht der österr. VwGH, IStR 2007, 781 (Rn. 38).

242 Vgl. EuGH, Rs. C-143/88 u.a., Zuckerfabrik, Slg. 1991, I-415 (Rn. 26 f.); Rs. C-453/03 u.a., ABNA u.a., Slg. 2005, I-10423 (Rn. 104); siehe ferner WEGENER, in: CALLIESS/RUFFERT, EUV/EGV, 3. Aufl., Art. 234 EG Rn. 25. Das Uniformitätsprinzip wurzelt letztlich im gemeinschaftsrechtlichen Gleichheitssatz; siehe dazu EuGH, Rs. 205/82 u.a., Deutsches Milchkontor, Slg. 1983, 2633 (Rn. 17); Rs. C-316/05, Nokia, Slg. 2006, I-12083 (Rn. 21); SCHROEDER, Das Gemeinschaftsrechtssystem, 2002, 426 f.

243 Vgl. EuGH, Rs. C-143/88 u.a., Zuckerfabrik, Slg. 1991, I-415 (Rn. 26 f.); Rs. C-465/93, Atlanta Fruchthandelsgesellschaft, Slg. 1995, I-3761 (Rn. 39); Rs. C-453/03 u.a., ABNA u.a., Slg. 2005, I-10423 (Rn. 104); Rs. C-432/05, Unibet, Slg. 2007, I-2271 (Rn. 79). Diese und weitere Entscheidungen bezogen sich allerdings bislang nur auf einstweiligen Rechtsschutz gegen Gemeinschaftsverordnungen. Mit der Frage vorläufigen Rechtsschutzes gegen Verwaltungsakte, die wegen der Rechtswidrigkeit von inhaltlich einer Richtlinienvorschrift voll entsprechenden nationalen Umsetzungsakten angefochten werden, hatte sich der EuGH bislang noch nicht zu befassen. Das in der vorstehend zitierten Rspr. betonte Anliegen einer gemeinschaftsweit einheitlichen Rechtsanwendung gilt hier aber gleichermaßen.

dazu nicht. Das BVerfG hingegen reklamiert wie oben dargelegt insoweit ein Verwerfungsmonopol für sich und erkennt die Geltung der Unionsgrundrechte nicht an.[244]

2.7. Fazit

Die Entfaltung der Gemeinschaftsgrundrechte im harmonisierten Steuerrecht befindet sich sowohl in der Rechtsprechung des EuGH und der mitgliedstaatlichen Fachgerichtsbarkeit als auch in der Steuerrechtswissenschaft noch in den Anfängen. Angesichts der weitgehenden Verdrängung nationaler Grundrechtsstandards und des fortschreitenden Harmonisierungsprozesses handelt es sich indes um eine bedeutsame Zukunftsfrage des deutschen Steuerrechts. Gerade hierzulande hat sich in den letzten Jahrzehnten bei den Gestaltern der Steuerrechtsordnung ein Bewusstsein für die Bedeutung einer grundrechtlichen Anleitung und Kontrolle des Steuergesetzgebers herausgebildet. Soweit deutsches Steuerrecht auf den Vorgaben europäischen Richtlinienrechts basiert, wird es sich Legitimität und Akzeptanz daher auf Dauer nur bewahren können, wenn es in eine – nicht notwendig deckungsgleiche – Steuerrechtfertigungslehre auf Gemeinschaftsrechtsebene eingebunden ist.

Die nächsten Jahrzehnte werden maßgeblich durch die Aufgabe geprägt sein, grundrechtsbasierte Alternativen zur bisherigen, primär wettbewerbspolitischen Sicht des EuGH auf das Recht der harmonisierten Steuern zu etablieren. Erste Ansätze dazu sind auch bereits in der Rechtsprechung des Gerichtshofs selbst erkennbar. Daneben bietet die dynamische Entwicklung der Grundrechte auf Gemeinschaftsrechtsebene auch die Chance für neue Impulse in denjenigen Bereichen, die inzwischen einer doppelten grundrechtlichen Kontrolle sowohl anhand der Garantien des Grundgesetzes als auch der Unionsgrundrechte unterliegen. Dies gilt insbesondere für das mitgliedstaatliche Steuerverfahrensrecht. Hier zeigt sich schon jetzt, dass der EuGH von Gesetzgeber und Verwaltung eine vergleichsweise strikte Beachtung des freiheitsrechtlich angebundenen Verhältnismäßigkeitsgrundsatzes einfordern wird. Die deutsche Steuerrechtswissenschaft ist nicht zuletzt mit Blick auf ihre reichhaltigen Erkenntnisse zur grundrechtlichen Fundierung der Steuerrechtsordnung aufgerufen, diese Entwicklung nicht nur kritisch zu begleiten, sondern auch aktiv zu gestalten.

---

[244] Siehe zu dieser Kontroverse eingehend oben bei Fn. 42.

2.8. English Abstract

The topic „EC law and the tax systems of the Member States“ usually rouses the association of the fundamental freedoms enshrined in Art. 14 EC, and of the corresponding ECJ case law. It is often overlooked, though, that the unwritten fundamental rights developed by the ECJ as general principles of EC law also have their bearing on the national tax systems, and in particular in the field of harmonised tax law such as VAT or excise duties. True, the jurisprudence is only at its beginning in this regard, since both the ECJ and the national courts are still reluctant to subject the EC Directives underlying the harmonised national law to a fundamental rights scrutiny. However, the ECJ has already applied these quasi-constitutional guarantees quite frequently as limits to the national legislator's sovereignty in areas where the relevant EC Directive grants options or a margin of discretion. Moreover, the Court has left no doubt that they also apply in the field of national procedural law in so far as it is concerned with the assessment and enforcement of harmonised taxes. Finally, the German Constitutional Court has only recently acknowledged that it will, in principle, not exercise a constitutional review of harmonised tax law if the norm at issue implements unconditional specifications of an EC Directive. This decision, too, should lead to an increase of preliminary rulings concerned with the compatibility of harmonised tax law with EC fundamental rights. The pending case *Puffer v. Unabhängiger Finanzsenat Außenstelle Linz* referred to by an Austrian court could be a harbinger of change in this regard.

This article first lays down the foundations for the application of EC fundamental rights in the field of national tax law. It also discusses the substantial and procedural relationship between European fundamental rights, on the one hand, and national constitutional rights, on the other hand, which is still not entirely clear in Germany. The main section of the article is then devoted to a range of possible implications of the EC fundamental rights for the enactment and enforcement of harmonized taxes. In the author's view, it will indeed be a future challenge for scholars and courts alike to complement the so-far rather integrationist approach of the ECJ to the field of harmonised tax law by a substantial European Tax Order based on fundamental rights. The dialectic of the neutrality principle so far dominating in the ECJ's case law, on the one hand, and the principle of an equitable distribution of the tax burden based on a proportional taxation of expenditure for private consumption, on the other hand, is symptomatic for this issue. However, there are many more quasi-constitutional requirements for the European and for the national legislator, which can be inferred from the case law that has by now been developed by the ECJ in both, the field of harmonised taxes and other areas of harmonised law. The article closes with some considerations on the coordination of European and national competences of judicial review.

Literaturverzeichnis

ALEXY, ROBERT: Theorie der Grundrechte, 3. Auflage, Frankfurt 1996.

BIRKENFELD, WOLFRAM: Umsatzsteuer-Handbuch, Loseblatt, Köln September 2004.

BIRKENFELD, WOLFRAM: Grundstücke und Grundstücksgeschäfte in der Umsatzsteuer, in: NIEKENS, HANS (Hrsg.), USt-Kongr-Bericht 2004, Köln 2007, S. 45 ff.

BROBERG, MORTEN: Acte Clair revisited: Adapting the Acte Clair Criteria to the Demands of the Times, Common Market Law Review 2008, S. 1383 ff.

BROSIUS-GERSDORF, FRAUKE: Bindung der Mitgliedstaaten an die Gemeinschaftsgrundrechte, 1. Auflage, Berlin 2005.

BURGMAIER, BERND: Anmerkung zu EuGH v. 15.03.2007, C-35/05, UR 2007, S. 348 ff.

CALLIESS, CHRISTIAN/ RUFFERT, MATTHIAS (Hrsg.): EUV/EGV, 3. Auflage, München 2007 (zitiert: BEARBEITER, in: CALLIESS, CHRISTIAN / RUFFERT, MATTHIAS, EUV/EGV).

CALLIESS, CHRISTIAN: Die Charta der Grundrechte der Europäischen Union – Fragen der Konzeption, Kompetenz, Verbindlichkeit, EuZW 2001, S. 261 ff.

CICHY, PATRICK: Wettbewerbsverfälschungen durch Gemeinschaftsbeihilfen, 1. Auflage, Baden-Baden 2002.

CLASSEN, CLAUS DIETER: Freiheit und Gleichheit im öffentlichen und im privaten Recht – Unterschiede zwischen europäischem und deutschem Grundrechtsschutz?, EuR 2008, S. 627 ff.

CREMER, WOLFRAM: Gemeinschaftsrecht und deutsches Verwaltungsprozessrecht – zum dezentralen Rechtsschutz gegenüber EG-Sekundärrecht, Die Verwaltung 2004, S. 165 ff.

VON DANWITZ, THOMAS: Die Eigenverantwortlichkeit der Mitgliedstaaten für die Durchführung im Gemeinschaftsrecht, DVBl. 1998, S. 421 ff.

DENNISEN, ANDRE: Die Differenzbesteuerung im Umsatzsteuergesetz, Diss. Köln 2008, im Erscheinen.

DREIER, HORST: Grundgesetz, Bd. III, 2. Aufl., Tübingen 2008 (zitiert: BEARBEITER, in: DREIER, GG).

DRÜEN, KLAUS-DIETER: Inanspruchnahme Dritter für den Steuervollzug, DStJG Bd. 31, Steuervollzug im Rechtsstaat, Köln 2008, S. 167 ff.

EECKHOUT, PIET: The EU Charter of Fundamental Rights and the Federal Question, Common Market Law Review 2002, S. 945 ff.

EHLERS, DIRK (Hrsg.): Europäische Grundrechte und Grundfreiheiten, 2. Auflage, Berlin 2005 (zitiert: BEARBEITER, in : EHLERS, Europäische Grundrechte und Grundfreiheiten).

EHLERS, DIRK (Hrsg.): Europäische Grundrechte und Grundfreiheiten, 2. Auflage, Berlin 2005 (zitiert: BEARBEITER, in : EHLERS, Europäische Grundrechte und Grundfreiheiten).

EHRKE-RABEL, TINA: Gemeinschaftsrecht und österreichisches Abgabenverfahren, Wien 2006.

ENGLISCH, JOACHIM: Die territoriale Zuordnung von Umsätzen, DStJG Bd. 32, Umsatzsteuer im Binnenmarkt, Köln 2009, im Erscheinen.

ENGLISCH, JOACHIM: Die negative Konkurrentenklage im Unternehmenssteuerrecht, StuW 2008, S. 53 ff.

ENGLISCH, JOACHIM: Anmerkung zu BFH v. 11.10.2007, V R 27/05, UR 2008, S. 466 ff.

ENGLISCH, JOACHIM: Wettbewerbsgleichheit im grenzüberschreitenden Handel, Tübingen 2008.

ENGLISCH, JOACHIM: Zur Bedeutung des gemeinschaftsrechtlichen Gleichheitssatzes im Recht der Gemeinschaftsbeihilfen, EuR 4/2009, im Erscheinen.

FANTOZZI, AUGUSTO: A Force of the European Constitution beyond its Formal Adoption: From Non-Discrimination towards a Tax Equality Principle, in: HINNEKENS, LUC/ HINNEKENS PHILIPPE (Hrsg.), Festschrift Vanistendael, Aalphen aan den Rijn 2008, S. 387 ff.

GRABENWARTER, CHRISTOPH: Europäische Menschenrechtskonvention, 3. Auflage, München 2008.

GRABENWARTER, CHRISTOPH: Auf dem Weg in die Grundrechtsgemeinschaft?, EuGRZ 2004, S. 563 ff.

GRABITZ, EBERHARD/ HILF, MEINHARD: EUV/EGV, Loseblatt, München Juli 2008 (zitiert: BEARBEITER, in: GRABITZ/HILF, EUV/EGV).

VON DER GROEBEN, HANS/ SCHWARZE, JÜRGEN (Hrsg.): EUV/EGV, 6. Auflage, Baden-Baden 2003 (zitiert: BEARBEITER, in: VON DER GROEBEN/ SCHWARZE, EUV/EGV).

HAEP, GÜNTER: Umsatzsteuer-Nachschau und Unverletzlichkeit der Wohnung, UR 2008, S. 445 ff.

HENKOW, OSKAR: Financial Activities in European VAT, London 2008.

HENNRICHS, JOACHIM: Maßgeblichkeitsgrundsatz oder eigenständige Prinzipien für die Steuerbilanz?, DStJG Bd. 24, Besteuerung von Einkommen, Köln 2001, S. 301 ff.

HERZIG, NORBERT: IAS/IFRS und steuerliche Gewinnermittlung, 1. Auflage, Düsseldorf 2004.

HESELHAUS, SEBASTIAN/ NOWAK, CARSTEN (Hrsg.): Handbuch der Europäischen Grundrechte, 1. Auflage, Bern 2006 (zitiert: BEARBEITER, in: HESELHAUS, Handbuch der Europäischen Grundrechte).

HESS, BURKHARD: Rechtsfragen des Vorabentscheidungsverfahrens, RabelsZ 2002, S. 470 ff.

HEY, JOHANNA: Saldierung von Vor- und Nachteilen in der Rechtfertigung von Grundrechtseingriffen und Ungleichbehandlungen, AöR 2003, S. 226 ff.

HEY, JOHANNA: Gestaltungsspielraum des Gesetzgebers und Sicherung des Steueraufkommens, FR 2008, S. 1033 ff.

HEY, JOHANNA: Erosion nationaler Besteuerungsprinzipien im Binnenmarkt?, Zugleich zu den Rechtfertigungsgründen der „Europatauglichkeit" und „Wettbewerbsfähigkeit" des Steuersystems, StuW 2005, S. 317 ff.

HIRSCH, GÜNTER: Bundesverwaltungsgericht und Europäischer Gerichtshof, in: SCHMIDT-AßMANN, EBERHART / SELLNER, DIETER / HIRSCH, GÜNTER (Hrsg.), Festgabe 50 Jahre Bundesverwaltungsgericht, Köln 2003, S. 3 ff.

HIRSCH, GÜNTER: Der EuGH im Spannungsverhältnis zwischen Gemeinschaftsrecht und nationalem Recht, NJW 2000, S. 1817 ff.

HOFFSÜMMER, PHILIPP: Steuerbefreiungen für Inlandsumsätze, Diss. Köln 2008, im Erscheinen.

HOLZ, WILFRIED: Grundrechtsimmunes Gesetzesrecht, NVwZ 2007, S. 1153 ff.

HUBER, PETER M.: Unitarisierung durch Gemeinschaftsgrundrechte – zur Überprüfungsbedürftigkeit der ERT Rechtsprechung, EuR 2008, S. 190.

HUFELD, ULRICH: Das Recht des Konkurrenten auf Besteuerung der öffentlichen Hand, in: KLUTH, WINFRIED/ MÜLLER, MARTIN/ PEILERT, ANDREAS (Hrsg.), Festschrift Stober, Köln 2008, S. 717 ff.

JACHMANN, MONIKA: Besteuerung von Unternehmen als Gleichheitsproblem, DStJG 23, Europa – und verfassungsrechtliche Grenzen der Unternehmensbesteuerung, Köln 2000, S. 9 ff.

JAKOB, WOLFGANG: Umsatzsteuer, 3. Auflage, München 2005.

JARASS, HANS D.: EU-Grundrechte, 1. Auflage, München 2005.

JÜRGENSEN, THOMAS/ SCHLÜNDER, IRENE: EG-Grundrechteschutz gegenüber Maßnahmen der Mitgliedsstaaten, AöR 121 (1996), S. 200 ff.

KIRCHHOF, PAUL: Entwicklungsmöglichkeiten der Umsatzsteuer im Rahmen von Verfassungs- und Europarecht, UR 2002, S. 541 ff.

KLEIN, ECKART: Dogmatische und methodische Überlegungen zur Einordnung der Europäischen Menschenrechtskonvention in den Grundrechtsfundus der Europäischen Union, in: KLEIN, ECKART/ PIEPER, STEFAN ULRICH/ RESS, GEORG (Hrsg.), Gedächtnisschrift Bleckmann, Köln 2007, S. 257 ff.

KOKOTT, JULIANE: Der Grundrechtsschutz im europäischen Gemeinschaftsrecht, AöR 121 (1996), S. 599 ff.

KUNTZE, STEFAN: Europarecht im deutschen Verwaltungsprozess (4): Allgemeines Verwaltungsrecht, VBlBW 2001, S. 5 ff.

LANG, JOACHIM: Gewinnrealisierung – Rechtsgrundlagen, Grundtatbestände und Prinzipien im Rahmen des Betriebsvermögensvergleichs nach § 4 Abs. 1 EStG, DStJG 4, Gewinnrealisierung im Steuerrecht, Köln 1981, S. 45 ff.

LANG, JOACHIM: Die Bemessungsgrundlage der Einkommensteuer, Köln 1981.

LEHNER, MORIS: Verfassungsrechtliche Vorgaben für die Verlustberücksichtigung, in: LEHNER, MORIS (Hrsg.): Verluste im nationalen und internationalen Steuerrecht, München 2004, S. 1 ff.

LENAERTS, KOEN: „United in Diversity" – also in Fiscalibus?, in: HINNEKENS, LUC/ HINNEKENS, PHILIPPE, Festschrift Vanistendael, Aalphen aan den Rijn 2008, S. 617 ff.

LENAERTS, KOEN: L'égalité de traitement en droit communautaire – Un principe unique aux apparences multiples, Cahiers de Droit Europeén 1991, S. 3 ff.

LINDNER, JOSEF-FRANZ: Grundrechtsschutz gegen gemeinschaftsrechtliche Öffnungsklauseln – zugleich ein Beitrag zum Anwendungsbereich der EU-Grundrechte, EuZW 2007, S. 71 ff.

LIPROSS, OTTO-GERD: Umsatzsteuerliche Behandlung von Rückversteuerungen im Rahmen von Verkaufsförderungssystemen, UR 2006, S. 142 ff.

LÖHR, KERSTIN: Das umsatzsteuerrechtliche Optionsrecht für Vermietungsumsätze, Köln 2003.

LOHSE, CHRISTIAN: Einlösung von Benzingutscheinen als unentgeltliche Zuwendungen iS des § 3 Abs. 1b Nr. 3 UStG 1999, UR 1999, S. 316 f.

LOHSE, CHRISTIAN: Neutralitätsgrundsatz im Umsatz-/ Mehrwertsteuerrecht, UR 2004, S. 582 ff.

LUTTERMANN, CLAUS: Anmerkung zu EuGH v. 07.01.2003, C-306/99, JZ 2003, S. 417 ff.

MAISTO, GUGLIELMO: The European Court of Justice and Domestic Law of Tax procedure: A critical Analysis, in: HINNEKENS, LUC/ HINNEKENS, PHILIPPE, Festschrift Vanistendael, Aalphen aan den Rijn 2008, S. 635 ff.

MAUNZ, THEODOR, U.A. (Hrsg.): Bundesverfassungsgerichtsgesetz, Loseblatt, München Oktober 1985 (zitiert: BEARBEITER, in: MAUNZ U.A., Bundesverfassungsgerichtsgesetz).

MEUSSEN, GERARD T.K. (Hrsg.): The principle of equality in European Taxation, London 1999.

MEYER, MICHAEL: Das Diskriminierungsverbot des Gemeinschaftsrechts als Grundsatznorm und Gleichheitsrecht, Frankfurt 2002.

MÖSTL, MARKUS: Grenzen der Rechtsangleichung im europäischen Binnenmarkt – Kompetenzielle, grundfreiheitliche und grundrechtliche Schranken des Gemeinschaftsgesetzgebers, EuR 2002, S. 318 ff.

MÜLLER-GRAFF, PETER-CHRISTIAN: Grundfreiheiten und Gemeinschaftsgrundrechte, in: CREMER, HANS-JOACHIM/ GIEGERICH, THOMAS/ RICHTER, DAGMAR (Hrsg.), Festschrift Steinberger, Berlin 2002, S. 1281 ff.

OELLERICH, INGO: Defizitärer Vollzug des Umsatzsteuerrechts, Baden-Baden 2008.

PAYANDEH, MEHRDAD: Die Nichtigkeit von EG-Richtlinien: Konsequenzen für den mitgliedstaatlichen Umsetzungsakt im Lichte des Demokratieprinzips, DVBl. 2007, S. 741 ff.

PENSKI, ULRICH/ ELSNER, BERND ROLAND: Eigentumsgewährleistung und Berufsfreiheit als Gemeinschaftsgrundrechte in der Rechtsprechung des Europäischen Gerichtshofs, DÖV 2001, S. 265 ff.

RAU, GÜNTER/ DÜRRWÄCHTER, ERICH (Hrsg): UStG, Loseblatt, Köln Oktober 2007 (zitiert: BEARBEITER, in: RAU/DÜRRWÄCHTER, UStG).

REIß, WOLFRAM: Der Belastungsgrund der Umsatzsteuer und seine Bedeutung für die Auslegung des Umsatzsteuergesetzes, DStJG 13, Umsatzsteuer in nationaler und europäischer Sicht, Köln 1990, S. 3 ff.

REIß, WOLFRAM: Der Verbraucher als Steuerträger der Umsatzsteuer im Europäischen Binnenmarkt, in: LANG, JOACHIM (Hrsg.), Festschrift Tipke, Köln 1995, S. 433 ff.

RODI, MICHAEL: Die Subventionsrechtsordnung, Tübingen 2000.

RUPPE, HANS GEORG: „Unechte“ Umsatzsteuerbefreiung, in: LANG, JOACHIM (Hrsg.), Festschrift Tipke, Köln 1995, S. 457 ff.

RUPPE, HANS GEORG: Umsatzsteuergesetz, 3. Auflage, Wien 2005.

SCHALLER, WERNER: Die EU-Mitgliedstaaten als Verpflichtungsadressaten der Gemeinschaftsgrundrechte, 1. Auflage, Baden-Baden 2003.

SCHEUING, DIETER H.: Zur Grundrechtsbindung der EU-Mitgliedstaaten, EuR 2005, S. 162 ff.

SCHILLING, THEODOR.: Bestand und allgemeine Lehre der bürgerschützenden allgemeinen Rechtsgrundsätze des Gemeinschaftsrechts, EuGRZ 2000, S. 3 ff.

SCHLOTTER, CARSTEN: Teilwertabschreibung und Wertaufholung zwischen Steuerbilanz und Verfassungsrecht, Köln 2005.

SCHMAHL, STEFANIE: Grundrechtsschutz im Dreieck von EU, EMRK und nationalem Verfassungsrecht, EuR 2008 – Beiheft 1, S. 7 ff.

SCHNITGER, ARNE: Die Grenzen der Einwirkung der Grundfreiheiten des EG-Vertrages auf das Ertragsteuerrecht, Düsseldorf 2006.

SCHÖN, WOLFGANG: Die Steuerbilanz zwischen Handelsrecht und Grundgesetz, StuW 1995, S. 366 ff.

SCHÖN, WOLFGANG: Umsatzsteuer zwischen Binnenmarkt und Steuerstaat, in: USt-Kong-Bericht 2001/2002, Köln 2002, S. 17 ff.

SCHROEDER, WERNER, Das Gemeinschaftsrechtssystem, Tübingen 2002.

SCHULZE-OSTERLOH, JOACHIM: Verfassungsrechtliche Grenzen der bilanzsteuerrechtlichen Gesetzgebung, DStJG 23, Europa – und verfassungsrechtliche Grenzen der Unternehmensbesteuerung, Köln 2000, S. 67 ff.

SCHWARZE, JÜRGEN: Der Schutz der Grundrechte durch den EuGH, NJW 2005, S. 3459 ff.

SKOURIS, VASSILIOS: Das Verhältnis von Grundfreiheiten und Grundrechten im europäischen Gemeinschaftsrecht, DÖV 2006, S. 89 ff.

SÖLCH, OTTO /RINGLEB, KARL: Umsatzsteuergesetz, Loseblatt, München April 2008.

STADIE, HOLGER: Umsatzsteuerrecht, Köln 2005.

STADIE, HOLGER: Anmerkung zu EuGH v. 15.03.2007, C-35/05, UR 2007, S. 431 f.

STADIE, HOLGER: Anmerkung zu EuGH v. 15.03.2007, C-35/05, UR 2007, S. 431 f.

STAHL, KRISTINA: National Courts' Treatment of Tax Rules that Conflict with the EC Treaty, Intertax 2008, S. 548 ff.

STREINZ, RUDOLF: § 182: Der Vollzug des europäischen Gemeinschaftsrechts durch deutsche Staatsorgane, in: ISENSEE, JOSEF/ KIRCHHOF, PAUL (Hrsg.), Handbuch des Staatsrechts Bd. VII, 3. Auflage, Heidelberg 1992.

STREINZ, RUDOLF (Hrsg.): EUV/EGV, Heidelberg 2004 (zitiert: BEARBEITER in: STREINZ, EUV/ EGV).

SUERBAUM, JOACHIM: Die Europäisierung des nationalen Verwaltungsverfahrensrechts am Beispiel der Rückabwicklung gemeinschaftsrechtwidriger staatlicher Beihilfen, VerwArch 2000, S. 169 ff.

SZCZEKALLA, PETER: Grenzenlose Grundrechte, NVwZ 2006, S. 1019 ff.

TETTINGER, PETER/ STERN, KLAUS (Hrsg.): Kölner Gemeinschafts-Kommentar zur Europäischen Grundrechte-Charta, München 2006 (zitiert: BEARBEITER, in: TETTINGER/STERN, Kölner Gemeinschafts-Kommentar zur Europäischen Grundrechte-Charta).

TIEDE, KAI: Die Holding als umsatzsteuerlicher Unternehmer, Lohmar 2001.

TIPKE, KLAUS: Über Umsatzsteuer-Gerechtigkeit, StuW 1992, S. 103 ff.

TIPKE, KLAUS: Europäisches Steuerverfassungsrecht – Eine rechtsvergleichende Übersicht, in: KIRCHHOF, PAUL/ LEHNER, MORIS/ RAUPACH, ARNDT/ RODI, MICHAEL, Festschrift Vogel, Heidelberg 2000, S. 561 ff.

TIPKE, KLAUS: Die Steuerrechtsordnung, Bd. II, 2. Auflage, Köln 2003.

TIPKE, KLAUS: Steuergerechtigkeit unter besonderer Berücksichtigung des Folgerichtigkeitsgebots, StuW 2007, S. 201 ff.

TIPKE, KLAUS: Das Folgerichtigkeitsgebot im Verbrauch- und Verkehrsteuerrecht, in: KIRCHHOF, PAUL/ NIESKENS, HANS, Festschrift Reiß, Köln 2008, S. 9 ff.

TIPKE, KLAUS/ KRUSE, HEINRICH WILHELM (Hrsg.): AO/FGO, Loseblatt April 2007 (zitiert: BEARBEITER, in: TIPKE/KRUSE, AO/FGO).

TIPKE, KLAUS/ LANG, JOACHIM: Steuerrecht, 19. Auflage, Köln 2008 (zitiert: BEARBEITER, in: TIPKE/LANG, Steuerrecht).

TRIDIMAS, TAKIS: The General Principles of EU Law, 2. Auflage, Oxford 2006.

TUMPEL, MICHAEL: Mehrwertsteuer im innergemeinschaftlichen Warenverkehr, Wien 1997.

VALENTIN, ACHIM: Anmerkung zu Hessisches FG v. 10.02.2005 6 K 1802/01, EFG 2005, S. 992.

WAHLE, CORINNA: Der allgemeine Gleichheitssatz in der Europäischen Union, Osnabrück 2002.

WALLRAB, ANNETTE: Die Verpflichteten der Gemeinschaftsgrundrechte, Baden-Baden 2004.

WEBER, DENNIS: Tax Avoidance and the EC Treaty Freedoms, The Hague 2005.

WEBER-GRELLET, HEINRICH: Europäisches Steuerrecht, München 2005.

WEBER-GRELLET, HEINRICH: Anmerkung zu EuGH v. 07.01.2003, C-306/99, DStR 2003, S. 67.

WINKLER, SEBASTIAN: Die Vermutung des „äquivalenten" Grundrechtsschutzes im Gemeinschaftsrecht nach dem Bosphorus-Urteil des EGMR – Die konventionsrechtliche Verantwortung der EG/EU-Mitgliedsstaaten für den Vollzug einer EG-Verordnung, EuGRZ 2007, S. 641 ff.

ZORN, NIKOLAUS: Steuerrecht Verfassungsrecht Europarecht, in: ACHART, MARKUS/ EHRKE-RABEL/ LEITNER, ROMAN/ TAUCHER, OTTO (Hrsg.), Festschrift Ruppe, Wien 2007, S. 744.

ZORN, NIKOLAUS/ TWARDOSZ, BENJAMIN: Grundrechte in der Europäischen Union – Auswirkungen auf das Steuerrecht, ÖStZ 2006, S. 34 ff. und S. 58 ff.

3. Zugelassene Wirtschaftsbeteiligte (ZWB) Eine neue Rechtsfigur der Missbrauchsbekämpfung?

*Heike Jochum**

Abstract

Seit geraumer Zeit wird in Deutschland und insbesondere auf europäischer Ebene um effektive und effiziente Maßnahmen zur Bekämpfung des Umsatzsteuerbetrugs gerungen. Von einer Lösung des Problems sind wir gleichwohl noch weit entfernt. Klassische Instrumente der staatlichen Kontrolle scheinen weitgehend wirkungslos zu sein. Auf dem Gebiet des Zollrechts ist zum 1. Januar 2008 die Rechtsfigur des „Zugelassenen Wirtschaftsbeteiligten (ZWB)"/„Authorized Economic Operator (AEO)" geschaffen worden. Es stellt sich die Frage, ob ein vergleichbares Zertifizierungsverfahren nicht auch in das Umsatzsteuerrecht aufgenommen werden sollte. Damit würde dieses Rechtsgebiet nach dem Vorbild anderer Massenverfahren um ein Auditierungsverfahren ergänzt.

3.1. Kampf dem Umsatzsteuerbetrug – Schlacht gewonnen?

Die „Achillesferse" des derzeitigen Umsatzsteuersystems liegt bekanntermaßen in der Geltendmachung der Vorsteuer. Durch fingierte Rechnungen werden Zahlungen des Staates erschlichen, ohne dass die korrespondierende Mehrwertsteuer je an den Fiskus abgeführt würde. Die politische Debatte um die Bekämpfung des Umsatzsteuerbetrugs scheint in Deutschland abgeflaut zu sein. Vor dem Hintergrund sprudelnder Steuerquellen darf dieser Befund nicht verwundern. Von einer Lösung des Problems sind wir gleichwohl noch weit entfernt. Niemand vermag exakt zu beziffern, wie hoch der Schaden ist, der in Deutschland sowie innerhalb der Europäischen Gemeinschaft jährlich durch betrügerische Machenschaften im Bereich des Umsatzsteuerrechts verursacht wird. Die Schätzungen liegen weit auseinander. Für Deutschland gehen manche von 12 Mrd. Euro jähr-

* Prof. Dr. jur., Direktorin des Instituts für Finanz- und Steuerrecht des Fachbereichs Rechtswissenschaften an der Universität Osnabrück. Der Vortrag wurde am 16. Juni 2008 gehalten. Die Vortragsform wurde weitgehend beibehalten.

W. Schön and K.E.M. Beck (eds.), *Zukunftsfragen des deutschen Steuerrechts*,
MPI Studies on Intellectual Property, Competition and Tax Law.
DOI: 10.1007/978-3-642-00258-8_3,

lich aus;[1] auf europäischer Ebene spricht man von 200 bis 250 Mrd. Euro jährlich."[2]

Im Jahr 2001 wurden in Deutschland durch das Steuerverkürzungsbekämpfungsgesetz[3] diverse Maßnahmen zum Kampf gegen den Umsatzsteuerbetrug ergriffen. Ihre Wirksamkeit ist zweifelhaft.[4] In der Folge wurde intensiv über Systemänderungen zur Bewältigung des Problems diskutiert. Namentlich das sog. „Mittler-Modell",[5] ein Reverse-Charge-Modell[6] und das Cross-Check-Verfahren[7] beherrschten die kontroverse Debatte. Die Vereinbarkeit dieser Vorschläge mit dem europäischen Gemeinschaftsrecht sowie ihre Praktikabilität bildeten die zentralen Kritikpunkte. Bislang vermochte sich keines der Modelle durchzusetzen. Die politische Diskussion ist jedenfalls in Deutschland weitgehend erlahmt. Das darf nicht verwundern. Die Maßnahmen des Steuerverkürzungsbekämpfungsgesetzes haben wohl zu einer gewissen Senkung des Steuerausfalls beigetragen. Das Ifo-Institut verkündete 2006, dass dem Fiskus in diesem Jahr lediglich noch rund zehn Prozent des rechnerisch möglichen Umsatzsteueraufkommens fehlten. Ein Systemwechsel im Umsatzsteuerrecht lohne kaum.[8] Vor dem Hintergrund der zurzeit guten konjunkturellen Lage in Deutschland erstaunt diese Nachsichtigkeit nicht. Steuerschätzungen stellten uns für 2007 eine Steigerung des Steueraufkommens um 10.3% in Aussicht – Tendenz weiter steigend.[9] Steuerausfälle auf Grund betrügerischer

---

1 Bericht des Bundesrechnungshofes nach § 99 BHO „Steuerausfälle bei der Umsatzsteuer durch Steuerbetrug und Steuervermeidung" vom 3. September 2003, BT-Drucks. 15/1495 4.

2 KOVÁCS, Umsatzsteuerbetrug stärker bekämpfen, EU-Nachrichten Nr. 22 vom 1. Juni 2006 zum Arbeitspapier der EU-Kommission vom 31. Mai 2006, http://www.eiz-niedersachsen.de/851.html, 20.1.2008.

3 Gesetz zur Bekämpfung von Steuerverkürzungen bei der Umsatzsteuer und zur Änderung anderer Steuergesetze (Steuerverkürzungsbekämpfungsgesetz – StVBG –) vom 19. Dezember 2001 (BGBl. I 3922 = BStBl. I 2002, 32).

4 JOCHUM, Kann der Betrugsanfälligkeit des geltenden Umsatzsteuerrechts allein durch einen Systemwechsel wirksam begegnet werden? UR 2005, 88 (89).

5 MITTLER, Einführung von Vorstufenbefreiungen als Mittel zur Umsatzsteuer-Betrugsbekämpfung, UR 2001, 385 ff.; siehe auch Die Mehrwertsteuer wird zur Achillesferse der Staatseinnahmen in Europa, UR 2004, 1 ff.; Zu den Einzelheiten dieses Modells WIDMANN, Die Mainzer Vorschläge zur Umsatzsteuer, in: NIESKEN (Hrsg.), Umsatzsteuer-Kongress-Bericht 2001/2002, 2002, 63; DERSELBE, UR 2002, 14; NIESKENS, UmsatzsteuerForum diskutiert zusammen mit dem DIHK über Reformen in der Umsatzsteuer, UR 2002, 256, REIß, Vorsteuerabzug – Achillesferse der Mehrwertsteuer?, UR 2002, 561; AMMANN, Anmerkungen zum Entwurf des Steuerverkürzungsbekämpfungsgesetzes, UR 2001, 428 (430 ff.); krit. KRUHL, Reichen die Maßnahmen des Steuerverkürzungsbekämpfungsgesetzes zur Betrugsbekämpfung aus oder ist eine Änderung des Umsatzsteuersystems notwendig?, BB 2002, 1018 (1024 f.).

6 Vgl. KRUHL, Reichen die Maßnahmen des Steuerverkürzungsbekämpfungsgesetzes zur Betrugsbekämpfung aus oder ist eine Änderung des Umsatzsteuersystems notwendig?, BB 2002, 1018 (1025).

7 BMF, Schreiben vom 12. November 2003 – IV B 2 – S 7050 – 107/03, UR 2004, 16 ff.

8 PARSCHE, Gesetze gegen Umsatzsteuerbetrug wirksam, 15.8.2006, http://www.gomopa.net/Finanzforum/Steuerberatung-und-Steueroptimierung/Gesetze-gegen-Umsatzsteuerbetrug-wirken.html, 20. Januar 2008.

9 BMF, Ergebnisse der Steuerschätzung vom 6. bis 7. November 2007. Monatsbericht des BMF November 2007, 54.

Machenschaften schmerzen vor diesem Hintergrund wohl weniger. Doch räumt selbst das Ifo-Institut ein, dass die Maßnahmen des Steuerverkürzungsbekämpfungsgesetzes die Steuerausfallquote lediglich um knapp 1,5% gesenkt haben. In den Spitzenjahren 2002 bis 2004 lag diese bei 11,5 %. Beträgt die Ausfallquote im Umsatzsteuerbereich jedoch noch immer rund 10%, besteht unvermindert Handlungsbedarf.[10] Die Schlacht ist längst nicht gewonnen. Auch die Europäische Kommission sieht in der Bekämpfung des Steuerbetrugs eine unvermindert dringende Aufgabe.[11] Offensichtlich ist allerdings wohl mittlerweile, dass die prominenten Reformvorschläge keine geeigneten Waffen im Kampf gegen den Umsatzsteuerbetrug bieten. Die Einführung eines Reverse-Charge-Verfahrens dürfte am Widerstand der Europäischen Gemeinschaft scheitern.[12] Das Cross-Check-Verfahren ginge mit einem unverhältnismäßigen Aufwand einher.[13] Die Suche nach geeigneten Reformansätzen ist daher fortzusetzen.

Auch auf europäischer Ebene werden die Bemühungen um eine wirksame Bekämpfung namentlich des sog. Karussellbetrugs zu Recht mit unverminderter Intensität vorangetrieben. Dabei zeichnet sich unerwartete Hilfe aus einem verwandten Rechtsgebiet ab: Im Zollrecht sind im Kampf gegen den Betrug im internationalen Warenverkehr interessante Instrumente entwickelt worden, die Pate für umsatzsteuerrechtliche Maßnahmen stehen könnten. Allen voran ist die Rechtsfigur des „Zugelassenen Wirtschaftsbeteiligten (ZWB)"/„Authorized Economic Operator (AEO)" zu nennen. Damit rückt die bislang wenig beachtete Idee eines „Umsatzsteuer-Audit-Verfahrens"[14] in den Mittelpunkt der Überlegungen. – Sie wissen vielleicht, dass ich diesen Vorschlag bereits im Jahr 2004 im Rahmen meines Habilitationsvortrags vorgestellt habe. Er wurde in der Fachwelt damals eher belächelt.

---

[10] Vgl. auch KIRCHHOF, 40 Jahre Umsatzsteuergesetz – Eine Steuer im Umbruch, DStR 2007, 1 (6).

[11] KOVÁCS, Vorschläge zur Verbesserung der Zusammenarbeit der Verwaltungen zur Bekämpfung von Mehrwertsteuerbetrug, Anregung für die Tagung des ECOFIN-Rates am 4. Dezember 2007, http://ec.europa.eu/taxation_customs/taxation/tax_cooperation/reports/index_de.htm, 20. Januar 2008; Mitteilung der Kommission an den Rat zu einigen Kernfragen im Zusammenhang mit der Entwicklung einer MwSt-Betrugsbekämpfungsstrategie in der EU, vom 23. November 2007, KOM(2007) 758 end.

[12] Vgl. KOVÁCS, Umsatzsteuerbetrug stärker bekämpfen, EU-Nachrichten Nr. 22 vom 1. Juni 2006 zum Arbeitspapier der EU-Kommission vom 31. Mai 2006, http://www.eiz-niedersachsen.de/851.html, 20. Januar 2008.

[13] JOCHUM, Kann der Betrugsanfälligkeit des geltenden Umsatzsteuerrechts allein durch einen Systemwechsel wirksam begegnet werden? UR 2005, 88 (90 f.).

[14] JOCHUM, Kann der Betrugsanfälligkeit des geltenden Umsatzsteuerrechts allein durch einen Systemwechsel wirksam begegnet werden? UR 2005, 88 (91 ff.).

3.2. Neues aus dem Zollrecht: „Der Zugelassene Wirtschaftsbeteiligte (ZWB)“

Zum 1. Januar 2008 ist eine wesentliche Neuerung im Europäischen Zollrecht wirksam geworden: Durch Art. 5a des Zollkodex (ZK)[15] wurde die Rechtsfigur des „Zugelassenen Wirtschaftsbeteiligten (ZWB)“[16] eingeführt; durch den modernisierten Zollkodex vom 23. April 2008[17] wurden die entsprechenden Regelungen nach Artikel 13 ff. verschoben. Wirtschaftsbeteiligte, die die Voraussetzungen für die Zuerkennung des Status eines Zugelassenen Wirtschaftsbeteiligten erfüllen und sich damit positiv von anderen Wirtschaftsbeteiligten abheben, werden als zuverlässige Partner in der Lieferkette angesehen. Sie sollen aus diesem Grund nicht nur in den Genuss von Vereinfachungen nach Maßgabe der Zollvorschriften kommen, sondern – wenn sie bestimmte Sicherheitskriterien erfüllen – auch Erleichterungen bei den Zollkontrollen in Anspruch nehmen können.[18] Art. 13 Abs. 2 des ZK sieht deshalb zwei Arten von Zulassungen vor: den Status eines „zugelassenen Wirtschaftsbeteiligten – Zollvereinfachungen“ und den eines „zugelassenen Wirtschaftsbeteiligten – Sicherheitserleichterungen“. Im Sicherheitskonzept der Europäischen Gemeinschaft spielen diese vorab auf ihre Zuverlässigkeit hin überprüften Personen eine zentrale Rolle.[19]

Die Bemühungen der Europäischen Gemeinschaft zielen vorrangig darauf, die vorhandenen sachlichen und personellen Ressourcen besser einzusetzen; Zollkontrollen sollen gezielter und wirksamer durchgeführt werden. Durch ein Risikomanagementsystem wird der Kreis der Wirtschaftsbeteiligten „vorsortiert“. Die Einzelheiten zum Risikomanagement sowie zur Rechtsfigur des Zugelassenen Wirtschaftsbeteiligten sind in der Zollkodex-Duchführungsverordnung (ZK-DVO)[20] geregelt. Erfüllt ein Wirtschaftsbeteiligter die in Art. 14 ZK aufgeführten Kriterien wird ein Zertifikat ausgestellt, das den Status eines Zugelassenen Wirtschaftsbeteiligten verbrieft. Durch das Instrument der Zertifizierung zuverlässiger Wirtschaftsbeteiligter soll eine wirksame Prioritätensetzung und ein effizienter Einsatz der beschränkten Ressourcen der Zollbehörden im Rahmen eines sachgerechten Risikomanagements ermöglicht werden.[21] Dieses Modell ist nicht auf die Euro-

---

[15] Verordnung (EWG) Nr. 2913/92 des Rates vom 12. Oktober 1992 zur Festlegung des Zollkodes der Gemeinschaften (ABl. L 302, 1), geändert durch die Verordnung (EG) Nr. 648/2005 des Europäischen Parlaments und des Rates vom 13. April 2005 (ABl. L. 117, 13 ff.).

[16] Das Modell wurde zunächst allein in englischer Sprache diskutiert und ist daher unter der Bezeichnung „Authorized Economic Operator (AEO)“ bekannt geworden.

[17] Verordnung (EG) Nr. 450/2008 des Europäischen Parlaments und des Rates vom 23. April 2008 zur Festlegung des Zollkodes der Gemeinschaft (Modernisierter Zollkodex) (ABl. L 145,1).

[18] Hölscher, Einführung des zugelassenen Wirtschaftsbeteiligten (AEO), BB 2007, 299 (299).

[19] Ausführlich zum Ganzen Witte, in: Lehrbuch des Europäischen Zollrechts, 5. Aufl. 2007, 764 ff.

[20] Verordnung (EG) Nr. 1875/2006 der Kommission vom 18. Dezember 2006 zur Änderung der Verordnung (EWG) Nr. 2452/93 mit Durchführungsvorschriften zu der Verordnung (EWG) Nr. 2913/92 des Rates zur Festlegung des Zollkodes der Gemeinschaften – Zollkodex-Duchführungsverordnung (ZK-DVO) – (ABl. L 360, 64).

[21] Vgl. Witte, in: Lehrbuch des Europäischen Zollrechts, 5. Aufl. 2007, 79.

päische Gemeinschaft beschränkt. Vielmehr finden sich seine Wurzeln im internationalen Raum. Die zunehmende Globalisierung und die veränderte internationale Sicherheitslage haben die *Weltzollorganisation (WZO)* veranlasst, mit einem „Framework of Standards to Secure and Facilitate Global Trade" (SAFE) weltweite Rahmenbedingungen für ein modernes und effektives Risikomanagement in den Zollverwaltungen zu schaffen. Ziel ist die Absicherung der durchgängigen internationalen Lieferkette („supply chain") vom Hersteller einer Ware bis zum Endverbraucher. Derzeit laufen Verhandlungen mit Drittländern – insbesondere USA, China, Schweiz –, die zu einer weltweiten Anerkennung des Status führen sollen.[22]

Voraussetzungen für die Verleihung des Zertifikats ist, dass die zoll- sowie die steuerrechtlichen Vorschriften in der Vergangenheit eingehalten wurden (Art. 14 lit. a) ZK). Weiter wird ein zufriedenstellendes System der Führung der Geschäftsbücher und ggf. der Beförderungsunterlagen (Art. 14 lit. b) ZK, Art. 14i ZK-DVO) verlangt sowie der Nachweis der Zahlungsfähigkeit des Antragstellers (Art. 14 lit. c) ZK, Art. 14j ZK-DVO) und die Einhaltung konkreter Sicherheitsstandards in seinem Unternehmen (Art. 14 e) ZK, Art. 14k ZK-DVO). Darüber hinaus werden die praktischen und beruflichen Befähigungen geprüft, die in unmittelbarem Zusammenhang mit der ausgeübten Tätigkeit stehen (Art. 14 lit d) ZK). Vorteilhaft sind Verfahrensvereinfachungen (Art. 14b Abs. 1 ZK-DVO) sowie Erleichterungen bei sicherheitsrelevanten Kontrollen (Art. 14b Absätze 2 bis 4 ZK-DVO). Eine Verfahrenserleichterung ergibt sich daraus, dass die persönliche Zuverlässigkeit des Inhabers eines ZWB-Zertifikats bei der Erteilung weiterer Bewilligungen nicht noch einmal zu prüfen ist. Bei sicherheitsrelevanten Kontrollen ergeben sich Vorteile aus der vorzeitigen Information über das Ergebnis der Risikoanalyse, das heißt über beabsichtigte Warenkontrollen wird der Unternehmer vorab informiert (Art. 14b Abs. 2 ZK-DVO), aus der Reduzierung der Datensätze bei Vorabmeldungen (Art. 14b Abs. 3 ZK-DVO), der geringeren Kontrolldichte bei konkreten Warenlieferungen (Art. 14b Abs. 4 ZK-DVO) und dem Vorrang bei angeordneten Kontrollen. Warenlieferungen Zugelassener Wirtschaftsbeteiligter werden im Ergebnis nur dann sicherheitsrelevanten Kontrollen unterzogen, wenn konkrete Anhaltspunkte dafür vorliegen, dass ein Kontrollbedarf besteht. Sofern ausnahmsweise eine Kontrolle stattfindet, ist diese vorrangig durchzuführen. Der Zugelassene Wirtschaftsbeteiligte ist anders als nicht zertifizierte Unternehmer vor Eintreffen der Waren über die beabsichtigte Kontrolle zu informieren. All dies kommt seinem Interesse an einer schnellen Abfertigung seiner Waren entgegen. Das zollrechtliche Zertifikat eines Zugelassenen Wirtschaftsbeteiligten wird in allen Mitgliedstaaten anerkannt und ist in seiner Geltungsdauer nicht begrenzt. Es stellt sich die Frage, ob das Modell der Zertifizierung zuverlässiger Wirtschaftsbeteiligter ein wirksames Instrument zur Bekämpfung des Umsatzsteuerbetrugs darstellen könnte. Ein Blick auf die aktuellen Initiativen der Europäischen Kommission sowie auf die behördliche Praxis liefert eine Antwort auf diese Frage.

---

[22] BMF Mitteilung vom 17. Dezember 2007, http://www.zoll.de/b0_zoll_und_steuern/a0_zoelle/a1_grundlage_zollrecht/g0_zugelassener_wirtschaftsbeteiligter/index.html, 20. Januar 2008.

3.3. Einführung eines Umsatzsteuer-Audit-Verfahrens

Die Europäische Kommission begegnet Vorstößen zur grundlegenden Änderung des Mehrwertsteuersystems in der Gemeinschaft mit größter Zurückhaltung. Stattdessen setzt die Europäische Kommission vorrangig auf verschärfte Rechtsvorschriften zur Beitreibung von Steuern, auf raschen Informationsaustausch bei erhöhtem Betrugsrisiko, auf *verschärfte Kontrolle von „Risikogruppen"*, und auf *vereinfachte Steuererklärungspflichten für jene Unternehmen, die sich zu einer Partnerschaft mit der Finanzverwaltung verpflichtet* haben. Die Kommission untersucht zudem, inwieweit es möglich ist, für den Bereich der Steuern von Erfahrungen aus dem Zollbereich zu profitieren.[23]

Die deutschen Zollverwaltungsbehörden bedienen sich verschiedener elektronischer Verfahren, um den Spagat zwischen gründlicher Kontrolle und zügiger Warenabfertigung zu meistern. Hervorzuheben ist das auf dem Boden von Art. 4a Abs. 1 ZK-DVO entwickelte Automatisierte Tarif- und Lokales Zollabwicklungssystem (ATLAS),[24] das u.a. mit Hilfe sog. *aktiver Risikoprofile* Zollanmeldungen herausfiltert, die als risikobehaftet einzustufen sind. Die Risikoprofile werden von der *Zentralstelle Risikoanalyse Zoll (ZORA)* entwickelt, die in Münster eingerichtet worden ist, um warenbezogene Risiken zu erkennen, zu bewerten und die operativen Einheiten entsprechend zu unterrichten. Im Jahr 2006 hat die ZORA mehr als 130 neue Risikoprofile erstellt, die von Hinweisen auf unzutreffende Warennummern über falsche Zollwerte und unzutreffende Ursprungsangaben hin zu Verstößen gegen Markenrechte und die Vorschriften zur Lebensmittel- oder Produktsicherheit reichen. Die Produktpalette umfasst dabei Waren des täglichen Bedarfs ebenso wie Holz- und Stahlerzeugnisse oder technische Produkte, z.B. Energiesparlampen, Speicherbausteine und Multifunktionsdrucker. Dieses Verfahren wird zwischenzeitlich auch im Kampf gegen den Umsatzsteuerbetrug genutzt. Die Bekämpfung des Umsatzsteuerbetrugs stand im Jahr 2006 im Brennpunkt der Arbeit der ZORA.

Die Zusammenarbeit der ZORA und der Zollabfertigungsstellen einerseits mit dem Bundeszentralamt für Steuern und den Finanzämtern andererseits wird stetig ausgebaut. Auf diese Weise konnten bereits zahlreiche risikobehaftete Unternehmer herausgefiltert und gezielt Warenkontrollen durchgeführt werden. Durch diese Risikoanalyse wurden im Jahr 2006 zusätzlich rund 320 Mio. Euro Einfuhrumsatzsteuer geltend gemacht.[25] Diese erfolgreiche Kooperation zwischen Zoll- und Finanzbehörden sollte ohne Zweifel fortgesetzt und ausgebaut zu werden. Wenn es aber so ist, dass künftig im Zentrum des Risikomanagements der Zollbehörden die Rechts-

---

[23] KOVÁCS, Umsatzsteuerbetrug stärker bekämpfen, EU-Nachrichten Nr. 22 vom 1. Juni 2006 zum Arbeitspapier der EU-Kommission vom 31. Mai 2006, http://www.eiz-niedersachsen.de/851.html, 20. Januar 2008.

[24] http://www.zoll.de/b0_zoll_und_steuern/a0_zoelle/c0_zollanmeldung/d10_atlas/a0_allgemeines/index.html, 21. Januar 2008.

[25] Zoll Aktuell Nr. 5.06, 7.

figur des Zugelassenen Wirtschaftsbeteiligten stehen wird, kann für das umsatzsteuerliche Verfahren dann nichts anderes gelten.

Damit steht – nach meinem Eindruck – die Einführung eines vergleichbaren Auditierungs- und Zertifizierungsverfahrens im Umsatzsteuerrecht bevor, um Betrüger zu erkennen und zuverlässige Unternehmer zu schonen. Zu den Wirkungen und Vorzügen eines solchen Verfahrens sowie möglichen Einwänden dagegen habe ich bereits früher Stellung genommen.[26] Damit ist die rechtpolitische Diskussion angestoßen. Ein solches Steuer-Audit-Verfahren stellt natürlich ein Novum dar. Doch kennen wir Parallelen aus dem Bereich des Bilanz- und Wertpapierhandelsrecht. Dort ist vor einigen Jahren ein mehrstufiges Enforcement-Verfahren geschaffen worden. Auch dieses arbeitet im Kern mit dem Instrument der Informationsveröffentlichung – das heißt der Stigmatisierung – dort – fehlerhafter Rechnungslegung („adverse Publizität"). Und natürlich kennen Sie alle die Parallele aus dem Umweltrecht: den Blauen Engel im Rahmen des Öko-Audits.

Vergewissern wir uns des geeigneten Standorts solcher Instrumente: Wir finden diese regelmäßig in Massenverfahren, die in besonderer Weise missbrauchsanfällig sind. Der hohe und immer wiederkehrende Kontrollaufwand stellt die staatlichen Behörden vor unüberwindliche Schwierigkeiten. Die Materie entzieht sich meist auf Grund ihrer Eigenart der sicheren Erfassung. Im Umweltrecht ist es die Flüchtigkeit der Stoffe, im Wertpapierhandelsrecht die Fülle der Geschäftsvorfälle und die zunehmende weltweite Verzahnung der Unternehmen – nichts anderes gilt für das Zollrecht – und auch das Umsatzsteuerrecht!

Und ganz praktisch gefragt: An welcher Stelle unseres Umsatzsteuergesetzes ließe sich ein solches Instrument des Umsatzsteuer-Audits einfügen? Ich meine, dass an den VI. oder VII. Abschnitt des UStG zu denken ist. Dort finden wir Regeln zum innergemeinschaftlichen Dreiecksgeschäft – einer Keimzelle des Umsatzsteuerkarussellbetrugs – sowie Haftungs- und Missbrauchsbekämpfungsvorschriften wie Umsatzsteuer-Identifikationsnummer und -Nachschau. Dort könnte ich mir auch Normen zur Zertifizierung zuverlässiger Steuerpflichtiger gut vorstellen.

3.4. Fazit

Der noch vor wenigen Jahren verwegen anmutende Vorschlag, im Kampf gegen den Umsatzsteuerbetrug ein Auditierungs- und Zertifizierungsverfahren zu schaffen,[27] ist hoffähig geworden. Der aus umweltrechtlichen Massenverfahren bekannte Gedanke einer Vorab-Selektion zuverlässiger und vertrauenswürdiger Unternehmer trägt auch in anderen Rechtsgebieten. Dies gilt namentlich für das Europäische Zollrecht sowie das Umsatzsteuerrecht. Auch hier ist allerdings sicherzustellen, dass der zusätzliche administrative Aufwand der Unternehmen durch konkrete Vorteile, ins-

---

[26] JOCHUM, Kann der Betrugsanfälligkeit des geltenden Umsatzsteuerrechts allein durch einen Systemwechsel wirksam begegnet werden? UR 2005, 88 (93 ff.).

[27] JOCHUM, Kann der Betrugsanfälligkeit des geltenden Umsatzsteuerrechts allein durch einen Systemwechsel wirksam begegnet werden? UR 2005, 88 (91 ff.).

besondere durch Verfahrenserleichterungen sowie Liquiditätsgewinne im Rahmen einer Ist-Besteuerung[28], aufgewogen wird.[29]

Literaturverzeichnis

AMMANN, GUNTHER: Anmerkungen zum Entwurf des Steuerverkürzungsbekämpfungsgesetzes, UR 2001, S. 428ff.

HÖLSCHER, CHRISTOPH: Die neue Zollkodex- Durchführungsverordnung- Einführung des zugelassenen Wirtschaftsbeteiligten (AEO), BB 2007, S. 299ff.

JOCHUM, HEIKE: Kann der Betrugsanfälligkeit des geltenden Umsatzsteuerrechts allein durch einen Systemwechsel wirksam begegnet werden?, UR 2005, S. 88ff.

KIRCHHOF, PAUL: 40 Jahre Umsatzsteuergesetz- eine Steuer im Umbruch, DStR 2008, S. 1ff.

KRUHL, ALFRED: Reichen die Maßnahmen des Steuerverkürzungsbekämpfungsgesetzes zur Betrugsbekämpfung aus oder ist eine Änderung des Umsatzsteuersystems notwendig?, BB 2002, S. 1018ff.

MITTLER, GERNOT: Einführung von Vorstufenbefreiungen als Mittel zur Umsatzsteuer-Betrugsbekämpfung, UR 2001, S. 385ff.

NIESKENS, HANS: UmsatzsteuerForum diskutiert zusammen mit dem DIHK über Reformen in der Umsatzsteuer, UR 2002, S. 256ff.

REIß, WOLFRAM: Vorsteuerabzug – Achillesferse der Mehrwertsteuer?, UR 2002, S. 561ff.

WIDMANN, WERNER: Die Mainzer Vorschläge zur Umsatzsteuer, in: Nieskens, Hans (Hrsg.), Umsatzsteuer-Kongress-Bericht 2001/2002, Köln 2002, S. 63ff.

WIDMANN, WERNER: Zu den Mainzer Vorschlägen zur Umsatzsteuer, UR 2002, S. 14ff.

WITTE, PETER (Hrsg.): Lehrbuch des europäischen Zollrechts, 5. Auflage, Herne 2007 (zitiert: Witte, in: Lehrbuch des Europäischen Zollrechts, 5. Aufl. 2007)

---

28 Dazu bereits JOCHUM, Kann der Betrugsanfälligkeit des geltenden Umsatzsteuerrechts allein durch einen Systemwechsel wirksam begegnet werden? UR 2005, 88 (93 f.).

29 Vgl. HÖLSCHER, Einführung des zugelassenen Wirtschaftsbeteiligten (AEO), BB 2007, 299 (301); krit. die Beiträge zum 18. Europäischen Zollrechtstags am 1./2. Juni 2006 in Esslingen, http://www.efa-schriften.de/band28.htm, 20. Januar 2008; zum Aufwand bezüglich des zollrechtlichen Instruments des Zugelassenen Wirtschaftsbeteiligten auch IHK Thurgau http://www.ihk-thurgau.ch/artikel/506/E-Zoll-in-der-Europ%C3%A4ischen-Union.htm, 20. Januar 2008.

4. Nationales Steuerrecht im internationalen Steuerwettbewerb

*Arndt Schmehl**

Abstract

Einer der wesentlichen Transformationsprozesse des nationalen Steuerrechts wird durch die Konkurrenzfunktion der Steuerordnungen im zwischenstaatlichen Wettbewerb um Wohlstandsgrundlagen begründet. Der Beitrag geht deshalb davon aus, dass eine zutreffende Erfassung dieser Zukunftsfrage einen staatstheoretischen Zugang einzubeziehen hat. Es wird ihm daher eine Betrachtung des Staatenwettbewerbs als institutionelle Bedingung des Staatshandelns zugrunde gelegt. Stellt sich das Steuerrecht richtigerweise der Aufgabe, die Ingebrauchnahme des Steuerwesens für den Staatenwettbewerb in das Rechtsdenken einzubeziehen, so ermöglicht dies auch eine partielle Abfederung der mit der Wettbewerblichkeit einher gehenden Schwächung einiger bisher dominierender, den Ausdruck von Gerechtigkeitsideen und der Verankerung des Rechtsgedankens im Steuerwesen bildenden Prinzipien des nationalen Steuerrechts. Die Frage wird sodann anhand einer konkreten, kontrovers diskutierten Ausprägung durchgespielt, der Zinsschranke. Diese wird hier als Beispiel für einen in dem Transformationsprozess entstehenden Typ von Steuernormen gesehen, deren Fiskalzweck von vornherein zugleich durch einen auf die Erhaltung von Besteuerungsgrundlagen gerichteten Lenkungszweck definiert wird. Im Beispiel der Zinsschranke führt die, grundsätzlich zulässige, steuerwettbewerbliche Deutung dazu, dass das Konzept der Regelung plausibel und dem Grunde nach auch verfassungs- und europarechtlich haltbar ist.

---

* Prof. Dr. jur., Inhaber des Lehrstuhls für Öffentliches, Finanz- und Steuerrecht an der Universität Hamburg. Der Vortrag wurde am 28. Juli 2008 gehalten.

W. Schön and K.E.M. Beck (eds.), *Zukunftsfragen des deutschen Steuerrechts*,
MPI Studies on Intellectual Property, Competition and Tax Law.
DOI: 10.1007/978-3-642-00258-8_4,

4.1. Einführung

Zu den Zukunftsfragen des deutschen Steuerrechts – dem dieser Vortragsreihe gestellten Thema – gehört die Transformation des nationalen Steuerrechts als Konsequenz seiner Instrumentalisierung im internationalen Staatenwettbewerb.

Die zentrale der damit verbundenen Veränderungen lässt sich im Kern dahin zusammenfassen, dass es mehr und mehr zum Grund für die unterschiedliche steuerliche Behandlung von Sachverhalten aufsteigt, in welchem Maß sie jeweils für das vom Staat in seinem Wettbewerb mit anderen Staaten verfolgte Konzept relevant sind – auch dann, wenn sie nach der bisherigen Systematik als Ausdruck des gleichen Maßes wirtschaftlicher Leistungsfähigkeit betrachtet werden oder werden können.

Darin liegt eine Herausforderung an Gerechtigkeits- und Ordnungsvorstellungen der Besteuerung, um deren Entfaltung und rechtliche Verankerung sich nicht zuletzt der *rechts*wissenschaftlich geprägte Teil der Steuerwissenschaften in den vergangenen Jahrzehnten intensiv bemüht hat. Es gilt daher auch, aus diesem Anlass Perspektiven der fachlichen Auseinandersetzung zu definieren und sich im Dialog von Wissenschaft und Praxis darüber zu verständigen, auf welche Weise die mit dem Steuerrecht befassten Berufe und Disziplinen den formulierten Herausforderungen jeweils begegnen könnten.

Die eingangs aufgeworfene Zukunftsfrage ist spätestens durch das Unternehmensteuerreformgesetz 2008[1] bereits ganz deutlich zu einer Gegenwartsfrage

---

[1] Vom 14. August 2007, BGBl. I, 1912. Für eine zusammenfassende und zugleich einzelnormbezogene Analyse des Gesamtkomplexes siehe beispielsweise RÖDDER, Unternehmensteuerreformgesetz 2008, DStR Beihefter zu H. 40/2008, 2 ff.; vgl. auch PREIẞER/V. RÖNN/SCHULTZ-AẞBERG, Unternehmensteuerreform 2008, 2007; PWC, Unternehmensteuerreform 2008, 2007.

geworden. Zwar sind schon die Zahlen beeindruckend, indem das Gesetz, Be- und Entlastungswirkungen zusammengenommen, Finanzmassen in der Größenordnung von 10 bis 15 % des jährlichen Gesamtsteueraufkommens in Bewegung setzt. Seine rechtlich besondere Eigenschaft besteht indes darin, dass es in wesentlichen Teilen erst unter Zugrundelegung eines wettbewerbsbezogenen Selbstverständnisses des Steuerstaats erklärbar ist.[2] Das Gesetz bietet sich daher als Beobachtungsobjekt dafür an, wie der äußere, zwischenstaatliche Wettbewerb das einzelstaatliche Steuerrecht nach innen hin verändert.

Ein bemerkenswertes Beispiel für diese Art von Innovationen ist am Beispiel der Zinsschranke (§§ 4h EStG, 8a KStG) zu beobachten. Sie will dazu beitragen, dass der Ertrag unternehmerischer Betätigung sich auch als steuerrechtliches Substrat im Inland und im Unternehmen abbildet und nicht insoweit aus steuerlichen Gründen, hier in Form von Zinszahlungen, ausgeschleust wird. Dazu wird die steuerliche Abzugsfähigkeit von Zinsaufwand eingeschränkt, was sich mit bisher geltenden Besteuerungsprinzipien der Gleichbehandlung von Aufwand unabhängig von seiner Entstehungsart ebenso reibt wie es die grenzüberschreitende Mobilität einschränken kann.

Es würde wenig zur Einordnung oder gar Lösung von Zukunftsfragen beitragen und daher in diesem Rahmen zu kurz greifen, sich ausschließlich unmittelbar einer solchen Regelung zu widmen. Ich möchte sie vielmehr als ein Beispiel und einen Vorboten der Konsequenzen der wettbewerblichen Funktion des Steuerrechts betrachten und Folgerungen daraus ableiten, also nicht zuletzt auch ihre Auslegung von dort aus entwickeln.

Dazu ist es nötig, zuerst (in der Gliederung unter 2.) diesen Kontext genauer zu betrachten, der Analyse also eine Betrachtung des Staatenwettbewerbs als institutionelle Bedingung des Staatshandelns zugrunde zu legen, was zugleich einen Problemzugang aus staatstheoretischer Perspektive eröffnet. Es ist sodann (unter 3.) zu untersuchen, wie die konkrete Regelung darin eingebettet ist und inwieweit sie für ein wettbewerblich agierendes Steuerrecht typisch ist. Danach können dann auf dieser Basis die einzelnen Bauteile der Zinsschranke als Anschauungsobjekt analysiert werden (unter 4.). Damit ist zugleich der Tatbestand für die Prüfung verfassungsrechtlicher und gemeinschaftsrechtlicher Implikationen vorbereitet, die schließlich (unter 5. und 6.) vor einem abschließenden Fazit (unter 7.) erörtert werden sollen.

---

[2] Instruktiv zur Abschätzung der Effekte OESTREICHER/KLETT/KOCH, Empirisch basierte Analyse von Auswirkungen der Unternehmensteuerreform 2008 mit Hilfe unternehmensbezogener Mikrodaten, StuW 2008, 15 ff.; zusammenfassende Wertungen etwa durch den SACHVERSTÄNDIGENRAT ZUR BEGUTACHTUNG DER GESAMTWIRTSCHAFTLICHEN ENTWICKLUNG, Jahresgutachten 2007/08, BT-Drs. 16/7083, Rn. 394 ff., und bei FUEST, Stellungnahme in der öffentlichen Anhörung des Finanzausschusses zu dem Entwurf eines Unternehmenssteuerreformgesetzes 2008 am 25. April 2007, Ausschussdrucksache.

4.2. Gründe und Wirkungen des internationalen Steuerwettbewerbs bei entwickelten Sozialstaaten

4.2.1. Staatenwettbewerb und Steuerwettbewerb

Allein vom Steuerwettbewerb zu sprechen, genügt nicht, um das Phänomen zu erklären. Es gilt vielmehr, auch vom *Staaten*wettbewerb zu sprechen. Das ist nicht unwichtig, weil es insoweit auf die Funktionen des Steuersystems ankommt. Es geht letztlich um eine Konkurrenz der Staaten um Wohlstandsgrundlagen; darin ist das Steuersystem nur eines der Handlungsfelder.[3]

Dass Staaten miteinander im Wettbewerb stehen und ihn, je nach Epoche und Feld eben eher roh oder relativ rücksichtsvoll, auch austragen, ist nun nicht gerade etwas Neues. Veränderlich ist aber das Weitere an diesem Wettbewerb, von seinen Zielen und Themen bis zu seinen Mitteln und Wirkungen. Der Einsatz der Steuer als allgemeine Finanzierungsbasis der öffentlichen Hand und damit interessanterweise genau jene neuere Steuerstaatlichkeit, die auch die Steuer als Verteilungsmodus zur Wirksamkeit bringen sollte, hat es insoweit nach sich gezogen, dass die Konkurrenz um Wohlstandsgrundlagen zu erheblichen Teilen auch über die Steuerrechtsordnungen ausgetragen wird. Dies verändert nun mit steigender Intensität auch wiederum die Steuerstaatlichkeit samt ihrer Verteilungsfunktion.

4.2.2. Globalisierung als Wettbewerbsmotor – Staat als Globalisierungsmotor

Durchaus noch neu ist auch das erreichte Ausmaß der Bedeutung des Wettbewerbstopos.[4] Die Akteure sind erst dabei, sich darauf einzustellen, so dass eine von Übergängen geprägte Phase zu erleben ist. Es ist unvermeidlich, hierfür auch auf das Wort Globalisierung zurückzugreifen, weil es eine durchaus treffende Marke für das Zusammenwachsen der Welt insbesondere durch die grenzüberschreitende Organisation und Mobilität von Wirtschaftsfaktoren, von Finanz-, Real- und Humankapital ist. Diese Beweglichkeit erleichtert unter anderem auch Steuerarbitrage und Steuerhinterziehung; aus der Binnenperspektive umfasst sie das verstärkte Risiko der Abwanderung von Steuerfaktoren.

Gelegentlich droht übersehen zu werden, dass die wirtschaftliche Globalisierung kein rein urwüchsiger Vorgang ist. Sie ist die Folge technischer, kultureller und sozialer Innovationen sowohl aus privater als auch aus staatlich geprägter Initiative, die von den entwickelten Sozialstaaten im eigenen Interesse positiv gewollt sind.

---

[3] In diesem Sinne auch HEY, Wettbewerb der Rechtsordnungen oder Europäisierung des Steuerrechts? in: DILLMANN U.A. (Hrsg.), Europäisches Gesellschafts- und Steuerrecht, 2007, 295 (296).

[4] Hierzu und zum Folgenden siehe etwa die politikwissenschaftlichen Analysen bei GENSCHEL, Globalization and the transformation of the tax state, European Review 13 (2005), Supp. 1, 53 ff., DERS., Globalization and the welfare state: a retrospective, Journal of European Public Policy 11 (2004), 613 ff., und die ökonomisch fokussierten Analysen bei FELD, Steuerwettbewerb und seine Auswirkungen auf Allokation und Distribution, 2000; MÜLLER/FROMM/HANSJÜRGENS (Hrsg.), Regeln für den europäischen Systemwettbewerb: Steuern und soziale Sicherungssysteme, 2001; MÜLLER, Funktionsfähiger Steuerwettbewerb, 2004.

Freihandelszonen und Europäischer Binnenmarkt, WTO und andere Institutionen sind selbst auch Ergebnis von Politik, nicht zuletzt mit dem Ziel wirtschaftlichen Wachstums. Die offene Staatlichkeit hat sich hier auch deshalb durchgesetzt, weil sie in einer zusammenrückenden Welt als angemessener empfunden wird als ihre Alternative, die Betonung oder Verstärkung der Abgrenzung. Auch soweit sie mit Wohlfahrtszielen begründet wurde, ist die Einbindung in die internationalen Zusammenhänge indes sodann wieder umgekehrt zu einem wirkungsvollen Argument zur Begrenzung staatlicher Wohlfahrtsversprechen geworden.

4.2.3. Folgen für Umfang und Struktur nationaler Staatsfinanzierungssysteme – erwartete, befürchtete und tatsächliche Entwicklungen

Die nächste, daran anschließende Vorklärung betrifft die Frage, wie die typischen Folgen für die Finanzierungssysteme entwickelter Staaten ausfallen.[5]

Globalisierung ist mit höherer Elastizität der Steuerfaktoren verbunden. Weil sie damit den staatlichen Handlungsspielraum einschränkt und die Möglichkeiten der Bürger und vor allem Unternehmen, sich zu entziehen, erweitert, wird von ihr als erstes nicht selten eine scharfe Senkung der Steuer- und Abgabenquoten erwartet. Dies ist aber bisher etwa in den wirtschaftsstarken Staaten nicht durchgreifend empirisch sichtbar. Die Entscheidungen für ihren staatlichen Aufgabenbestand bilden offenbar ein starkes und im Ganzen recht stabiles Gegengewicht, das Einnahmevolumen stagniert oder sinkt ein wenig, aber ein scharfer Rückgang erfolgt nicht. Der externe Zwang des Wettbewerbs macht die Einnahmegewinnung schwieriger, die internen Zwänge aber bleiben. Der Steuerwettbewerb hat dabei allerdings in der Tat, wenn nicht zu einer Senkung des Gesamtfinanzierungsvolumens, so doch zu einer größeren Betonung des Effizienzarguments bei staatlichem Mitteleinsatz geführt.

Eine zweite Erwartung an die steuerlichen Folgen bestätigt sich indes empirisch, nämlich dass sich die Struktur der Einnahmen erheblich ändert. Die durchschnittliche Steuerbelastung sinkt beispielsweise tendenziell bei den direkten und steigt bei den indirekten Steuern. Die Umverteilungsfunktion des Steuersystems wird tendenziell schwächer. Und da der Einfluss der Mobilisierung nicht bei allen Steuergrundlagen gleich intensiv ist, sind Auswirkungen besonders bei den Kapital- und Unternehmenseinkommen, weniger bei den Arbeitseinkommen festzustellen. Die Entwicklung ist indes uneinheitlich, zumal bei der Senkung von Sätzen regelmäßig zugleich steuerliche Vergünstigungen gestrichen und Bemessungsgrundlagen verbreitert werden. Doch die Tendenz, die Steuerlast für die Bereitstellung der öffentlichen Leistungen am Faktum internationaler Beweglichkeit der Besteuerungsgrundlagen auszurichten, ist beobachtbar.

---

[5] Zum Folgenden: EUROSTAT Statistical Books, Taxation Trends in the European Union 2007 Edition; GENSCHEL/RIXEN/UHL, Die Ursachen des europäischen Steuerwettbewerbs, Politische Vierteljahresschrift 48 (2007), Special Issue 2, Governance in der EU, 297 ff.; BOSS, Steuerharmonisierung oder Steuerwettbewerb?, Kieler Arbeitspapier Nr. 1178, Institut für Weltwirtschaft Kiel, 2003; GOTTSCHALK/PETERS/SCHULER, Implikationen der Globalisierung auf Steuerwettbewerb und Umverteilung, 2003.

4.2.4. Die Globalisierungsdiskrepanz zwischen „Markt" und „Staat" und ihre partielle Aufhebung durch den Auftritt des Steuerstaates am Markt

Die Globalisierung stellt die Staaten zum erheblichen Teil deshalb vor Schwierigkeiten, weil die ökonomischen Märkte einen Vorsprung haben, nämlich bereits stärker grenzüberschreitend organisiert sind als die traditionellen staatlichen Einwirkungsmöglichkeiten auf den Markt, die dies insoweit wohl auch nicht ganz aufholen können. Daher ist nichts naheliegender, als dass die Staaten die Diskrepanz wenigstens teilweise dadurch aufheben, dass sie sich selbst als internationale ökonomische Spieler definieren; immerhin ist dies eine einfache Methode, um selbst ökonomischer Globalisierungsteilnehmer zu werden. Es ist also vielleicht nicht erstaunlich, aber doch eine verblüffende Pointe: Gerade infolge der Globalisierung, die dem Ökonomischen gegenüber dem Staatlichen einen Vorsprung verschaffen sollte, kehrt der Staat wieder als Marktakteur zurück – um öffentliche Interessen auf diese Weise zu wahren.

Die Aufnahme des Steuerwettbewerbs durch das einzelstaatliche Steuerrecht ist ebenso ein logischer Schritt wie die Verstärkung von Maßnahmen zur Abwehr eines als ungerecht empfundenen Steuerwettbewerbs; beides spricht dafür, dass neue steuerrechtliche Unterscheidungen aufkommen werden, die sich zunehmend vom Status der Person lösen und stattdessen nach Art und Ort der Einkunftsbestandteile differenzieren, wobei die offene Staatlichkeit zur Zulässigkeit von Differenzierungen führt, die in einer geschlossenen Staatlichkeit als unzulässig angesehen würden.[6]

Das Steuerrecht steht damit vor der Aufgabe, die Wettbewerbsfunktion der Besteuerung in sein Rechtsdenken zu integrieren.[7] Sie ist ihm nicht vorgelagert, sondern rechtlich verarbeitungsbedürftig.

4.3. Regelungstypen in einem wettbewerblich agierenden Steuerrecht am Beispiel des Unternehmensteuerreformgesetzes 2008

Diese Aufgabe ist nun mitten im deutschen Steuerrecht angekommen, indem dieses jetzt das Ertragsteuerrecht in seiner Gesamtheit als Lenkungsfaktor im internationalen Wirtschaftsverkehr auffasst und einsetzt. Wenn ein Kern dieser Aufgabe, wie beschrieben, im Umgang damit besteht, dass neue Differenzierungen im nationalen Steuerrecht an die Unterschiedlichkeit von Steuertatbeständen hinsichtlich ihrer Relevanz für den internationalen Staaten-Wohlfahrtswettbewerb anknüpfen, so lassen sich dabei unter anderem – nicht abschließend – zwei Regelungstypen als typische Konsequenz des Wettbewerbsansatzes beschreiben. Beide kommen auch in der Unternehmensteuerreform 2008 vor.

---

6 Lehner/Reimer, Generalthema I: Quelle versus Ansässigkeit – Wie sind die grundlegenden Verteilungsprinzipien des Internationalen Steuerrechts austariert? IStR 2005, 542 ff.

7 Rechtsvergleichend Schön (Ed.), Tax Competition in Europe, 2002; zu den rechtlichen Dimensionen die Beiträge in Becker/Schön (Hrsg.), Steuer- und Sozialstaat im europäischen Systemwettbewerb, 2005.

4.3.1. Regelungen zur Ausrichtung von Steuertatbeständen an der Steuerwettbewerbselastizität des ökonomischen Anknüpfungspunkts

Im ersten Regelungstyp von steuertatbestandlichen Differenzierungen dominiert der Gedanke der Aussendung von positiven Anreizen an die Steuerpflichtigen, Steuergegenstände im Lande zu belassen oder zu importieren. Der Gesetzgeber differenziert dazu zwischen verschiedenen Sachverhalten und Steuergegenständen je nach der Einschätzung, inwiefern dies bei ihnen jeweils zur Erreichung seiner finanz- und wirtschaftspolitischen Ziele angebracht erscheint.

Im Beispiel der deutschen Reform von 2008 spielt dies eine wesentliche Rolle, indem sie die Unterschiede zwischen kapitalbasierten und anderen Einkünften durchgehend steigert und sogar systembestimmend werden lässt. So verabschiedet es mit der Abgeltungssystematik für die Besteuerung von dem Privatvermögen zufließenden Kapitalerträgen[8] grundlegend den Gedanken einer gemeinsamen, von der Art ihrer Quelle unabhängigen Erfassung der an einem als allgemein gedachten Markt erzielten Einkünfte, um diese fortan in der Besteuerung danach unterscheiden zu können, inwiefern sie grenzüberschreitend mobil und wettbewerbsempfindlich sind. Zugleich bricht sich die Idee Bahn, im Steuerwettbewerb mit stark reduzierten Steuersätzen anzutreten – auch hier bei andererseits verbreiterten Besteuerungsgrundlagen, die dann ihrerseits keinen positiven Anreiz bieten, sondern diesen einschränken. Der von zuletzt 25 auf 15 % gesenkte Körperschaftsteuertarif[9] soll zusammen mit einer modifizierten Gewerbesteuer eine typische Gesamtbelastung von knapp unter 30 % erreichen. Dass es als der zentrale Erfolg gilt, diese Marke zu unterbieten und ins europäische Mittelfeld aufzurücken, zeigt, welche Bedeutung ein Denken in Ranglisten und Tabellen dabei gewonnen hat. Schon damit steht für den Gesetzgeber das Abstellen auf staatlich gesetzte Verhaltensanreize im Vordergrund und er wendet sich damit von einer Förderung der Entscheidungsneutralität der Besteuerung ab.

4.3.2. Die Schließung des Angebotsbündels durch Einhegungsnormen mit der Folge weiterer Differenzierungen

Ein zweiter Typus von Normen in einem wettbewerblich agierenden nationalen Steuerrecht wird durch das in einem solchen Kontext nachvollziehbare Anliegen geprägt, dass wirtschaftliche Leistungsfähigkeit indizierende Sachverhalte im Inland auch für die Anwendung des Steuertatbestands zur Verfügung stehen sollen und zugleich eine zur Nutzung von internationalen Steuerdisparitäten erfolgende Rosinenpickertaktik unattraktiv zu machen. Daraus entwickeln sich Normen, die eine Einhegung oder Abzäunung[10] der Bemessungsgrundlage und mit ihr in unterschiedlichem Maße auch der eigentlichen ökonomischen Grundlage der Besteuerung bewirken. Dies kann auch mittels positiver oder negativer Anreize erfolgen:

---

[8] Insbes. §§ 32d; 43 Abs. 5; 20 Abs. 1 und 9 EStG.

[9] § 23 Abs. 1 KStG.

[10] Ohne dass hiermit an ähnliche Ausdrucksweisen aus der Diskussion über die Abgrenzung von fairem und unfairem Steuerwettbewerb angeknüpft werden soll.

Die Hecke braucht nicht undurchdringlich zu sein, aber beim Grenzübertritt bleibt etwas in ihr hängen.

Die Auswirkungen liegen auf der Ebene der Eigenarten steuerlicher Bemessungsgrundlagen. Diese werden insbesondere dahin verändert, dass zwischen betriebsbezogene Ertragszahlen und deren steuerbezogene Bewertung Regelungen geschaltet werden, die einer Zuordnung bestimmter Ertragspositionen zur jeweiligen Wirtschaftseinheit Ausdruck geben oder diese zumindest steuerlich bewirken.[11] Dies folgt zugleich einer wettbewerblich gedachten Logik, die man als Paketbildung oder Bündelung beschreiben kann: Es ist aus der Sicht des Gesetzgebers plausibel, wenn nicht gar selbstverständlich, etwas, was er – wie hier die Bereitstellung von Umgebungsbedingungen für privates Wirtschaften samt Steuersatz – als Angebot versteht, mit bestimmten Bedingungen zu verknüpfen, um seine Positionierung rechtsförmig abzubilden.[12] Diese Begründung trägt steuerliche Regelungen nicht unbedingt erst unter Anknüpfung an einen internationalen Grenzübertritt hinaus, sondern legitimiert, soweit sie akzeptiert wird, auch eine Bezugnahme der Regelungen auf die Bemessungsgrundlage je Steuersubjekt oder auf eine andere steuerliche Zuordnungseinheit auch unabhängig vom Vorliegen konkreter internationaler Geschäftsvorfälle.

Einige weitere Konsequenzen sind damit verbunden. So bezieht sich ein Angebot auf ein bestimmtes Produkt. Insbesondere eine einseitige Gestaltbarkeit der Gegenleistung durch den Nachfrager passt nicht in dieses Bild und man wird ihr deswegen entgegenwirken wollen. So liegt es auch, wenn das jeweilige Steuerrecht als Angebot im internationalen Steuerwettbewerb verstanden wird. Mit angelegt ist darin also zugleich eine Tendenz zur Schließung gegenüber der Einzelfallgerechtigkeit – und damit wiederum auch hier der Konflikt mit bestimmten Traditionen des Leistungsfähigkeitsprinzips.

Ebenso wie der erstgenannte Regelungstyp muss auch dieser zudem seine Tatbestände möglichst exakt definieren, um die Lenkungsziele erreichen und Umgehungen vermeiden zu können. Beide sind damit zugleich beinahe unausweichlich Motoren einer weiteren Steigerung der Kompliziertheit des Steuerrechts.

Diese Art von normativer Innovation ist in der Unternehmensteuerreform mit der Zinsschranke nach § 4h EStG und § 8a KStG vertreten: Sie richtet sich nämlich objektiv darauf, dass der Ertrag unternehmerischer Betätigung auch als Steuersubstrat in der Unternehmenseinheit bleibt und nicht aus steuerlichen Gründen in

---

[11] In der Zeitdimension betrachtet, sind solche Regelungen regelmäßig auf der Seite der Gegenfinanzierung von zugleich gesetzten positiven Anreizen zu finden. Da dies jeweils nur die historische Situation betrifft und die Begründung insoweit zudem haushaltsbezogen ist, macht die Zuordnung zur Gegenfinanzierung alleine indes noch keine steuerrechtlich systembildende Eigenschaft aus.

[12] Ein Bild von hierbei geltenden Verstrickungen des Gesetzgebers zeichnet instruktiv GOSCH, Vielerlei Gleichheiten – Das Steuerrecht im Spannungsfeld von bilateralen, supranationalen und verfassungsrechtlichen Anforderungen, DStR 2007, 1553 ff., durch die Darlegung der verfassungs-, europa- und völkerrechtlichen Gleichbehandlungsansprüche an den Gesetzgeber auf, wobei gerade die Herausarbeitung von deren Unterschiedlichkeit die verbleibenden Bewegungsspielräume aufklärt.

Form von Zinszahlungen aus ihm ausgeschleust wird. Dazu wird die steuerliche Abzugsfähigkeit von Zinsaufwand unter bestimmten Bedingungen eingeschränkt, was sich mit bisher geltenden Besteuerungsprinzipien der Gleichbehandlung von Aufwand unabhängig von seiner Entstehungsart ebenso reibt wie es die Finanzierungsfreiheit einschränkt.

4.3.3. Die Diskussion der Zinsschranke im Spannungsfeld einer Vielzahl von Einordnungen

Den zuvor beschriebenen Schließungstrend repräsentiert objektiv die Zinsschranke. Angesichts dessen gehört sie zu Recht zu den am meisten diskutierten Neuregelungen. Sie verdichtet die Hecke um den rechtlich definierten Steuergegenstand betriebsbezogen, indem sie einen bestimmten Weg nach außen teurer macht.[13] Dazu wird der Steuertatbestand erweitert, indem betriebliche Aufwendungen für die Nutzung von Fremdkapital in Form von Zinsen weniger als bisher von der Bemessungsgrundlage abgezogen werden können.

Das damit angesprochene Verhältnis von Eigen- und Fremdfinanzierung ist für den Gesetzgeber zum einen von wirtschaftspolitischer Bedeutung. Fremdkapitalisierung kann zum anderen für Unternehmen auch mit der Möglichkeit verbunden sein, die Einheit, in der letztlich steuerbare Erträge anfallen, selbst mitzubestimmen. Unterschiede zwischen den Steuersituationen verschiedener steuerlicher Zuordnungseinheiten beeinflussen daher die Finanzierungsentscheidung. Wenn es keine anderen, entgegenstehenden Gründe gibt, ist es vernünftig, Aufwand aus Zinszahlungen in der höher besteuerten Einheit zu haben, wenn dafür in der anderen zwar Zinserträge anfallen, sie dort aber niedriger besteuert werden. Das Eigenkapital dort zu konzentrieren, ist keine Frage von Missbrauch, sondern von ökonomischem Verhalten. Aus der Perspektive des Fiskus ist dies zugleich eine Frage der grenzüberschreitenden Mobilisierung und potentiellen Abwanderung von Steuersubstrat, wenn andernorts günstigere Steuertarife bestehen. Hierfür senkt sich nun die Zinsschranke, und zwar nicht an der Staats-, sondern schon an der Betriebsgrenze, indem sie die steuerliche Abzugsfähigkeit von Zinsaufwendungen verringert und somit die Nutzung von Disparitäten zwischen den für die einzelnen Steuersubjekte geltenden Steuerbedingungen weniger lohnend werden lässt.

Die diskutierten Perspektiven auf die Stoßrichtung oder Stoßrichtung*en* der Norm gehen indes dennoch weit auseinander, was in Anbetracht ihrer Entstehungsgeschichte nicht verwundert. Diese weist ein ganzes Motivbündel auf. So gehört zur Vorgeschichte einerseits, dass die Zinsschrankenregelung sich als der kleinere Rest eines viel weiter gehenden Vorschlags einer echten Hinzurechnungsregelung verstehen lässt, nämlich die Bemessungsgrundlage generell um einen Teil der gezahlten Zinsen und Miet-, Pacht- und Lizenzentgelte zu erweitern. Zur Entstehungsgeschichte gehört aber auch noch ein zweiter Strang: Die Zinsschranke ist zugleich auch die Nachfolgerin der Regelungen zur Einschränkung der Fremdfinanzierung durch die Gesellschafter selbst, des früheren § 8a KStG, der wegen der Schwierig-

[13] Weiterführender Blick auf einige andere praktizierte Schutzmechanismen u.a. bei LANG, Wohin geht das europäische Steuerrecht? IStR 2005, 289 (293 f.).

keiten einer Trennung zwischen der Fremdfinanzierung durch Gesellschafter und durch unbeteiligte Dritte als nicht praktikabel genug kritisiert wurde.[14] Vor diesem Hintergrund erscheint die Zinsschranke als Erweiterung einer als ineffektiv angesehenen Norm der Missbrauchsabwehr.

Die Zinsschranke wird daraufhin insgesamt je nach Ausgangshorizont als bloße Gegenfinanzierungsmaßnahme, als Abwanderungsschranke, als Anziehungspunkt für Eigenkapital oder als reine Missbrauchsabwehrregelung jeweils ohne oder mit dominanter Bezugnahme auf internationale Bezüge gesehen. Daher ist weniger *ein* Diskurs über die Zinsschranke zu beobachten, sondern es werden mehrere, teils disparate Diskussionen nebeneinander geführt. Welche Funktion dominiert, lässt sich erst bei Betrachtung der weiteren einfachrechtlichen Ausgestaltung sehen, die daher im Folgenden unternommen werden soll. Dabei sollen aufgrund der vorstehend dargelegten Einbettung das Argument von der Einbindung des nationalen Steuerrechts in den internationalen Staatenwettbewerb zugelassen und die Auswirkungen dieser Perspektivensetzung erörtert werden.

4.4. Die Elemente der Zinsschranke in der Einzelbetrachtung unter Einbeziehung der Perspektive der Wettbewerbsgebundenheit des Steuersystems

4.4.1. Die Charakteristika der Ausgangsregelung

Das Wesentliche dessen, was das Wort „Zinsschranke" beinhaltet, versuchen die unter den Gewinnermittlungsvorschriften angesiedelten § 4h EStG und § 8a KStG in über eintausend, teils strukturell erheblich verschlungenen Worten zu erklären. Um in einem Dickicht genug Licht zu haben, bietet es sich an, Schneisen zu schlagen. Man erkennt dann hier das Folgende:

4.4.1.1. Gewinnabhängigkeit der Abzugsbeschränkung

Zinsen fallen steuerlich als Erträge oder Aufwendungen für die vorübergehende Überlassung von fremdem Geldkapital an.[15] Die Abzugsbeschränkung greift ein, wenn ein Betrieb per Saldo mehr Aufwendungen als Ertrag aus Zinsen hat: Jenseits dieses Zinssaldos sind weitere Zinsen nämlich nicht mehr, wie bisher, voll, sondern in Höhe von 30 Prozent des um die Zinsen selbst, die Steuern und Abschreibungen bereinigten Gewinns beziehungsweise, bei Körperschaften, des entsprechend modifizierten Einkommens, abziehbar.[16]

Ein zentraler Punkt der Endfassung der Norm ist zuerst: Die Zinsschranke beschränkt die Abziehbarkeit von Zinsaufwendungen nicht in einer rein nominell bemessenen Höhe, sondern quotal in Abhängigkeit vom Gewinn vor Steuern, Zinsen und Abschreibungen. Dass diese betriebliche Finanzrechnungsgröße damit in die

[14] Zusätzlich erhellend ist auch insoweit oft ein Rechtsvergleich, so hier insbesondere bei GOEBEL/EILINGHOFF: Rechtsvergleichende Analyse der deutschen und amerikanischen Unterkapitalisierungsregeln unter besonderer Berücksichtigung der Zinsschranke, IStR 2008, 233 ff.

[15] Die weite Definition für die Zwecke der Zinsschranke erfolgt durch § 4h Abs. 2 S. 2-4 EStG.

[16] § 4h Abs. 1 S. 1 EStG; § 8a Abs. 1 EStG.

Steuergesetzgebung Eingang gefunden hat, ist eine zunächst irritierend wirkende Neuheit. Bei aller Gestaltbarkeit derartiger Zahlen ist sie aber als eine Vergleichsgröße für Ertragskraft immerhin geeignet und daher hier als Angemessenheitsmaßstab einer modifizierten Leistungsfähigkeitsdefinition jenseits des objektiven Nettoprinzips durchaus sachgemäß plazierbar. Die hergestellte Relation kann einen Sinn aus dem Kontext des Steuerwettbewerbs beziehen: So steigt die Attraktivität des anzuwendenden nominellen Steuersatzes nicht nur mit der Eigenkapital-, sondern auch mit der Ertragsstärke des Unternehmens.[17] Wer wenig aus dem eingesetzten Kapital macht und hierbei noch in hohem Maße auf fremdes angewiesen ist, dem wird mehr als bisher Grund zu einer Änderung dieser Situation gegeben. Es ist dann auch grundsätzlich konsequent, auf eine zinsbereinigte ertragsbezogene Größe abzustellen, hebt doch die Zinsschranke auf die Möglichkeit ab, Steuergefälle durch Zinsverwandlung weitgehend ohne Unternehmerrisiko für Ertrag nach Steuern zu nutzen. Außerdem die Abschreibungen herauszunehmen, um die Investitionsintensität von Unternehmen durch diese Bereinigung zu berücksichtigen, ist ebenfalls eine legitime Konkretisierung der gesetzgeberischen Ziele.

Wie das Abstellen auf diese Größe im Gesetzgebungsverfahren genau zustande gekommen ist und inwieweit das dahin führende Verfahren Ausdruck verlässlicher Klugheit der Gesetzgebungsorgane war, ist noch eine andere Frage. In die Reihe der allzu schlechten Beispiele gehört die Regelung aber auch in dieser Hinsicht immerhin nicht, hat doch gerade die Diskussion zu der Entscheidung für eine gegenüber den Ausgangsentwürfen deutlich veränderte Regelung geführt, deren Bevorzugung im Vergleich zudem aus sachlichen Gründen gut vertreten werden kann.

Worauf bei der Zinsschranke keine Rücksicht genommen wird, sind insbesondere die unterschiedlichen Fremdfinanzierungsbedarfe der Branchen und die unterschiedlich gravierenden Auswirkungen auf die Handlungsfähigkeit des Unternehmens je nach seiner sonstigen wirtschaftlichen Lage. Dies ist wirtschaftspolitisch problematisch, doch ist es andererseits durchaus nicht inkonsequent, wenn das Steuerrecht nicht auf gesetzlicher Ebene nach Branchen oder gar Fallgruppen unterscheidet. Ein Risiko des Eintretens einer Unverhältnismäßigkeit in extrem ausgeprägten Einzelfällen bringt die Regelung allerdings mit sich.

4.4.1.2. Geltung unabhängig von der Person des Kapitalgebers und der Darlehensgestaltung

Der zweite Gesichtspunkt: Die Bezugnahme auf den Zinsaufwand erfolgt neutral und durchgehend. Es kommt insbesondere weder auf Kurz- oder Langfristigkeit des Engagements noch auf die Person des Kapitalgebers an, es wird nicht zwischen einer Fremdfinanzierung durch Gesellschafter oder nahe stehende Personen und „echten" Fremden unterschieden.

---

[17] Zu der hier und in den folgenden Punkten durchgeführten Analyse siehe insbesondere SPOHN, Stellungnahme in der öffentlichen Anhörung des Finanzausschusses zu dem Entwurf eines Unternehmenssteuerreformgesetzes 2008 am 25. April 2007, Ausschussdrucksache, S. 5 ff., der hier insoweit in vielen Erwägungen gefolgt wird.

Ferner bleibt die Besteuerung beim Kapitalgeber unverändert. Das führt zu einer Doppelbesteuerung des Objekts in dem Maße, wie der Abzug beim Kapitalnehmer verwehrt wird. In der Gesamtbetrachtung entsteht dann eine Mehrbesteuerung dieses Faktors im Verhältnis zu anderen.[18] Verursacht wird dies indes durch das spezifische Lenkungsziel, das nur in Bezug auf das jeweils einzelne Regelungssubjekt verfolgt werden kann. Darin liegt ein Grund, von der Anwendung eines denkbaren Korrespondenzprinzips – das allgemein in Bezug auf mehrere Steuersubjekte rechtlich nicht besteht, sich allerdings in gemeinschaftsrechtlicher Hinsicht für bestimmte grenzüberschreitende Fälle andeuten könnte – abzusehen.

4.4.1.3. Verlustvortrag in die folgenden Veranlagungszeiträume

Dritter Punkt: Die Vorschrift beschränkt die Abziehbarkeit von Zinsaufwendungen im jeweils aktuellen Steuerjahr. Was an nicht abziehbarem Zinsüberhang entsteht, wird gesondert festgestellt und in das Folgejahr übertragen.[19] Solange bedeutet ein Überschreiten der Grenze einen Liquiditätsnachteil, schlägt aber nur dann steuerlich definitiv durch, wenn der vorgetragene Finanzierungsaufwand auch später nicht mit Gewinnen verrechnet werden kann. Mit dem ausgesandten Anreiz, Fremdfinanzierung in Eigenfinanzierung nach und nach umzuwandeln oder Wertschöpfung in den Betrieb zu verlagern, harmoniert dies.

Endgültig geht die Abzugsfähigkeit des Überhangs an Zinsaufwand mit der Aufgabe oder Übertragung des Betriebs und ähnlichen Fällen ganz oder anteilig unter[20]. Sie ist also weitgehend an die Bedingungen der Kontinuität des Betriebs wie auch der persönlichen Zuordnung des Betriebs zum Inhaber gebunden. Diese zweifache Begrenzung der Definition des Verlustabzugs ist nicht unproblematisch, legt sie doch seiner Legitimation als steuerliches Asset zugrunde, dass es zuvor in derselben Hand und in demselben Betrieb angefallen ist. Die Betriebsbezogenheit des Zinsvortrags liegt allerdings durchaus in der Konsequenz der gleichlaufenden Anknüpfung der Abzugsbeschränkung, und für das Hinzutreten der mangelnden Mitnahmemöglichkeit beim Wechsel des Unternehmensträgers lassen sich die personalen Bezüge des steuerlichen Unternehmensbegriffs und der Zweck der Abschirmung der Schrankenwirkung gegenüber einer ihrer Abmilderung durch die Verrechnung verbleibender Verluste mit persönlichen Erträgen aus anderen Betriebszusammenhängen anführen.

Die Denkweise des Gesetzgebers entspricht insoweit ersichtlich eher objektsteuerlichen Vorstellungen und verbindet sich daher schlecht mit den personensteuerlichen Grundlagen des Einkommensteuerrechts. Sie ist, wie auch die Grundregel der Zinsschranke, Ausdruck der Tendenz zur Mischung von Objekt- und Personensteuern und damit auch zur Aufhebung einer klaren Differenz zwischen beiden.

---

[18] SCHÖN, Stellungnahme in der öffentlichen Anhörung des Finanzausschusses zu dem Entwurf eines Unternehmenssteuerreformgesetzes 2008 am 25. April 2007, Ausschussdrucksache, S. 4.

[19] § 4h Abs. 1 S. 2 EStG.

[20] § 4h Abs. 5 EStG und die ergänzenden Normen insbesondere des Umwandlungsteuerrechts.

Verfassungsrechtlich beinhaltet die Abschirmung beim Wechsel des Betriebsträgers gewisse Risiken, weil dann insoweit der Zinsvortrag in seiner Funktion, Härten des Periodizitätsprinzips zu mildern[21], ausfällt und somit auch sein Beitrag zur Verhinderung von Einzelfällen, in denen wegen der Zinsschranke unverhältnismäßige Belastungen eintreten, ausbleibt. Die Entstehung von Einzelfällen, in denen die Belastung unverhältnismäßig wird, ist nicht mit letzter Gewissheit auszuschließen und wird durch einen Verlust der Abzugsmöglichkeit selbstverständlich höher. Auf der allgemeinen Ebene ist die Rechtfertigung aber wie die Rechtfertigung des Betriebsbezugs der Zinsschranke gegeben.

4.4.1.4. Quotierung auf 30 v.H. des Zinsüberhangs

Das vierte Element der Regelung ist die vom Gesetzgeber angesetzte Abzugsteilung im Verhältnis von 70 zu 30.[22] Der Durchschnitt vieler Branchen ist davon gerade auch in Deutschland sehr weit entfernt, die Lage einzelner Unternehmen ebenfalls, und auch darauf, ob die Situation jeweils auf Steuergestaltungen zurückgeht oder nicht, nimmt die Regelung nicht Bedacht. Als Typisierung der Wirklichkeit wäre sie somit weitgehend unbrauchbar.

Betrachtet man die Norm dagegen mit dem Gesetzgeber aus der dynamischen Perspektive der gewollten Lenkungs- und Staatsfinanzierungswirkungen der Reform, sieht sie anders aus: Sie ist dann ein steuerlicher Anreiz, sich in die Richtung der genannten Eigenkapitalquote zu bewegen und Erträge entsprechend „anzusiedeln“. Der Ansatz mit 70 % Eigenfinanzierung ist dann nur eine steuerlich gesetzte Zielmarke für das Verhältnis von Eigen- zu Fremdkapital, da unterhalb des 30prozentigen Überhangs von Zinsen über den zins- und abschreibungsbereinigten Gewinn die Zinsschranke ohne Auswirkung bleibt. Die „Prämie“ entsteht zudem auch dann, wenn man sich der „Befreiungsgrenze“ nur annähert, ohne sie zu erreichen. Die Teilung soll also zugleich zur Tragbarkeit der Belastung beitragen.

Eine Typisierung der Wirklichkeit, ein Fremdvergleichsmodell oder die Bekämpfung von missbräuchlicher Steuergestaltung sind demnach nicht tragend. Vielmehr betrachtet der Steuerstaat die Regelung seinerseits als eine Belastungsnorm, die verträglich gestaltet werden soll, und als ein Angebot: Für das gewünschte Verhalten im Finanzierungsgebaren des Unternehmens wird der Vorzug vergeben, die angenehmer gewordenen Steuersätze in vollem Umfang genießen zu dürfen; anderenfalls nutzt der Staat die Norm zur Gegenfinanzierung der Steuersatzsenkung. Dahinter steht – und das ist der dafür gezahlte steuersystematische Preis – eine stark inhaltsgeprägte Vorstellung. Der Gesetzgeber bleibt hier keineswegs neutral gegenüber der Frage, wie das Unternehmen seine Gewinne erzielt, sondern die Zinsschranke bewertet die Qualität von bestimmten Ergebnissen im Hinblick auf ihren Beitrag zur Leistungsfähigkeitsmessung unterschiedlich.

---

[21] Zu dieser Funktion jüngst BFH GrS, BStBl II 2008, 608, anhand der Frage der Vererblichkeit des Verlustvortrags.

[22] § 4h Abs. 1 S. 1 EStG.

4.4.1.5. Zwischenergebnis

Das Fazit über die Funktion der Zinsschranke lautet bis dahin: Sie überschneidet sich zwar auch mit Elementen der Pauschalierung und Typisierung sowie der Missbrauchsverhinderung und der Bezugnahme auf internationale Sachverhalte. Sie ist aber im Wesentlichen eine mit wirtschafts- und finanzpolitischen Lenkungszwecken ausgestattete Fiskalzwecknorm[23] neuer Art, die zur Definition der Bemessungsgrundlage beiträgt und diese inhaltlich auflädt. Ihre innere Logik lässt sich mit steuerwettbewerblichem Denken erklären, auch wenn sie nicht erst bei grenzüberschreitenden Fällen einsetzt.

4.4.2. Die gesetzestechnischen Ausnahmen und die Prüfung ihrer folgerichtigen Begründbarkeit

Von den Beschränkungen hat der Gesetzgeber Ausnahmen und Rückausnahmen aus unterschiedlichen Gründen vorgesehen. Ihre Abstimmung auf die Grundregel ist ein Kernpunkt der Diskussion.

4.4.2.1. Die Freigrenze zugunsten kleinerer Betriebe

Die im Gesetz an erster Stelle genannte Ausnahme[24] ist allerdings einer ganz eigenen Stoßrichtung zuzurechnen. Sie ist eine Art „klassischer" Form von Klausel, um vergleichsweise kleinere Betriebe zu verschonen. Die Ausgestaltung erfolgt als Freigrenze für einen negativen Zinssaldo von weniger als einer Million Euro. Die Norm steht mit dieser Zweckrichtung außerhalb der bestimmenden Zinsschrankensystematik und wirft daher für diese selbst keine Probleme auf.

Das heißt nicht, dass sie keine Zweifelsfragen anderer Art veranlasst. Insbesondere wird durch die Ausgestaltung als Freigrenze, nicht als Freibetrag, anstelle eines schonenden Übergangs schon beim geringfügigen Überschreiten der ganze Betrag wirksam. Das gerne als „Fallbeilwirkung" bezeichnete Phänomen widerspricht einem verbreiteten Gerechtigkeitsempfinden und ist hier zumal deshalb fragwürdig, weil es dieser Mittelstandsklausel allenfalls untergeordnet um eine Vereinfachung und Pauschalierung, wesentlich hingegen um eine spezifische Verschonung geht. Es ist daher nur als recht harte steuerpolitische Entscheidung über die Abgrenzung der Subventionsgruppe erklärbar, weshalb die Verschonung nur schlagartig für den ganzen Betrag und nicht gleitend einsetzt.

Diese rechtspolitische Kritik wird allerdings eher nicht das Verdikt der Verfassungswidrigkeit begründen, da die Regelung als wirtschaftspolitische Förderungsnorm nicht auf die Abbildung von Abstufungen spezifisch steuerlicher Leistungsfähigkeit gemünzt ist, so dass sie nicht zugleich als Verzerrung des vertikalen und horizontalen Leistungsfähigkeitsvergleichs verstanden werden muss. Daraufhin bedeutet die Definition eines Ausnahmesachverhalts durch den Gesetzgeber nicht für andere, ähnliche Sachverhalte, dass sie teilweise in den Geltungsbereich mit ein-

---

[23] Dies benennt zu Recht insoweit auch THIEL, Die steuerliche Behandlung von Fremdfinanzierungen im Unternehmen, FR 2007, 729 ff.

[24] § 4h Abs. 2 S. 1 Buchst. a) EStG.

bezogen werden müssen; der Gesetzgeber ist zu einem Abstellen auf Freibeträge statt Freigrenzen, so vorzugswürdig ein solches in einigen Bereichen wäre, jedenfalls nicht generell rechtlich zu zwingen.

4.4.2.2. Die Konzernklausel zugunsten unverbundener Unternehmen

Ferner gilt die Zinsschranke, so das hier „um die Ecke" formulierende Gesetz weiter, ebenfalls *nicht*, wenn der Betrieb *nicht* oder nur anteilsmäßig zu einem Konzern gehört[25], was sich im Wesentlichen in einheitlicher Leitung der jeweiligen Unternehmensträger ausdrückt.[26] Von der anderen Seite her formuliert, ist es eine stand-alone-Klausel: Was nicht vollständig zu einem Konzern gehört, fällt nicht unter die Zinsschranke. Es gilt dabei ein besonderer, weiter Konzernbegriff: Es genügt, dass ein gemeinsamer Konzernabschluss der Unternehmensträger erstellt werden könnte oder dass die Finanz- und Geschäftspolitik einheitlich bestimmt werden kann.

Welche Idee steht hinter dieser Regelung? Ginge man von der Vorstellung aus, dass Konzerne regelmäßig Großunternehmen umfassen und häufig international tätig sind, so wäre das Konzernerfordernis neben der Freigrenze ein Mittel zur Verschonung vergleichsweise kleinerer Unternehmen sowie reiner Inlandsfälle. Doch können ohne weiteres auch bei kleineren und nur inländisch tätigen Unternehmen Konzernstrukturen, zumal in dem beschriebenen weiten Sinne, bestehen. Eine Missbrauchsperspektive genügt zur Erklärung ebenfalls nicht, da auch dieser Tatbestand beispielsweise nicht nach der Person des Kapitalgebers unterscheidet und echte und marktgerechte Fremdfinanzierungen sogar durch konzernfremde Dritte einschließt.

Erklären lässt sich die Regelung indes mit dem weiteren Grund, dass bei nicht voll konzerngebundenen Betrieben der Anreiz, zinswirksame Finanzierungsgestaltungen wegen des Bestehens von steuerlichen Unterschieden zwischen den beteiligten Unternehmen zu wählen, typischerweise vernachlässigt werden kann. Auch hier trägt gesetzesimmanent die anreiz- und lenkungsbezogene Sichtweise.

4.4.2.3. Öffnungsklausel zugunsten gleichmäßig finanzierter Konzerne

Die dritte, die Kompliziertheit weiter steigernde Ausnahme, ist eine Öffnungsklausel für Fälle, in denen die verschiedenen Konzernunternehmen eine weitgehend, bis auf einen Prozentpunkt, gleichmäßige Eigenkapitalquote haben.[27] In den zuvor geschilderten telelogischen Zusammenhang eingeordnet, lässt sich der dahinter stehende Gedanke nun eher leicht sinnvoll lesen: Wenn das Verhältnis von Eigen- und Fremdkapitalausstattung im ganzen Konzern einheitlich ist, dann ist ausgeschlossen, dass sie durch steuerliche Disparitäten veranlasst ist.

Das heißt im Gegenzug auch, dass erneut keine Rolle spielt, ob die Eigenkapitalquote aus Gestaltungsgründen uneinheitlich ist und inwiefern sie für das jeweilige Unternehmen gestaltbar ist, was oft kaum der Fall sein wird. Abgesehen davon könnte eine Vereinheitlichung der Eigenkapitalquote natürlich auch durch vermehrte Fremdkapitalaufnahme erfolgen, im Gegensatz zum gesetzgeberischen

[25] § 4h Abs. 2 S. 1 Buchst. b) EStG.
[26] § 4h Abs. 3 S. 5-6 EStG.
[27] § 4h Abs. 2 S. 1 Buchst. c) und S. 2-16 EStG.

Wunsch. Dass die Norm als „Escape"-Klausel politisch „angepriesen" wurde, hat eventuell zu der Erwartung beigetragen, sie solle im Prinzip allen Konzernen eine Möglichkeit zur Selbstbefreiung von der Zinsschranke geben. Angesichts der Gesetzesfassung wäre dies ein Missverständnis.

In Verbindung mit dem weiten Konzernbegriff kann die Vorschrift unternehmensbezogen einen besonders großen Sprung bei den so genannten Bürokratiekosten bedeuten. So ist etwa eine Konzernrechnung nun allein schon dann erforderlich, wenn die Anwendung der Befreiungsmöglichkeit geprüft werden soll.

4.4.2.4. Fazit

Kann nun zusammenfassend nach der Berechtigung der teils außerordentlich heftigen Kritik an der Zinsschrankenregelung gefragt werden, so klärt sich das Bild am besten anhand einer Unterscheidung der Ebenen:

Die erste Ebene ist die Grundidee der Norm. Sie wird in vielen Diskussionsbeiträgen, die sich oft auch verständlicherweise auf die erwarteten Widrigkeiten bei den Betroffenen konzentrieren, wenig beachtet. Vom abschließenden Gesetzestext und seinem steuerwettbewerblichen Kontext aus analysiert, erweist sich der Grundansatz der Norm aber den vorstehenden Argumenten zufolge als ein vertretbarer und plausibler.

Wird dies akzeptiert, dann ist auf der zweiten Ebene festzustellen, dass sich die Regelung einschließlich ihrer Ausnahmen und Rückausnahmen aus ihrer im Anreizdenken verwurzelten fiskalischen Idee heraus kohärent erklären lässt, ohne dass größere Brüche ihre eigene Folgerichtigkeit grundsätzlich in Frage stellen.

Die dritte Ebene der Einzelheiten, der Praktikabilität und der Folgen in jedem Einzelfall begründet eigentlich erst die größten Probleme: Die Regelungen über die Konzernangehörigkeit und vor allem über die Konzernfinanzierungsquote beinhalten für die konkrete Umsetzung große Auslegungsschwierigkeiten[28], die Norm verringert die unternehmerische Planungssicherheit und lässt nicht vollauf sicher absehen, ob sie nicht doch unverhältnismäßige Härten in Einzelfällen mit bewirken kann.[29] Hier könnten also noch Probleme entdeckt werden, obwohl das Grundkonzept trägt.

4.5. Das Verhältnis zum Verfassungsrecht

Verfassungsrecht und Gemeinschaftsrecht bilden höherrangige Maßgaben für den Aktionsradius, über den das nationale Steuerrecht im internationalen Steuerwettbewerb verfügt. Auf sie ist daher im Folgenden, weiterhin am Beispiel der Zins-

---

[28] Das am 4. Juli 2008 erschienene BMF-Schreiben IV C 7 -S 2742-a/07/10001 war daraufhin für die Praxis eine geradezu herbeigesehnte exekutive Maßnahme, was die Hoffnung auf Klarstellungen angeht.

[29] Zur Wirkungsanalyse vgl. bisher insbes. HERZIG/LOCHMANN/LIEKENBROCK, Die Zinsschranke im Lichte einer Unternehmensbefragung – Einfluss auf Steuerplanung, Steuergestaltung und Steuerbelastung, DB 2008, 593 ff.; siehe auch HOMBURG, Die Zinsschranke – eine beispiellose Steuerinnovation, FR 2007, 717 ff.; TÖBEN, Die Zinsschranke – Befund und Kritik, FR 2007, 739 ff.

schranke, einzugehen. Unter den zuvor herausgearbeiteten Vorzeichen könnte sich auch die verfassungsrechtliche Beurteilung[30] des Beispiels anders darstellen, als es auf der Grundlage der Gegenauffassung zu ihrer einfachgesetzlichen Würdigung der Fall ist.

4.5.1. Verfassungsrechtliche Würdigung

Die Zinsschranke weicht von dem Gedanken, dass nur das Ergebnis, der Nettosaldo nach Aufwand und Ertrag, Ausdruck wirtschaftlicher Leistungsfähigkeit des Unternehmens ist und somit überhaupt nur dies als Steuersubstrat zur Verfügung steht, ab. Eben dieser Gedanke kommt jedoch in den Grundtatbeständen von Einkommen- und Körperschaftsteuer bisher zum Ausdruck. Eine bereichsspezifische Anwendung des Gleichheitssatzes verlangt daher insbesondere, dass für das Verhältnis der Regelungen zu einander sachliche Gründe genannt werden können. Je allgemeiner die Ebene, desto weniger greifbar wird dies. So ist es verfassungsrechtlich beispielsweise letztlich nur eher schwach determinierbar, ob der Gesetzgeber sich dem Grunde nach für eine unterschiedliche Behandlung von Kapitaleinkommen und Arbeitseinkommen entscheidet, weil die Auffassung die Mehrheit findet, dass hohe Steuersätze auf Kapitaleinkommen zu Kapitalabwanderung und damit zu einer Wohlstandsreduktion auch bei den immobilen Faktoren führen, oder ob er stattdessen eine Überwälzung auf Arbeit und Konsum unter Berufung auf die Einschätzung ablehnt, dass anderenfalls negative Beschäftigungseffekte, mehr Schattenwirtschaft und eine Einbuße an Akzeptanz drohen und dies schwerer wiege.

Das Folgerichtigkeitsgebot kann aber Stärken bei der Prüfung einzelner Normen anhand ihres definierbaren speziellen Anwendungsbereichs und -ziels entfalten. Der einfachgesetzliche Ausgangspunkt von der Abzugsfähigkeit betrieblich veranlasster Aufwendungen ist also zwar als Beitrag zur bereichsspezifischen Gleichheitsprüfung sehr wohl relevant, wenn auch nicht deckungsgleich mit einem verfassungsrechtlichen Prinzip, denn zwischen beidem liegt bereits ein Gestaltungsspielraum des Gesetzgebers. Insofern ist weiter zu beachten, dass die Zinsschrankenregelung durch die Bezugnahme auf den Gewinn vor Zinsen und Absetzungen selbst noch eine Abhängigkeit von einer variablen Ertragskraftgröße beinhaltet, sich also selbst von klassischen Leistungsfähigkeitsparametern nicht letztlich völlig löst, sondern ihnen eine normzweckbezogene Nuance hinzufügt. Angesichts der vielfältigen Möglichkeiten, steuerliche Leistungsfähigkeit zu definieren, liegt dies nicht außerhalb des Spielraums des Gesetzgebers.

---

[30] Zu den verfassungsrechtlichen Maßstäben, mit Rechtsprechungsanalyse einschließlich der neueren Entscheidungen, insbes. WERNSMANN, Die Einschränkungen des Werbungskosten- und Betriebsausgabenabzugs im Zusammenhang mit Pendlerpauschale, Arbeitszimmer, Alterseinkünften und Abgeltungssteuer, DStR Beihefter zu H. 17/2008, 37 ff.; DERS., Die Steuer als Eigentumsbeeinträchtigung? NJW 2006, 1169 ff.; DRÜEN, Die Bruttobesteuerung von Einkommen als verfassungsrechtliches Vabanquespiel, StuW 2008, 1 ff.; ECKHOFF, Abgeltungsteuer, Systematische und verfassungsrechtliche Aspekte, FR 2007, 989 ff.; LANG, Der Stellenwert des objektiven Nettoprinzips im deutschen Einkommensteuerrecht, StuW 2007, 3 ff.

Die durch die Zinsschranke außerdem erfolgende unterschiedliche Behandlung von Zinsen im Vergleich zu anderen Aufwendungen lässt sich auf das Ziel der Missbrauchsverhinderung im engeren Sinne und einige andere diskutierte Aspekte als Begründung nicht stützen. Stichhaltig ist aber das mit ihr verfolgte Ziel der Verminderung von solchen Anreizen für Fremdfinanzierungen, die durch Steuerdisparitäten zwischen Betriebseinheiten entstehen.

Dies ist als Lenkungszweck zu bezeichnen, doch fällt eine Trennung von Fiskalzweck- und Lenkungsnorm hier zunehmend aus. Sobald die unvermeidlich lenkende Funktion der Steuer in ihrer Gesamtheit als Argument akzeptiert wird, ist auch die Bedarfsdeckungsperspektive anders zu interpretieren. Die anziehende Idee, der Fiskalzweck sei für sich genommen als bloße Geldbeschaffung bei vorgegebenem Ausgabenvolumen inhaltsleer, trägt *so* nicht, wenn die Ausgestaltung des Steuersystems bei Einbeziehung des Staatenwettbewerbs nicht nur darauf ausgerichtet ist, den Staat an den Vorteilen der Nutzung vorhandener Wohlstandsgrundlagen partizipieren zu lassen, sondern auch darauf, hierbei mit dafür Sorge zu tragen, dass solche Wohlstandsgrundlagen überhaupt im Lande vorhanden sind.

Der Folgerichtigkeitsprüfung mit zunehmend höheren Anforderungen bei der Ausgestaltung der einzelnen Teilnorm innerhalb des Gesamttatbestands halten auch die einzelnen Ausnahme- und Rückausnahmebestimmungen der Zinsschranke aus den oben genannten Gründen jedenfalls prinzipiell stand, wozu die Übertragbarkeit in die Folgejahre als Milderungsklausel noch zusätzlich beiträgt.

Mit dem Weg der Abzugsbeschränkung erhöht sich allerdings immer das Risiko, dass es im Einzelfall zu Härten kommt, und mit dem Ausbau von Lenkungsintensität und Ausdifferenzierung der Bestimmungen erhöht sich das Risiko, dass Teile des Regelwerks vorher nicht erkannte, sich dann als unsachgemäß erweisende Ungleichbehandlungen bewirken. Es kann daher sein, dass die Anwendungspraxis zur Entdeckung von verfassungsrechtlichem Korrekturbedarf in Extremfällen führt; die Grundregeln liegen aber konzeptionell im Rahmen des verfassungsmäßigen Spielraums.[31]

Die hier vertretene Auffassung einer grundsätzlichen Rechtfertigung der Regelung steht im Kontrast zu einer großen Zahl von Stimmen in der Literatur, die der Norm die Rechtfertigungsfähigkeit – und zwar in der Folge oft auch verfassungsrechtlich – grundlegend absprechen.[32] Dort wird indes im Wesentlichen von den hergebrachten Deutungsmöglichkeiten entlang der Topoi der Missbrauchsabwehr und der Typisierung ausgegangen, die zudem nicht selten jeweils isoliert gesehen werden. Der wettbewerbliche und anreizorientierte Bezug wird demgegenüber entweder nicht angesprochen, nicht als legitimer Differenzierungsgrund angesehen oder,

---

[31] So im Ergebnis weitgehend z.B. auch FROTSCHER, Körperschaftsteuer, Gewerbesteuer, 2. Aufl. 2008, Rn. 477.

[32] Konzis hierzu SEILER, Kommentierung des § 4h EStG, in: KIRCHHOF (Hrsg.), EStG Kompakt-Kommentar, 8. Aufl. 2008, Rn. 1, 5-7; LOSCHELDER, Kommentierung des § 4h EStG, in: SCHMIDT (Hrsg.), Einkommensteuergesetz, 27. Aufl. 2008, Rn. 3; MUSIL/VOLMERING, Systematische, verfassungsrechtliche und europarechtliche Aspekte der Zinsschranke, DB 2008, 12 ff.

wohl meistens, implizit oder explizit wesentlich enger verstanden. Die zulässigen Funktionen steuerlicher Regelungen sind indes auch bisher schon nicht allzu eng gefasst: Das Tableau der berücksichtigungsfähigen Belange ist groß.[33]

4.5.2. Die Rolle der Gesetzgebungsorgane für die Darlegung ihrer Erwägungen

Zu der beschriebenen Diskussionslage hat auch der Verlauf des Gesetzgebungsverfahrens selbst beigetragen, indem in ihm zwar durchaus Entwurfsbegründungen formuliert und Diskussionen öffentlich geführt wurden, es gleichwohl jedoch an einer zusammenhängenden, präzisen und eindeutigen analytischen Darstellung der Grundlegung des erreichten Standes aus dem unmittelbaren Kreis der Gesetzgebungsorgane teils fehlt.[34] Zu den hierzu beitragenden Mechanismen zählt unter anderem, dass sich die Ausgangsentwürfe teils auch dann noch auf die ersten Beurteilungen des „Endprodukts“ des Gesetzestextes auswirken, wenn dieser seine Stoßrichtung im Vergleich wesentlich geändert hat. Der oft vorkommende Mangel an Erklärungen gehorcht indes bestimmten Bedingungen von Gesetzgebungsprozessen in ihrer gegenwärtigen Organisation, die aufzuzählen ein lohnendes eigenes Kapitel bilden könnte. Auch fiel und fällt dies nicht sehr ins Gewicht, solange es um eher einfache Regelungen in einem übersichtlichen Kontext geht. Gravierende Folgen treten erst auf, seitdem und soweit es mit steigender Schwierigkeit um zunehmend erklärungsbedürftige Entschlüsse geht.

Die Gesetzgebungsorgane sollten daher nicht die Wichtigkeit ihrer Begründungsarbeit im Verhältnis zum eigentlichen Gesetzestext unterschätzen, da dieser bei komplizierten Gesetzesvorhaben eben nicht schon in jeder Hinsicht ausreichend für sich alleine sprechen kann. Zwar ist „der Gesetzgeber“, soweit er vereinfachend so genannt werden kann, rein verfassungsrechtlich insoweit keine Begründung schuldig, als dass Gesetze nicht etwa formell verfassungswidrig sind, falls sie in den Begründungsdokumenten keine hochklassige oder gar keine Analyse des genauen fachlichen Hintergrunds der Gesetzesfassung, insbesondere in ihrer abschließenden Version, liefern. Doch wären Gesetzgebungsorgane gut beraten, auf solche Ausarbeitungen dennoch großen Wert zu legen: Denn für die Akzeptanz durch die Rechtsanwender und -unterworfenen, aber auch für die Prüfung durch die Gerichte und insbesondere die verfassungs- und gemeinschaftsrechtliche Kontrolle sind diese Vorlagen essentiell, gilt es hierfür doch die Begründung und die Begründbarkeit der Regelung nachvollziehbar werden zu lassen. Mit der Bedeutung der inneren

---

[33] Demgegenüber ist methodisch einem Vorgehen wie dem bei WEBER-GRELLET, Die Abgeltungsteuer: Irritiertes Rechtsempfinden oder Zukunftschance? NJW 2008, 545 ff., am Beispiel der Abgeltungsteuer zuzustimmen, nämlich bei der – auch verfassungsrechtlichen – Würdigung nicht bloß bereits bewährte Rechtfertigungserwägungen und diese jeweils einzeln, sondern in einem weit gefassten Verständnis der Funktionen und Wirkungen des Steuersystems auch bisher noch nicht stetig rechtlich anerkannte Rechtfertigungserwägungen zuzulassen und dies auch auf die aktuelle Entscheidungssituation zu beziehen.

[34] Obgleich die Koalitions- bzw. Regierungsbegründung, BT-Drs. 16/4841 und 5377, und der Bericht des Finanzausschusses, BT-Drs. 16/5491, viele wichtige Anhaltspunkte liefern; es fehlt ihnen aber – beim primären Zweck und den Entstehungsbedingungen dieser Dokumente nicht überraschend – doch das letzte Stück Widerspruchsfreiheit und Eindeutigkeit.

Stringenz des Regelungskonzepts als Maßstab der Gleichheits- und Verhältnismäßigkeitsprüfung steigt die Wichtigkeit dieser Arbeit durch die Gesetzgebungsorgane zusätzlich an.[35]

4.6. Das Verhältnis zum Gemeinschaftsrecht

4.6.1. Die Grundregel und die Klausel zugunsten von Organkreisen

Da es um eine im steuerlichen Staatenwettbewerb entstandene Regelung geht, liegt schließlich die Frage ihrer Vereinbarkeit mit den Binnenmarktregeln besonders nahe. Indes ist die Zinsschranke in ihren bisher beschriebenen Facetten zwar *auch* auf grenzüberschreitende Fälle bezogen, aber nicht nur auf diese. Falls der Gesetzgeber eigentlich doch nur das Ausland im Blick gehabt haben sollte – und dafür spricht nach der Gesetzbegründung einiges – ist sie Ausdruck eines inzwischen geläufigen Dilemmas des Steuerrechts im Binnenmarkt, für den es sogar kontraproduktiv sein kann, wenn gerade die Rücksicht etwa auf die Grundfreiheiten dazu führt, dass Diskriminierungen zwar vermieden werden, dies aber dadurch geschieht, dass eben auch die Bedingungen für reine Inlandsfälle gleichermaßen verschlechtert werden. Zu einer gemeinschaftsrechtlichen Zweifelsfrage kommt es indes im Zusammenhang mit § 15 Nr. 3 Satz 2 KStG n.F., der besagt, dass Organträger und Organgesellschaften gemeinsam einen Betrieb im Sinne der Zinsschranke darstellen. Diese spielt dann nur noch im Außenverhältnis des Organträgers eine Rolle. Der Organkreis setzt vor allem einen Gewinnabführungsvertrag und eine Mehrheitsbeteiligung voraus. Die gemeinschaftsrechtliche Schwierigkeit entsteht dadurch, dass er seinerseits nach den allgemeinen Regeln keine grenzüberschreitende steuerliche Wirkung ermöglicht.

4.6.2. Die Beurteilung vor und nach der „neuen Linie" des EuGH

Wie die Vereinbarkeit solcher Regelungen mit der Niederlassungsfreiheit vom Europäischen Gerichtshof gesehen würde, hätten sich wahrscheinlich nicht wenige Beobachterinnen und Beobachter noch vor wenigen Jahren durchaus vorherzusagen getraut. Der EuGH würde demnach eine mittelbare Diskriminierung annehmen, weil rein inländische Konzerne schon durch die bloße Möglichkeit der Organschaftsbildung günstiger gestellt sind und es daher vergleichsweise weniger attraktiv ist, in einem Konzern Niederlassungen auf verschiedenen Seiten der Grenzen zu betreiben. Die Bekämpfung des steuerlichen Missbrauchs würde als rechtfertigender zwingender Grund des Gemeinwohls ausscheiden, da allein die Nutzung von Steuersatzdisparitäten wertungsmäßig kein Missbrauch ist. Die weiteren Rechtfertigungsgründe der steuersystematischen Kohärenz und der Territorialität würden, so die Erwartung bis dahin, eng interpretiert.

Eine Neigung zur mehr oder weniger ausdrücklichen Vorhersage der Feststellung der Gemeinschaftsrechtswidrigkeit von Steuernormen, wie sie während einer Rechtsprechungsperiode des EuGH von etwa 1995 bis 2005 nicht selten aufkam,

---

[35] Hierzu näher SPIECKER GENANNT DÖHMANN, Staatliche Entscheidungen unter Unsicherheit, Habilitationsschrift Osnabrück 2007 (im Erscheinen, Tübingen 2008), Teil IV Kap. 2, B. III. 1. b.

war indes schon des Öfteren trügerisch. Sie wurde sodann spätestens 2004 und 2005 ernsthaft irritiert, als in Schlussanträgen aus den Reihen der Generalanwälte beispielsweise ein Ausbau des Rechtfertigungsgrundes der steuerlichen Kohärenz vorgeschlagen wurde.[36] In der Rechtssache Marks and Spencer hat auch der EuGH 2005 die Neuausrichtung eingeleitet[37] und diese seitdem in einer ganzen Reihe von weiteren Entscheidungen bestätigt und weiterentwickelt.[38] Dieser Weg führt über einen Rechtfertigungsgrund der Notwendigkeit der Wahrung einer ausgewogenen Aufteilung der Besteuerungsbefugnis zwischen den Mitgliedstaaten.[39] Dieser sei anzuerkennen, soweit Verhaltensweisen verhindert werden sollen, die geeignet sind, das Recht eines Mitgliedstaats auf Ausübung seiner Besteuerungszuständigkeit für die in seinem Hoheitsgebiet durchgeführten Tätigkeiten zu gefährden. Eine Verhältnismäßigkeitsprüfung muss für die Feinabstimmung sorgen.

Das ist überzeugend, indem es den Sinn der Grundfreiheiten zum Ausdruck bringt, ohne andererseits die Befugnis der Mitgliedstaaten hintanzustellen, ihre Besteuerungsordnung selbst zu definieren.[40] Von einem Gegenbild her formuliert: Die Niederlassungsfreiheit soll die Mobilität der wirtschaftlichen Aktivität bewirken; dazu zählt es beispielsweise nicht, bloß das steuerliche Substrat auch unabhängig von der wirtschaftlichen Basis in Bewegung setzen und den Ort der Besteuerung frei wählen zu dürfen.

Die neue Linie des EuGH transportiert, ob bewusst oder unbewusst, auch eine veränderte integrationspolitische Haltung.[41] Die bisherigen, weitaus mehr als nur nadelstichartigen Aufhebungen einzelner Steuerregelungen werden von den Mitgliedstaaten als schmerzvoll empfunden, können aber keinen grundlegenden Integrationsfortschritt bei den direkten Steuern erzwingen. Wenn zugleich angenommen wird, dass ein steuerwettbewerbliches Verhalten der Mitgliedstaaten gesamtwirtschaftlich prinzipiell nützlich sein kann, dann passt dazu ein Verständnis des nationalen Steuerrechts als jeweiliges Gesamtpaket, solange es sich zur Verwirklichung der Grundfreiheiten neutral verhält. Einem Fortschritt bei den Arbeiten an

---

36 Generalanwältin KOKOTT, Schlussanträge vom 18. März 2004, Rs. C-319/02, Manninen (Rn. 49 ff.), Generalanwalt MADURO, Schlussanträge vom 7. April 2005, Rs. C-446/03, Marks & Spencer, EuGH, Rs. C 446/03, Marks & Spencer (Rn. 59 ff.).

37 EuGH, Rs. C 446/03, Marks & Spencer, Slg 2005 I-10837 (Rn. 45 ff.).

38 Jüngst, weiter konkretisierend, etwa EuGH, Rs. C-414/06, Lidl Belgium (Rn. 39 ff.), DStR 2008, 1030 ff. (noch nicht in Slg). In der Zwischenzeit u.a. prägnant Rs. C-196/04, Cadbury Schweppes and Cadbury Schweppes Overseas, Slg 2006 I-07995 (Rn. 56 ff.); Rs. C-524/04, Test Claimants in the Thin Cap Group Litigation, Slg 2007 I-02107 (Rn. 75); Rs. C-231/05, Oy AA, Slg 2007 I-06373 (Rn 51 ff.).

39 EuGH, Rs. C 446/03, Marks & Spencer, Slg 2005 I-10837 (Rn. 45 ff.).

40 Treffend für einen Ausgleich von Grundfreiheiten und einzelstaatlichen Vorbehalten argumentieren etwa KUBE, EuGH und Steuerrecht – Steuerrechtliche Probleme bei Ausübung der Grundfreiheiten, in: DILLMANN U.A. (Hrsg.), Europäisches Gesellschafts- und Steuerrecht, 2007, 225 (246 f.), und SEER, Rechtsprechung des EuGH: Rechtsfolgen- oder Grundfreiheitsbeschränkung?, in: LÜDICKE (Hrsg.), Europarecht – Ende der nationalen Steuersouveränität? 2006, 9 (29).

41 Vgl. dazu auch KOKOTT/HENZE, Ist der EuGH – noch – ein Motor für die Konvergenz der Steuersysteme?, BB 2007, 913 ff.

harmonisierten Bemessungsgrundlagen widerspricht dies keineswegs. Auch ist durch die erheblichen Liberalisierungserfolge auf wirtschaftlichem Gebiet deren Vorauseilen gegenüber den geringeren Erfolgen bei der sozialen Integration offenkundig geworden. Eine gewisse Zurücknahme des Liberalisierungsdrucks und das Beschreiten anderer Wege kann eine Reaktion darauf sein.

Wenn ein weiter Beschränkungsbegriff beibehalten wird, entscheidet sich auch die Vereinbarkeit der Organschaftsklausel im Rahmen der Zinsschranke auf der Rechtfertigungsebene. Dort scheitert sie, wenn sie so verstanden wird, dass es dem Gesetzgeber bei der Zinsschranke letztlich doch nur um grenzüberschreitende Transfers geht, auch wenn er dies neutral verpackt und in einer bloßen Gestaltungsmöglichkeit versteckt habe. Allerdings würde dabei nicht zum Ausdruck kommen, dass die Regelung eine stringente Verbindung zwischen zwei anderen, nämlich Zinsschranke und Organschaft, herstellt. Dass Organschaftsverhältnisse als ein einheitlicher Block im Sinne der Zinsschranke gelten, ist konsequent, weil bei ihnen neben der mehrheitlichen Eingliederung auch eine vertraglich geschaffene, wirtschaftliche Ergebniseinheit besteht. Die Anreizlage für eine Nutzung von steuerlichen Disparitäten zwischen formal getrennten Steuereinheiten entspricht daher im Organkreis nicht denjenigen in einem sonstigen Konzern, sondern denjenigen eines Einzelbetriebs. Organkreise als einen Betrieb in diesem Sinne zu behandeln, ist daher sachlich vertretbar. Die deutschen Organschaftsregeln selbst sind in einigen anderen Punkten gemeinschaftsrechtlichen Bedenken ausgesetzt,[42] nicht aber ihre Zinsschrankenklausel.[43]

4.7. Fazit

Staatenwettbewerb richtet sich als Konkurrenz um Wohlstandsgrundlagen darauf, wo sich Können und Kapital ihr Wirkungsfeld suchen und finden. Darüber bestimmt die Besteuerung einerseits durch das Maß ihrer Belastungswirkung und andererseits als finanzielle Basis für die Gewährleistung öffentlicher Leistungen wesentlich mit. Steuerstaaten als Wettbewerbsakteure müssen unausweichlich und klugerweise auf beide Seiten des Instruments bedacht sein und sind das offenbar auch faktisch in durchaus hohem Maße.

---

[42] Zur Einschätzung in dieser Hinsicht und den Perspektiven PACHE/ENGLERT, „Das Spiel ist aus!" – Kein positives Signal des EuGH für ein binnenmarktorientiertes Konzernbesteuerungsrecht, IStR 2007, 23 ff.; DIES., Grenzüberschreitende Verlustverrechnung deutscher Konzernspitzen – Ist die Organschaft noch zu retten, IStR 2007, 47; WAGNER, Finnische Gruppenbesteuerung vor dem EuGH – Das Urteil in der Rechtssache Oy AA und seine Folgen für die Organschaft, IStR 2007, 650 ff.; HEY, Die EuGH-Entscheidung in der Rechtssache Marks & Spencer und die Zukunft der deutschen Organschaft, GmbHR 2006, 113 ff.; WERNSMANN/NIPPERT, Gemeinschaftsrechtliche Vorgaben für die grenzüberschreitende Verlustberücksichtigung im Konzern, FR 2006, 153 ff.; LÜDICKE/RÖDEL, Generalthema II. Gruppenbesteuerung, IStR 2004, 549 ff.

[43] Für Gemeinschaftsrechtswidrigkeit hingegen etwa LOSCHELDER, Kommentierung des § 4h EStG, in: SCHMIDT (Hrsg.), Einkommensteuergesetz, Rn. 3; MUSIL/VOLMERING, Systematische, verfassungsrechtliche und europarechtliche Probleme der Zinsschranke, DB 2008, 12 ff.

Der Integration des Wettbewerbsarguments auch in das nationale Steuerrecht ist dabei nicht auszuweichen. Es wird dort nicht allein dominieren, doch die Transformationskraft des internationalen Marktes verändert auch das Steuerrecht, zumal es vom Staat als Marktinstrument eingesetzt wird. Wenn das Bedarfsdeckungsziel der Besteuerung so verstanden werden muss, dass es ihm nicht bloß um die Anknüpfung an, sondern auch um die Pflege und Anziehung der Steuerquellen geht, dann ist dies nicht grundsätzlich als legitimes rechtliches Argument auszuschließen. Dies führt, wie sich auch an der Unternehmensteuerreform samt Zinsschranke beobachten ließ, insbesondere zu einer Verstärkung des Denkens in, oft abstrakten, ökonomischen Anreizkonzepten, Lenkungszielen und inhaltlichen Bewertungen wirtschaftlicher Vorgänge. Dieses Denken ist grundsätzlich in der Lage, plausible Differenzierungsgründe zu liefern. Die Konkretisierung wird indes oft heikel bleiben. Unter anderem zeigt sich, dass eine solche Gesetzgebung von vornherein nicht für sich in Anspruch nehmen kann, Systeme für eine gedachte Ewigkeit zu schaffen, sondern eine stärker situativ angelegte Wirtschaftspolitik mittels des Gesamtsystems der Besteuerung betreibt.[44] Auf der rechtlichen Verlustseite stehen damit auch Einbußen an dauerhaften System- und damit Maßstabsbindungen. Die Kompliziertheit von Regelungen wie der Zinsschranke ist zudem gelegentlich atemberaubend und ihre Auslegungsbedürftigkeit groß.

Als rechtliche Gegengewichte sind auf der Basis der Grundrechte und des Rechtsstaatsprinzips – und nicht nur, aber zumal der Verhältnismäßigkeitsprüfung – insbesondere die Anforderungen an die Stringenz der Einzelnormen, an die Stichhaltigkeit der Wirkungsprognose und an die Plausibilität der jeweils zu Grunde liegenden, insbesondere ökonomischen Erwägungen aufmerksam zum Einsatz zu bringen, damit Steuernormen auch im Steuerwettbewerb insbesondere regelgebunden und begründungsabhängig bleiben. Ohne die Zugrundelegung des Ausgangspunktes, dass es sich überhaupt um wettbewerbsbezogene Entscheidungen handelt, ist dies allerdings nicht zu haben: Es empfiehlt sich also keine Leugnung, sondern stattdessen die Integration dieser nicht nur faktisch, sondern eben auch staatstheoretisch und verfassungsrechtlich nicht abweisbaren Eigenschaft von Steuernormen in das Rechtsdenken – gerade um die Besteuerung auch im Steuerwettbewerb nicht aus ihren spezifisch rechtsförmigen Rahmenbedingungen zu entlassen.

---

[44] Zum Befund in dieser Hinsicht und den angebrachten Konsequenzen für die rechtliche Diskussion ähnlich auch SCHÖN, Steuerpolitik 2008 – Das Ende der Illusionen, DStR Beihefter zu H. 17/2008, 10 ff.

Literaturverzeichnis

BECKER, ULRICH/ SCHÖN, WOLFGANG (Hrsg.): Steuer- und Sozialstaat im europäischen Systemwettbewerb, Tübingen 2005.

BOSS, ALFRED: Steuerharmonisierung oder Steuerwettbewerb?, Kieler Arbeitspapier Nr. 1178, Institut für Weltwirtschaft Kiel, Kiel 2003.

DRÜEN, KLAUS-DIETER: Die Bruttobesteuerung von Einkommen als verfassungsrechtliches Vabanquespiel, StuW 2008, S. 1 ff.

ECKHOFF, ROLF: Abgeltungsteuer, Systematische und verfassungsrechtliche Aspekte, FR 2007, S. 989 ff.

FELD, LARS: Steuerwettbewerb und seine Auswirkungen auf Allokation und Distribution: Ein Überblick und eine empirische Analyse für die Schweiz, Tübingen 2000.

FROTSCHER, GERRIT: Körperschaftsteuer, Gewerbesteuer, 2. Auflage, München 2008.

GENSCHEL, PHILIPP: Globalization and the welfare state: a retrospective, Journal of European Public Policy 11 (2004), S. 613 ff.

GENSCHEL, PHILIPP: Globalization and the transformation of the tax state, European Review 13 (2005), Supp. 1, S. 53 ff.

GENSCHEL, PHILIPP/ RIXEN, THOMAS/ UHL, SUSANNE: Die Ursachen des europäischen Steuerwettbewerbs, in: Politische Vierteljahresschrift 48, 2007, Special Issue 2, Governance in der EU, S. 297 ff.

GOEBEL, SÖREN/ EILINGHOFF, KAROLINA: Rechtsvergleichende Analyse der deutschen und amerikanischen Unterkapitalisierungsregeln unter besonderer Berücksichtigung der Zinsschranke, IStR 2008, S. 233 ff.

GOSCH, DIETMAR: Vielerlei Gleichheiten – Das Steuerrecht im Spannungsfeld von bilateralen, supranationalen und verfassungsrechtlichen Anforderungen, DStR 2007, S. 1553 ff.

GOTTSCHALK, SILKE/ PETERS, WOLFGANG/ SCHULER, CHRISTINE: Implikationen der Globalisierung auf Steuerwettbewerb und Umverteilung, Berlin 2003.

HERZIG, NORBERT/ LOCHMANN, UWE/ LIEKENBROCK, BERNHARD: Die Zinsschranke im Lichte einer Unternehmensbefragung – Einfluss auf Steuerplanung, Steuergestaltung und Steuerbelastung, DB 2008, S. 593 ff.

HEY, JOHANNA: Die EuGH-Entscheidung in der Rechtssache Marks & Spencer und die Zukunft der deutschen Organschaft, GmbHR 2006, S. 113 ff.

HEY, JOHANNA: Wettbewerb der Rechtsordnungen oder Europäisierung des Steuerrechts?, In: DILLMANN, MEIKO U.A. (Hrsg.), Europäisches Gesellschafts- und Steuerrecht, München 2007, S. 295 ff.

HOMBURG, STEFAN: Die Zinsschranke – eine beispiellose Steuerinnovation, FR 2007, S. 717 ff.

KIRCHHOF, PAUL (Hrsg.): EStG KompaktKommentar, 8. Auflage, Heidelberg 2008.

KOKOTT, JULIANE/ HENZE, THOMAS: Ist der EuGH – noch – ein Motor für die Konvergenz der Steuersysteme?, BB 2007, S. 913 ff.

KUBE, HANNO: EuGH und Steuerrecht – Steuerrechtliche Probleme bei Ausübung der Grundfreiheiten, in: DILLMANN, MEIKO U.A. (Hrsg.), Europäisches Gesellschafts- und Steuerrecht, München 2007, S. 225 ff.

LANG, JOACHIM: Der Stellenwert des objektiven Nettoprinzips im deutschen Einkommensteuerrecht, StuW 2007, S. 3 ff.

LANG, MICHAEL: Wohin geht das europäische Steuerrecht?, IStR 2005, S. 289 ff.

LEHNER, MORIS/ REIMER, EKKEHART: Generalthema I: Quelle versus Ansässigkeit – Wie sind die grundlegenden Verteilungsprinzipien des Internationalen Steuerrechts austariert?, IStR 2005, S. 542 ff.

LÜDICKE, JÜRGEN/ RÖDEL SABINE: Generalthema II: Gruppenbesteuerung, IStR 2004, S. 549 ff.

MÜLLER, WALTER/ FROMM, OLIVER/ HANSJÜRGENS, BERND (Hrsg.): Regeln für den europäischen Systemwettbewerb: Steuern und soziale Sicherungssysteme, Marburg 2001.

MÜLLER, WALTER: Funktionsfähiger Steuerwettbewerb, Marburg 2004.

MUSIL, ANDREAS/ VOLMERING, BJÖRN: Systematische, verfassungsrechtliche und europarechtliche Probleme der Zinsschranke, DB 2008, S. 12 ff.

OESTREICHER, ANDREAS/ KLETT, MELANIE/ KOCH, REINALD: Empirisch basierte Analyse von Auswirkungen der Unternehmensteuerreform 2008 mit Hilfe unternehmensbezogener Mikrodaten, StuW 2008, S. 15 ff.

PACHE, SVEN/ ENGLERT, MAX: „Das Spiel ist aus!" – Kein positives Signal des EuGH für ein binnenmarktorientiertes Konzernbesteuerungsrecht, IStR 2007, S. 23 ff.

PACHE, SVEN/ ENGLERT, MAX: Grenzüberschreitende Verlustverrechnung deutscher Konzernspitzen – Ist die Organschaft noch zu retten, IStR 2007, S. 47 ff.

PREIßER, MIICHAEL/ V. RÖNN, MATTHIAS/ SCHULTZ-AßBERG, IMMO: Unternehmensteuerreform 2008, Freiburg 2007.

RÖDDER, THOMAS: Unternehmensteuerreformgesetz 2008, DStR Beihefter zu H. 40/2008, S. 2 ff.

SEER, ROMAN: Rechtsprechung des EuGH: Rechtsfolgen- oder Grundfreiheitsbeschränkung?, in: LÜDICKE, JÜRGEN (Hrsg.), Europarecht – Ende der nationalen Steuersouveränität?, Köln 2006, S. 9 ff.

SCHMIDT, LUDWIG (Hrsg.): Einkommensteuergesetz. Kommentar, 27. Auflage, München 2008.

SCHÖN, WOLFGANG (ED.): Tax Competition in Europe, Amsterdam 2002.

SCHÖN, WOLFGANG: Steuerpolitik 2008 – Das Ende der Illusionen, DStR Beihefter zu H. 17/2008, S. 10 ff.

SPIECKER GENANNT DÖHMANN, INDRA: Staatliche Entscheidungen unter Unsicherheit, Habilitationsschrift, Osnabrück 2007 (im Erscheinen, Tübingen 2008).

THIEL, JOCHEN: Die steuerliche Behandlung von Fremdfinanzierungen im Unternehmen, FR 2007, S. 729 ff.

TÖBEN, THOMAS: Die Zinsschranke – Befund und Kritik, FR 2007, S. 739 ff.

WAGNER, THOMAS: Finnische Gruppenbesteuerung vor dem EuGH – Das Urteil in der Rechtssache Oy AA und seine Folgen für die Organschaft, IStR 2007, S. 650 ff.

WEBER-GRELLET, HEINRICH: Die Abgeltungsteuer: Irritiertes Rechtsempfinden oder Zukunftschance?, NJW 2008, S. 545 ff.

WERNSMANN, RAINER: Die Steuer als Eigentumsbeeinträchtigung? NJW 2006, S. 1169 ff.

WERNSMANN, RAINER: Die Einschränkungen des Werbungskosten- und Betriebsausgabenabzugs im Zusammenhang mit Pendlerpauschale, Arbeitszimmer, Alterseinkünften und Abgeltungssteuer, DStR Beihefter zu H. 17/2008, S. 37 ff.

WERNSMANN, RAINER/ NIPPERT, ALLIT: Gemeinschaftsrechtliche Vorgaben für die grenzüberschreitende Verlustberücksichtigung im Konzern, FR 2006, S. 153 ff.

5. Die „andere Seite" des Steuerverfassungsrechts

Christian Waldhoff *

Abstract

In der durch individualzentrierte Positionen bestimmten steuerverfassungsrechtlichen Diskussion finden staatsorganisationsrechtliche Fragen wenig Beachtung. Die Funktion der Steuer als Hauptinstrument der Staatsfinanzierung bleibt mit ihren organisationsrechtlichen Rahmenbedingungen strukturell unterbelichtet. Steuerverfassungsrecht kann jedoch nur insgesamt fruchtbar werden – grundrechtliche und organisationsrechtliche Vorgaben bilden verschiedene Sphären staatlicher Legitimation ab, nur in der Verbindung dieser beiden „Seiten" des Steuerverfassungsrechts ist dieses in der Lage, der Steuerrechtswissenschaft Maßstäbe und Impulse zu vermitteln.

* Prof. Dr. jur., Inhaber eines Lehrstuhls für Öffentliches Recht an der Universität Bonn. Der Vortrag wurde am 6. Oktober 2008 gehalten. Die Vortragsfassung wurde beibehalten.

W. Schön and K.E.M. Beck (eds.), *Zukunftsfragen des deutschen Steuerrechts*, MPI Studies on Intellectual Property, Competition and Tax Law.
DOI: 10.1007/978-3-642-00258-8_5,

Unter Steuerverfassungsrecht wird üblicherweise die Anwendung verfassungsrechtlicher, zumeist allgemein formulierter Maßstäbe auf Besteuerungsvorgänge verstanden.[1] Fragen um die Besteuerungsgleichheit sowie die verfassungsrechtliche Einhegung staatlicher Finanzmacht durch die Freiheitsrechte und – damit zusammenhängend – das Problem der verfassungsgerichtlichen Prüfungsdichte bestimmen die Judikatur und die sich daran anschließende Diskussion.[2] Vernachlässigt erscheinen vor diesem Hintergrund andere verfassungsrechtliche Prägungen der Besteuerung, insbesondere solche staatsorganisationsrechtlicher Natur angesichts der Steuer in ihrer Funktion als Hauptinstrument der Staatsfinanzierung.[3] Diese Aspekte werden weniger systematisch, als okkasionell argumentativ herangezogen. Schon (verfassungs-)prozessual prägt der Individualrechtsschutz[4] über die Grundrechte den Zugriff auf die Besteuerungsmaßstäbe des Grundgesetzes. Anliegen des Vortrags soll der Versuch sein, diese beiden „Seiten" des Steuerverfassungsrechts zusammenzuführen und damit ihre wechselseitigen Bezogenheiten und Abhängigkeiten wieder stärker in das Bewusstsein zu rufen. Letztlich handelt es sich um zwei verschiedene Perspektiven: Um die die Praxis beherrschende, durch das Prozessrecht mitbedingte Sicht aus der Perspektive des einzelnen Steuerpflichtigen, der die Steuer als Last empfindet, die es möglichst – und sei es durch verfassungsrechtliche Angriffe auf die normativen Grundlagen – zu vermeiden gilt,[5] einerseits; die quasi volkswirtschaftliche Perspektive der Staatsfinanzierung andererseits. Die Steuer-

---

1 Näher WALDHOFF, Grundzüge des Finanzrechts des Grundgesetzes, in: ISENSEE/KIRCHHOF (Hrsg.), Handbuch des Staatsrechts der Bundesrepublik Deutschland, Bd. 5, 3. Aufl. 2007, § 116 Rn. 98.

2 Vgl. als diskutierende ausführlichere Rechtsprechungsüberblicke nur ARNDT/SCHUMACHER, Einkommensbesteuerung und Grundrechte, AöR 118 (1993), 513; VOGEL/ WALDHOFF, in: DOLZER/WALDHOFF/GRAẞHOF (Hrsg.), Bonner Kommentar zum Grundgesetz, Loseblattsammlung, Stand: 136. Lieferung Oktober 2008, Vorb. z. Art. 104a-115, Rn. 471 ff.; BIRK/BARTH, in: HÜBSCHMANN/HEPP/SPITALER, Abgabenordnung. Finanzgerichtsordnung. Kommentar, Loseblattsammlung, Stand: 199. Lieferung Juni 2008, § 4 AO Rn. 370 ff., 525 ff.; BIRK, Rechtsprechungsanalyse Steuerrecht und Verfassungsrecht, Die Verwaltung 35 (2002), 91; VOGEL, Verfassungsrechtsprechung zum Steuerrecht, 1999; P. KIRCHHOF, Der Grundrechtsschutz des Steuerpflichtigen, AöR 128 (2003), 1; PAPIER, Steuerrecht im Wandel – Verfassungsrechtliche Grenzen der Steuerpolitik, DStR 2007, 973; HEY, Rechtsprechung des Bundesverfassungsgerichts zum Steuerrecht im Wandel?, StbJb. 2007/2008, 2008, 20; WALDHOFF, Rechtsprechungsanalyse Steuerrecht und Verfassungsrecht, Die Verwaltung 41 (2008), 259.

3 Vgl. demgegenüber die Konzepte bei WEBER-GRELLET, Steuern im modernen Verfassungsstaat, 2001 und P. KIRCHHOF, Die Steuern, in: ISENSEE/KIRCHHOF (Hrsg.), Handbuch des Staatsrechts der Bundesrepublik Deutschland, Bd. 5, 3. Aufl. 2007, § 118, die – bei allen Unterschieden – beide Seiten miteinander zu verbinden suchen; ferner KIRCHHOF, Die freiheitsrechtliche Struktur der Steuerrechtsordnung, StuW 2006, 3.

4 Zu diesem auf Art. 19 Abs. 4 GG zurückreichenden, im Kern jedoch viel älteren Konzept des Individualrechtsschutzes in unterschiedlichen Zusammenhängen SCHMIDT-AẞMANN, in: MAUNZ/DÜRIG, Grundgesetz. Kommentar, Loseblattsammlung, Stand: 52. Lieferung Mai 2008, Art. 19, Rn. 8, 11 ff., 21; SCHLAICH/ KORIOTH, Das Bundesverfassungsgericht, 7. Aufl. 2007, Rn. 196 ff.; HUFEN, Verwaltungsprozessrecht, 7. Aufl. 2008, § 1 Rn. 22.

5 Vgl. den ersten Satz in BIRK, Steuerrecht, 11. Aufl. 2008, Rn. 1.

rechtswissenschaft in Deutschland, seit sie die Verfassungsbindung des Steuerrechts verinnerlicht hat, denkt ausschließlich aus der ersten Perspektive heraus. Grundlegende Überlegungen zur Staatsfinanzierung sind demgegenüber in der Rechtswissenschaft insgesamt eher randständig geblieben, wurden oftmals der Volkswirtschaftslehre in ihrer Spielart der Finanzwissenschaft überlassen.[6] Ziel ist es angesichts dieser Ausgangsüberlungen, Vorarbeiten zu einem systematischen Tableau verfassungsrechtlicher Vorgaben und Maßstäbe durch Überwindung dieser Dichotomie zu leisten. Dies impliziert zugleich, dass es nicht um die „Lösung“ der zahlreichen ungeklärten Einzelfragen des Steuerverfassungsrechts gehen kann. Ziel ist es demgegenüber, einen systematischen Zusammenhang als Vorüberlegung, als Argumentationsrahmen für die Lösung von Einzelfragen zu schaffen, um einerseits die steuerverfassungsrechtliche Argumentation zu rationalisieren und um andererseits die spezifisch rechtlichen Maßstäbe gegenüber einer ökonomischen Argumentation zu stärken. Dies alles bedingt eine gewisse Abstraktion, oberhalb der viel gepriesenen mittleren deutschen Abstraktionshöhe anwendungsorientierter Rechtsdogmatik.[7] Das bedeutet eine Betonung des Grundlagenbezugs steuerrechtswissenschaftlichen Arbeitens – ein Hinweis, der mir in einem Max-Planck-Institut und angesichts der Intention der Vortragsreihe neue Forschungshorizonte jenseits der gescheiterten Steuerreformdiskussion[8] für die Zukunft aufzuzeigen, um so leichter fällt. Hier, im Grundlagenbezug scheint mir gegenwärtig immer noch ein Mangel zu bestehen.[9]

Das derart skizzierte Programm soll in fünf Schritten verwirklicht werden: In einem ersten Teil ist das tradierte, grundrechtsbasierte Steuerverfassungsrecht überblicksartig in Erinnerung zu rufen (unter 1.); anschließend sind die hier als staatsorganisationsrechtliche Vorgaben zusammengefassten sonstigen, d.h. nichtgrundrechtlichen Vorgaben exemplarisch darzustellen (unter 2.). Diese beiden Teile werden in einem dritten Schritt zusammengeführt, indem analysiert wird, wie Grundrechte und Staatsorganisationsrecht bei der Besteuerung zusammengreifen (unter 3.). Das so gewonnene Tableau soll in zwei völlig unterschiedlichen Anwendungen erprobt werden: Im Zeitalter von Globalisierung und grenzüberschreitenden Besteuerungsvorgängen ist der Blick über die deutschen Grenzen hinauszuwenden (unter 4.); anschließend und abschließend soll die Entwicklung der Steuerrechtswissenschaft in Geschichte und Gegenwart in ihrem Spannungsverhältnis zu verfassungsrechtlichen Vorgaben bespiegelt werden (unter 5.).

---

6 Vgl. mit etwas anderer Fragestellung SCHÖN, Steuergesetzgebung zwischen Markt und Grundgesetz, in: MELLINGHOFF u.a. (Hrsg.), Die Erneuerung des Verfassungsstaates, 2003, 143 (v.a. 154 ff.); gekürzte Fassung in StuW 2004, 62.

7 Vgl. etwa RÖHL/RÖHL, Allgemeine Rechtslehre, 3. Aufl. 2008, S. 164 f. und öfter; insgesamt zur Struktur und Funktion von Rechtsdogmatik HERBERGER, Dogmatik, 1981.

8 Statt aller SCHÖN, Steuerpolitik 2008 – Das Ende der Illusion? DStR, Beihefter zu Heft 17, 10.

9 Vgl. entsprechend für das Finanzverfassungsrecht WALDHOFF, Finanzautonomie und Finanzverflechtung in gestuften Rechtsordnungen, VVDStRL 66 (2007), 216 (218 ff.).

5.1. Das grundrechtliche Steuerverfassungsrecht – eine Erinnerung

Das Steuerverfassungsrecht dirigiert die Steuergesetzgebung, die Steuererhebung und damit auch die Steuerrechtsprechung;[10] auch Nebenaspekte wie die Indienstnahme Privater, etwa des Arbeitgebers im Lohnsteuerverfahren müssen sich insofern rechtfertigen.[11] Das Grundgesetz kennt – im Gegensatz zur überkommenen deutschen Verfassungstradition[12] – kein ausdrückliches Steuerverfassungsrecht. Im Zuge der Rationalisierung der Verfassungstexte sind die expliziten steuerspezifischen Besonderheiten, die noch bis in die Weimarer Reichsverfassung mit ihrem Art. 134 Verfassungstexte prägten, eliminiert. Geradezu gegenläufig kann bei der Anwendung der Maßstäbe eine kontinuierliche Effektuierung feststellt werden.[13] Die Maßstäbe dieses „ungeschriebenen Finanzrechts des Grundgesetzes"[14] sind einmal die Grundrechte, zum anderen rechts- und sozialstaatliche Postulate.[15] Bei den grundrechtlichen Maßstäben können gleichheits- und freiheitsrechtliche Anforderungen an die Steuererhebung unterschieden werden. Sowohl in historischer als auch in aktueller Perspektive ist die steuerliche Konkretisierung des allgemeinen Gleichheitssatzes der zentrale Prüfungsmaßstab. Wie inzwischen erkannt wurde, können gleichheits- und freiheitsrechtliche Anforderungen jedoch nicht mehr strikt getrennt werden, sie überlagern und beeinflussen sich speziell im Steuerverfassungsrecht gegenseitig.[16] Die verfassungsrechtliche Ausrichtung der Steuer erweist sich dann als zentrales Element der Steuerrechtfertigung.[17]

5.1.1. Gleichheitsrechtliche Maßstäbe

Das Prinzip der Besteuerung nach der individuellen wirtschaftlichen Leistungsfähigkeit ist nicht nur ein finanzwissenschaftliches Postulat, sondern als Ausprägung der Steuergleichheit und damit als Konkretisierung geltenden Verfassungsrechts für den Steuergesetzgeber unmittelbar bindend. Es handelt sich um ein Rechtsprinzip, um die Konkretisierung von Rechtssätzen und damit um mehr als eine bloße Direk-

---

[10] Zu dem Zusammenhang und zu den Wechselwirkungen zwischen Steuererhebung und Steuergesetz BVerfGE 84, 239 – Zinsbesteuerung; BVerfGE 110, 94 – Spekulationssteuer.

[11] GEIẞLER, Der Unternehmer im Dienste des Steuerstaates, 2001; G. KIRCHHOF, Die Erfüllungspflichten des Arbeitgebers im Lohnsteuerverfahren, 2005; DRÜEN, Die Indienstnahme Privater für den Vollzug von Steuergesetzen, Habilitationsschrift Bochum 2005 (Manuskript).

[12] OECHSLE, Die steuerlichen Grundrechte in der jüngeren deutschen Verfassungsgeschichte, 1993; WALDHOFF, Verfassungsrechtliche Vorgaben für die Steuergesetzgebung im Vergleich Deutschland-Schweiz, 1997, 211 ff.

[13] WALDHOFF, Verfassungsrechtliche Vorgaben (Fn. 12), 260 ff.

[14] VOGEL, Das ungeschriebene Finanzrecht des Grundgesetzes, in: GS für W. Martens, 1987, 265.

[15] Hinsichtlich der rechtsstaatlichen Anforderungen vgl. P. KIRCHHOF, Die Steuern, in: ISENSEE/KIRCHHOF (Hrsg.), Handbuch des Staatsrechts der Bundesrepublik Deutschland, Bd. 5, 3. Aufl. 2007, § 118 Rn. 80 ff.; VOGEL/WALDHOFF (Fn. 2), Rn. 472 ff.

[16] SEILER, Besteuerung von Einkommen, in: DJT 2006, F 7 (F 10 ff.).

[17] RODI, Die Rechtfertigung von Steuern als Verfassungsproblem, 1994, 64 ff.

tive, eine bloße Gerechtigkeitserwägung.[18] Durchbrechungen[19] bedürfen der verfassungsrechtlichen Rechtfertigung. Regelmäßig verfälschen steuerliche Lenkungszwecke die Besteuerung nach der individuellen wirtschaftlichen Leistungsfähigkeit, wenn sie wirksam einen Verhaltensbefehl oder eine Verhaltensempfehlung überbringen wollen. Auch die im (Einkommen-)Steuerrecht häufig anzutreffenden Pauschalierungen und Typisierungen können als „Vereinfachungsnormen“ einer leistungsfähigkeitsgerechten Besteuerung im Einzelfall zuwiderlaufen.

Wie viele Besteuerungsprinzipien wurde das Leistungsfähigkeitsprinzip zunächst durch die Finanzwissenschaften entwickelt und diskutiert, bevor es in Gesetzestexten oder durch die Rechtsdogmatik rezipiert wurde.[20] Mögen sich die Finanzwissenschaften zwischenzeitlich von der Forderung nach leistungsfähigkeitsgerechter Besteuerung abgewendet haben und die Diskussion in der Ökonomie teilweise andere Wege gegangen sein, so kann dies die (verfassungs-)rechtliche Betrachtung wegen ihrer grundsätzlich autonomen Begriffs- und Prinzipienbildung nicht unmittelbar beeinflussen.[21]

Das Leistungsfähigkeitsprinzip besagt zunächst, dass die Steuerlast eines jeden nach seiner Fähigkeit zu bemessen ist, Steuerleistungen aus seinem Einkommen zu erbringen.[22] Leistungsfähigkeit meint dabei tatsächliche (effektive, in Geldwert vorhandene) Ist-Zahlungsfähigkeit.[23] Das Einkommen (die Einkünfte) ist der Indikator, den der Gesetzgeber zur Bestimmung dieser Größe ausgewählt hat.[24] Damit gibt das Prinzip eine Antwort auf die Frage, nach welchem Maßstab die Bürger zu den öffentlichen Lasten beitragen sollen.[25] Das Prinzip der Besteuerung nach der individuellen wirtschaftlichen Leistungsfähigkeit hat zwei Seiten: Infolge seiner Herleitung (auch) aus Grundrechten (vorrangig Art. 3 Abs. 1 GG) hat es eine begrenzende, den Bürger schützende Funktion; als Zugriffsprinzip (Lastenausteilungsmaßstab) hat es darüber hinaus jedoch auch eine fordernde, u.U. eine Besteuerung gebietende Funktion.[26] Auch eine (relative, d.h. im Verhältnis zu anderen Steuerpflichtigen

---

[18] A.A. KRUSE, Über Gleichmäßigkeit der Besteuerung, StuW 1991, 322 (327 f.); DERS., Die Einkommensteuer und die Leistungsfähigkeit des Steuerpflichtigen, in: FS für K. H. Friauf, 1996, 793; ARNDT, Steuerliche Leistungsfähigkeit und Verfassungsrecht, in: FS für O. Mühl, 1981, 12; dagegen bereits eingehend VOGEL/WALDHOFF (Fn. 2), Rn. 524 m.w.N.; J. LANG, Die Bemessungsgrundlage der Einkommensteuer, 1988, 122 ff.

[19] Zur lückenhaften Umsetzung vgl. KRUSE, FS Friauf (Fn. 18), 798 ff.

[20] BIRK, Das Leistungsfähigkeitsprinzip als Maßstab der Steuernormen, 1983, 6 ff.; in historischer Perspektive OECHSLE (Fn. 12).

[21] JACHMANN, Leistungsfähigkeit und Umverteilung, StuW 1998, 293. Allgemein zu dem Verhältnis von (öffentlichem) Recht und Ökonomie mit deutlicher Betonung der Autonomie der Rechtswissenschaften WALDHOFF, Rezension, Der Staat 38 (1999), 625. Daher ist der Rückgriff auf Relativierungen der Finanzwissenschaften in BVerfGE 43, 108 (120) methodologisch verfehlt.

[22] LANG (Fn. 18), 97.

[23] Vgl. etwa BIRK/BARTH (Fn. 2), Rn. 457.

[24] Aus ökonomischer Sicht BACH, Die Perspektive des Leistungsfähigkeitsprinzips im gegenwärtigen Steuerrecht, StuW 1991, 116 (120 ff.).

[25] BIRK/BARTH (Fn. 2), Rn. 451 f.

[26] BIRK/BARTH (Fn. 2), Rn. 461.

bestehende) „Unter-“ oder „Minderbesteuerung“ kann gegen das Prinzip verstoßen. Das Prinzip wirkt nicht nur innerstaatlich, sondern nach richtiger Ansicht hat es der deutsche Steuergesetzgeber auch bei grenzüberschreitenden Besteuerungsvorgängen zu beachten.

Die Prinzipien der Allgemeinheit und der Gleichmäßigkeit der Besteuerung erweisen sich als Unterfälle des Prinzips der Besteuerung nach der individuellen wirtschaftlichen Leistungsfähigkeit. Dies folgt daraus, dass „Gleichmäßigkeit“, als steuerliche Gleichheit, immer verhältnismäßige Gleichheit sein muss;[27] auch eine Steuer, die nicht „allgemein“ ist, sondern nach unsachgemäßen Differenzierungen unterscheidet, kann nicht an der wirtschaftlichen Leistungsfähigkeit ausgerichtet sein. Die ständige Rechtsprechung des Bundesverfassungsgerichts leitet aus dem allgemeinen Gleichheitssatz des Art. 3 Abs. 1 GG ein „grundsätzliches Gebot der Steuergerechtigkeit“ her, das sich als Gebot der Besteuerung nach der wirtschaftlichen Leistungsfähigkeit erweist.[28] Im Laufe dieser Rechtsprechungslinie trat dabei die Argumentation aus der „Steuergerechtigkeit“ zugunsten einer Entfaltung des Leistungsfähigkeitsgebots zurück, gleichzeitig wurde – zumindest seit den achtziger Jahren – die verfassungsrechtliche Bindung des Steuergesetzgebers verstärkt.[29] Im Schrifttum sind diese Herleitungsansätze des Bundesverfassungsgerichts ergänzt worden. Das Leistungsfähigkeitsprinzip wird nicht allein aus dem allgemeinen Gleichheitssatz in seiner steuerspezifischen Konkretisierung hergeleitet, sondern auf weitere Normen des Grundgesetzes gestützt und so in seiner Ableitung aus der Verfassung erweitert. Neben den allgemeinen Gleichheitssatz des Art. 3 Abs. 1 GG können spezielle Gleichheitssätze mit strengeren Anforderungen an Differenzierungen treten, beispielsweise der entsprechende Teilgehalt des Art. 6 Abs. 1 GG. Hinzu kommen Freiheitsgrundrechte – insbesondere die für die Besteuerung relevante Eigentumsgarantie des Art. 14 GG sowie die Menschenwürdegarantie des Art. 1 Abs. 1 GG –, das Sozialstaatsprinzip (Art. 20 Abs. 1, 28 Abs. 1 GG) und die Zentralnorm der bundesstaatlichen Finanzverfassung (Art. 106 GG), die traditionelle Steuertypen des deutschen Rechts aufnimmt, die in ihrem kondensierten Kern ebenfalls Hinweise auf der Besteuerung offen stehende Quellen steuerlich abzuschöpfender wirtschaftlicher Leistungsfähigkeit bieten.[30]

5.1.2. Freiheitsrechtliche Maßstäbe

Steuergerechtigkeit wird üblicherweise als Verteilungsgerechtigkeit und damit als Gleichheitsproblem verstanden.[31] Dabei wird jedoch übersehen, dass auch die Höhe der Belastung als vertikale Dimension der Steuergerechtigkeit i.w.S. relevant ist. Im

---

[27] BECKER, Transfergerechtigkeit und Verfassung, 2001, 77 ff., spricht anschaulich von „normativer Gleichheit im Abgabenrecht“.

[28] BVerfGE 6, 55 (70 f.); 9, 237 (243 ff.); 43, 108 (118 ff.); 61, 319 (342 ff.); 66, 214 (222 ff.); 82, 60 (83 ff.); 91, 93 (108 f.).

[29] Zur Entwicklung dieser Rechtsprechungslinie und zu deren Bewertung LEHNER, Einkommensteuerrecht und Sozialhilferecht, 1993, 304 ff.; VOGEL/WALDHOFF (Fn. 2), Rn. 495 ff., 592 ff.

[30] VOGEL/WALDHOFF, (Fn. 2), Rn. 519 ff.

[31] Kritisch J. IPSEN, Besteuerung und Eigentum, in: FS für P. Badura, 2004, 201 (209).

steuerverfassungsrechtlichen Bereich verschärft sich das Problem noch dadurch, dass regelmäßig nur einzelne Steuern betrachtet werden, die kumulative Steuerbelastung im Vielsteuersystem der deutschen Rechtsordnung unterbelichtet bleibt.[32] Bis in die Gegenwart fortwirkend hat hier die These *Ernst Forsthoffs*, da der Steuerstaat den Rechts- mit dem Sozialstaat verbinde, sei eine verfassungsrechtliche Überprüfung der Höhe der Steuerbelastung nicht möglich,[33] eine dogmatische Auseinandersetzung jenseits politischer Vorverständnisse behindert und eine „Immunisierung"[34] der Eigentumsgarantie gegenüber Besteuerungsvorgängen befördert, obgleich historisch kein Zweifel daran bestand, dass die Besteuerung einen Eigentumseingriff darstellt.[35] Nicht erklärt werden konnte mit diesem Postulat, warum in dem qualitativ wie quantitativ neben dem Polizeirecht wichtigsten Bereich der Eingriffsverwaltung der Grundrechtsschutz wenn nicht ausgeschlossen, so doch entscheidend eingeschränkt sein solle. Entgegen den Annahmen von *Forsthoff* stellt dies nicht die Verwirklichung, sondern eine kaum zu begründende Ausnahme von Rechtsstaatlichkeit, nämlich von Rechtsbindung dar.[36]

---

[32] Obgleich die beiden zentralen Entscheidung zur Vermögensbesteuerung nach Einheitswerten (BVerfGE 93, 121) und zur Geltung des Halbteilungsgrundsatzes (BVerfGE 115, 97) gerade das Zusammenwirken von zwei Steuerarten (Einkommen- und Vermögen- bzw. Einkommen- und Gewerbesteuer) betrafen; vgl. zuvor bereits FRIAUF, Substanzeingriff durch Steuer-Kumulation und Eigentumsgarantie, StuW 1977, 59. Zu diesem verfassungsrechtlichen Problem allgemein m.w.N. G. KIRCHHOF, Kumulative Belastungen durch unterschiedliche staatliche Maßnahmen, NJW 2006, 732.

[33] Eigentumsschutz öffentlich-rechtlicher Rechtsstellungen, NJW 1955, 1249 (1250); Begriff und Wesen des sozialen Rechtsstaats, VVDStRL 12 (1954), 8 (32); ferner HETTLAGE, Die Finanzverfassung im Rahmen der Staatsverfassung, VVDStRL 14 (1956), 2 (4 f.); BADURA, Diskussionsbeitrag, VVDStRL 39 (1981), S. 396 f.; DERS., Eigentum, in: BENDA/MAIHOFER/VOGEL (Hrsg.), Handbuch des Verfassungsrechts, 2. Aufl. 1994, § 10 Rn. 42; PREUß, Rechtsstaat – Steuerstaat – Sozialstaat, in: DEISEROTH/ HASE/LADEUR (Hrsg.), Ordnungsmacht, 1981, 54 f.; WIELAND, in: DREIER (Hrsg.), Grundgesetz. Kommentar, Bd. 1, 2. Aufl. 2004, Art. 14 Rn. 48; BRYDE, Steuerverweigerung und Sozialstaat, in: FS für F. von Zezschwitz, 2005, 321; richtige Rekonstruktion des Zusammenhangs demgegenüber bei KUBE, Staatsaufgaben und Solidargemeinschaften, in: MELLINGHOFF (Hg.), Steuern im Sozialstaat, 2006, 11 (16 ff.): Vorrang der Steuerfinanzierung zur Erzielung politisch „ungebundener" Finanzmittel zu sozialstaatlicher Gestaltung.

[34] Vgl. SCHUPPERT, Verfassungsrechtliche Prüfungsmaßstäbe bei der verfassungsgerichtlichen Überprüfung von Steuergesetzen, in: FS für W. Zeidler, 1987, 691.

[35] Die überkommene, den Vorbehalt des Gesetzes auslösende konstitutionelle Formel von den „Eingriffen in Freiheit und Eigentum" meinte zuallererst den Steuereingriff.

[36] IPSEN (Fn. 31), 205 f.: „Nicht einleuchtend ist freilich, warum die unabweisbare sozialstaatliche Notwendigkeit der Mittelbeschaffung zu rechtsstaatlichen ‚Lockerungen' sollte führen können."; so jetzt auch explizit BVerfGE 115, 97 (111 f.); der im Haupttext dargelegten Fehlvorstellung unterliegen auch Teile des Sondervotums BÖCKENFÖRDE zum Vermögensteuerbeschluss, BVerfGE 93, 149 (163 f.): Sozialstaatlichkeit als „letzter Grund" für die Exemtion der Abgabenerhebung aus dem Schutzbereich von Art. 14 GG; besonders deutlich bei BRYDE (Fn. 33), 587.

Nachdem bereits früh in Abgrenzung zu einem weiteren einflussreichen Missverständnis *Forsthoffs*[37] geklärt werden konnte, dass Besteuerung verfassungsrechtlich niemals Enteignung sein kann,[38] war die Rechtsprechung des Gerichts – und ist diejenige des Ersten Senats bis in die Gegenwart[39] – geprägt durch die logisch nur schwer nachzuvollziehende Feststellung, dass die Auferlegung öffentlicher Abgaben grundsätzlich die Eigentumsgarantie schon tatbestandlich nicht berühre,[40] dieses Grundrecht aber verletzt sei, wenn der Pflichtige übermäßig belastet und dadurch seine Vermögensverhältnisse grundlegend beeinträchtigt werden, die Abgabe erdrosselnde Wirkung besitze.[41] Außerhalb konsistenter Grundrechtsdogmatik[42] wurde und wird so die Berührung des Schutzbereichs an die Verletzung des Grundrechts gekoppelt, die Frage der tatbestandlichen Einschlägigkeit mit der Frage der Rechtfertigung eines Eingriffs vermengt.

Diese Konsequenz vermied der Zweite Senat des Bundesverfassungsgerichts in seiner Entscheidung zur Vermögensbesteuerung nach Einheitswerten.[43] Diese knüpft an ein Vorverständnis der Eigentumsgarantie an, welches jenseits substanzhafter Eigentumsvorstellungen und damit auch der Umgehung der Frage nach dem eigentumsrechtlichen Schutz des „Vermögens als solchem" Eigentum im Sinne eines Handlungsspielraums aus den dem Eigentümer zustehenden Vermögenswerten auffasst.[44] Angesichts des Versagens der überkommenen grundrechtlichen Schranken-Schranken wird im Wege einer quantifizierten verfassungsrechtlichen Grenze judiziert, dass die Gesamtsteuerbelastung – im konkreten Fall bezogen auf die kumulativen Wirkungen von Vermögen- und Einkommensteuer – „bei typisierender Betrachtung von Einnahmen, abziehbaren Aufwendungen und sonstigen Entlastungen in der Nähe der hälftigen Teilung zwischen privater und öffentlicher Hand" verbleiben solle. Dieser sog. steuerrechtliche Halbteilungsgrundsatz,[45] der vom Ersten Senat niemals akzeptiert wurde, ist inzwischen auch vom Zweiten Senat aufgegeben worden.[46] An seine Stelle soll der Grundsatz der Verhältnismäßigkeit

---

37 Begriff und Wesen des sozialen Rechtsstaats, in: VVDStRL 12 (1954), 8 (32).

38 BVerfGE 2, 237 (258 f.); nach der Rückschneidung und Formalisierung des Enteignungstatbestands auf einen zwangsweisen hoheitlichen (Sach-)Güterbeschaffungsvorgang, insbesondere durch die Nassauskiesungsentscheidung BVerfGE 58, 300, wird dies noch deutlicher; explizit wiederum BVerfGE 115, 97 (112); anders gelagert ist der argumentative Rückgriff von VOGEL, Verfassungsrechtsprechung zum Steuerrecht (Fn. 2), 20.

39 BVerfGE 95, 267 (300).

40 BVerfGE 4, 7 (17); 75, 108 (154); 78, 249 (277); 81, 108 (122).

41 BVerfGE 19, 119 (128 f.); 23, 12 (30); 30, 250 (271 f.); 63, 312 (327); 68, 287 (310 f.)

42 SELMER, Steuerinterventionismus und Verfassungsrecht, 1972, S. 255; FRIAUF, Steuergesetzgebung und Eigentumsgarantie, JurA 1970, 299 (302 f.); ESCHENBACH, Der verfassungsrechtliche Schutz des Eigentums, 1996, 231 ff.; VOGEL/WALDHOFF (Rn. 2), Rn. 540 ff.; IPSEN (Fn. 31), 208 ff.

43 BVerfGE 93, 121 (135 ff).

44 P. KIRCHHOF, Besteuerung und Eigentum, in: VVDStRL 39 (1981), 213; abweichend BIRK, Leistungsfähigkeitsprinzip (Fn. 20), 204 ff.

45 Zu dem überkommenen kirchensteuerrechtlichen Halbteilungsgrundsatz bei konfessions-, nicht hingegen bei glaubensverschiedenen Ehen BVerfGE 19, 226; 19, 242; 19, 268.

46 BVerfGE 115, 97.

treten; eine abwägend-dynamische Schranken-Schranke der Eigentumsgarantie soll den strikten Zahlenwert ersetzen und damit zugleich den politischen Gestaltungsspielraum des Steuergesetzgebers hinsichtlich der Höhe der Steuerbelastung vergrößern.

Es gehörte zu den gesicherten Erkenntnissen der Grundrechtsdogmatik, dass eine Verhältnismäßigkeitsprüfung hinsichtlich des Fiskalzwecks von Steuergesetzen nicht möglich sei. Der Zweck-Mittel-Relation des Übermaßverbots fehle das abwägungstaugliche Ziel, da der Fiskalzweck als solcher „maßlos“ sei.[47] Zu Recht wurde ganz überwiegend[48] der Versuchung widerstanden, die konkret zu finanzierenden Staatsaufgaben für diese Abwägung heranzuziehen. Dies würde nicht nur der finanzverfassungsrechtlichen Grundentscheidung der Trennung von Einnahmen und Ausgaben widersprechen, sondern stellte letztlich wohl einen weit stärkeren Übergriff in den Politikbereich der Legislative dar, als eine Quantifizierung der Steuerhöchstbelastung oder eine wertende Beurteilung von Belastungsgrenzen allein aus der Belastungswirkung heraus. Die Allgemeinheit dieser Feststellung ist allerdings inzwischen für steuerrechtliche Ausnahmetatbestände, die etwa die Umgehung bestimmter steuerlicher Regelungen verhindern sollen und damit einen abwägungsfähigen Zweck umzusetzen suchen, relativiert worden;[49] für Lenkungszwecke von Steuern galt er nie, da der Sachzweck – ganz ähnlich wie etwa im Recht der Gefahrenabwehr – ein abwägungstaugliches Ziel darstellt.[50]

Ist der Schutzbereich der Eigentumsfreiheitsgarantie des Art. 14 GG thematisch einschlägig und vermag der sog. Halbteilungsgrundsatz allenfalls in Sondersituationen als effektive Schranken-Schranke zu wirken, stellt sich die Frage nach der verfassungsrechtlichen Rechtfertigung eines durch die Auferlegung einer Steuer oder sonstigen Abgabe bewirkten Eingriffs neu: Sofern und soweit der Weg der Quantifizierung versperrt ist, bleibt der Grundsatz der Verhältnismäßigkeit als relevantes verfassungsrechtliches Widerlager.[51] Die Formulierung der Sozialpflichtigkeit des Eigentums in Art. 14 Abs. 2 GG deutet auf eine wertend-abwägende Bestimmung der Grenze hin;[52] andere Textstellen des Grundgesetzes wie Art. 106 Abs. 3 S. 4 Nr. 2 Alt. 2 GG[53] verdeutlichen, dass eine übermäßige Steuerbelastung einen Verfassungsverstoß darstellte. In seinem Beschluss vom 18. Januar 2006 hat der Zweite

47 PAPIER, Die finanzrechtlichen Gesetzesvorbehalte und das grundgesetzliche Demokratieprinzip, 1973, 76 ff.; DERS., Besteuerung und Eigentum, DVBl. 1980, 787 (793); BIRK, Leistungsfähigkeitsprinzip (Fn. 20), 189.

48 A.A. insbesondere VON ARNIM, Besteuerung und Eigentum, VVDStRL 39 (1981), 286; ELICKER, Der Grundsatz der Verhältnismäßigkeit in der Besteuerung, DVBl. 2006, 480; FRENZ, Die Verhältnismäßigkeit von Steuern, GewArch. 2006, 282 (285 ff.).

49 HEINTZEN, Die unterschiedliche Behandlung von Gewinnen und Verlusten, in: VON GROLL (Hrsg.), Verluste im Steuerrecht, 2005, 163 (179 ff.).

50 WERNSMANN, Verhaltenslenkung in einem rationalen Steuersystem, 2005, 203 ff., 237 ff.; BEYER, Die Freiheitsrechte, insbesondere die Eigentumsfreiheit als Kontrollmaßstab für die Einkommensbesteuerung, 2004, 162 f., 164 ff.

51 Vgl. insgesamt – wenn auch nicht stets überzeugend – BEYER (Fn. 50), insbes. 142 ff.

52 IPSEN (Fn. 31), 213 f.

53 Zu dieser Bestimmung WALDHOFF, Verfassungsrechtliche Vorgaben (Fn. 12), 254 ff.

Senat nunmehr eine Art abgeschwächte oder eingeschränkte Verhältnismäßigkeitsprüfung kreiert:[54] Der Fiskalzweck sei hinsichtlich der Geeignetheit und der Erforderlichkeit kein tauglicher Abwägungsgesichtspunkt, wohl aber die Verhältnismäßigkeit i.e.S., d.h. die Angemessenheit des Steuereingriffs.[55] Wie dies geschehen soll und ob der Verhältnismäßigkeitsgrundsatz in dieser Weise aufspaltbar ist, harrt der Konkretisierung.[56] Zur Identifizierung einer besonders hohen und damit besonders rechtfertigungsbedürftigen Steuerbelastung soll (auch) der internationale Belastungsvergleich dienen. Vor dem Verdikt der Übermäßigkeit und damit Verfassungswidrigkeit steht noch eine Darlegungspflicht des Gesetzgebers zur Rechtfertigung dieser Last. Auch hier zeigt sich – wie so oft in neueren Judikaten[57] – die Tendenz, durch Darlegungspflichten des Gesetzgebers entweder die bei isolierter Prüfung des Gesetzes womöglich drohende Verfassungswidrigkeit abzuwehren bzw. durch die vom Gesetzgeber dargelegten Begründungen Argumente und Ansatzpunkte für eine Abwägung zu erhalten. Es bleibt abzuwarten, ob und inwieweit dieser neue Ansatz tragfähig ist. Eine positive Deutung birgt die Hoffnung, dass mit dieser Entscheidung die allgemein-politische Frage der Höhe der Steuerbelastung generell-abstrakt dem politischen Prozess überlassen bleibt, dass aber die Möglichkeit besteht im besten grundrechtlichen Minderheitenschutz „Ausreißer" erfassen zu können.

5.2. Staatsorganisationsrechtliche Vorgaben – ein Überblick

Staatsorganisationsrechtlich bildet die Steuer die adäquate, ja notwendige Form der Staatsfinanzierung im demokratischen Verfassungsstaat. Für das Grundgesetz tritt als positive Entscheidung, wenn auch – wie der rechtsvergleichende Blick zeigt – nicht notwendig die bundesstaatliche Dimension hinzu. Im Folgenden werden einige – keinesfalls sämtliche – organisationsrechtliche Vorgaben analysiert[58].

5.2.1. Steuerstaatlichkeit als Präferenz für die Steuer als Instrument der Staatsfinanzierung

Das Finanzrecht und die Finanzverfassung des Grundgesetzes bauen auf dem Prinzip der Steuerstaatlichkeit auf.[59] Steuerstaat ist ein Staat, der seinen Finanzbedarf im

---

[54] BVerfGE 115, 97 (113 ff.).

[55] Vgl. bereits IPSEN (Fn. 31), 214.

[56] FRENZ, Verhältnismäßigkeit (Fn. 48), 283; insofern zu Recht auch SACKSOFSKY, Halbteilungsgrundsatz ade – Scheiden tut nicht weh, NVwZ 2006, 661 (662) mit dem Hinweis, dass auch hier der problematische Rückgriff auf eine verfassungsgerichtliche Ausgaben- und damit Aufgabenbeschränkung offen bleibt.

[57] Überblick und Analyse bei WALDHOFF, „Der Gesetzgeber schuldet nichts als das Gesetz", in: FS für J. Isensee, 2007, 325.

[58] Die Problematik der demokratischen Legitimation internationaler Rechnungslegungsstandards, etwa der IFRS, wäre etwa als aktuelles Problem zu nennen, vgl. dazu jüngst HUBER, Rechnungslegung und Demokratie, AöR 133 (2008), 389.

[59] Grundlegend ISENSEE, Steuerstaat als Staatsform, in: FS für H. P. Ipsen, 1977, 409; VOGEL, Der Finanz- und Steuerstaat, in: ISENSEE/KIRCHHOF (Hrsg.), Handbuch des Staatsrechts der Bundesrepublik Deutschland, Bd. 2, 3. Aufl. 2004, § 30; VOGEL/WALDHOFF (Fn. 2), Rn. 327 ff.

Wesentlichen durch Steuern deckt. Bei der Reflexion über den Begriff sollten drei Ebenen auseinander gehalten werden: Die Umschreibung der historischen Entwicklung zum modernen Finanz- und Steuerstaat, die beschreibende Analyse des derzeitigen rechtlichen Zustands, dass sich der Staat ganz überwiegend aus Steuern finanziert sowie die verfassungsrechtlichen Implikationen von Steuerstaatlichkeit. Das kann und muss hier nicht näher ausgeführt werden.[60]

Das Prinzip der Steuerstaatlichkeit ist in jüngerer Zeit vermehrt angegriffen worden.[61] Die Kontroversen betreffen letztlich die grundlegende Frage, welche öffentlichen Aufgaben durch das allgemeinen Finanzaufkommen – welches aus Steuereinnahmen gespeist wird, die dem Leistungsfähigkeitsprinzip verpflichtet sind – finanziert werden, welche über dem Äquivalenzprinzip verpflichtete Abgaben auf die konkret Begünstigten umgelegt werden sollen. Finanzrechtlich geht es um die Unterscheidung zwischen Gemeinlast und Sonderlast. Durch das Kriterium der Kosten käme notwendigerweise eine ökonomische Dimension in die Abgabengestaltung. Äquivalenzbezogene Finanzierungsmodi tendieren dazu, den Bürger als „Konsumenten“ oder „Kunden“ zu begreifen. Angesprochen ist die Verbindung zwischen Staatsaufgaben, demokratischer Legitimation und der instrumentellen Aufgabe der Staatsfinanzierung. Das Problem reicht weit über das Finanzrecht hinaus: Letztlich geht es um die demokratisch-parlamentarische Konzeption des Verfassungsstaats des Grundgesetzes, geht es um das Staatsbild insgesamt.[62] Die Trennung zwischen Einnahmen und Ausgaben auf der Ebene des Staatshaushalts, die grundsätzlich fehlende Zweckbindung von Abgaben, die Ermöglichung der politischen Gesamtentscheidung über das Budgetrecht des Parlaments sind nicht nur die Voraussetzungen für eine gleichheitsgerechte Beteiligung der Bürger an der Staatsfinanzierung, sondern erweisen sich als unverzichtbare Elemente der staatlichen Handlungsfähigkeit und damit der parlamentarischen Demokratie.[63] Die Auflösung der staatlichen Finanzgebarung in punktuelle, gar okkasionelle Äquivalenzbeziehungen beschädigt die zentrale Koordinationsfunktion des Parlaments, gefährdet den verfassungsrechtlichen Kerngedanken demokratischer Gleichheit, koppelt die Frage nach den zu erfüllenden Staatsaufgaben an die Einnahmenerhebung und bewirkt in der Konsequenz durch eine grundlegende Umstellung der gesamten „Verwaltungsphilosophie“ den Weg zum sog. Dienstleistungsstaat.[64] Der nur scheinbar mögliche Ausweg, die grundgesetzliche Strukturentscheidung für die Demokratie[65]

---

[60] Vgl. statt vieler VOGEL/WALDHOFF (Fn. 2), Rn. 267 ff., 327 ff.

[61] SACKSOFSKY, Umweltschutz durch nichtsteuerliche Abgaben, 2000, 129 ff.; DIES./ WIELAND (Hrsg.), Vom Steuerstaat zum Gebührenstaat, 2000; SCHMEHL, Das Äquivalenzprinzip im Recht der Staatsfinanzierung, 2004; DERS., Dimensionen des Äquivalenzprinzips im Recht der Staatsfinanzierung, ZG 2005, 123.

[62] P. KIRCHHOF, Die Steuern, in: ISENSEE/KIRCHHOF (Hrsg.), Handbuch des Staatsrechts der Bundesrepublik Deutschland, Bd. 5, 3. Aufl. 2007, § 118 Rn. 2 ff.

[63] Vgl. auch SCHÖN (Fn. 6), 160.

[64] Dazu in anderem Zusammenhang kritisch VOßKUHLE, Der „Dienstleistungsstaat“, Der Staat 40 (2001), S. 495.

[65] BÖCKENFÖRDE, Demokratie als Verfassungsprinzip, in: ISENSEE/KIRCHHOF (Hrsg.), Handbuch des Staatsrechts der Bundesrepublik Deutschland, Bd. 2, 3. Aufl. 2004, § 24.

selbst in ein äquivalenzorientiertes Prinzip umzudeuten, die finanzielle zur politischen Äquivalenz zu erweitern, verfehlt die Vorgaben der Verfassung. Die vorgeschlagene „Responsivität zwischen der Aufgaben- und der Finanzierungsentscheidung“, die durch institutionelle Koppelung parallel laufender Prozesse erreicht werden soll,[66] entspricht nicht der demokratischen Konzeption des Grundgesetzes. Die demokratische Gleichheit knüpft an den Staatsbürgerstatus, nicht an eine diffuse Betroffenheit an; nicht derjenige, der für staatliche Leistungen bezahlt, bestimmt mit, sondern das demokratisch konstituierte Staatsvolk.[67] Die Koppelung zwischen der Entscheidung über die Erfüllung der Staatsaufgaben und deren Finanzierung ist zunächst eine politische, keine verfassungsrechtliche. Entsprechende Vermittlungsleistungen sind im politischen Prozess zu erbringen. Alle Bestrebungen, das finanzrechtliche Äquivalenzprinzip als „Transmissionsriemen für einen partizipativen Einfluss der Zahler auf die staatliche Willensbildung bei der Gestaltung der jeweiligen gegenleistungsabhängig finanzierten Leistungsbereiche anzusehen“[68], sind zurückzuweisen. Im Rahmen der Steuerstaatlichkeit vermag das Äquivalenzprinzip die Höhe bestimmter Kausalabgaben wie Gebühren und Beiträge zu steuern, sofern der grundsätzliche Vorrang der Steuerfinanzierung gewahrt bleibt.[69]

5.2.2. Voraussetzungslosigkeit der Steuer als Bedingung demokratischen Entscheidens

Die Steuer grenzt sich von den Kausalbabgaben, d.h. von Gebühren, Beiträgen und Sonderabgaben, durch ihre Voraussetzungslosigkeit ab, sie ist nicht Gegenleistung für eine mehr oder weniger spezielle Leistung, sondern im Sinne einer globalen oder generellen Äquivalenz für die Gesamtheit der staatlichen Leistungen, die der Bürger bzw. der Ansässige empfängt. Nach richtigem Verständnis fordert nicht nur der verfassungsrechtliche Steuerbegriff, sondern fordern die in unterschiedlicher Weise in der Verfassung verankerten Haushaltsprinzipien diese Voraussetzungslosigkeit der Steuer. Das Prinzip der Gesamtdeckung in seinem Zusammenwirken mit den Grundsätzen der Einheit, der Vollständigkeit und der Bruttoveranschlagung garantieren die Gleichheit der Lastenverteilung der steuerzahlenden Bürger auf einer institutionellen Ebene. Haushaltsrechtlich bildet sich so das rechtlich verfasste Staatsvolk in seiner zu Sonderinteressen distanzierten Allgemeinheit und damit als Garant von Gleichheit und Freiheit ab[70]. Dem allgemeinen Wahlrecht entspricht so in gewisser Weise die Globalität des Haushalts. Die wichtigste verfassungsrechtliche Anforderung an jeglichen Steuerzugriff, die Besteuerung nach der individuellen wirtschaftlichen Leistungsfähigkeit als sachbereichsspezifische Konkretisierung

66 SCHMEHL (Fn. 61), 12, 17, 220 ff.

67 BÖCKENFÖRDE (Fn. 65), § 24 Rn. 41 ff.

68 SCHMEHL (Fn. 61), 258.

69 BECKER (Fn. 27), 94 ff.; KUBE, Staatsaufgaben und Solidargemeinschaften, in: MELLINGHOFF (Hrsg.), Steuern im Sozialstaat, 2006, 11; SEILER, Besteuerung von Einkommen, DJT 2006, F 7 (F 13 f.).

70 Allgemein zur staatsbürgerlich-demokratischen Gleichheit BADURA, Die parlamentarische Demokratie, in: ISENSEE/KIRCHHOF (Hrsg.), Handbuch des Staatsrechts der Bundesrepublik Deutschland, Bd. 2, 3. Aufl. 2004, § 25 Rn. 31, 39.

des allgemeinen Gleichheitssatzes, kann letztlich nur bei einer Abstraktion von konkreten Leistungsbeziehungen durchgeführt werden. Die Diskussionen um die Möglichkeiten der sozialen Staffelung von Gebührensätzen haben diese Zusammenhänge in gebührenrechtlichem Zusammenhang aus einer anderen Perspektive verdeutlicht.

Zwecksteuern sind in der Gegenwart die große Ausnahme. Sie vermögen jedoch in historischer wie in theoretischer Perspektive Grundfragen von Steuer und Staatsfinanzierung gerade in der hier interessierenden Verbindung – den beiden eingangs angesprochenen Perspektiven – zu verdeutlichen. In der seit der frühen Neuzeit einsetzenden Entwicklung zum modernen Steuerstaat war die Steuerfinanzierung lange Zeit subsidiär. Die Ausschreibung von Abgaben und Steuern bezog ihre Legitimation wie die Chance ihrer politischen Durchsetzung aus einer zumeist auch in der Bezeichnung der Abgabe deutlich werdenden Zweckbeziehung. Diese ausreichende und überzeugende Begründung in Form einer fiskalischen Äquivalenzbeziehung musste von den Betroffenen als verpflichtend anerkannt werden, sollte der Abgabenwiderstand angesichts völlig unzureichender administrativer Durchdringung des Gemeinwesens keinen Erfolg haben. Es bildeten sich typisierte Rechtfertigungsgründe für die Steuererhebung heraus, die sich zu Steuerbewilligungspflichten verdichten konnten: Staatsschulden, die Verheiratung der Fürstentochter („Prinzessinensteuer"), Kriegsgefahr oder „dringende Not". Die den Nothilfecharakter der Steuern zum Ausdruck bringende Zweckbestimmung der Mittel diente der Überzeugungsarbeit gegenüber den Abgabepflichtigen. Sie war auch erforderlich, um die ständische Steuerbewilligung zu erlangen. Für die Stände war die Zweckbindung das wirkungsvolle Instrument die Verwendung der Gelder zu kontrollieren um dadurch Einfluss auf die Politik zu gewinnen. Außerdem sollte sie Schutz vor übermäßiger Abgabenbelastung der Untertanen gewährleisten. Die Ausgabenbewilligung resultierte rechtlich allein aus der Zweckbindung. Das vormoderne „Budget" stellte ein systematisierendes und nicht rechtsverbindliches Verwaltungsinternum dar. Letztlich führte die Zweckbindung zu einer – eine einheitliche Finanzwirtschaft verhindernden – Fondswirtschaft, in der eine bestimmte Einnahme einer bestimmten Ausgabe zugeordnet war. Mit Beginn des 19. Jahrhunderts, dem Aufkommen konstitutioneller Verfassungen, der Auffassung des Staates als einheitlich gedachter juristischer Person und dem ständigen Vordringen dauerhaft bewilligter Steuern als Haupteinnahmequellen der staatlichen Finanzwirtschaft wurde die altlandständische Zweckbindung der Steuern dysfunktional. Das System der Zweckbindungen taugte nicht mehr zum Schutz vor übermäßiger Abgabenbelastung und der Kontrolle staatlichen Handelns. Die Rationalisierung staatlicher Finanzwirtschaft kam darin zum Ausdruck, dass nunmehr die Deckungslücke in dem einheitlich verstandenen Etat den Rechtfertigungsgrund für die dem Vorbehalt des Gesetzes unterfallende Steuererhebung bildete. Das Budget insgesamt machte den Steuerbedarf evident. Damit war der Grund für die Nonaffektation von Einnahmen und Ausgaben gelegt. Die Abwägung zwischen der Abgabenbelastung und dem Ausgabenvolumen fand nicht mehr bei konkreten Einzelentscheidungen, sondern auf dem höheren Abstraktionsniveau der Haushaltserstellung statt. Dieser Prozess kann sowohl als Ausdruck einer zunehmenden Rationalisierung staatlicher Finanzwirtschaft wie auch der sich ausbildenden inneren Souveränität und administrativen Durchdringung des Gemeinwesens gesehen werden. Der politische Ehrgeiz der Volksvertretungen richtete sich nunmehr auf Mitspracherechte bei der *Ausgaben*tätigung, der schließlich im preußischen und in anderen Verfassungskonflikten als Sollbruchstellen des konstitutionellen Systems kulminierte.

Nicht nur eine rationale Finanzwirtschaft, sondern die moderne Staatsgewalt in ihrer Handlungsfähigkeit selbst wären im Extremfall durch ein flächendeckendes Vordringen anachronistischer synallagmatischer Vorstellungen der Finanz- wie überhaupt der Rechtsbeziehungen zwischen Staat und Bürger relativiert. Die Verwendungsfreiheit der Einnahmen ist eine wesentliche Basis für die Macht und damit auch für den demokratisch legitimierten Gestaltungsauftrag des Verfassungsstaats. In vielen Bereichen verwaltender Tätigkeit wäre zudem der rechtsstaatliche Distanzschutz gefährdet. Die hintergründig-dogmatische Konstruktion der hier verteidigten Zusammenhänge im modernen Staat ist die Trennung und das Zusammengreifen von Verwaltungsrecht als „Sachrecht" und Haushaltsrecht: Das Staatshandeln unterliegt einer doppelten, je eigenen Sachgesetzlichkeiten folgenden rechtlichen Bindung und damit auch Kontrolle und erfährt insofern eine doppelte Legitimation. Das *Verwaltungs*recht konstituiert, formt und leitet das Verwaltungshandeln sowohl dem Bürger gegenüber, wie auch im Binnenbereich des Staates. Daneben tritt ergänzend und überlagernd die *haushaltsrechtliche* Ebene, die für kurze Perioden das finanzwirtschaftlich Mögliche im Rahmen einer politischen Gesamtentscheidung festlegt. Beide Ebenen ergänzen sich zu einem Gesamtregime, das erst die gewünschte demokratische Feinsteuerung ermöglicht: Die im Prinzip dauerhaft angelegten verwaltungsrechtlichen Handlungsformen und Programme und die auf die aktuelle konjunkturelle und finanzwirtschaftliche Lage abgestimmte periodische Mittelzuweisung finden jeweils ihre Rechtsgrundlage im Parlamentsgesetz, unterscheiden sich jedoch in ihrer Funktion. Die einfachgesetzlich angeordnete Verwendungsbindung stört dieses als Ergebnis eines Entwicklungsprozesses herausgestellte und inzwischen in den demokratischen Verfassungsstaat integrierte doppelte Regime. Mit den Rationalitäten der dauerhaft angelegten Sachgesetzgebung wird in das notwendig periodische Haushaltsregime übergriffen, die aus der politischen Gesamtentscheidung resultierende zusätzliche Legitimation durch den Haushalt wird bei den Zwecksteuern relativiert.

5.2.3. Periodizität der Steuer als Koordination mit der Haushaltswirtschaft

Die Periodizität der meisten Besteuerungsvorgänge, am augenfälligsten bei den beiden großen Ertragsteuern Einkommen- und Körperschaftsteuer, erweist sich nach richtigem Verständnis nicht als bloße beliebig austauschbare Regelungstechnik, sondern als notwendige Koordination mit der ebenfalls periodisch organisierten staatlichen Haushaltswirtschaft. Die moderne Ertragsbesteuerung knüpfte stets an Zeitabschnitte an, um die Besteuerung vornehmen zu können, „das Abschnittsprinzip ist … ein notwendiger Bestandteil der Besteuerung …"[71] Mit diesem die Perio-

---

[71] SCHICK, Der Verlustrücktrag, 1976, 12; vgl. bereits E. BECKER, Die Grundlagen der Einkommensteuer, 1940, 31.

dizität der Ertragsbesteuerung zum Ausdruck bringenden Abschnittsprinzip hängen der Bemessungs-, der Veranlagungs- und der Ermittlungszeitraum zusammen.[72] „Einkommen“ und „Gewinn“ als (ökonomisch betrachtet) „Stromgrößen“ sind ihrer Natur nach auf Zeitabschnitte bezogen und zu beziehen.[73] Auch die Rechtfertigung der Steuer durch Überlegungen genereller Äquivalenz, d.h. als Gegenleistung für die Gesamtheit der nicht spezifisch zurechenbaren staatlichen Leistungen[74] sprechen für die grundlegende – und nicht lediglich technische – Bedeutung der Periodizität der Einkommensbesteuerung: Es besteht auch und vor allem ein zeitlicher Zusammenhang zwischen „Leistung“ und „Gegenleistung“; was bei der konkreten oder speziellen Äquivalenz im Bereich von Gebühren und Beiträgen offensichtlich ist, gilt modifiziert auch für die Steuer. Hilfreich ist insoweit auch ein Vergleich mit der staatlichen Leistungsseite: Dem Not leidenden Sozialhilfeempfänger ist auch nicht damit gedient, ihn darauf zu verweisen, dass er vor seiner Verarmung früher bedeutende Einkünfte erzielt hat oder dass es nicht ausgeschlossen werden könne, dass er in Zukunft seine Lage werde verbessern können.[75]

Auch die Steuergleichheit in ihrer Ausprägung als Prinzip der Besteuerung nach der individuellen wirtschaftlichen Leistungsfähigkeit verlangt Vergleichbarkeit in der Sache wie in der Zeit:[76] Horizontale und vertikale Steuergleichheit können nur für klar definierte Abschnitte beurteilt und verglichen werden. Eine (auf die Lebenszeit bezogene) „Totalgewinnbesteuerung“ würde die Belastungsfunktion des Steuertarifs von derjenigen der Bemessungsgrundlage abtrennen und „zielt damit nicht auf eine rechtliche oder tatsächliche Gleichbehandlung ab, sondern auf die Gleichbehandlung von Denkgrößen. Art. 3 Abs. 1 GG verlangt indes eine rechtliche oder tatsächliche, aber keine *virtuelle* Gleichbehandlung“.[77] Wirtschaftliche, in Geld ausgedrückte Leistungsfähigkeit bedeutet, die Möglichkeit für Konsum zu haben:[78] nur konsumierbares Einkommen vermittelt insofern Leistungsfähigkeit, es besteht ein Zusammenhang zwischen Leistungsfähigkeit und Bedarf:[79] „Das mate-

---

[72] FRIEDRICHS, Die Zeit im Steuerrecht, VJSchrStFR 4 (1930), 654 (655 f.); CREZELIUS, Steuerrecht II, 2. Aufl. 1994, § 4 Rn. 31; zu Einzelheiten etwa SACHSE, Die Abschnittsbesteuerung im deutschen Ertragsteuerrecht, Diss. iur. Mainz 1977; BIRTEL, Die Zeit im Einkommensteuerrecht, 1985, S. 40 ff.

[73] Umfassende Nachweise, auch des wirtschaftswissenschaftlichen Schrifttums bei BIRTEL (Fn. 72), 147 ff.

[74] Näher LEHNER/WALDHOFF, in: KIRCHHOF/SÖHN/MELLINGHOFF (Hrsg.), Einkommensteuergesetz. Kommentar, § 1 Rn. A 160 ff.

[75] GILOY, Zur Periodizität der Einkommensteuer, FR 1979, 133 (134).

[76] SCHICK (Fn. 71), 13; GILOY (Fn. 75), 133 f.; P. KIRCHHOF, VVDStRL (Fn. 44), 215 ff.; DERS., in: DERS./SÖHN/MELLINGHOFF (Hrsg.), Einkommensteuergesetz. Kommentar, § 2 Rn. A 136; BIRK, Leistungsfähigkeitsprinzip (Fn. 20), 157; i.E. auch SCHLOTTER, Teilwertabschreibung und Wertaufholung zwischen Steuerbilanz und Verfassungsrecht, 2005, 166 ff.

[77] DRÜEN, Über den Totalgewinn, FR 1999, 1097 (1106); ausführlich DERS., Periodengewinn und Totalgewinn, 1999, 85 ff.

[78] CREZELIUS, Steuerrecht II (Fn. 72), § 4 Rn. 32.

[79] GILOY (Fn. 75), 134.

rielle Prinzip der abschnittsweisen Einkommensbesteuerung sichert eine zeitgerechte Erfassung individueller Zahlungsfähigkeit und verteilt deshalb die individuellen Steuerlasten situationsgerecht."[80] Auch das Bundesverfassungsgericht deutet Leistungsfähigkeit als „Belastungsgleichheit in der Zeit".[81]

Schließlich ist der Zusammenhang mit der Staatsfinanzierung hervorzuheben:[82] Diese erfolgt abschnittsweise, in Perioden, den Haushaltsjahren oder -zeiträumen, der Staat finanziert seinen gegenwärtigen Bedarf durch die Teilhabe am *gegenwärtigen* wirtschaftlichen Erfolg der Privaten. Wenn die Besteuerung der Staatsfinanzierung durch den kontinuierlichen Zufluss von Geldern dient, ist dies mit der Besteuerung zu koordinieren.[83] „Eine periodische Staatshaushaltsplanung erfordert eine periodisch fließende Steuerquelle."[84] Das bedeutet keine vollständige Koordinierung der Finanzierungszeiträume,[85] gar den Verfassungsrang der Einjährigkeit,[86] sondern verweist auf die Notwendigkeit der Abschichtung von Perioden zur Staatsfinanzierung.

5.2.4. Steuerliche Kompetenzordnung als bundesstaatliche Technik und als Freiheitselement für den Belasteten

Im Bundesstaat ist die Steuergesetzgebungskompetenz zwischen Zentralstaat und Gliedstaaten zu verteilen. Diese organisationsrechtlich-bundesstaatliche Frage wurde vom Bundesverfassungsgerichts schon relativ früh auch mit dem Schutz des Steuerbürgers unter dem Schlagwort von der „Begrenzungs- und Schutzfunktion der Finanzverfassung" in Verbindung gebracht:[87] Der Bürger soll nur durch kompetenzgemäß erhobene Abgaben belastet werden, er muss sich darauf verlassen können, nur in dem durch die Finanzverfassung vorgezeichneten Rahmen abgeschöpft zu werden. Diese individualschützende Seite der finanzverfassungsrechtlichen[88] Kompetenzordnung hat in ihren verschiedenen Spielarten die Gemeinsamkeit, dass es um Freiheitsschutz, in jedem Fall um eine abwehrrechtliche Dimension aus der Perspektive des Bürgers geht. Auf die Ebene der allgemeinen Bundesstaatsdogma-

---

[80] P. KIRCHHOF, Der verfassungsrechtliche Auftrag zur Besteuerung nach der wirtschaftlichen Leistungsfähigkeit, StuW 1985, 319 (329).

[81] BVerfGE 96, 1 (7); grundsätzlich zustimmend LEHNER, Verfassungsrechtliche Vorgaben für die Verlustberücksichtigung, in: DERS. u.a., Verluste im nationalen und internationalen Steuerrecht, 2004, 1 (15).

[82] Vgl. auch BVerfGE 87, 153 (178 f.).

[83] CREZELIUS, Steuerrecht II (Fn. 72), § 4 Rn. 32.

[84] HEUER, Die AfA-Fähigkeit von Kunstgegenständen, DStR 1983, 356 (357).

[85] Vgl. etwa die Hinweise bei NEUMARK, Theorie und Praxis der modernen Einkommensbesteuerung, 1947, 109 f.

[86] KLETT, Der Gleichheitssatz im Steuerrecht, ZSR II 1992, 1 (117).

[87] Zuletzt BVerfGE 108, 1 (17) – Studien-Rückmeldegebühr Baden-Württemberg; zuvor BVerfGE 55, 274 (300, 302) – Berufsausbildungsabgabe; 67, 256 (290) – Investitionszwangsanleihe; 93, 319 (342 f.) – Wasserpfennig.

[88] Vgl. allgemein STETTNER, Grundfragen einer Kompetenzlehre, 1983, 320 ff.; warum diese Wirkung auf die Finanzverfassung beschränkt sein soll, bleibt dunkel; so aber HEINTZEN, in: DOLZER/WALDHOFF/GRAßHOF (Hrsg.), Bonner Kommentar zum Grundgesetz, Loseblattsammlung, Stand: 136. Lieferung Oktober 2008, Art. 70 Rn. 52.

tik gehoben spiegeln sich hier Elemente der vertikalen Gewaltenteilung.[89] Es ist kein Zufall, dass diese „negativen", freiheitsschützenden Wirkungen des Bundesstaats als letztes bundesstaatliches Legitimationsreservoir gerade in der Lehre vom „unitarischen Bundesstaat" *Konrad Hesses* fungieren.[90] Positiv wurde in den überkommenen Rechtfertigungsversuchen in Bezug auf das Demokratieprinzip lediglich die Vervielfachung demokratischer Teilhabe angesichts einer Vermehrung dafür geeigneter Ebenen ins Feld geführt[91] oder das Anliegen, effiziente staatliche Handlungsmacht mit „der Sicherung und Stärkung menschlicher Autonomie und Freiheit in Ausgleich zu bringen".[92]

Nur am Rande sei darauf hingewiesen, dass die kompetenzabgrenzenden Einzelsteuerbegriffe des Grundgesetzes als Typenbegriffe notwendigerweise auch gewisse

---

89 Vgl. etwa BVerfGE 12, 205 (229); HESSE, Grundzüge des Verfassungsrechts der Bundesrepublik Deutschland, 20. Aufl. 2005, Rn. 231 f.; STARCK, Grundrechtliche und demokratische Freiheitsidee, in: ISENSEE/KIRCHHOF (Hrsg.), Handbuch des Staatsrechts der Bundesrepublik Deutschland, Bd. 3, 3. Aufl. 2005, § 33 Rn. 35; UNRUH, Der Verfassungsbegriff des Grundgesetzes, 2002, 560 ff.; differenziert BÖCKENFÖRDE in: DERS., Staat – Nation – Europa, 1999, 183 (192 ff.); zu Parallelen in der amerikanischen Bundesstaatsdoktrin SCHMIDT, Das Verhältnis von Bund und Ländern im deutschen Bundesstaat des Grundgesetzes, AöR 87 (1962), 253 (265 ff.); zur ökonomischen Formulierung dieser Wirkung OETER, Erprobung der konstitutionellen politischen Ökonomie an Einzelfragen – Föderalismus, in: ENGEL/MORLOK (Hrsg.), Öffentliches Recht als ein Gegenstand ökonomischer Forschung, 1998, 119 (120 ff.).

90 Der unitarische Bundesstaat, 1962, 26 ff.; kritisch MÖLLERS, Der parlamentarische Bundesstaat, in: AULEHNER U.A. (Hrsg.), Föderalismus – Auflösung oder Zukunft der Staatlichkeit? 1997, 81 (94, 101); HANEBECK, Der demokratische Bundesstaat, 2004, 31 f. spricht in Bezug auf das Konzept der vertikalen Gewaltenteilung von einer „Legitimitätstransplantation" zugunsten des Bundesstaats; grds. ablehnend zu Figur und Wirksamkeit vertikaler Gewaltenteilung SCHODDER, Föderative Gewaltenteilung in der Bundesrepublik Deutschland, 1988; differenziert-kritisch auch RUPP, Bemerkungen zur neueren Diskussion über den bundesdeutschen Föderalismus, in: FG zum 10jährigen Jubiläum der Gesellschaft für Rechtspolitik, 1984, 377 ff.; SCHENKE, Föderalismus als Form der Gewaltenteilung, JuS 1989, 698 ff. Zu dem Zusammenhang zwischen der Integrationslehre SMENDS und HESSES Konzeption kritisch KORIOTH, Integration und Bundesstaat, 1990, 280 ff.; OETER, Integration und Subsidiarität im deutschen Bundesstaatsrecht, 1998, 249 ff.

91 ISENSEE, Idee und Gestalt des Föderalismus im Grundgesetz, in: DERS./KIRCHHOF (Hrsg.), Handbuch des Staatsrechts der Bundesrepublik Deutschland, Bd. 4, 2. Aufl. 1999, § 98 Rn. 18; RENNERT, Der deutsche Föderalismus in der gegenwärtigen Debatte um eine Verfassungsreform, Der Staat 32 (1993), 269 (273 f.); JESTAEDT, Bundesstaat als Verfassungsprinzip, in: ISENSEE/KIRCHHOF (Hrsg.), Handbuch des Staatsrechts der Bundesrepublik Deutschland, Bd. 2, 3. Aufl. 2004, § 29 Rn. 12; MÖLLERS, Gewaltengliederung, 2005, 15 ff., 81 ff., 331 ff.; GRZESZICK, in: MAUNZ/DÜRIG, Grundgesetz. Kommentar, Loseblattsammlung, Stand: 52. Lieferung Mai 2008, Art. 20 IV Rn. 24; vgl. jetzt den Neuansatz, das Demokratieprinzip als Direktive und Maßstab für „bundesstaatliche Entflechtungen" fruchtbar zu machen bei HUBER, Deutschland in der Föderalismusfalle?, 2003, 17 ff.; DERS., Klarere Verantwortungsteilung von Bund, Ländern und Kommunen? Gutachten zum 65. DJT 2004, D 33 ff.

92 BAUER, Entwicklungstendenzen und Perspektiven des Föderalismus in der Bundesrepublik Deutschland, DÖV 2002, 837 (838); NETTESHEIM, Wettbewerbsföderalismus und Grundgesetz, in: FS für P. Badura, 2004, 363 (369).

äußerste inhaltliche Vorgaben für die jeweilige Steuer „transportieren“, da sie sonst nicht angewendet werden könnten[93].

Während die Steuergesetzgebungskompetenz schon immer zum Steuerverfassungsrecht gezählt wurde, glaubte man lange Zeit, die übrigen finanzverfassungsrechtlichen Verteilungsentscheidungen jeden Individualbezugs entkleiden zu können. Erst neuere Überlegungen, die auch organisationsrechtliche und bundesstaatliche Regelungen auf das Individuum zurückführen bewirken hier ein Umdenken: Demokratische Verantwortungszusammenhänge erfordern gewisse Kongruenzen zwischen Steuerrechtsetzung und Steuerertragshoheit, da im Extremfall einer Entkoppelung finanzverfassungsrechtlicher Befugnisse jeglicher Verantwortungszusammenhang verwischt würde.[94]

5.3. Verbindungslinien – eine Skizze

5.3.1. Grundrechtliche und demokratische Legitimation im Verfassungsstaat

Die letzten Überlegungen führen zu den Verbindungslinien zwischen den „beiden Seiten“ des Steuerverfassungsrechts. Grundrechte und Demokratie sind zwei Legitimationsstränge des demokratischen Verfassungsstaats, die einerseits getrennt erscheinen, andererseits vielfältig aufeinander bezogen sind, sofern man akzeptiert, dass alle Legitimationsfragen bei der freien, autonomen Person ansetzen oder zu ihr zurückführen: Das Individuum erweist sich als letzte Bezugsgröße des Rechts.[95] Individuelle und demokratische Freiheit, individuelle und demokratische Selbstbestimmung sind insofern aufeinander bezogen und erweisen sich als Elemente eines Legitimationszusammenhangs zwischen Individuum und Herrschaft.[96] Überwindet man daher einen deutschen Traditionsstrang, staatsorganisations- und bundesstaatliche Strukturentscheidungen eher traditional oder funktional zu beschreiben und zu legitimieren, eröffnen sich neue Argumentationsräume. Dies führt für unsere Fragestellung dazu, die „beiden Seiten“ des Steuerverfassungsrechts stärker aufeinander zu beziehen.

5.3.2. Zonen des Zusammengreifens

Die Interpretation von Art. 2 Abs. 1 GG als allgemeine Handlungsfreiheit seit der Elfes-Entscheidung aus der Frühzeit der Judikatur des Bundesverfassungsgerichts[97] ermöglicht die gerichtliche und damit auch die verfassungsgerichtliche Überprüfung jeden belastenden, d.h. eingreifenden Staatshandelns und damit jeglicher Besteuerung. Das Grundrecht stellt den prozessualen „Hebel“ zur Rüge der Verletzung zwar nicht jeglicher Organisationsnorm, jedoch der Vorschriften über die

---

[93] Zu den materiellen Gehalten finanzverfassungsrechtlicher Kompetenznormen insgesamt WALDHOFF, Verfassungsrechtliche Vorgaben (Fn. 12), 182 ff.

[94] Näher ausgeführt in WALDHOFF, Finanzautonomie (Fn. 9), 231 ff.

[95] Vgl. nur HABERMAS, Faktizität und Geltung, 1992, 15 f., 122 ff.; UNRUH, Verfassungsbegriff (Fn. 89), 7 ff., 340 ff.; WAHL, Herausforderungen und Antworten: Das öffentliche Recht der letzten fünf Jahrzehnte, 2006, 20 ff.

[96] Vgl. etwa MÖLLERS, Gewaltengliederung, 2005, 32.

[97] BVerfGE 6, 32.

Steuergesetzgebungskompetenz dar.[98] Insofern wird von einer „Schutzvermittlungsfunktion" des Grundrechts gesprochen.[99] Da alle Abgabentypen für den Betroffenen so angreifbar sind, eröffnet Art. 2 Abs. 1 GG auch die Überprüfung des Einsatzes von Kausalabgaben, insbesondere also von Sonderabgaben. Die oben beschriebene Schutzfunktion der bundesstaatlich-organisationsrechtlichen Bestimmungen für den Steuerbürger wird so aktiviert. Auch Fragen der Voraussetzungslosigkeit der Steuer, d.h. der Zulässigkeit von Verwendungszweckbindungen könnten prozessual erfasst werden. Die Periodizität vieler Steuern wurde oben bereits als mit dem Leistungsfähigkeitsprinzip verwoben dargestellt. Paradigmatisch erscheint das Zusammengreifen von Grundrecht und Organisationsrecht in dem Kammerbeschluss zur Verfassungswidrigkeit der Steuerverweigerung aus Gewissensgründen. Wegen der haushaltsrechtlichen Trennung zwischen Einnahmen und Ausgaben könne schon auf der Ebene des Schutzbereichs des Grundrechts keine relevante Gewissensentscheidung anerkannt werden:

> „Eine Gewissensentscheidung, die Organisation und Finanzierung der Verteidigung ablehnt, berührt jedoch grundsätzlich nicht die Pflicht zur Steuerzahlung. Die Steuer ist ein Finanzierungsinstrument des Staates, aus dessen Aufkommen die Staatshaushalte allgemein – ohne jede Zweckbindung – ausgestattet werden. ... Durch die strikte Trennung von Steuererhebung und haushaltsrechtlicher Verwendungsentscheidung gewinnt der Staat rechtsstaatliche Distanz und Unabhängigkeit gegenüber dem ihn finanzierenden Steuerpflichtigen und ist deshalb allen Bürgern ... in gleicher Weise verantwortlich. ... Auf der Grundlage dieser strikten Trennung zwischen steuerlicher Staatsfinanzierung und haushaltsrechtlicher Verwendungsentscheidung ist für den einzelnen Steuerpflichtigen weder rechtserheblich noch ersichtlich, ob seine Einkommensteuerzahlungen an die Landesfinanzbehörden (Art. 108 Abs. 2 GG) in den Bundes- oder in den Landeshaushalt fließen (vgl. Art. 106 Abs. 3 GG) und für welchen konkreten Verwendungszweck innerhalb einer dieser Haushalte seine Zahlungen dienen." [100]

5.3.3. Zonen des Antagonismus

Bei so viel Harmonie und Zusammengreifen der unterschiedlichen Perspektiven sollten die Aporien eines so verstandenen Steuerverfassungsrechts nicht übersehen werden. Grundrechtliche und demokratische Legitimation bleiben zwei Stränge von Legitimation, das Spannungsverhältnis zwischen demokratisch legitimiertem Entscheiden in der Steuerrechtsetzung und grundrechtlicher Kontrolle im Sinne eines Minderheitenschutzes können und dürfen nicht bedingungslos harmonisiert werden. Entscheidend wird damit die Abschichtung der genuin politischen Fragen von Fragen des notwendigen Schutzes von Minderheiten. Für das grundrechtliche Steuerverfassungsrecht steht dabei – trotz aller angedeuteten Verschränkungen – die Unterscheidung zwischen Gleichheit und Freiheit im Vordergrund. Jenseits der Lenkungssteuern und der verstärkenden bzw. maßstabsergänzenden Funktionen der Freiheitsrechte im Zusammenhang mit dem Leistungsfähigkeitsprinzip bleibt für

---

[98] BVerfGE 19, 206 (215 f.) und st. Rspr.; VOGEL/WALDHOFF (Fn. 2), Rn. 566 m.w.N.

[99] KAHL, Die Schutzergänzungsfunktion von Art. 2 Abs. 1 Grundgesetz, 2000, 27 ff.

[100] StuW 1992, 360; dazu ausführlicher Vogel/Waldhoff (Fn. 2), Rn. 573.

die Überprüfung der Höhe der Steuerbelastung, wie die Entscheidung vom 18. Januar 2006 gezeigt hat, wenig Raum. Das Ergebnis der Dreiviertelkreisbewegung des Gerichts von der Nichtanwendung über den Halbteilungsgrundsatz hin zur Anwendbarkeit und Verhältnismäßigkeitsprüfung, die letztlich jedoch auf eine Begründungslast hinausläuft und damit keine wirksamen Grenzen setzt, sondern vielmehr günstigstenfalls die Rationalität von Steuerrechtsetzung befördert, spricht für sich. Vermutlich sind wir da angelangt, was auch die einzige Funktion des Halbteilungsgrundsatzes sein konnte: Art. 14 GG stellt ein niemals anzuwendendes, weil nicht operationables Warnsignal für die Besteuerung dar. Wenn der Schein nicht trügt, eröffnet die neue Linie des Zweiten Senats immerhin die Chance, „Ausreißer" mit deutlich unverhältnismäßiger Belastung erfassen zu können. Die Justierung des Gleichheitssatzes ist demgegenüber weiterhin sehr ernst zu nehmen. Nicht nur weil Steuerrecht Eingriffsrecht darstellt, sondern weil die Besteuerung schon immer eine wesentliche Legitimation aus der gleichen Lastenverteilung empfing, ist bei diesem – demokratische Entscheidungsbefugnisse wie richterliche Kontrolle wie kaum ein anderes Grundrecht dirigierenden – Prüfungsmaßstab die mit Variationen verhältnismäßig strenge Prüfung durch die Verfassungsgerichtsbarkeit berechtigt. Die Ausweichargumentationsstrategie Karlsruhes besteht hier darin, über die Figur der Selbstbindung und Systemgerechtigkeit zu modellieren[101] – das objektive Nettoprinzip stellt das beste Beispiel dar.[102] Hier stellen sich allerdings kritische Fragen: Ist Systemgerechtigkeit überhaupt ein Maßstab von Rechtsgleichheit?[103] Wird hier dem (Steuer-)Gesetzgeber nicht letztlich mehr genommen, als an politischer Gestaltungsfreiheit zugestanden?[104] Das wäre ein eigenes Thema.

5.4. Die internationalrechtliche Dimension – ein Anwendungsfall

Die offene Staatlichkeit[105] fordert auch im Finanzrecht des Grundgesetzes ihren Tribut. Weder die Steuerordnung noch die sonstige Finanzgebarung sind strikt auf

---

[101] Vgl. nur OSTERLOH, in: SACHS (Hrsg.), Grundgesetz. Kommentar, 4. Aufl. 2007, Art. 3 Rn. 98 ff.: Systemgerechtigkeit als der „die aktuelle Rechtsprechung des BVerfG zum Gleichheitssatz vielleicht am stärksten prägende Grundgedanke"; aus der älteren Literatur vgl. DEGENHART, Systemgerechtigkeit und Selbstbindung des Gesetzgebers als Verfassungspostulat, 1976; kritisch PEINE, Systemgerechtigkeit, 1986; für das Steuerrecht positiv SCHÖN, Steuerpolitik 2008 (Fn. 8), 17 f.

[102] Für Verankerung im Leistungsfähigkeitsprinzip etwa P. KIRCHHOF, in: DERS./SÖHN/MELLINGHOFF (Hrsg.), Einkommensteuergesetz. Kommentar, § 2 Rn. A 127 f.; LEHNER, Einkommensteuerrecht und Sozialhilferecht, 1993, 361; LANG, Die Bemessungsgrundlage der Einkommensteuer, 1988, 183 ff.; ferner BERGKEMPER, Die Bedeutung des objektiven Nettoprinzips für den Abzug beruflicher/betrieblicher Aufwendungen in der Rechtsprechung des Bundesfinanzhofs, StuW 2006, S. 311. Aus der insofern offenen Rechtsprechung BVerfGE 27, 58 (64 f.); 81, 228 (237); 99, 88 (96 f.); 99, 280 (290 f.); 107, 27 (48); BVerfG, DStR 2006, 1316 (1317).

[103] Mit überzeugenden Argumenten kritisch etwa KISCHEL, Systembindung des Gesetzgebers und Gleichheitssatz, AöR 124 (1999), 174; differenziert PROKISCH, Von der Sach- und Systemgerechtigkeit zum Gebot der Folgerichtigkeit, in: FS für K. Vogel, 2000, 293.

[104] KISCHEL (Fn. 103), 204 ff.

[105] VOGEL, Die Verfassungsentscheidung des Grundgesetzes für eine internationale Zusammenarbeit, 1964; DI FABIO, Das Recht offener Staaten, 1998.

den überkommenen Nationalstaat radizierbar.[106] Besteuerungsvorgänge machen ebenso wenig an Staatsgrenzen halt wie Menschen, Kapital, der Handel oder sonstige Wirtschaftsbeziehungen.[107] Anschaulich ist von der „Transnationalität des modernen Steuerstaats“ gesprochen worden.[108] Andererseits gehören Finanzfragen zusammen mit Fragen der inneren und äußeren Sicherheit, insbesondere der Anwendung physischen Zwangs zu den souveränitätssensiblen und auch in besonderem Maße der demokratischen Legitimation bedürftigen Bereichen staatlicher Tätigkeit.[109] Im Rahmen einer sich steigernden internationalen Interdependenz bilden sie bis zu einem gewissen Grad Residuen nationalstaatlicher Beschränkung. Das Internationale Steuerrecht und das europäische Steuerrecht suchen den steuerlichen Zugriff der verschiedenen Staaten in je unterschiedlicher Weise zu koordinieren. Durch die Einbindung in eine supranationale Struktur entstehen Wechselwirkungen der Finanzverfassung des Grundgesetzes mit der Zuständigkeitsordnung und dem Finanzierungssystem der Europäischen Gemeinschaften. Die weitreichende Harmonisierung der Umsatzsteuer ist auch mit ihrer Funktion als Eigenmittel der Gemeinschaften zu erklären. Darüber hinaus ist das gesamte Abgabenrecht binnenmarktkonform auszugestalten.

5.4.1. Die grundrechtliche Seite: Grenzüberschreitende Grundrechtsregime und die Koordination mit anderen Staaten

Der räumliche Anwendungsbereich des Prinzips der Besteuerung nach der individuellen wirtschaftlichen Leistungsfähigkeit ist aus der allgemeinen Grundrechtsdogmatik, genauer: der Frage ihrer grenzüberschreitenden Geltung zu entwickeln. Diese ist grundsätzlich zu bejahen, wenn sich auch die Wirkkraft der Grundrechte in grenzüberschreitenden Kontexten vermindern mag.[110] Die Sicherstellung der Besteuerung nach der individuellen wirtschaftlichen Leistungsfähigkeit und das Gelingen zwischenstaatlicher Koordination bei der Verteilung von Besteuerungszuständigkeiten stehen in einem Spannungsverhältnis, beide Gesichtspunkte können nicht gleichzeitig voll verwirklicht werden. Es handelt sich einmal um die Binnenperspektive aus der Sicht der beteiligten Staaten, das anderemal um die Außenperspektive der Koordination des Handelns verschiedener Staaten. So bildet sich

[106] HEUN, in: DREIER (Hrsg.), Grundgesetz. Kommentar, Bd. 3, 2. Aufl. 2007, Vorb. zu Art. 104a-115 Rn. 12 ff.; WEBER-GRELLET, Steuern im modernen Verfassungsstaat, 2001, 113 ff.

[107] MENCK, Offener Steuerstaat und internationale Koordination, in: FS für H. Debatin, 1997, 304; FROTSCHER, Internationales Steuerrecht, 2. Aufl. 2005, § 1 Rn. 1 ff.

[108] WEBER-FAS, Staatsverträge im Internationalen Steuerrecht, 1982, 4.

[109] Zur notwendigen demokratischen Rückkopplung WEBER-GRELLET (Fn. 3), 61, allerdings mit verfehlten Überlegungen zu dem Verhältnis Besteuerung und direkter Demokratie.

[110] BVerfGE 6, 290 (295); 29, 348 (358 ff.); 31, 58 (74); 57, 9 (23); 100, 313 (362 ff.); ELBING, Zur Anwendung der Grundrechte bei Fällen mit Auslandsbezug, 1992; STERN, Das Staatsrecht der Bundesrepublik Deutschland, Bd. III/1, 1988, 1231 f.; QUARITSCH, Der grundrechtliche Status der Ausländer, in: ISENSEE/KIRCHHOF (Hrsg.), Handbuch des Staatsrechts der Bundesrepublik Deutschland, Bd. 5, 2. Aufl. 2000, § 120 Rn. 73 ff.; BLUMENWITZ, Die Auslegung völkerrechtlicher Verträge, in: MÖSSNER/BLUMENWITZ U.A., Doppelbesteuerungsabkommen und nationales Recht, 1995, 5 (18).

das Spannungsverhältnis zwischen Individual- und Staatengerechtigkeit ab. Da eine ausbleibende internationale Kooperation eine leistungsfähigkeitsgerechte Besteuerung auch im Inland behindern würde, folgen aus dem Leistungsfähigkeitsprinzip Direktiven für den Abschluss und das Aushandeln von Doppelbesteuerungsabkommen. Die deutsche Staatsgewalt unterliegt damit aus Art. 3 Abs. 1 GG einer Einwirkungspflicht auf die ausländischen Verhandlungspartner, möglichst eine Steuerverteilung zwischen den Vertragsstaaten des beabsichtigten Doppelbesteuerungsabkommen zuzustimmen, die eine Besteuerung nach der wirtschaftlichen Leistungsfähigkeit der (deutschen) Steuerbürger ermöglicht.[111] Da Verträge stets der Zustimmung beider Vertragspartner bedürfen, kann es sich insofern nur um eine Bemühenslast handeln. Grundrechtsdogmatisch handelt es sich um eine Schutzpflicht zugunsten des deutschen Steuerzahlers gegenüber ausländischen Hoheitsträgern.[112] Soweit möglich ist verbleibende Doppelbesteuerung mittels unilateraler Maßnahmen abzustellen.[113] Entgegen der wohl noch h.M. ist daher das Leistungsfähigkeitsprinzip verfassungsrechtliche Direktive auch bei grenzüberschreitenden Steuersachverhalten.[114] Es verändert lediglich seine Bindungskraft.

5.4.2. Die organisationsrechtliche Seite: Das Demokratieprinzip als Grund und Grenze der Überwirkung von Besteuerungsregimen

Bei der Frage der Übertragbarkeit von Besteuerungsbefugnissen[115] auf supranationale Organisationen, also auf die EU, spielt die Struktur der demokratischen Legitimation eines derartigen Besteuerungsregimes die zentrale Rolle. Der demokratische Rückbezug des Finanzrechts erweist sich als *begrenzender* Faktor der institutionellen Ausgestaltung. Die Finanzautonomie der EU ist auf der Einnahmenseite noch weitergehender beschränkt als etwa die kommunale Ebene.[116] Das Eigenmittelsystem (Art. 269 EGV i.V.m. dem jeweils gültigen Eigenmittelbe-

---

[111] LEHNER/WALDHOFF (Fn. 74), Rn. A 186.

[112] ELBING (Fn. 110), 103 f.

[113] Vgl. aus dem deutschen Recht etwa § 34c EStG.

[114] Wie hier FROTSCHER (Fn. 107), § 1 Rn. 21 ff.; abweichend BFH, BStBl II 1975, 497.

[115] Als EG-Steuer oder als eigenständige Besteuerungsbefugnisse der EG werden hier solche Steuern verstanden, bei denen sowohl die Rechtsetzungs-, als auch die Ertragshoheit bei den Gemeinschaften liegt.

[116] Art. 6 Abs. 4 (Art. F Abs. 3 a.F.) EUV bringt keine Kompetenz zur Beschaffung oder Erhebung von Finanzmitteln, BVerfGE 89, 155 (194 f.); HÄDE, Finanzausgleich, 1996, 375 f., 457; LIENEMEYER, Finanzverfassung der Europäischen Union, 2002, 256 f.; vernachlässigbar ist hier die Eigenbesteuerung der EG-Bediensteten, vgl. etwa KLINKE, Diener, Dienen und Verdienen, IStR 1995, 217 ff.; Einnahmen aus Buß-, Zwangsgeldern u.ä.; auch bestehen keine nennenswerten Verschuldungsmöglichkeiten; vgl. dazu SEIDEL, Ausgestaltung und rechtliche Begrenzung der Anleihebefugnis der Europäischen Wirtschaftsgemeinschaft, RIW 1977, 665 ff.; SELMER, Die Anleihekompetenzen der europäischen Gemeinschaften, in: BOECKSTIEGEL u.a. (Hrsg.), Finanzverfassung der Europäischen Gemeinschaften, 1984, 21 ff.; SCHEIBE, Die Anleihekompetenz der Gemeinschaftsorgane nach dem EWG-Vertrag, 1988; MÜNCH, Die Verschuldungstätigkeit der Europäischen Gemeinschaft, 1989; GESMANN-NUISSL, Die Verschuldungsbefugnis der Europäischen Union, 1999.

schluss)[117] bringt dies zum Ausdruck: Durch primäres Gemeinschaftsrecht außerhalb der Verträge wird ein absolut begrenzter Finanzrahmen zur Verfügung gestellt, während auf der Ausgabenseite das Europäische Parlament zwar nicht ein den mitgliedstaatlichen Parlamenten vergleichbares Budgetrecht besitzt, die Gemeinschaft jedoch über ihre Ausgaben weitgehend autonom befindet.[118] Die Einnahmen präjudizieren vollständig die Ausgaben. Daraus ergibt sich zwar eine beträchtliche und nicht unproblematische Asymmetrie in der EU-Finanzwirtschaft.[119] Diese spiegelt jedoch den erreichten Integrationsstand wesentlich präziser, als integrationspolitische Programme dies könnten, wider.[120] Bezugspunkte sind stets die Mitgliedstaaten, nicht deren Bürger. Da Rechtsakte der Gemeinschaften nach wie vor nicht den gleichen Grad demokratischer Legitimation aufweisen, wie mitgliedstaatliche Steuergesetze,[121] kann der integrationspolitisch häufig erhobenen Forderung nach einer EU-Steuer[122] nach hiesigem Ansatz nicht gefolgt werden. In souveränitäts-

---

[117] REISTER, Haushalt und Finanzen der Europäischen Gemeinschaften, 1975; STRASSER, Die Finanzen Europas, 3. (deutschsprachige) Aufl. 1991; MESSAL, Das Eigenmittelsystem der Europäischen Gemeinschaft, 1991; PEFFEKOVEN, Die Finanzen der Europäischen Union, 1994; HÄDE, Finanzausgleich (Fn. 126), 427 ff.; HÖLSCHEIDT/BALDUS, Bestandsaufnahme und Perspektiven der europäischen Finanzordnung, DÖV 1997, 866 (873); LIENEMEYER, Finanzverfassung der Europäischen Union (Fn. 116), 112 ff.; MEERMAGEN, Beitrags- und Eigenmittelsystem, 2002.

[118] Vgl. statt vieler ROSSI, Europäisches Parlament und Haushaltsverfassungsrecht, 1997; allgemein zu den Kompetenzen des Europäischen Parlaments vor dem Demokratieprinzip KAUFMANN, Europäische Integration und Demokratieprinzip, 1997, 226 ff.

[119] Vgl. nur SEIDEL, Die Einbindung der Bundesrepublik Deutschland in die Europäischen Gemeinschaften als Problem des Finanzausgleichs, 1992, 220 ff.; ROSSI (Fn. 118), 246 ff.; LIENEMEYER, Finanzverfassung der Europäischen Union (Fn. 116), 258 ff.; WALDHOFF, in: CALLIESS/RUFFERT (Hrsg.); EUV/EGV. Kommentar, 3. Aufl. 2006, Art. 269 Rn. 12.

[120] Vgl. auch VON BOGDANDY, Europäische Prinzipienlehre, in: DERS. (Hrsg.), Europäisches Verfassungsrecht, 2003, 149 (175 mit Fn. 106), wo die EU-Finanzverfassung als Zuspitzung des dualistischen Legitimationsmodells der Gemeinschaften interpretiert wird; ebd., 183, wird die Finanzverfassung als „eigentliche Achillesferse" jeder föderalen Ordnung identifiziert.

[121] Der unendliche Diskurs über das wirkliche oder vermeintliche Demokratiedefizit auf Gemeinschaftsebene kann und soll hier nicht umfassend referiert werden; mit einer gehörigen Portion an Pauschalierung können v.a. zwei Richtungen unterschieden werden: Abgrenzung von und Integration in das Demokratiekonzept des Bundesverfassungsgerichts, v.a. im Anschluss an das Maastrichturteil BVerfGE 89, 155; auf dieser Linie etwa DI FABIO, Demokratie im System des Grundgesetzes, FS für P. Badura, 2004, 77 (93 ff.); auf Finanzbefugnisse bezogen ROSSI, Haushaltsverfassungsrecht (Fn. 118), 259 ff.; TRAUB, Einkommensteuerhoheit für die Europäische Union? 2005, 84 ff.; „offenere" Modelle etwa bei VON BOGDANDY (FN. 120), 171 ff.; DERS., Demokratie, Globalisierung, Zukunft des Völkerrechts, in: BAUER/HUBER/SOMMERMANN (Hrsg.), Demokratie in Europa, 2005, 225 ff. Wenn OETER, Föderalismus, in: VON BOGDANDY (Hrsg.), Europäisches Verfassungsrecht, 2003, 59 (112 f.) das Transparenzdefizit dem Demokratiedefizit gegenüberstellt, werden nach hiesigem Ansatz in der Tendenz zwei Seiten einer Medaille gegeneinander ausgespielt.

[122] Vgl. etwa WEBER-GRELLET, Europäisches Steuerrecht, 2005, 24, mit dem Argument der Transparenzverbesserung der Einnahmestruktur, allerdings erst nach „Beseitigung des derzeitigen Demokratiedefizits"; vor der problematischen Prämisse einer Finalität der Union in Richtung auf einen Bundesstaat TRAUB, Einkommensteuerhoheit (Fn. 121).

und damit zugleich demokratiesensiblen Bereichen wie der Besteuerung – als Parallele wäre etwa die Ausübung physischen Zwangs zu nennen – versagen funktional-technokratisch-affirmative Kompensationsmechanismen, die in anderen Integrationsbereichen ihr Auskommen haben mögen. Bei dem derzeitigen Integrationsstand des „Staatenverbundes" besteht auch kein Bedürfnis für den unmittelbaren Durchgriff auf die Unionsbürger zur Finanzierung der Union, Erhebungsadressaten für die sog. Eigenmittel bleiben die Mitgliedstaaten, der Unionsbürger ist finanzrechtlich mediatisiert.[123]

5.5. Entwicklung und Zustand der deutschen Steuerrechtswissenschaft im Spiegel der verfassungsrechtlichen Bindungen des Steuerrechts – Analyse und Projektion

Das Gesamttableau steuerverfassungsrechtlicher Bindungen im Zusammenhang mit der historischen Entwicklung steuerrechtlicher Dogmatik hilft uns, das steuerverfassungsrechtliche Zentralproblem der Gegenwart – das Austarieren von gesetzgeberischer Freiheit und verfassungsrechtlicher Bindung – besser zu bewältigen. Auch die grenzüberschreitenden Besteuerungsprobleme wären hier zu nennen. Praktisch jede Frage von steuerrechtsdogmatischem Gewicht wird zurzeit mit verfassungsrechtlichen Fragestellungen in Verbindung gebracht.[124] Es stellt sich die Frage, ob die ursprünglich vernachlässigte Konstitutionalisierung des Steuerrechts womöglich inzwischen übertrieben wird. Dazu soll zunächst die Entwicklung des Verhältnisses von Verfassungs- und Steuerrecht skizziert werden, bevor in der Debatte Stellung bezogen werden wird.

5.5.1. Drei Ansätze von Steuerrechtswissenschaft nach 1945

Steuerrecht ist in Deutschland zunächst als besonderes Verwaltungsrecht gesehen, entwickelt und von *Otto Mayer* sowie dem Preußischen Oberverwaltungsgericht dogmatisiert worden. Als eigenständiges Rechtsgebiet wurde es durch Arbeiten und Lehrbuchdarstellungen von *Albert Hensel* und *Otmar Bühler* entwickelt;[125] für unsere Fragestellung ist dabei etwa wichtig, dass *Hensel* von vornherein parallel die Dogmatik des einfachgesetzlichen Steuerrechts wie des Steuerverfassungsrecht – man könnte zeigen: mit Wechselwirkungen – vorantrieb. Im Grunde brach 1933 eine frühe Blüte der Diskussion (und auch Judikatur) der grundrechtlichen Einbindung des Steuerrechts ab, die in den Weimarer Diskussionen um die Bindung des Gesetzgebers an die Grundrechte der Verfassung ihren Sitz hatte.[126] Nach dem

---

[123] I.E. auch TRAUB, Einkommensteuerhoheit (Fn. 121), 88.

[124] Allgemein zu diesem Problem der Konstitutionalisierung WAHL, Der Vorrang der Verfassung und die Selbständigkeit des Gesetzesrechts, NVwZ 1984, 401; hier zitiert nach DERS., Verfassungsstaat, Europäisierung, Internationalisierung, 2003, 161 (180 f.).

[125] Dazu näher REIMER/WALDHOFF, Steuerrechtliche Systembildung und Steuerverfassungsrecht in der Entstehungszeit des modernen Steuerrechts in Deutschland, in: DIES., Albert Hensel. System des Familiensteuerrechts und andere Schriften, 2000, 1 (30 ff., 45 ff.).

[126] WALDHOFF, Verfassungsrechtliche Vorgaben (Fn. 12), 238 ff.

Zweiten Weltkrieg sind es vor allem drei Namen, die mit ihren „Schulen"[127] die Steuerrechtswissenschaft geprägt und vorangebracht haben: *Werner Flume*, *Klaus Tipke* und *Klaus Vogel.*

Flume hat zunächst die öffentlich-rechtliche Verankerung durch biographisch und programmatisch bedingte Umstände aufgeweicht und die – für die Praxis ohnehin näher liegenden – Verbindungslinien mit dem Zivilrecht, insbesondere mit dem Gesellschafts- und Bilanzrecht betont. Wissenschaftsorganisatorisch stellte das einen Paradigmenwechsel dar,[128] inhaltlich war es eine Bereicherung. Seine programmatischen Ausführungen in dem Beitrag zur Festschrift seines damaligen Göttinger Kollegen *Rudolf Smend* „Steuerwesen und Rechtsordnung" von 1952 verdeutlichen sein von positivistisch-dezisionistischen und damit letztlich realistischen Positionen ausgehendes Programm. Die zentralen Ausführungen, die um die Begriffe „Kongruenz" und „Inkongruenz", jeweils der Steuerrechtsnormen zu sonstigen Rechtsnormen kreisen, verdienen zitiert zu werden:

> „Wenn die Steuergesetze ‚Recht' sein sollen, müssen sie aber auch materiell Rechtsgehalt haben. … Als ‚Recht' sind die Steuergesetze Teil der Rechtsordnung und unterliegen damit dem Gesetz der Einheit der Rechtsordnung, dem Gesetz der Kongruenz. Wird das Gesetz der Kongruenz nicht gewahrt, so ergibt sich statt Ordnung Unordnung. Mit der Frage der Kongruenz ist die Frage des Rangverhältnisses zwischen Steuerrecht und sonstiger Rechtsordnung gestellt. Die Erhebung von Abgaben dient nun zweifellos nicht unmittelbar der Verwirklichung eines Rechtswerts. Eine Rechtswertverwirklichung kommt nur für die Art der Gestaltung der Abgaben in Frage. Hierfür können sich die rechtlichen Gesichtspunkte aber nur aus der allgemeinen Rechtsordnung ergeben. Entsprechend der allgemeinen rechtlichen Ordnung müssen die Umlagen nach den Grundsätzen der Gerechtigkeit erfolgen, wie diese sich in der bestehenden allgemeinen Rechtsordnung manifestieren. … Sieht der Steuergesetzgeber diese Problematik nicht, so entstehen aus dem steuerlichen Eingriff Inkongruenzen, durch welche die Rechtsordnung als solche in Frage gestellt wird."[129]

Aus heutiger Sicht bemerkenswert erscheint die Betonung der Notwendigkeit der Einbettung des Steuerrechts in die Gesamtrechtsordnung ohne die Stufung dieser Rechtsordnung, d.h. das Verfassungsrecht zu thematisieren. Das schien 1952, ein Jahr nach Einrichtung des Bundesverfassungsgerichts zumindest für einen aus dem römischen Recht und dem Zivilrecht kommenden Steuerrechtler noch weitgehend fern liegend zu sein.

---

[127] Mit allen Vorbehalten und Differenzierungen wird man zur *steuerrechtlichen* „Flume-Schule" die allzu früh verstorbene BRIGITTE KNOBBE-KEUK, WOLFGANG SCHÖN und RAINER HÜTTEMANN rechnen; zur „Tipke-Schule" zählen demnach etwa JOACHIM LANG, ROMAN SEER, JOHANNA HEY, KLAUS-DIETER DRÜEN und JOACHIM ENGLISCH; zur „Vogel-Schule" wären etwa PAUL KIRCHHOF, DIETER BIRK, MORIS LEHNER, MICHAEL RODI, RAINER PROKISCH, ANNA LEISNER-EGENSPERGER, CHRISTIAN WALDHOFF, HANNO KUBE, CHRISTIAN SEILER, RAINER WERNSMANN, EKKEHART REIMER, ROLAND ISMER und ALEXANDER RUST zu rechnen.

[128] Vgl. jetzt etwa WALDHOFF/HÜTTEMANN, Steuerrecht in Forschung und akademischem Unterricht an der Universität Bonn, in: HÜTTEMANN/WALDHOFF (Hrsg.), Steuerrecht an der Universität Bonn, 2008, S. 1 (13 ff.).

[129] FS für R. Smend, 1952, 59, hier zitiert nach KNOBBE-KEUK (Hrsg.), Steuerwesen und Rechtsordnung, 1986, 9 (10, 12).

Tipke stellt demgegenüber sein gesamtes steuerrechtliches Denken unter den Begriff des (inneren sowie äußeren) Systems und der Gerechtigkeit.[130] Diese Kategorien werden nicht aus der Verfassung hergeleitet, wohl aber mit ihr in Beziehung gesetzt. Dabei kann man sich nicht stets des Eindrucks erwehren, dass nach den Entsprechungen im Verfassungstext für anderweitig eingeführte Kategorien gesucht wird. Das ist im Einzelfall legitim, sind manche steuerrechtliche Institute doch älter als die Verfassung; insgesamt wird man allerdings aus der Verfassung kein Steuersystem deduzieren können. Der unmittelbare Rekurs auf die Gerechtigkeit als juristischer Kategorie ist – hier wie stets – Einwänden ausgesetzt. In der Sache hat dieser Ansatz allerdings die Steuerrechtswissenschaft sehr vorangebracht, im Grunde nach *Hensel* und *Bühler* auf eine neue Stufe gehoben.

Vogel wiederum geht von der Verfassung und – mit der Finanzverfassung[131] – durchaus auch deutlich von ihren organisationsrechtlichen Teilen aus. Zudem hat er von vornherein durch sein Habilitationsthema[132] bedingt die grenzüberschreitende Dimension von Besteuerung im Blick (ohne dies zunächst jedoch mit dem Finanz- und Steuerverfassungsrecht zu verbinden). Die strikte Verfassungsbindung des Steuerrechts ist so von Anfang an ein zentrales Postulat[133] – manchmal stellt sich allerdings die Frage, ob der Gestaltungsspielraum des unmittelbar demokratisch legitimierten Steuergesetzgebers, ob die Eigenrationalität einfachen Rechts nicht vernachlässigt wird; zudem leidet dieser spezifisch öffentlich-rechtliche Zugang zum Fach unter einer gewissen Vernachlässigung des Bilanz- und Unternehmenssteuerrechts.

Alle drei Protagonisten haben programmatisch notwendig ihren Ansatz – bei *Flume* die Verbindung des Steuerrechts mit dem Zivilrecht; bei *Tipke* die Systembildung und bei *Vogel* die verfassungsrechtliche Verankerung – bis zu einem gewissen Punkt wahrscheinlich überpointiert. Praxis und Lehre haben alle drei Ansätze aufgegriffen und in unterschiedlicher Weise zu einem Ausgleich gebracht. Zum Abschluss lassen Sie uns vor diesem Hintergrund die im Ausgangspunkt gestellten Fragen noch einmal aufgreifen und wenn auch nicht beantworten, so doch präzisieren.

---

[130] Statt vieler Schriften neben dem bahnbrechenden Lehrbuch zum Steuerrecht sei hier verwiesen auf: Steuergerechtigkeit in Theorie und Praxis, 1981, sowie: Die Steuerrechtsordnung, Bd. 1, 1. Aufl. 1993, S. 12 ff., 105 ff. und öfter.

[131] Finanzverfassung und politisches Ermessen, 1972; Zweitkommentierungen im Bonner Kommentar zum Grundgesetz, 1971 ff.

[132] Der räumliche Anwendungsbereich der Verwaltungsrechtsnorm, 1965.

[133] Programmatisch insofern: Steuergesetzgebung und Verfassungsrecht, Bitburger Gespräche, Jahrbuch 1972/73, 115; Steuergerechtigkeit und soziale Gestaltung, DStZ/A 1975, 409; Die Besonderheit des Steuerrechts, DStZ/A 1977, 5; Der Verlust des Rechtsgedankens im Steuerrecht als Herausforderung für das Verfassungsrecht, in: FRIAUF (Hrsg.), Steuerrecht und Verfassungsrecht, DStjG 12, 1989, 123.

5.5.2. Zukunftsfragen des Steuerverfassungsrechts – Chancen und Grenzen der Konstitutionalisierung des Steuerrechts

Der ebenso „attraktive wie rätselhafte" Begriff der Konstitutionalisierung der Rechtsordnung im innerstaatlichen Bereich meint die Beeinflussung des einfachen Rechts durch Verfassungsrecht, die verfassungsrechtliche Überformung jedes Teilrechtsgebiets.[134] Dafür sind drei Voraussetzungen erforderlich:[135] Der Grundsatz des Vorrangs der Verfassung muss strikt durchgeführt sein,[136] das Verfassungsrecht muss neben organisationsrechtlichen Regelungen materielle Vorgaben für die Rechtsordnung enthalten und eine Gerichtsbarkeit muss Willens und in der Lage sein, die Konstitutionalisierung durchzusetzen. Konstitutionalisierung macht die Verfassung zum „Supra-" oder „Megarecht", führt zum „Verfassungsexpansionismus".[137] „Stellt man sich das Recht eines Staates als eine hierarchisch gestufte Ordnung vor und geht man vom Vorrang der Verfassung aus ... dann erscheint die Konstitutionalisierung der einfachen Rechtsordnung als ebenso zwingend wie selbstverständlich. Damit jedoch das Phänomen der Konstitutionalisierung erklären zu wollen, griffe viel zu kurz. ... Was die Konstitutionalisierung der Rechtsordnung eigentlich zum untersuchungsbedürftigen Phänomen macht, sind die zahlreichen, manchmal durchaus verschlungenen Wege, auf denen sich die Konstitutionalisierung der Rechtsordnung vollzieht."[138] Dieses Zitat aus einer der wenigen wissenschaftlichen Untersuchungen zum Phänomen der Konstitutionalisierung der einfachgesetzlichen Rechtsordnung bedient sich vorrangig Beispielen aus dem Zivilrecht. Hier stellt sich die Frage, ob das Steuerrecht als staatliches Eingriffsrecht dieselbe Eigenrationalität besitzt oder besitzen kann wie die auf zwei Jahrtausenden Rechtstradition basierende Zivilrechtsordnung.[139] Außerdem ist diese Form der Konstitutionalisierung nicht auf den „Umweg" mittelbarer Drittwirkung oder von Schutzpflichten angewiesen.[140] Die Konstitutionalisierung von öffentlichem Recht als Eingriffsrecht ist zunächst eine verfassungsrechtlich notwendige und in einem schmerzvollen Prozess erkämpfte Errungenschaft, die im geltenden Recht der Grundrechtsbindung sämtlicher Staatsgewalt geschuldet ist (vgl. die „Brückennormen"[141] der Art. 1 Abs. 3; 20 Abs. 3

---

[134] WAHL, Konstitutionalisierung – Leitbegriff oder Allerweltsbegriff? In: FS für W. Brohm, 2002, 191 (192); PRÜMM, Trends im Deutschen Recht, JA 2005, 310 (311); KNAUFF, Konstitutionalisierung im inner- und überstaatlichen Recht, ZaöRV68 (2008), 453 (454 ff.).

[135] In Anlehnung an KNAUFF (Fn. 134), 477 f.

[136] Grundlegend WAHL, Der Vorrang der Verfassung, Der Staat 20 (1981), 481; hier zitiert nach: DERS., Verfassungsstaat, Europäisierung, Internationalisierung, 2003, 121.

[137] KLOEPFER, Vom Zustand des Verfassungsrechts, JZ 2003, 481.

[138] SCHUPPERT/BUMKE, Die Konstitutionalisierung der Rechtsordnung, 2000, 9.

[139] Vgl. insgesamt auch SCHÖN, Die zivilrechtlichen Voraussetzungen steuerlicher Leistungsfähigkeit, StuW 2005, 247 (248 f.).

[140] Seit BVerfGE 7, 198 – Lüth; aus der Literatur vgl. nur CANARIS, Grundrechte und Privatrecht, 1999 sowie RUFFERT, Vorrang der Verfassung und Eigenständigkeit des Privatrechts, 2001.

[141] KNAUFF (Fn. 134), 477.

GG).[142] Nicht von Ungefähr wird das Verwaltungsrecht nach 1949 als „konkretisiertes Verfassungsrecht" beschrieben.[143] Vor diesem Hintergrund stellt sich die Aufgabe der präziseren Abschichtung eines legitimen gesetzgeberischen Gestaltungsspielraums im Steuerrecht von notwendiger verfassungsrechtlicher Einhegung anders als in der eingehenden Kritik der Grundrechte als objektiver Wertordnung.[144] Die Verfassung gibt und kann auch das Maß der Einwirkung nicht angeben. Die neuere Wendung in der verfassungsgerichtlichen Rechtsprechung zu den eigentumsrechtlichen Grenzen der Besteuerung scheint für unsere Fragestellung den Weg zu weisen: Die – wenn auch freiheitsrechtlich angereicherte – Gleichheitsprüfung kann und sollte gerade im Steuerrecht streng erfolgen, da dieses Rechtsgebiet rechtlich wie im Bereich der politischen und gesellschaftlichen Akzeptanz durch seine Pflichtenbasiertheit in besonderem Maße auf gleichheitsrechtliche Legitimität, man könnte auch sagen: Gerechtigkeit angewiesen ist.[145] Manche der oben erwähnten Kongruenzanforderungen *Flumes* stellen sich als Gleichheits- oder Systemgerechtigkeitsproblem dar. Die genuin politische Frage, welche politischen Ziele verwirklicht und damit auch finanziert werden, hängt primär nicht von einer gleichheitsgerechten Lastenverteilung, sondern von der Höhe der Steuerbelastung, d.h. vom Steueraufkommen insgesamt ab. Die Abschichtung zwischen der der mitgliedstaatlichen politischen Entscheidung überlassenen Bestimmung der Steuerhöhe über den Steuersatz und einer rechtskonformen Bemessungsgrundlage scheint auch im europäischen Steuerrecht das Mittel der Wahl zu sein.[146] Hier steht die Feinarbeit der Analyse noch aus.

Ferner: Konstitutionalisierung ist ein komplexer Prozess, keine Einbahnstraße und an ihr wirken zahlreiche Akteure mit (die Verfassungsgerichtsbarkeit, die Fachgerichtsbarkeit, der Gesetzgeber, der politische Prozess im Übrigen usw.).[147] Vor diesem Hintergrund ist in Bezug auf die gescheiterten Steuerreformen zu fragen, was die Bedingungen solcher Reformen sind. Nicht neue, ohnehin unrealistische Großentwürfe, sondern eine präzise Analyse des politischen Prozesses des Scheiterns von Steuerreformen tut not, um das Spannungsverhältnis zwischen Konstitutionalisierung und Reform zu erfassen.[148]

---

[142] Näher WAHL, Der Vorrang der Verfassung und die Selbständigkeit des Gesetzesrechts, NVwZ 1984, 401; hier zitiert nach: DERS., Verfassungsstaat, Europäisierung, Internationalisierung, 2003, 161 (167 ff.).

[143] WERNER, Verwaltungsrecht als konkretisiertes Verfassungsrecht, DVBl. 1959, 527; differenziert WAHL, Vorrang (Fn. 136), 142 f.

[144] Vgl. statt vieler BÖCKENFÖRDE, Zur Lage der Grundrechtsdogmatik nach 40 Jahren Grundgesetz, 1989; WAHL, Vorrang (Fn. 136), 143 ff.; zu den gewaltenteiligen Problemen von Verfassungsgerichtsbarkeiten MÖLLERS, Gewaltengliederung, 2005, 135 ff.

[145] Vgl. LEHNER/WALDHOFF (Fn. 74), Rn. A 156.

[146] Durchgeführte (Verbrauch- und Umsatzsteuern) wie geplante Harmonisierungen (gemeinsame Bemessungsgrundlage der Unternehmenssteuern) überlassen die Bestimmung der Höhe des Steuersatzes – und sei es in einem Rahmen – stets der politischen Entscheidung der Mitgliedstaaten.

[147] SCHUPPERT/BUMKE (Fn. 138), 45 ff.

[148] Vgl. SCHÖN, Steuerpolitik 2008 (Fn. 8), 11 ff.

Schließlich: Wie können die spezifisch juristischen Argumente in Bezug auf Zukunftsfragen der Besteuerung von den immer mehr dominierenden ökonomischen Diskursen getrennt und geschärft werden? Enthielt das Steuerverfassungsrecht im deutschen Konstitutionalismus noch Programme und Verheißungen „neuer“ Steuerordnungen, hat die Rationalisierung der Verfassungstexte in Richtung auf volle Justiziabilität die letzten expliziten Steuermaßstäbe zugunsten des oben beschriebenen „ungeschriebenen Finanzrechts“ verdrängt.[149] Die Verfassungsjudikatur ist ebenfalls kaum in der Lage, zukunftsweisende Impulse zu geben.[150] Ein Methodensynkretismus wäre sicherlich der falsche Weg, denn rechtliche Maßstäbe sind von ökonomischen zu unterscheiden, „Gerechtigkeit“ ist im rechtlichen Sinne etwas anderes als im ökonomischen (und im politischen Kontext, in dem vielfältige Teilrationalitäten verarbeitet werden müssen, vielleicht wiederum anders aufzufassen). Die Berücksichtigung „beider Seiten“ des Steuerverfassungsrechts ist bei dieser Aufgabe nicht nur durch die Gewährung von Individualrechtschutz „Vergangenheit“ zu „bewältigen“, sondern Aussagen für die Gestaltung von Recht hervorzubringen, unverzichtbar.

Literaturverzeichnis

ARNDT, HANS-WOLFGANG: Steuerliche Leistungsfähigkeit und Verfassungsrecht, in: DAMRAU, JÜRGEN/KRAFT, ALFONS/FÜRST, WALTER (Hrsg.), Festschrift für Otto Mühl zum 70. Geburtstag, Stuttgart 1981, S. 12ff.

ARNDT, HANS-WOLFGANG/SCHUMACHER, ANDREAS: Einkommensbesteuerung und Grundrechte, AöR 118 (1993), S. 513 ff.

BACH, STEFAN: Die Perspektive des Leistungsfähigkeitsprinzips im gegenwärtigen Steuerrecht, StuW 1991, S. 116 ff.

BADURA, PETER: Diskussionsbeitrag, VVDStRL 39 (1981), S. 396 ff.

BADURA, PETER: Eigentum, in: BENDA, ERNST/MAIHOFER, WERNER/VOGEL, HANS-JOCHEN (Hrsg.), Handbuch des Verfassungsrechts, 2. Auflage, Berlin 1994, § 10.

BADURA, PETER: Die parlamentarische Demokratie, in: ISENSEE, JOSEF/KIRCHHOF, PAUL (Hrsg.), Handbuch des Staatsrechts der Bundesrepublik Deutschland, Band 2: Verfassungsstaat, 3. Auflage 2004, § 25.

BAUER, HARTMUT: Entwicklungstendenzen und Perspektiven des Föderalismus in der Bundesrepublik Deutschland, DÖV 2002, S. 837 ff.

BECKER, ENNO: Die Grundlagen der Einkommensteuer, München/Berlin1940.

BECKER, JOACHIM: Transfergerechtigkeit und Verfassung, Die Rentenversicherung im Steuer- und Abgabensystem und im Gefüge staatlicher Leistungen, Tübingen 2001.

BERGKEMPER, WINFRIED: Die Bedeutung des objektiven Nettoprinzips für den Abzug beruflicher/betrieblicher Aufwendungen in der Rechtsprechung des Bundesfinanzhofs, StuW 2006, S. 311 ff.

BEYER, TINA: Die Freiheitsrechte, insbesondere die Eigentumsfreiheit als Kontrollmaßstab für die Einkommensbesteuerung, Berlin 2004.

BIRK, DIETER: Das Leistungsfähigkeitsprinzip als Maßstab der Steuernormen, Köln 1983.

BIRK, DIETER: Rechtsprechungsanalyse Steuerrecht und Verfassungsrecht, Die Verwaltung 35 (2002), S. 91ff.

---

[149] Eingehend WALDHOFF, Verfassungsrechtliche Vorgaben (Fn. 12), 211 ff.

[150] SCHÖN, Steuerpolitik 2008 (Fn. 8), 13.

BIRK, DIETER: Steuerrecht, 11. Auflage, Heidelberg 2008.
BIRTEL, THOMAS: Die Zeit im Einkommensteuerrecht, Berlin 1985.
BLUMENWITZ, Die Auslegung völkerrechtlicher Verträge, in: MÖSSNER, JÖRG M./BLUMENWITZ, DIETER/GEIGER, RUDOLF/WIDMANN SIEGFRIED/PÖLLATH, REINHARD, Doppelbesteuerungsabkommen und nationales Recht. Münchner Schriften zum Internationalen Steuerrecht. Herausgegeben von VOGEL, KLAUS, München, 1995, S. 5 ff.
BÖCKENFÖRDE,ERNST-WOLFGANG: Zur Lage der Grundrechtsdogmatik nach 40 Jahren Grundgesetz, München 1989.
BÖCKENFÖRDE,ERNST-WOLFGANG: Staat – Nation – Europa: Studien zur Staatslehre, Verfassungstheorie und Rechtsphilosophie, Frankfurt 1999.
BÖCKENFÖRDE, ERNST-WOLFGANG: Demokratie als Verfassungsprinzip, in: ISENSEE, JOSEF/KIRCHHOF, PAUL (Hrsg.) Handbuch des Staatsrechts der Bundesrepublik Deutschland, Band 2: Verfassungsstaat, 3. Auflage 2004, § 24.
BRYDE,BRUN-OTTO: Steuerverweigerung und Sozialstaat, in: ASCHKE, MANFRED/HASE, FRIEDHELM/SCHMIDT-DE CALUWE, REIMUND (Hrsg.), Selbstbestimmung und Gemeinwohl, Festschrift für Friedrich von Zezschwitz zum 70. Geburtstag, Baden-Baden 2005, S. 321 ff.
CALLIESS, CHRISTIAN/RUFFERT, MATTHIAS (Hrsg.): EUV. EGV. Kommentar, 3. Auflage, München 2007.
CANARIS, CLAUS-WILHELM: Grundrechte und Privatrecht – Eine Zwischenbilanz –, Berlin 1999.
CREZELIUS, GEORG: Steuerrecht II. Die einzelnen Steuerarten, 2. Auflage, München 1994.
DEGENHART, CHRISTOPH: Systemgerechtigkeit und Selbstbindung des Gesetzgebers als Verfassungspostulat, München 1976.
DI FABIO, UDO: Das Recht offener Staaten, Tübingen 1998.
DI FABIO, UDO: Demokratie im System des Grundgesetzes, in: BRENNER, MICHAEL/HUBER, PETER M./MÖSTL MARKUS (Hrsg.), Der Staat des Grundgesetzes – Kontinuität und Wandel. Festschrift für Peter Badura zum siebzigsten Geburtstag, Tübingen 2004, S. 77 ff.
DOLZER, RUDOLF/WALHOFF, CHRISTIAN/GRAßHOF, KARIN (Hrsg.): Bonner Kommentar zum Grundgesetz, Loseblattsammlung, Stand: 136. Lieferung Oktober 2008.
DREIER, HORST (Hrsg.): Grundgesetz. Kommentar, Band 1: Präambel, Art 1 – 19, 2. Auflage, Tübingen 2004.
DREIER, HORST (Hrsg.): Grundgesetz. Kommentar, Band 3: Art. 83-146, 2. Auflage, Tübingen 2007.
DRÜEN, KLAUS-DIETER: Periodengewinn und Totalgewinn. Zum Einfluß des Totalgewinngedankens auf die steuerrechtliche Gewinnermittlung, Berlin 1999.
DRÜEN, KLAUS-DIETER: Über den Totalgewinn – Maßstab der Gewinnerzielungsabsicht und Störfaktor für die Gewinnermittlung, FR 1999, S. 1097 ff.
DRÜEN, KLAUS-DIETER: Die Indienstnahme Privater für den Vollzug von Steuergesetzen, Habilitationsschrift Bochum 2005 (Manuskript).
ELBING, GUNTHER: Zur Anwendung der Grundrechte bei Fällen mit Auslandsbezug, Berlin 1992.
ELICKER, MICHAEL: Der Grundsatz der Verhältnismäßigkeit in der Besteuerung, DVBl. 2006, S. 480 ff.
ESCHENBACH, JÜRGEN: Der verfassungsrechtliche Schutz des Eigentums, Berlin 1996.
FLUME, WERNER: Steuerwesen und Rechtsordnung, in: Rechtsprobleme in Staat und Kirche, Festschrift für Rudolf Smend zum 70. Geburtstag, Göttingen 1952, S. 59 ff.
FORSTHOFF, ERNST: Begriff und Wesen des sozialen Rechtsstaats, VVDStRL 12 (1954), S. 8 ff.
FORSTHOFF, ERNST: Eigentumsschutz öffentlich-rechtlicher Rechtsstellungen, NJW 1955, S. 1249 ff.
FRENZ, WALTER: Die Verhältnismäßigkeit von Steuern, GewArch. 2006, S. 282 ff.
FRIAUF, KARL HEINRICH: Steuergesetzgebung und Eigentumsgarantie, JurA 1970, S. 299 ff.

FRIAUF, KARL HEINRICH: Substanzeingriff durch Steuer-Kumulation und Eigentumsgarantie, StuW 1977, S. 59 ff.

FRIEDRICHS, KARL: Die Zeit im Steuerrecht, VJSchrStFR 4 (1930), S. 654 ff.

FROTSCHER, GERRIT: Internationales Steuerrecht, 2. Auflage, München 2005.

GEIßLER, OLIVER: Der Unternehmer im Dienste des Steuerstaates, Stuttgart 2001.

GESMANN-NUISSL, DAGMAR: Die Verschuldungsbefugnis der Europäischen Union, Frankfurt 1999.

GILOY, JÖRG: Zur Periodizität der Einkommensteuer, FR 1979, S. 133 ff.

HABERMAS, JÜRGEN: Faktizität und Geltung, Frankfurt 1992.

HÄDE, ULRICH: Finanzausgleich. Die Verteilung der Aufgaben, Ausgaben und Einnahmen im Recht der Bundesrepublik Deutschland und der Europäischen Union, Tübingen 1996.

HANEBECK, ALEXANDER: Der demokratische Bundesstaat des Grundgesetzes, Berlin 2004.

HEINTZEN, MARKUS: Die unterschiedliche Behandlung von Gewinnen und Verlusten, in: VON GROLL, RÜDIGER (Hrsg.), Verluste im Steuerrecht, Deutsche Steuerjuristische Gesellschaft 29 (2005) S. 163 ff.

HERBERGER, MAXIMILIAN: Dogmatik. Zur Geschichte von Begriff und Methode in Medizin und Jurisprudenz , 1981.

HESSE, KONRAD: Der unitarische Bundesstaat, Karlsruhe 1962.

HESSE, KONRAD: Grundzüge des Verfassungsrechts der Bundesrepublik Deutschland, 20. Auflage, Heidelberg 1999 (Nachdruck der 20. Auflage 1995).

HETTLAGE, KARL MARIA: Die Finanzverfassung im Rahmen der Staatsverfassung, VVDStRL 14 (1956), S. 2 ff.

HEUER, CARL-HEINZ: Die AfA-Fähigkeit von Kunstgegenständen, DStR 1983, S. 356 ff.

HEY, JOHANNA: Rechtsprechung des Bundesverfassungsgerichts zum Steuerrecht im Wandel?, SbJb. 2007/2008, S.19 ff.

HÖLSCHEIDT, SVEN/BALDUS, CHRISTIAN: Bestandsaufnahme und Perspektiven der europäischen Finanzordnung, DÖV 1997, S. 866 ff.

HUBER, PETER MICHAEL: Deutschland in der Föderalismusfalle? Heidelberg 2003.

HUBER, PETER MICHAEL: Klare Verantwortungsteilung von Bund, Ländern und Kommunen? Gutachten zum 65. DJT 2004, D.

HUBER, PETER M: Rechnungslegung und Demokratie, AöR 133 (2008), S. 389 ff.

HÜBSCHMANN, WALTER/HEPP, ERNST/SPITALER, ARMIN: Abgabenordnung. Finanzgerichtsordnung. Kommentar, Loseblattsammlung, Stand: 199. Lieferung Juni 2008.

HUFEN, FRIEDHELM: Verwaltungsprozessrecht, 7. Auflage, München 2008.

IPSEN, J: Besteuerung und Eigentum, in: BRENNER, MICHAEL/HUBER, PETER M./MÖSTL, MARKUS (Hrsg.), Der Staat des Grundgesetzes – Kontinuität und Wandel. Festschrift für Peter Badura zum 70. Geburtstag, Tübingen 2004, S. 201 ff.

ISENSEE, JOSEF: Steuerstaat als Staatsform, in: STÖDTER, ROLF/THIEME, WERNER (Hrsg.), Hamburg, Deutschland, Europa – Beiträge zum deutschen und europäischen Verfassungs-, Verwaltungs- und Wirtschaftsrecht. Festschrift für Hans Peter Ipsen zum 70. Geburtstag, Tübingen 1977, S. 409 ff.

ISENSEE, JOSEF: Idee und Gestalt des Föderalismus im Grundgesetz, in: ISENSEE, JOSEF/ KIRCHHOF, PAUL (Hrsg.) Handbuch des Staatsrechts der Bundesrepublik Deutschland, Band 4: Aufgaben des Staates, 2. Auflage, Heidelberg 1999, § 98.

JACHMANN, MONIKA: Leistungsfähigkeit und Umverteilung, StuW 1998, S. 293 ff.

JESTAED, MATTHIAS: Bundesstaat als Verfassungsprinzip, in: ISENSEE, JOSEF/KIRCHHOF, PAUL (Hrsg.) Handbuch des Staatsrechts der Bundesrepublik Deutschland, Band 2: Verfassungsstaat, 3. Auflage, Heidelberg 2004, § 29.

KAHL, WOLFGANG: Die Schutzergänzungsfunktion von Art. 2 Abs. 1 Grundgesetz. Zugleich ein Beitrag zur Lehre der Grundrechtskonkurrenzen, Tübingen 2000.

KAUFMANN, MARCEL: Europäische Integration und Demokratieprinzip, Baden-Baden 1997.

KIRCHHOF, GREGOR: Die Erfüllungspflichten des Arbeitgebers im Lohnsteuerverfahren, Berlin 2005.

KIRCHHOF, GREGOR: Kumulative Belastungen durch unterschiedliche staatliche Maßnahmen, NJW 2006, S. 732 ff.

KIRCHHOF, PAUL: Besteuerung und Eigentum, VVDStRL 39 (1981), S. 213 ff.

KIRCHHOF, PAUL: Der verfassungsrechtliche Auftrag zur Besteuerung nach der wirtschaftlichen Leistungsfähigkeit, StuW 1985, S. 319 ff.

KIRCHHOF, PAUL: Der Grundrechtsschutz des Steuerpflichtigen, AöR 128, (2003), S. 1 ff.

KIRCHHOF, PAUL: Die freiheitsrechtliche Struktur der Steuerrechtsordnung, StuW 2006, S. 3 ff.

KIRCHHOF, PAUL: Die Steuern in: ISENSEE, JOSEF/KIRCHHOF, PAUL (Hrsg.), Handbuch des Staatsrechts der Bundesrepublik Deutschland, Band 5: Rechtsquellen, Organisation, Finanzen, 3. Auflage 2007, § 118, S. 959 ff.

KIRCHHOF, PAUL/SÖHN, HARTMUT/MELLINGHOFF, RUDOLF (Hrsg.) Einkommensteuergesetz. Kommentar, Loseblattsammlung, Stand: 190. Lieferung, Oktober 2008.

KISCHEL, UWE: Systembindung des Gesetzgebers und Gleichheitssatz, AöR 124 (1999), S. 174 ff.

KLETT, KATHRIN: Der Gleichheitssatz im Steuerrecht, Zeitschrift für Schweizerisches Recht II 1992, S. 1 ff.

KLINKE, ULRICH: Diener, Dienen und Verdienen. Der EG-Beamte und die direkten Steuern, IStR 1995, S. 217 ff.

KLOEPFER, MICHAEL: Vom Zustand des Verfassungsrechts, JZ 2003, S. 481 ff.

KNAUFF, MATTHIAS: Konstitutionalisierung im inner- und überstaatlichen Recht – Konvergenz oder Divergenz?, ZaöRV 68 (2008), S. 453 ff.

KORIOTH, STEFAN: Integration und Bundesstaat. Ein Beitrag zur Staats- und Verfassungslehre Rudolf Smends, Berlin 1990.

KRUSE, HEINRICH WILHELM: Die Einkommensteuer und die Leistungsfähigkeit des Steuerpflichtigen, in: WENDT, RUDOLF/HÖFLING, WOLFRAM/KARPEN, ULRICH (Hrsg.), Staat, Wirtschaft, Steuern. Festschrift für Karl Heinrich Friauf zum 65, Geburtstag, Heidelberg 1996, S. 793 ff.

KRUSE, HEINRICH WILHELM: Über Gleichmäßigkeit der Besteuerung, StuW 1991, S. 322 ff.

KUBE, HANNO: Staatsaufgaben und Solidargemeinschaften, in: MELLINGHOFF, RUDOLF (Hrsg.), Steuern im Sozialstaat. 30. Jahrestagung der Deutschen Steuerjuristischen Gesellschaft e.V. (DStJG), Bd. 29, Köln 2006, S. 11 ff.

LANG, JOACHIM: Die Bemessungsgrundlage der Einkommensteuer – Rechtssystematische Grundlagen steuerlicher Leistungsfähigkeit im deutschen Einkommensteuerrecht, Köln 1988.

LEHNER, MORIS: Einkommensteuerrecht und Sozialhilferecht. Bausteine zu einem Verfassungsrecht des sozialen Steuerstaates, Tübingen 1993.

LEHNER,MORIS: Verfassungsrechtliche Vorgaben für die Verlustberücksichtigung, in: LEHNER, MORIS (Hrsg.),Verluste im nationalen und Internationalen Steuerrecht, München 2004, S. 1 ff.

LIENEMEYER, MAX: Finanzverfassung der Europäischen Union, Baden-Baden 2002.

MAUNZ, THEODOR/DÜRIG, GÜNTER: Grundgesetz. Kommentar, Loseblattsammlung, Stand: 52. Lieferung Mai 2008.

MEERMAGEN, BETTINA: Beitrags- und Eigenmittelsystem: Die Finanzierung inter- und supranationaler Organisationen, insbesondere der Europäischen Gemeinschaften, München 2002.

MENCK, THOMAS: Offener Steuerstaat und internationale Koordination. Gedanken zur Entwicklung, in: BURMESTER, GABRIELE/ENDRES, DIETER, Außensteuerrecht, Doppelbesteuerungsabkommen und EU-Recht im Spannungsverhältnis. Festschrift für Helmut Debatin zum 70. Geburtstag, München 1997, S. 304 ff.

MESSAL, RÜDIGER: Das Eigenmittelsystem der Europäischen Gemeinschaft, Baden-Baden 1991.

MÖLLERS, CHRISTOPH: Der parlamentarische Bundesstaat, in: AULEHNER, JOSEF/DENGLER, ANDREAS/KONRAD, KARLHEINZ/LANGER, STEFAN U.A. (Hrsg.), Föderalismus – Auflösung oder Zukunft der Staatlichkeit?, München 1997, S. 81ff.

MÖLLERS, CHRISTOPH: Gewaltengliederung, Tübingen 2005.

MÜNCH, RAINER: Die Verschuldungstätigkeit der Europäischen Gemeinschaft. Eine Analyse der ökonomischen Implikationen aus der Sicht der Staatsschulden-, Finanzausgleichs- und Integrationsdiskussion, Frankfurt 1989.

NETTESHEIM, MARTIN: Wettbewerbsföderalismus und Grundgesetz, in: BRENNER, MICHAEL/HUBER, PETER M./MÖSTL, MARKUS (Hrsg.), Der Staat des Grundgesetzes – Kontinuität und Wandel. Festschrift für Peter Badura zum 70. Geburtstag, Tübingen 2004, S. 363 ff.

NEUMARK, FRITZ: Theorie und Praxis der modernen Einkommensbesteuerung, Bern 1947.

OECHSLE, KLAUS: Die steuerlichen Grundrechte in der jüngeren deutschen Verfassungsgeschichte. Zugleich eine Untersuchung über das historische Verhältnis von Steuerverfassungsrecht und Finanzwissenschaft, 1993.

OETER, STEFAN: Erprobung der konstitutionellen politischen Ökonomie an Einzelfragen – Föderalismus, in: ENGEL, CHRISTOPH/MORLOK, MARTIN (Hrsg.), Öffentliches Recht als ein Gegenstand ökonomischer Forschung, Tübingen 1998, S.119 ff.

OETER, STEFAN: Integration und Subsidiarität im deutschen Bundesstaatsrecht, Tübingen 1998.

OETER, STEFAN: Föderalismus, in: VON BOGDANDY, ARMIN (Hrsg.), Europäisches Verfassungsrecht – Theoretische und dogmatische Grundzüge, Berlin 2003, S. 59 ff.

PAPIER, HANS-JÜRGEN: Die finanzrechtlichen Gesetzesvorbehalte und das grundgesetzliche Demokratieprinzip, Berlin 1973.

PAPIER, HANS-JÜRGEN: Besteuerung und Eigentum, DVBl. 1980, S. 787 ff.

PAPIER, HANS-JÜRGEN: Steuerrecht im Wandel – Verfassungsrechtliche Grenzen der Steuerpolitik, DStR 2007, S. 973 ff.

PEFFEKOVEN, ROLF: Die Finanzen der Europäischen Union, Mannheim 1994.

PEINE, FRANZ-JOSEF: Systemgerechtigkeit: Die Selbstbindung des Gesetzgebers als Maßstab der Normenkontrolle, Baden-Baden 1986.

PREUß, ULRICH K.: Rechtsstaat – Steuerstaat – Sozialstaat. Eine Problemskizze, in: DEISEROTH, DIETER/HASE, FRIEDHELM/LADEUR, KARL-HEINZ (Hrsg.), Ordnungsmacht? Über das Verhältnis von Legalität, Konsens und Herrschaft, Frankfurt 1981, S. 54 ff.

PROKISCH, RAINER: Von der Sach- und Systemgerechtigkeit zum Gebot der Folgerichtigkeit, in: KIRCHHOF, PAUL/LEHNER, MORIS/RAUPACH, ARNDT/RODI, MICHAEL (Hrsg.), Staaten und Steuern. Festschrift für Klaus Vogel zum 70. Geburtstag, Heidelberg 2000, S. 293 ff.

PRÜMM, HANS PAUL: Trends im deutschen Recht, JA 2005, S. 310 ff.

QUARITSCH, HELMUT: Der grundrechtliche Status der Ausländer, in: ISENSEE, JOSEF/KIRCHHOFF, PAUL (Hrsg.), Handbuch des Staatsrechts der Bundesrepublik Deutschland, Band 5: Allgemeine Grundrechtslehren, Heidelberg 1992, § 120.

REIMER,EKKEHART/WALDHOFF,CHRISTIAN: Steuerrechtliche Systembildung und Steuerverfassungsrecht in der Entstehungszeit des modernen Steuerrechts in Deutschland, in: REIMER, EKKEHART/WALDHOFF, CHRISTIAN: Albert Hensel. System des Familiensteuerrechts und andere Schriften, Köln 2000, S. 1 ff.

REISTER, ERWIN: Haushalt und Finanzen der Europäischen Gemeinschaften, Baden-Baden, 1975.

RENNERT, KLAUS: Der deutsche Föderalismus in der gegenwärtigen Debatte um eine Verfassungsreform, Der Staat 32 (1993), S. 269 ff.

RODI, MICHAEL: Die Rechtfertigung von Steuern als Verfassungsproblem. Dargestellt am Beispiel der Gewerbesteuer, München 1994.

RÖHL, KLAUS F./RÖHL, HANS CHRISTIAN: Allgemeine Rechtslehre, 3. Auflage 2008.

ROSSI, MATTHIAS: Europäisches Parlament und Haushaltsverfassungsrecht. Eine kritische Betrachtung der parlamentarischen Haushaltsbefugnisse, Berlin 1997.

RUFFERT, MATTHIAS: Vorrang der Verfassung und Eigenständigkeit des Privatrechts. Eine verfassungsrechtliche Untersuchung zur Privatrechtsentwicklung des Grundgesetzes, Tübingen 2001.

RUPP, HANS HEINRICH: Bemerkungen zur neueren Diskussion über den bundesdeutschen Föderalismus, in: Freiheit und Verantwortung im Verfassungsstaat. Festgabe zum 10jährigen Jubiläum der Gesellschaft für Rechtspolitik, München 1984, S. 377 ff.

SACHS, MICHAEL (Hrsg.): Grundgesetz, Kommentar, 4. Auflage, München 2007.

SACHSE, UWE BERND: Die Abschnittsbesteuerung im deutschen Ertragssteuerrecht – Prinzip und Ausnahmen, Mainz 1977.

SACKSOFSKY, UTE: Umweltschutz durch nichtsteuerliche Abgaben. Zugleich ein Beitrag zur Geltung des Steuerstaatsprinzips, Tübingen 2000.

SACKSOFSKY, UTE: Halbteilungsgrundsatz ade – Scheiden tut nicht weh, NVwZ 2006, S. 661 ff.

SACKSOFSKY, UTE/WIELAND, JOACHIM (Hrsg.): Vom Steuerstaat zum Gebührenstaat, Baden-Baden 2000.

SCHEIBE, ROLAND: Die Anleihekompetenz der Gemeinschaftsorgane nach dem EWG-Vertrag. Zu den Möglichkeiten und Grenzen der Kreditfinanzierung der EWG sowie zur Finanzverfassung der EWG, zugleich ein Beitrag zur „Allgemeinen Ermächtigungsklausel" des Art. 235 EWGV, 1988.

SCHENKE, WOLF-RÜDIGER: Föderalismus als Form der Gewaltenteilung, JuS 1989, S. 698 ff.

SCHICK,WALTER: Der Verlustrücktrag, München 1976.

SCHLAICH, KLAUS/KORIOTH, STEFAN: Das Bundesverfassungsgericht, 7. Auflage, München 2007.

SCHLOTTER, CARSTEN: Teilwertabschreibung und Wertaufholung zwischen Steuerbilanz und Verfassungsrecht, Köln 2005.

SCHMEHL, ARNDT: Das Äquivalenzprinzip im Recht der Staatsfinanzierung, Tübingen 2004.

SCHMEHL, ARNDT: Dimensionen des Äquivalenzprinzips im Recht der Staatsfinanzierung, ZG 2005, S. 123 ff.

SCHMIDT, WALTER: Das Verhältnis von Bund und Ländern im deutschen Bundesstaat des Grundgesetzes, AöR 87 (1962), S. 253 ff.

SCHODDER, THOMAS F. W.: Föderative Gewaltenteilung in der Bundesrepublik Deutschland: Eine Untersuchung ihrer gegenwärtigen Wirkungen und Probleme, Frankfurt 1988.

SCHÖN, WOLFGANG: Steuergesetzgebung zwischen Markt und Grundgesetz, StuW 2004, S. 62 ff.

SCHÖN, WOLFGANG: Die zivilrechtlichen Voraussetzungen steuerlicher Leistungsfähigkeit, StuW 2005, S. 247 ff.

SCHÖN, WOLFGANG: Steuergesetzgebung zwischen Markt und Grundgesetz, in: MELLINGHOFF, RUDOLF/MORGENTHALER, GERD/PUHL, THOMAS: Die Erneuerung des Verfassungsstaates. Symposium aus Anlass des 60. Geburtstages von Professor Dr. Paul Kirchhof, Heidelberg 2003, S. 143 ff.

SCHÖN, WOLFGANG: Steuerpolitik 2008 – Das Ende der Illusion? DStR, Beihefter zu Heft 17, S. 10 ff.

SCHUPPERT, GUNNAR FOLKE: Verfassungsrechtliche Prüfungsmaßstäbe bei der verfassungsgerichtlichen Überprüfung von Steuergesetzen. – Ein Beitrag zu den verfassungsrechtlichen Bindungen des Steuerrechts, in: FÜRST, WALTHER/HERZOG, ROMAN/UMBACH, DIETER C., Festschrift für Wolfgang Zeidler, Berlin 1987, S. 691 ff.

SCHUPPERT, GUNNAR FOLKE/BUMKE, CHRISTIAN: Die Konstitutionalisierung der Rechtsordnung, Baden-Baden 2000.

SEIDEL, BARBARA: Die Einbindung der Bundesrepublik Deutschland in die Europäischen Gemeinschaften als Problem des Finanzausgleichs, Frankfurt 1992.

SEIDEL, MARTIN: Ausgestaltung und rechtliche Begrenzung der Anleihebefugnis der Europäischen Wirtschaftsgemeinschaft, RIW 1977, 665 ff.

SEILER, CHRISTIAN: Besteuerung von Einkommen, DJT 2006, S. 7ff.

SELMER, PETER: Steuerinterventionismus und Verfassungsrecht, Frankfurt 1972.

SELMER, PETER: Die Anleihekompetenzen der europäischen Gemeinschaften, in: BÖCKSTIEGEL, KARL-HEINZ/GÖTZ, VOLKMAR/SELMER, PETER (Hrsg.), Finanzverfassung der Europäischen Gemeinschaften, Beilegung internationaler Rechtsstreitigkeiten, Heidelberger Kolloquium aus Anlass des 70. Geburtstages von Günther Jaenicke, Köln 1984, S. 21 ff.

STARCK, CHRISTIAN: Grundrechtliche und demokratische Freiheitsidee, in: ISENSEE, JOSEF/KIRCHHOF, PAUL (Hrsg.), Handbuch des Staatsrechts der Bundesrepublik Deutschland, Band 3: Demokratie – Bundesorgane, 3. Auflage, Heidelberg 2005 § 33.

STERN, KLAUS: Das Staatsrecht der Bundesrepublik Deutschland, Band III/1, München 1988.

STETTNER, RUPERT: Grundfragen einer Kompetenzlehre, Berlin 1983.

STRASSER, DANIEL: Die Finanzen Europas: Das Haushalts- und Finanzrecht der Europäischen Gemeinschaften, 3.(deutschsprachige) Auflage, Brüssel/Luxemburg 1991.

TIPKE, KLAUS: Steuergerechtigkeit in Theorie und Praxis, Köln 1981.

TIPKE, KLAUS: Die Steuerrechtsordnung, Band 1, 1. Auflage, Köln 1993.

TRAUB, MATHIAS: Einkommensteuerhoheit für die Europäische Union? Baden-Baden 2005.

UNRUH, PETER: Der Verfassungsbegriff des Grundgesetzes. Eine verfassungstheoretische Rekonstruktion, Tübingen 2002.

VOGEL, KLAUS: Das ungeschriebene Finanzrecht des Grundgesetzes, in: SELMER, PETER/VON MÜNCH, INGO (Hrsg.): Gedächtnisschrift für Wolfgang Martens, 1987, S. 265 ff.

VOGEL, KLAUS: Die Verfassungsentscheidung des Grundgesetzes für eine internationale Zusammenarbeit, Tübingen 1964.

VOGEL, KLAUS: Der räumliche Anwendungsbereich der Verwaltungsrechtsnorm, Frankfurt 1965.

VOGEL, KLAUS: Finanzverfassung und politisches Ermessen, Karlsruhe 1972.

VOGEL, KLAUS: Steuergesetzgebung und Verfassungsrecht, in: Bitburger Gespräche, Jahrbuch 1972/73.

VOGEL, KLAUS: Steuergerechtigkeit und soziale Gestaltung, DStZ/A 1975, S. 409 ff.

VOGEL, KLAUS: Die Besonderheit des Steuerrechts, DStZ/A 1977, S. 5 ff.

VOGEL, KLAUS: Der Verlust des Rechtsgedankens im Steuerrecht als Herausforderung für das Verfassungsrecht, in: FRIAUF, KARL HEINRICH (Hrsg.), Steuerrecht und Verfassungsrecht, Köln, DStjG 12 (1989), S. 123 ff.

VOGEL, KLAUS: Verfassungsrechtsprechung zum Steuerrecht, Berlin 1999.

VOGEL, KLAUS: Der Finanz- und Steuerstaat, in: ISENSEE, JOSEF/KIRCHHOF, PAUL (Hrsg.) Handbuch des Staatsrechts der Bundesrepublik Deutschland, Band 2: Verfassungsstaat, 3. Auflage 2004, § 30.

VON ARNIM, HANS HERBERT: Besteuerung und Eigentum, VVDStRL 39 (1981), S. 286 ff.

VON BOGDANDY, ARMIN: Europäische Prinzipienlehre, in: VON BOGDANDY, ARMIN (Hrsg.) Europäisches Verfassungsrecht – Theoretische und dogmatische Grundzüge, Berlin 2003, S. 149 ff.

VON BOGDANDY, ARMIN: Demokratie, Globalisierung, Zukunft des Völkerrechts – eine Bestandsaufnahme, in: BAUER, HARTMUT/HUBER, PETER M./SOMMERMANN, KARL-PETER (Hrsg.) Europäisches Verfassungsrecht, Tübingen 2005, S. 225 ff.

VOßKUHLE,ANDREAS: Der „Dienstleistungsstaat“. Über Nutzen und Gefahren von Staatsbildern, Der Staat 40 (2001), S. 495 ff.

WAHL, RAINER: Der Vorrang der Verfassung, Der Staat 20 (1981),S. 481 ff.

WAHL, RAINER: Der Vorrang der Verfassung und die Selbständigkeit des Gesetzesrechts, NVwZ 1984, S. 401 ff.

WAHL, RAINER: Konstitutionalisierung – Leitbegriff oder Allerweltsbegriff?, in: EBERLE, CARL-EUGEN/IBLER, MARTIN/LORENZ, DIETER (Hrsg.), Der Wandel des Staates vor den Herausforderungen der Gegenwart, Festschrift für Winfried Brohm zum 70. Geburtstag, München 2002, S. 191 ff.

WAHL, RAINER: Verfassungsstaat, Europäisierung, Internationalisierung, Frankfurt 2003.

WAHL, RAINER: Herausforderungen und Antworten: Das öffentliche Recht der letzten fünf Jahrzehnte, Berlin 2006.
WALDHOFF, CHRISTIAN: Verfassungsrechtliche Vorgaben für die Steuergesetzgebung im Vergleich Deutschland-Schweiz, München 1997.
WALDHOFF, CHRISTIAN: Rezension zu: Engel, Christoph/Morlok, Martin (Hrsg.), Öffentliches Recht als Gegenstand ökonomischer Forschung. Die Begegnung der deutschen Staatsrechtslehre mit der Konstitutionellen Politischen Ökonomie, Tübingen 1998, Der Staat 38 (1999), S. 625 ff.
WALDHOFF, CHRISTIAN: „Der Gesetzgeber schuldet nichts als das Gesetz" – Zu alten und neuen Begründungspflichten des parlamentarischen Gesetzgebers, in: DEPENHEUER, OTTO/HEINTZEN, MARKUS/JESTAEDT, MATTHIAS/AXER, PETER (Hrsg.), Staat im Wort. Festschrift für Josef Isensee, Heidelberg 2007, S. 325 ff.
WALDHOFF, CHRISTIAN: Finanzautonomie und Finanzverflechtung in gestuften Rechtsordnungen, VVDStRL 66 (2007), S. 216 ff.
WALDHOFF, CHRISTIAN: Grundzüge des Finanzrechts des Grundgesetzes, in: ISENSEE, JOSEF/KIRCHHOF, PAUL (Hrsg.), Handbuch des Staatsrechts der Bundesrepublik Deutschland, Band 5: Rechtsquellen, Organisation, Finanzen, 3. Auflage Heidelberg 2007, § 116.
WALDHOFF, CHRISTIAN: Rechtsprechungsanalyse Steuerrecht und Verfassungsrecht, Die Verwaltung 41 (2008), S. 259 ff.
WALDHOFF, CHRISTIAN/HÜTTEMANN, RAINER: Steuerrecht in Forschung und akademischem Unterricht an der Universität Bonn, in: HÜTTEMANN, RAINER/WALDHOFF, CHRISTIAN (Hrsg.), Steuerrecht an der Universität Bonn, Münster 2008, S. 1 ff.
WEBER-FAS, RUDOLF: Staatsverträge im Internationalen Steuerrecht. Zur Rechtsnatur, Geschichte und Funktion der deutschen Doppelbesteuerungsabkommen, Tübingen 1982.
WEBER-GRELLET, HEINRICH: Steuern im modernen Verfassungsstaat, Köln 2001.
WEBER-GRELLET, HEINRICH: Europäisches Steuerrecht, München 2005.
WERNER, FRITZ: Verwaltungsrecht als konkretisiertes Verfassungsrecht, DVBL 1959, S. 527 ff.
WERNSMANN, RAINER: Verhaltenslenkung in einem rationalen Steuersystem, Tübingen 2005.

6. Zunehmende Europäisierung und Konstitutionalisierung als Herausforderungen für den Steuergesetzgeber

*Rainer Wernsmann**

Abstract

Gegenwärtig steht der Steuergesetzgeber vor wachsenden Herausforderungen. Bei der Wahrnehmung seiner politischen Gestaltungsaufgabe sieht er sich seit den 1990er Jahren zunehmend beschränkt durch die stetig anwachsende Rechtsprechung des Europäischen Gerichtshofs zu den europarechtlichen Grenzen der direkten Steuern einerseits und durch die zunehmend strenger gewordene Rechtsprechung des Bundesverfassungsgerichts zu den verfassungsrechtlichen Grenzen der Besteuerung andererseits. Der Vortrag widmet sich der Grundsatzfrage, wie weit die Gestaltungsfreiheit des Gesetzgebers angesichts zunehmender Konstitutionalisierung und Europäisierung des Steuerrechts reicht.

* Prof. Dr. jur.; Inhaber des Lehrstuhls für Staats- und Verwaltungsrecht, insbesondere Finanz- und Steuerrecht an der Universität Passau. Vortrag vom 1. Dezember 2008.

W. Schön and K.E.M. Beck (eds.), *Zukunftsfragen des deutschen Steuerrechts*, MPI Studies on Intellectual Property, Competition and Tax Law.
DOI: 10.1007/978-3-642-00258-8_6, © Springer-Verlag Berlin Heidelberg 2009

6.1. Einleitung

Der Steuergesetzgeber verfügt heute wohl über weitaus geringere Gestaltungsspielräume als noch vor 20 Jahren. Obwohl die Verträge zur Gründung der Europäischen Wirtschaftsgemeinschaft die Grundfreiheiten schon von Anbeginn an gewährleisteten, ist die Rechtsprechungsmaschinerie des EuGH zum Einfluss der Grundfreiheiten auf das Recht der direkten Steuern – nach einer vereinzelten Entscheidung zum avoir fiscal Mitte der 80er Jahre – erst in den 90er Jahren des 20. Jh. angelaufen, dann aber mit voller Kraft – wobei sich möglicherweise durch einige neuere Entscheidungen des EuGH (genannt seien vor allem Marks & Spencer sowie Lidl Belgium) möglicherweise eine gewisse Lockerung zugunsten der Mitgliedstaaten abzeichnet.

Auch die Rechtsprechung des BVerfG hat dem Gesetzgeber seit den 90er Jahren des 20. Jh. zunehmend strenge Vorgaben gemacht. Zunächst hatte das BVerfG in seiner Frühzeit einige Paukenschläge gesetzt, insbesondere mit seiner Entscheidung zur Ehegattenbesteuerung. In den 60er und 70er Jahren des 20. Jh. hatte es dem Gesetzgeber dann die allergrößten Gestaltungsspielräume zuerkannt. Charakteristisch für diese Phase ist ein Satz aus der Entscheidung zum Abzugsverbot für Vergütungen an Aufsichtsratsmitglieder aus dem Jahr 1972: „Ein Nettoprinzip in dem strikten Sinn, dass der Gesetzgeber jegliche Durchbrechung, für die kein besonderer sachlicher Grund vorliegt, unterlassen müsste, ist dem Einkommensteuerrecht und in seinem Gefolge dem Körperschaftsteuerrecht bei einer Gesamtbetrachtung des Einkommensbegriffs nicht zu entnehmen.“[1] Mit anderen Worten und zugespitzt formuliert: Man braucht keinerlei sachlichen Grund für Ungleichbehandlungen und Systemdurchbrechungen, der Gesetzgeber muss sich nicht rechtfertigen für das, was er tut. In ähnlicher Weise formulierte das Bundesverfassungsgericht im Jahr 1976, dass sich „das Prinzip einer Besteuerung nach der Leistungsfähigkeit“ als vieldeutig erweise, wenn daraus konkrete Schlüsse gezogen werden sollen, und dass der Gesetzgeber zu einer „reinen Verwirklichung des Prinzips der Besteuerung nach der Leistungsfähigkeit auch bei der Einkommensteuer von Verfassungs wegen nicht verpflichtet“ sei.[2] Dass Prinzipien niemals rein verwirklicht werden müssen, folgt schon aus ihrem Prinzipiencharakter; aus diesem folgt allerdings auch, dass Durchbrechungen einer sachlichen Rechtfertigung bedürfen, soweit das Prinzip verfassungsrechtlich verankert ist.

Die Entwicklung der Rechtsprechung des EuGH und des BVerfG soll Anlass sein für eine Standortbestimmung. Zu klären ist die Abgrenzung der Sphären von Gesetzgeber und Rechtsprechung im Bereich des Steuerverfassungsrechts und des Europäischen Steuerrechts.

Zunächst werde ich auf die gleichheitsrechtlichen Anforderungen an die Steuergesetzgebung eingehen. Rechtfertigende Gründe für eine gesetzliche Regelung sind nur dann erforderlich, wenn die Neuregelung zu Ungleichbehandlungen führt, nicht aber bei einer Rückkehr zur Gleichbehandlung, etwa durch Abschaffung

---

[1] BVerfGE 34, 103 (115).

[2] BVerfGE 43, 108 (120).

einer Steuervergünstigung. Eine solche Steuervergünstigung kann auch aus fiskalischen Gründen zum Zwecke der Haushaltskonsolidierung abgebaut werden. Wenn der Gesetzgeber in § 12 Nr. 1 Satz 2 EStG die Grundsatzentscheidung trifft, dass gemischte Aufwendungen – also sowohl privat als auch beruflich veranlasste Aufwendungen – grundsätzlich nicht abziehbar sein sollen, dann ist eine Regelung, die eine bestimmte Art von gemischten Aufwendungen, die vorher aufgrund einer lex specialis für abziehbar erklärt wurde, nunmehr wieder – und sei es auch fiskalischen Gründen – für nicht abziehbar erklärt, unbedenklich.[3]

Zur Rechtfertigung von Ungleichbehandlungen können fiskalische Gründe nicht herangezogen werden, wohl aber Lenkungs- oder Förderziele. Können aber auch solche Lenkungs- oder Förderzwecke herangezogen werden, die „der Gesetzgeber" nicht erkennbar verfolgt hat? Können also rechtfertigende Gründe im Verfassungsprozess „nachgeschoben" werden, die im Gesetzgebungsverfahren nicht benannt worden sind? Das BVerfG verneint dies bekanntlich bei Steuergesetzen. Am zentralsten ist aber die Weichenstellung, wie das aus Art. 3 Abs. 1 GG hergeleitete Folgerichtigkeitsgebot verstanden werden soll, das ursprünglich im Steuerrecht entwickelt worden ist und jetzt auch in der Entscheidung zum Rauchverbot[4] in etwas überraschender Weise zum Einsatz gekommen ist.

Sodann werde ich die freiheitsrechtliche Perspektive der Grundrechte des Grundgesetzes und der Grundfreiheiten behandeln – inwieweit schützen sie vor einer übermäßigen Besteuerung? Die Freiheitsrechte verbieten eine bestimmte Besteuerung absolut, d.h. unabhängig von der abweichenden Besteuerung Dritter. (1) In diesem Zusammenhang stellt sich die Frage, wodurch ein Rechtfertigungsbedarf ausgelöst wird: Schon durch die bloße *Anknüpfung* an ein grundrechtlich geschütztes Verhalten oder erst dadurch, dass grundrechtlich geschütztes Verhalten infolge der Besteuerung beeinflusst, d.h. möglicherweise durch den potentiell Steuerpflichtigen vermieden wird? (2) Inwieweit stehen die Grundfreiheiten des Gemeinschaftsrechts einer *Doppelbesteuerung, die – grenzüberschreitend betrachtet – zu einer Übermaßbesteuerung führen kann*, entgegen? Enthalten die Grundfreiheiten auch Vorgaben für die Zuständigkeit, welcher von zwei Mitgliedstaaten eine Doppelbesteuerung zu vermeiden hat? Der BFH hat dazu im Januar 2008 ein Vorabentscheidungsersuchen an den EuGH gerichtet.[5] Letztlich stellt sich auch hier die Frage nach der Übermaßbesteuerung durch den doppelten steuerlichen Zugriff – nur jetzt aus gemeinschaftsrechtlicher Perspektive. Wenn zwei Mitgliedstaaten auf dasselbe Bankguthaben in Spanien mit der Erbschaftsteuer zugreifen, das die in Deutschland ansässige Tante an ihre in Deutschland lebende Nichte vererbt hat,

---

[3] Anders (und inkonsequent) jetzt BVerfG v. 9.12.2008, 2 BvL 1/07, 2/07, 1/08, 2/08 (Rn. 72), wo einerseits Aufwendungen für regelmäßige Fahrten zwischen Wohnung und Arbeits- bzw. Betriebsstätte als privat mitveranlasste Aufwendungen eingeordnet werden, andererseits aber erklärt wird, dass die Abschaffung der Abziehbarkeit aus fiskalischen Gründen nicht gerechtfertigt werden könne. Vgl. dazu MÜLLER-FRANKEN, NJW 2009, 48 (55): „Der Vorwurf fehlender Folgerichtigkeit, den das Gericht gegenüber dem Gesetzgeber erhebt, fällt damit im Kern der Urteilsbegründung auf dieses selbst zurück."

[4] BVerfG v. 30.7.2008, 1 BvR 3262/07, 402/08, 906/08 (Rn. 135 ff.).

[5] BFH v. 16.1.2008, II R 45/05 (Az. des EuGH: Rs. C-67/08, Block).

dann stellt sich die Frage einer Übermaßbesteuerung vor allem aus der gemeinschaftsrechtlichen Perspektive. Aus verfassungsrechtlicher Perspektive wird man kaum eine Übermaßbesteuerung durch Deutschland, das allein an die Grundrechte des Grundgesetzes gebunden ist, annehmen können, da die Übermaßbesteuerung ja allenfalls aus dem hinzutretenden Handeln eines weiteren, nicht an die deutschen Grundrechte gebundenen Rechtssubjekts (nämlich Spaniens) folgt.

Abschließend werde ich noch auf neu entstandene Probleme der Verteilung der Gesetzgebungskompetenzen im Steuerrecht durch die Verfassungsänderungen von 1994 und 2006 eingehen.

6.2. Der allgemeine Gleichheitssatz als zentraler Prüfungsmaßstab für das Steuerrecht

Der Gleichheitssatz des Grundgesetzes, Art. 3, enthält im Bereich des Steuerrechts nach der Rechtsprechung des BVerfG zwei bereichsspezifische Konkretisierungen: das Gebot der Besteuerung nach der finanziellen *Leistungsfähigkeit* und das sog. *Folgerichtigkeitsgebot.*

6.2.1. Folgerichtigkeit

Das BVerfG hat das Folgerichtigkeitsgebot ursprünglich entwickelt, indem es dem Gesetzgeber bei der Entscheidung über den Steuergegenstand und bei der Entscheidung über den Tarifverlauf einen sehr weiten Entscheidungsspielraum zugebilligt hat, ihn dann aber – beim zweiten Schritt – dazu verpflichtet hat, die einmal getroffenen Belastungsentscheidung „folgerichtig im Sinne der Belastungsgleichheit" umzusetzen.[6]

Während das BVerfG der Verfassung ein striktes Gebot der Systemgerechtigkeit nie entnommen hat und – auch im Bereich des Steuerrechts – stets formuliert hat, dass eine Systemwidrigkeit für sich genommen keinen Gleichheitsverstoß begründe und der Gesetzgeber bei Vorliegen hinreichender sachlicher Gründe auch von einem selbst gesetzten System abweichen dürfe,[7] hat sich das Folgerichtigkeitsgebot mittlerweile im Bereich des Steuerrechts zu einem der schlagkräftigsten Verfassungsgebote entwickelt. Vor allem folgende Fragen stellen sich: Darf der Gesetzgeber – wenn er das Folgerichtigkeitsgebot beachten will – konsequent nur noch einen einzigen Zweck verfolgen oder darf er den an sich verfolgten Zweck auch zugunsten weiterer Zwecke zurücknehmen?

Als Beispiel mag die sog. Ökosteuer-Entscheidung des Ersten Senats aus dem Jahr 2004 dienen: Das BVerfG hatte die Verfassungsmäßigkeit der 1999 in Kraft getretenen sog. Ökosteuerreform zu prüfen. Danach sollte durch die erstmalige Besteuerung von Strom und durch die Erhöhung der Mineralölsteuer der Energieverbrauch verteuert werden, wodurch wiederum Anreize zum Energiesparen geschaffen werden sollten. Das Gesetz verfolgte also als Lenkungszweck die Senkung des Energieverbrauchs. Gleichwohl erhielten gerade besonders energieinten-

---

6 BVerfGE 93, 121 (136); 99, 88 (95); 101, 132 (138); 101, 151 (155); st. Rspr.

7 Vgl. etwa BVerfGE 85, 238 (246 f.).

sive Betriebe des Produzierenden Gewerbes eine umfangreiche Steuervergünstigung. Wenn ein Unternehmen des Produzierenden Gewerbes besonders viel Energie verbrauchte, sollte es nur wenig Ökosteuer zahlen müssen. Damit verfolgte der Gesetzgeber den Zweck, die Unternehmen nicht zur Abwanderung zu veranlassen und die Arbeitsplätze in Deutschland zu erhalten. Mit der Absenkung der Ökosteuer in diesen Fällen schuf der Gesetzgeber zur Verfolgung dieses Zwecks einen Ausnahmetatbestand, dessen Wirkungen dem in erster Linie verfolgten Lenkungszweck – nämlich Senkung des Energieverbrauchs – diametral entgegenstanden. Ist eine solche Ausnahme für besonders energieintensive Betriebe folgerichtig? Das BVerfG hat das Folgerichtigkeitsgebot in der Ökosteuerentscheidung nicht angewendet (und nicht einmal erwähnt oder problematisiert), sondern die Ausnahme für das energieintensive Produzierende Gewerbe als „Steuervergünstigung" bezeichnet, bei deren Ausgestaltung der Gesetzgeber weiteste Gestaltungsspielräume habe.[8] In der Ökosteuer-Entscheidung wird also die Schaffung einer Ausnahme von der am Lenkungszweck orientierten Ausgestaltung des Steuertatbestands im Sinne der einmal getroffenen Belastungsentscheidung getrennt.[9]

Hätte das BVerfG das Folgerichtigkeitsgebot auf die Ökosteuerreform angewendet, so hätte man es wohl kaum als folgerichtig im Sinne des Hauptzwecks der sog. Ökosteuer – nämlich Senkung des Energieverbrauchs – bezeichnen können, wenn ausgerechnet die besonders energieintensiven Betriebe eine umfangreiche Steuervergünstigung erhalten. Andererseits hat der Gesetzgeber mit dem Ausnahmetatbestand einen weiteren Zweck – nämlich Anreize für das Verbleiben von Unternehmen in Deutschland – verfolgt. Das BVerfG hat damit die besonderen Steuervergünstigungen im Ergebnis zu Recht gebilligt.[10]

Eine andere Sichtweise würde zu einer Einengung des Gesetzgebers auf nur noch einen einzigen verfolgbaren Zweck führen, zu einem Zwang zum „Alles oder Nichts", der weder der Vielzahl auch parallel verfolgbarer Zwecke, die in einer Gesamtabwägung miteinander in Ausgleich gebracht werden müssen, Rechnung trägt noch dem politischen Prozess, der auch zu Kompromissen fähig sein muss.

Es stellt sich also die Frage, ob eine Ausnahmebestimmung, die dem Hauptzweck des Gesetzes zuwiderläuft, wegen fehlender Folgerichtigkeit zu verwerfen ist oder ob diese als echte Steuervergünstigung (Steuersubvention) angesehen wird, für deren Ausgestaltung der Gesetzgeber über größtmögliche Gestaltungsspielräume verfügt.

---

8 BVerfGE 110, 274 (293, 298 ff.).

9 Ganz anders jetzt BVerfG v. 9.12.2008, 2 BvL 1/07, 2/07, 1/08, 2/08 (Rn. 54), wo die Grundnorm des § 9 Abs. 2 Satz 1 EStG („Keine Werbungskosten sind Aufwendungen für regelmäßige Fahrten zwischen Wohnung und Arbeitsstätte") und eine der Ausnahmebestimmungen, nämlich § 9 Abs. 2 Satz 2 EStG („Abziehbarkeit ab dem 21. Entfernungskilometer" als eine von mehreren Härteregelungen), zusammen geprüft werden, obwohl die Gerichte nur § 9 Abs. 2 Satz 1 EStG vorgelegt hatten. Analog zur Ökosteuer-Entscheidung hätte die Sonderregelung als Steuervergünstigung für Fernpendler bezeichnet werden müssen.

10 Auf die weitere damals umstrittene Frage, ob diese Ausnahmetatbestände auch gleichheitskonform ausgestaltet waren (etwa im Hinblick auf die Nichteinbeziehung von Dienstleistern), was das BVerfG bejaht hat, soll hier nicht eingegangen werden.

Als Beispiel für ein in meinen Augen zu enges Verständnis des Folgerichtigkeitsgebots möchte ich den Vorlagebeschluss des VI. Senats des Bundesfinanzhofs zur Pendlerpauschale anführen.[11] Dort führt er aus, dass aus Gründen der Folgerichtigkeit – wenn man die Wegeaufwendungen als gemischte Aufwendungen einordnet – alle gemischten Aufwendungen gleich behandelt werden müssten (BFH Rz. 137). D.h. wenn Wegeaufwendungen den steuerlich nicht abziehbaren Aufwendungen zugeordnet würden, dann sei dies nur dann „folgerichtig", wenn auch alle anderen gemischten Aufwendungen nicht mehr abziehbar seien. Eine undifferenzierte Forderung nach „Gleichbehandlung" aller gemischten Aufwendungen (Tageszeitungen wie Kosten doppelter Haushaltsführung, erhöhte Kosten für Anzüge u.ä.) wird dem jedoch nicht gerecht.

Zudem verlange eine folgerichtige Umsetzung des Werkstorprinzips (BFH Rz. 118 ff.), dass keinerlei Fahrkosten mehr abziehbar seien. Der Gesetzgeber hätte nach dieser Auffassung gleichzeitig auch die Härteregelungen für Fernpendler (§ 9 Abs. 2 Satz 2 EStG n.F.), für Familienheimfahrten bei doppelter Haushaltsführung (§ 9 Abs. 2 Satz 8 EStG n.F.), für behinderte Pendler (§ 9 Abs. 2 Satz 11 EStG n.F.), für Kosten doppelter Haushaltsführung (§ 9 Abs. 1 Satz 3 Nr. 5 Satz 1 EStG n.F.) sowie das Fortbestehen der Rechtsprechung zu § 9 Abs. 1 Satz 1 EStG bei Reisetätigkeiten, Vorstellungsgesprächen, Fortbildungs- und Kongressreisen sowie Umzugskosten neu regeln müssen. Aber lassen sich nicht für alle genannten Normen Gründe finden, die eine Ausnahme vom Grundsatz der Nichtabziehbarkeit von Wegeaufwendungen rechtfertigen?

Wenn Schwerbehinderten, die in besonderem Maße auch auf kostenintensivere Verkehrsmittel (insbes. den eigenen Pkw) angewiesen sind, der Abzug der tatsächlichen Aufwendungen erlaubt wird, werden damit die behindertenspezifischen Nachteile ausgeglichen. Die Ausgestaltung des Sondertatbestands für behinderte Fernpendler ist hinreichend auf diesen Förderzweck abgestimmt, indem das Gesetz grundsätzlich auf einen Grad der Behinderung von 70 bzw. – falls dieser mindestens 50, aber weniger als 70 beträgt – spezifisch darauf abstellt, ob der behinderte Mensch in seiner „Bewegungsfähigkeit im Straßenverkehr erheblich beeinträchtigt" ist.

Soll der Gesetzgeber nicht berücksichtigen können dürfen, dass die Kosten für Fahrten zu Vorstellungsgesprächen typischerweise höher sein können und unvermeidbarer – auch im Hinblick auf einen möglichen Umzug – sind als tägliche Fahrten zwischen Wohnung und regelmäßiger Arbeitsstätte?

Mit der Sonderregelung für Fernpendler (Abziehbarkeit von 0,30 € ab dem 21. Entfernungskilometer) erhalten Steuerpflichtige einen Anreiz, die bereit sind, weite Wege auf sich zu nehmen. Kann dann die Ausnahme von der grundsätzlichen Nichtabziehbarkeit nicht mit dem beschäftigungspolitischen Ziel der Förderung der Mobilität gerechtfertigt werden können? Muss es nicht dem Gesetzgeber überlassen

---

[11] BFH v. 10.1.2008, VI R 17/07, BStBl. II 2008, 234 = BFHE 219, 358. Die folgenden Randnummern-Zitate beziehen sich auf die Veröffentlichung im Internet unter www.bundesfinanzhof.de. Parallelverfahren: BFH v. 10.1.2008, VI R 27/07.

bleiben, die konkret verfolgten Ziele der jeweiligen Situation anpassen zu können, etwa auf eine angespannte Arbeitsmarktlage reagieren zu können?

In der Tat wird man davon ausgehen können, dass das Maß der privaten Mitveranlassung der Wegeaufwendungen zunehmen wird, je weitere Wege der Steuerpflichtige auf sich nimmt. Mit dieser Begründung hatte der Gesetzgeber zwischenzeitlich eine Regelung eingeführt, wonach Aufwendungen des Steuerpflichtigen für Wege zwischen Wohnung und regelmäßiger Arbeitsstätte nur bis *höchstens* zum 40. Entfernungskilometer abziehbar waren. Dahinter stand vor allem der Gedanke, dass die privaten Motive typischerweise immer stärker in den Vordergrund treten, je weiter entfernt der Steuerpflichtige den Wohnsitz von der regelmäßigen Arbeits- oder Betriebsstätte wählt. Zudem konnten auch verkehrs- und umweltpolitische Lenkungszwecke für eine solche Regelung wie die damalige Höchstbegrenzung sprechen.

Das Folgerichtigkeitsgebot darf also nicht im Sinne eines Zwangs zu einer Alles-oder-Nichts-Lösung verstanden werden. Der Gesetzgeber muss auch im Wege einer Gesamtabwägung verschiedene Zwecke nebeneinander verfolgen dürfen. Im Gegensatz zu Rechtsprechung und Verwaltung ist er in der Auswahl der Zwecke, die er verfolgen möchte, frei. Es gehört zum Wesen der Demokratie, dass dabei im Laufe der Zeit auch Prioritäten wechseln können. Wenn nach Einschätzung des Gesetzgebers in einer Situation einer sehr angespannten Arbeitsmarktlage die Mobilität der Arbeitnehmer oder bisher Arbeitslosen gefördert werden soll, muss er sogar spezielle Anreize für das Fernpendeln setzen dürfen. Wenn er hingegen bei entspannter Arbeitsmarktlage nicht aus arbeitsmarktpolitischen Gründen Anreize für das Fernpendeln bieten will, sondern etwa aus umwelt- oder verkehrspolitischen Gründen das Fernpendeln eindämmen möchte, so muss ihm auch diese Regelung mit ihrer zugrunde liegenden Zielrichtung möglich sein. So ist es zu verstehen, wenn das Bundesverfassungsgericht es in seiner früheren Rechtsprechung stets abgelehnt hatte zu überprüfen, ob der Gesetzgeber die beste oder gerechteste Lösung gewählt hat.[12]

6.2.2. Fiskalische Gründe für eine gesetzgeberische Regelung; Subjektivierung der Rechtfertigungsgründe

Im Steuerrecht verlangt das BVerfG, dass „der Gesetzgeber" – abweichend von seiner Rechtsprechung zu anderen Rechtsgebieten – Gründe, die eine Ungleichbehandlung rechtfertigen sollen, erkennbar verfolgt haben muss. Zwar besteht einerseits das Dilemma, dass sich nahezu jede Differenzierung im Steuerrecht abstrakt rechtfertigen lassen könnte durch irgendeinen Grund (die Höherbesteuerung ebenso wie die Niederigerbesteuerung von Landwirten – beides ließe sich durch agrarpolitische Gründe rechtfertigen). Andererseits erscheint es merkwürdig, dass nur solche Gründe, die sich in der Gesetzesbegründung finden, sollen herangezogen werden können.

[12] BVerfGE 27, 58 (67).

Ein „Nachschieben von Gründen" im verfassungsgerichtlichen Verfahren sei unzulässig.[13]

Wenn Gesetze ohnehin nicht begründet werden müssen,[14] dann stellt sich die Frage, ob nicht eine nicht tragfähige Begründung ersetzt werden kann durch objektiv denkbare Gründe, die auch die Ausgestaltung des gesetzlichen Tatbestands[15] tragen.[16]

6.3. Freiheitsrechtliche Grenzen der Besteuerung

6.3.1. Die Freiheitsrechte des Grundgesetzes

Verfassungsrechtlicher Rechtfertigungsbedarf wird nur ausgelöst, wenn ein *Eingriff* in ein Freiheitsrecht vorliegt. Das BVerfG hat bisher immer vertreten, dass das Vermögen nicht durch Art. 14 Abs. 1 GG geschützt sei und die Auferlegung von Steuern und Abgaben daher nicht an Art. 14 Abs. 1 GG zu messen sei[17], sondern an Art. 2 Abs. 1 GG. Nunmehr hat es diese Frage offen gelassen[18] und ausgeführt, dass eine Steuer aber schon dann an Art. 14 Abs. 1 GG zu messen sei, wenn diese an das Innehaben[19] von Eigentum „anknüpfe".[20] Im bloßen „Anknüpfen" an ein grundrechtlich geschütztes Verhalten kann indes noch kein freiheitsrechtlich rechtfertigungsbedürftiger Eingriff gesehen werden. Zwei Wirkungen der Besteuerung müssen auseinander gehalten werden:

(1) einmal der Vermögensentzug bei demjenigen, der sich wirtschaftlich betätigt hat – etwa als Rechtsanwalt, als Vermieter, als Künstler – und deshalb Steuern zahlt. Hier stellt sich die Frage, ob der Vermögensentzug – der jedenfalls einen sog. klassischen Eingriff darstellt, da er regelnder, finaler, imperativer und unmittelbarer Natur ist – den Schutzbereich des Art. 14 I oder des Art. 2 I GG berührt – wobei das Schutzniveau zwischen beiden Grundrechten nach Ansicht des BVerfG ohnehin gleich ist.[21]

---

[13] So – unter Anlehnung an die aus dem Verwaltungsprozessrecht bekannte Terminologie – Osterloh, DStJG 2001, 383 (396); Kirchhof, AöR 2003, 1 (48). Mit Recht vor einer „unreflektierten Übernahme verwaltungsrechtlicher Argumentationsmuster" auf die Kontrolle von Gesetzen warnend Waldhoff, in: FS Isensee, 325 (330).

[14] So etwa BVerfGE 86, 148 (241). Anders aber wiederum BVerfGE 101, 158 (224 f.). Beide Entscheidungen ergingen zum Recht des Länderfinanzausgleichs.

[15] Zu den konkreten Gründen, die in Betracht kommen, vgl. Wernsmann, DStR 2007, 1149 ff. m.w.N.

[16] Vgl. zum Problem näher Wernsmann, NVwZ 2000, 1360 ff. m.w.N. Das BVerfG verneint das in st.Rspr., wenn der Gesetzgeber nicht entsprechende „Überlegungen" anstellt; vgl. zuletzt BVerfG v. 9.12.2008, 2 BvL 1/07 (Rn. 70) m.w.N.

[17] Vgl. nur etwa BVerfGE 4, 7 (17); 95, 267 (300) – dort als „st. Rspr." bezeichnet.

[18] BVerfGE 115, 97 (112).

[19] Oder den Hinzuerwerb (so BVerfGE 115, 97 (111)); der „Hinzu*erwerb*" von Eigentum ist indes ohnehin nicht durch Art. 14 GG geschützt, sondern allenfalls durch Art. 12 GG oder andere Grundrechte. Art. 14 I GG schützt nur das bereits „Erworbene"; näher Wernsmann, NJW 2006, 1169 (1170) m.w.N.

[20] BVerfGE 115, 97 (111).

[21] Vgl. BVerfGE 115, 97 (114 f.).

(2) Zum anderen kann die bloße Existenz des Steuertatbestands im Gesetz dazu führen, dass der potentielle Steuerpflichtige auf die besteuerte Tätigkeit gänzlich verzichtet. In einem solchen Fall gehen von dem Steuergesetz verhaltensbeeinflussende Wirkungen aus, die als mittelbarer Eingriff einzuordnen sind. Wenn etwa der Künstler sich nicht mehr künstlerisch betätigt, da ihm ein hoher Teil seines wirtschaftlichen Erfolgs weggesteuert würde, wäre die Frage aufgeworfen, ob er durch die Höhe der Steuer faktisch in seiner Kunstfreiheit nach Art. 5 III GG betroffen ist.

6.3.1.1. Rechtfertigungsbedürftige freiheitsbeeinträchtigende Wirkungen der Besteuerung

Damit können Steuergesetze zwei unterschiedliche Wirkungen herbeiführen, die beide kumulativ oder alternativ eintreten können:

Entweder ändert niemand sein Verhalten: Dann bedarf nur der Vermögensentzug der Rechtfertigung, nicht aber eine etwaige freiheitsbeeinträchtigende Wirkung, die zu einer Verhaltensänderung führt.

Oder ein Steuergesetz führt ausschließlich Verhaltensänderungen herbei, indem niemand mehr das mit der Steuer belegte Verhalten wählt. Dies ist der Fall der sog. Erdrosselungssteuer, was etwa im berühmten Fall der Potsdamer Nachtigallensteuer oder heutzutage bei einigen Kampfhundesteuersatzungen der Fall ist: Hier bedarf nur das faktische Verbot des Haltens einer Nachtigall oder eines Kampfhundes durch eine exorbitant hohe „Steuer"[22] der Rechtfertigung, nicht aber ein Vermögensentzug, da es zu diesem bei niemandem mehr kommt. Der Einzelne ist zur Abgabe des Hundes und damit zur Aufgabe seines Eigentums an diesem (Art. 14 I GG) gezwungen. Denkbar sind auch andere Fälle, etwa eine unerfüllbar hohe Steuerbelastung auf bestimmte künstlerische Werke, wodurch ein Verzicht auf diese künstlerische Betätigung (Art. 5 III GG) erzwungen würde.

Meist treten infolge der Besteuerung beide Wirkungen gleichzeitig ein: Einige Menschen verzichten infolge der drohenden Besteuerung auf ein bestimmtes Verhalten, etwa auf das Rauchen nach einer Steuererhöhung, andere verhalten sich weiter wie bisher, so dass ihnen Vermögen entzogen wird. In solchen Fällen bedürfen beide Wirkungen der Besteuerung (der Vermögensentzug und die verhaltensbeeinflussende Wirkung) je für sich der verfassungsrechtlichen Rechtfertigung, wenn die grundrechtliche Betätigung unmöglich gemacht wird, die Eingriffsschwelle also überschritten ist.

6.3.1.2. Erdrosselnde Steuern

Art. 14 GG bietet nach richtiger Auffassung nur Schutz vor erdrosselnden Steuern. Dagegen wird heftige Kritik laut: Wie kann, so wird gefragt, Art. 14 I GG vor einer erdrosselnden Besteuerung schützen, wenn die „normale" Besteuerung ansonsten nicht einmal in den Schutzbereich des Eigentums fällt? Wie soll – so wird gefragt –

---

[22] Ein Gesetz, das eine derart hohe Steuer androht, dass niemand mehr das besteuerte Verhalten ausübt, und das daher zu einem „Nullaufkommen" beim Staat führt, ist auch kompetentiell keine Steuer i.S.d. § 3 I AO mehr, der den verfassungsrechtlichen Steuerbegriff zutreffend abbildet; näher etwa WERNSMANN, in: HÜBSCHMANN u.a., AO/FGO, § 3 AO Rn. 122 ff. m.w.N.

von der *Intensität* des Grundrechtseingriffs abhängen können, ob der Schutzbereich berührt ist?[23] Der Grund dafür liegt in Folgendem: Ist der Bezugspunkt nicht mehr der Geldentzug (Vermögensentzug), sondern der verhaltensbeeinflussende Druck, das Eigentum an der Nachtigall oder dem Kampfhund abzugeben, so ist Art. 14 I GG einschlägig. Zwingt das Steuergesetz nicht zur Aufgabe von Eigentum, sondern etwa zum Verzicht auf künstlerische Betätigung, so ist für die Erdrosselung dieses Verhaltens nicht Art. 14 I GG, sondern Art. 5 III GG als Prüfungsmaßstab heranzuziehen. Davon völlig unberührt bleibt die andere Frage, welcher Prüfungsmaßstab für den etwaigen Vermögensentzug heranzuziehen wäre (Art. 14 I GG oder Art. 2 I GG).

6.3.1.3. Verhältnismäßigkeit

Die freiheitsrechtliche Verhältnismäßigkeitsprüfung bei Steuern ist i.d.R. unergiebig: Zur Erreichung des Fiskalzwecks (der staatlichen Einnahmeerzielung; vgl. § 3 I AO) ist eine Steuer regelmäßig geeignet. Eine Ausnahme stellt nur die Erdrosselungssteuer dar, die aber schon kompetentiell keine Steuer darstellt und daher nicht auf Art. 105 ff. GG gestützt werden kann (und auf die Sachkompetenzen der Art. 70 ff. GG nach h.M. wegen Formenmissbrauchs ebenfalls nicht gestützt werden kann). Zur Erreichung des Fiskalzwecks ist sie i.d.R. auch erforderlich, da der Verweis auf eine Höherbelastung der anderen kein gleich geeignetes Mittel darstellt. Und die im Rahmen der Angemessenheit erfolgende Abwägung zwischen öffentlichem Interesse an der Steuererhebung und privatem Interesse an einer möglichst niedrigen Besteuerung darf nicht darauf hinauslaufen zu prüfen, ob der Gesetzgeber nicht politisch gewollte Ausgaben unterlassen sollte statt Steuern zu erheben. Denn „jede wertende Einschränkung des staatlichen Finanzierungsinteresses durch Steuern läuft Gefahr, dem Gesetzgeber mittelbar eine verfassungsgerichtliche Ausgaben- und damit eine Aufgabenbeschränkung aufzuerlegen, die das Grundgesetz nicht ausdrücklich vorsieht".[24]

Einer Frage möchte ich mich im Folgenden etwas genauer widmen: Muss eine Lenkungssteuer sowohl hinsichtlich Fiskal- als auch hinsichtlich Lenkungszweck verhältnismäßig sein? Ist also eine doppelte Verhältnismäßigkeitsprüfung von Lenkungssteuern erforderlich, oder reicht es aus, dass die Lenkungssteuer nur hinsichtlich eines der beiden Zwecke – also entweder hinsichtlich Fiskalzweck oder hinsichtlich Lenkungszweck – geeignet, erforderlich und angemessen ist?

Entgegen der h.M.[25] ist keine doppelte Verhältnismäßigkeitsprüfung vorzunehmen.[26] Denn wenn eine Lenkungssteuer (z.B. die Tabaksteuer) keinerlei Lenkungs-

---

[23] So etwa – statt vieler – FRIAUF, DStJG 1989, 3 (22); HEINTZEN, in: V. MÜNCH/KUNIG, GG III, Art. 105 Rn. 14; SEER, FR 1999, 1280 (1283); vgl. auch DI FABIO, in: MAUNZ/DÜRIG, GG, Art. 2 I Rn. 99.

[24] BVerfGE 115, 97 (115).

[25] DI FABIO, in: MAUNZ/DÜRIG, GG, Art. 2 I Rn. 100; FRIAUF, DStJG 1998, 85 (87 f.); HERZOG, in: FS 75 Jahre RFH-BFH, S. 105 (112); JACHMANN, in: V. MANGOLDT u.a., GG III, Art. 105 Rn. 31; JARASS, Nichtsteuerliche Abgaben und lenkende Steuern unter dem Grundgesetz, 86 bei Fn. 32, 88 bei Fn. 46, 89; KIRCHHOF, in: FS Friauf, 669 (680); SELMER/BRODERSEN, DVBl. 2000, 1153 (1165).

wirkungen erreichen würde (was unwahrscheinlich ist, da die Nachfrage der meisten Verbrauchsgüter auf steigende Preise reagiert, also elastisch ist), dann gäbe es gerade keine verhaltensbeeinflussenden Wirkungen, die rechtfertigungsbedürftig wären. Rechtfertigungsbedürftig wäre nur der Geldentzug, und dieser ist geeignet für den fiskalischen Zweck. D.h.: Wer behauptet, eine als Lenkungssteuer konzipierte Steuer führe die vom Gesetzgeber subjektiv erstrebten Verhaltensänderungen gar nicht herbei, sägt den Ast ab, auf dem er sitzt, weil dann freiheitsrechtlich nur der Vermögensentzug rechtfertigungsbedürftig ist (vor Art. 2 I GG), nicht aber eine etwaige verhaltensbeeinflussende Wirkung (vor dem jeweils thematisch einschlägigen Freiheitsrecht).

Anderes gilt aber für rechtfertigungsbedürftige Ungleichbehandlungen innerhalb eines Steuergesetzes, etwa eine Steuervergünstigung, die nur bestimmten Gruppen zuteil wird. Ist die Differenzierung nicht geeignet, etwa Verhaltensanreize zu setzen, so ist die Ungleichbehandlung vor Art. 3 Abs. 1 GG nicht zu rechtfertigen.

6.3.2. Die Grundfreiheiten des EG-Vertrags

Im nationalen deutschen Verfassungsrecht ist die Grenze der Übermaßbesteuerung erreicht, wenn die Besteuerung erdrosselnd wirkt, d.h. das besteuerte Verhalten faktisch unmöglich macht.[27] Das BVerfG hat in einer neueren Entscheidung, in der der sog. Halbteilungsgrundsatz faktisch verabschiedet wurde[28], hingegen eine Abwägung zwischen Fiskalzweck und Freiheitsbeeinträchtigung verlangt, aufgrund derer eine verfassungswidrige Übermaßbesteuerung schon früher denkbar sein soll: Auch wenn dem Übermaßverbot keine zahlenmäßig zu konkretisierende allgemeine Obergrenze einer „angemessenen“ und „zumutbaren“ Besteuerung entnommen werden könne, dürfe allerdings die steuerliche Belastung auch höherer Einkommen für den Regelfall nicht so weit gehen, dass der wirtschaftliche Erfolg grundlegend beeinträchtigt werde und damit nicht mehr angemessen zum Ausdruck komme.[29] Diese Grenze erscheint indes kaum operationabel.

6.3.2.1. Problem: Übermaßbesteuerung in Europa durch ungemilderte Doppelbesteuerung

Während also im nationalen Verfassungsrecht die Grenze gesucht wird, ab der die Besteuerung in eine verfassungswidrige Übermaßbesteuerung umschlägt, stellt sich bei grenzüberschreitenden Sachverhalten aus der Perspektive des Steuerpflichtigen ein anderes Problem, das den Bundesfinanzhof (BFH) in seinem Vorlageersuchen vom 16.1.2008[30] an den Europäischen Gerichtshof (EuGH) beschäftigt hatte: Grei-

---

26 Ebenso PAPIER, Die finanzrechtlichen Gesetzesvorbehalte und das grundgesetzliche Demokratieprinzip, 91 f. – Die Rechtsprechung des BVerfG schwankt; Nachweise bei WERNSMANN, Verhaltenslenkung in einem rationalen Steuersystem, 386 ff. m.w.N.

27 Vgl. BVerfGE 16, 147 (161); 38, 61 (80 f.); 115, 97 (115).

28 Vgl. BVerfGE 115, 97 (108 f., 114); anders in den Grundannahmen noch BVerfGE 93, 121 (138).

29 BVerfGE 115, 97 (117; vgl. auch 116).

30 BFH v. 16.1.2008, II R 45/05, BStBl. II 2008, 623.

fen zwei Staaten auf denselben Steuergegenstand mit ihrem jeweiligen regulären Steuersatz zu, kann es vorkommen, dass von dem besteuerten Gegenstand kaum noch etwas für den Steuerpflichtigen „übrig bleibt“. Konkret ging es darum, dass sowohl Spanien als auch Deutschland auf ein in Spanien geführtes Kontoguthaben zugriffen, das eine in Deutschland ansässige Tante ihrer in Deutschland ansässigen Nichte vererbt hatte, wodurch es zu einer Doppelbesteuerung kam. Eine Anrechnung der ausländischen Erbschaftsteuer nach § 21 Abs. 1 ErbStG wurde von den deutschen Steuerbehörden – nach nationalem Recht zu Recht – abgelehnt, da in dem Kontoguthaben bei der ausländischen Bank kein Auslandsvermögen i.S.d. § 21 Abs. 2 Nr. 1 ErbStG i.V.m. § 121 BewG zu sehen sei. Durch das Zugreifen der spanischen Erbschaftsteuer entstand daher eine Anrechnungslücke. Der BFH hat daher dem EuGH die Frage vorgelegt, ob die daraus resultierende Doppelbelastung gegen die Kapitalverkehrsfreiheit des Art. 56 EG verstößt. Der BFH wirft zudem die Frage auf, welcher der beteiligten Staaten die Doppelbesteuerung zu vermeiden hat, ob also der deutsche Staat auf sein Besteuerungsrecht zumindest teilweise verzichten muss.[31] Mittlerweile hat der EuGH durch Urteil vom 12.2.2009 die Doppelbesteuerung für gemeinschaftsrechtskonform erklärt.[32]

Ein ähnlicher Sachverhalt lag auch einer im Jahr 2006 ergangenen Entscheidung des EuGH zugrunde.[33] Die Kläger stritten mit der belgischen Finanzverwaltung darüber, ob Belgien bei der Besteuerung von in Frankreich ausgeschütteten Dividenden die französische Quellensteuer anrechnen muss. Belgien ließ die französische Quellensteuer unberücksichtigt und verweigerte die Anrechnung, wodurch im Ausland ausgeschüttete Dividenden in stärkerem Maße belastet wurden als im Inland ausgeschüttete Dividenden. Der EuGH stellte im Rahmen dieses Urteils fest, dass das Gemeinschaftsrecht keine allgemeinen Kriterien für die Verteilung der Kompetenzen der Mitgliedstaaten untereinander zur Beseitigung der Doppelbesteuerung enthalte. Es sei Sache der Mitgliedstaaten, die erforderlichen Maßnahmen zu treffen, um eine Doppelbesteuerung zu vermeiden. Die Nichtanrechnung der französischen Quellensteuer durch die belgischen Steuerbehörden verstoße daher nicht gegen die Kapitalverkehrsfreiheit. Entgegen seiner sonst üblichen Vorgehensweise[34] beschränkte sich der EuGH bei der Auslegung von Art. 56 EG jedoch auf die Heranziehung des nicht staatenübergreifend wirkenden, sondern sich nur an jeden Mitgliedstaat gesondert richtenden Diskriminierungsverbotes. Es ist zweifelhaft, ob der EuGH diese restriktive Anwendung der Grundfreiheiten auch in zukünftigen Entscheidungen beibehalten wird.[35]

Mit nationalem Verfassungsrecht ist dieser Form der Übermaßbesteuerung kaum beizukommen, da Deutschland durch sein Handeln keine Übermaßbesteuerung herbeiführt und Spanien nicht an die deutsche Verfassung gebunden ist und der steuer-

---

[31] HAMDAN/HAMDAN, ZEV 2008, 448 (450 f.) – Anmerkung zu BFH v. 16.1.2008, II R 45/05.

[32] EuGH, Rs. C-67/08, Block.

[33] EuGH, Rs. C-513/04, Kerckhaert und Morres, Slg. 2006, I-10967.

[34] Vgl. z.B. EuGH, Rs. C-319/02, Manninen, Slg. 2004, I-7477.

[35] So auch ENGLISCH, IStR 2007, 67 (68) – Anmerkung zu EuGH, Rs. C-513/04, Kerckhaert und Morres, Slg. 2006, I-10967.

liche Zugriff durch Deutschland, der an die Ansässigkeit anknüpft, isoliert betrachtet nicht zu beanstanden ist.

6.3.2.2. Europarechtliche Verpflichtung zur Vermeidung von Doppelbesteuerung?

Über die Ausführungen in der Rechtssache „Kerckhaert und Morres“ hinaus hatte sich der EuGH bislang noch nicht ausführlich zu der Frage geäußert, ob die Grundfreiheiten des EG-Vertrages einer Doppelbesteuerung entgegenstehen. Wegen des im Ertragsteuerrecht gut ausgebauten Abkommensnetzes besteht hier grundsätzlich Schutz vor einer Doppelbesteuerung. An einem umfassenden Abkommenschutz fehlt es jedoch im Bereich des Erbschaftsteuerrechts, so dass hier häufig Doppelbesteuerungen entstehen können. Aufgrund der Vorlagefrage des BFH hatte der EuGH nun Gelegenheit zur Stellungnahme zu der Frage, ob das Gemeinschaftsrecht als solches Vorgaben für die Aufteilung der Besteuerungsrechte auf die Mitgliedstaaten enthält.[36] Geklärt war insoweit bisher lediglich, dass ein allgemeines völkerrechtliches Verbot der Doppelbesteuerung nicht besteht und sich mangels unmittelbarer Anwendbarkeit auch nicht Art. 293 EG entnehmen lässt.[37]

Aufgrund des Vorabentscheidungsersuchens des BFH hat der EuGH nunmehr am 12.2.2009 entschieden, dass die Doppelbelastung mit spanischer und deutscher Erbschaftsteuer keinen Grundfreiheitsverstoß darstellt. Auf die weitere Frage, welcher Staat gegebenenfalls für diesen Verstoß verantwortlich ist und daher auf sein Besteuerungsrecht verzichten muss, kam es nicht mehr an.

6.3.2.2.1. Schutzbereich der Kapitalverkehrsfreiheit

Im Hinblick auf eine mögliche Verletzung der Kapitalverkehrsfreiheit ist zunächst festzustellen, dass der anlässlich des Todes stattfindende Vermögensübergang vom Schutzbereich der Kapitalverkehrsfreiheit umfasst ist.[38] Mit der Entscheidung „Erben von Barbier“[39] hat der EuGH die frühere deutsche finanzgerichtliche Rechtsprechung überwunden, die die Anwendbarkeit der Grundfreiheiten auf das nationale Erbschaftsteuerrecht gänzlich abgelehnt hatte. Der EuGH sieht auch den Erwerb von Todes wegen durch die Kapitalverkehrsfreiheit geschützt[40], da eine aktuelle oder künftige Erbschaftsteuerbelastung Einfluss auf wirtschaftliche Entscheidungen des Steuerpflichtigen haben kann, so dass auch nationales Erbschaftsteuerrecht das Gemeinschaftsrecht wahren muss.

6.3.2.2.2. Eingriff in die Kapitalverkehrsfreiheit durch welchen Staat?

Noch nicht abschließend entschieden ist dagegen die Frage, inwieweit durch eine Doppelbesteuerung in den Schutzbereich der Kapitalverkehrsfreiheit eingegriffen wird. Auch die doppelte Besteuerung desselben Sachverhalts durch unterschied-

---

[36] Vgl. SCHNITGER, FR 2004, 185 (195 f.).

[37] CORDEWENER/SCHNITGER, StuW 2006, 50 (56).

[38] Vgl. zuletzt EuGH, Rs. C-67/08, Block (Rn. 20).

[39] EuGH, Rs. C-364/01, Erben von Barbier, Slg. 2003, I-15013.

[40] EuGH, Rs. C-513/03, van Hilten, Slg 2006, I-1957 (Rn. 38 ff.); vgl. auch WERNSMANN, in: SCHULZE/ZULEEG, Europarecht – Handbuch für die deutsche Rechtspraxis, § 30 Rn. 77 a.E.

liche Staaten kann einen Unionsbürger davon abhalten, von seinen Grundfreiheiten Gebrauch zu machen.[41] Im Schrifttum wird in einer Doppelbesteuerung deshalb verstärkt eine Beschränkung der Grundfreiheiten durch die Schlechterstellung des grenzüberschreitenden Verkehrs infolge der steuerlichen Belastungskumulation gesehen.[42] Ein Vergleich zwischen einem steuerinländischen Erblasser, der sein gesamtes Vermögen im Inland angelegt hat, und einem steuerinländischen Erblasser, der sein Vermögen wie vorliegend zumindest auch im Ausland angelegt hat, zeigt eine Ungleichbehandlung dieser objektiv vergleichbaren Gruppen. Nur im zweiten Fall kommt es zu einer Doppelbelastung. (Ebenso vergleichbar sind Erben von Steuerinländern, die verschiedene Arten von Auslandsvermögen haben, z.B. unbewegliches Vermögen im Ausland, das dem Auslandsvermögensbegriff unterfällt, und z.B. Kontoguthaben im Ausland, das nicht dem Auslandsvermögensbegriff unterfällt.[43] Allerdings ist zweifelhaft, ob hier eine gemeinschaftsrechtlich relevante Ungleichbehandlung oder Beschränkung vorliegt oder ob nicht innerhalb der Gruppe der benachteiligten EU-Ausländer differenziert wird.)

Allerdings stellt sich die entscheidende Frage, welcher der beiden Staaten durch sein Handeln diese Beeinträchtigung der Kapitalverkehrsfreiheit verursacht. Die Steuernormen des spanischen und des deutschen Erbschaftsteuergesetzes sind – je für sich betrachtet – diskriminierungsfrei. Erst das kumulative Zusammentreffen beider Steuerrechtsordnungen und die derzeitige unvollständige Harmonisierung der direkten Steuern innerhalb des Gemeinschaftsgebietes führen dazu, dass die Ausübung der Grundfreiheit des Art. 56 EG beeinträchtigt wird; erst die fehlende Abstimmung der verschiedenen Rechtssysteme führt zu der faktischen Benachteiligung.[44] Während der EuGH in Wegzugsfällen[45] oder bei grenzüberschreitender Verlustverrechnung im Konzern[46] den Grundfreiheiten detaillierte Vorgaben entnimmt, welcher von zwei Mitgliedstaaten auf sein Besteuerungsrecht soll verzichten müssen, verneint der EuGH jetzt eine Pflicht zur Koordinierung des steuerlichen Zugriffs zur Vermeidung der Doppelbesteuerung.[47] Der EuGH verneint also eine rechtfertigungsbedürftige Beschränkung, wenn zwei Staaten unkoordiniert auf denselben Steuergegenstand zugreifen. Zwar trifft es zu, dass die Grundfreiheiten nicht garantieren, dass eine Wohnsitzverlegung in einen anderen Mitgliedstaat steuerneutral sein muss. Dies wäre nur bei einem voll harmonisierten Steuersystem

---

[41] SCHNITGER, IStR 2004, 635 (638).

[42] Vgl. etwa CORDEWENER/SCHNITGER, StuW 2006, 50 (56 f.); CORDEWENER, Europäische Grundfreiheiten und nationales Steuerrecht, 876 ff.; SCHÖN, Europäische Kapitalverkehrsfreiheit und nationales Steuerrecht, in: GS Knobbe-Keuk, 743 (762); nochmals SCHÖN, StbJb 2003/04, 27 (44); ENGLISCH, StuW 2003, 88 (93).

[43] Vgl. HAMDAN, ZEV 2007, 401 (404 f.); HAMDAN/HAMDAN, ZEV 2008, 448 (450 f.) – Anmerkung zu BFH v. 16.1.2008, II R 45/05.

[44] Vgl. CORDEWENER, Europäische Grundfreiheiten und nationales Steuerrecht, 861; SCHNITGER, IStR 2004, 635 (638); SCHÖN, IStR 2004, 289 (292).

[45] EuGH, Rs. C-9/02, Lasteyrie du Saillant; Rs. C-470/04, N.

[46] EuGH, Rs. C-446/03, Marks & Spencer.

[47] EuGH, Rs. C-67/08, Block.

mit gleichen Steuersätzen, Bemessungsgrundlagen usw. möglich. Aber eine ungemilderte Doppelbesteuerung ist hiervon jedenfalls – auch von der Intensität des Abschreckungseffekts – zu unterscheiden.

6.3.2.2.3. Keine Rechtfertigung

Geht man – anders als der EuGH – insofern von einem Eingriff in die Kapitalverkehrsfreiheit aus, so kommt auch eine Rechtfertigung dieses Eingriffs grundsätzlich nicht in Betracht. Insbesondere hat der EuGH einen drohenden Ausfall von Steuereinnahmen nicht als Rechtfertigungsgrund zugelassen.[48] Ein EU-Bürger sei auch nicht deshalb weniger schutzwürdig, weil er steuerliche Vorteile nutze, die ihm nach den in einem anderen Mitgliedstaat als seinem Wohnstaat geltenden Vorschriften legal offen stehen.[49] Auch potentielle Schwierigkeiten bei der Ermittlung von Sachverhalten im Ausland[50] rechtfertigen nach Ansicht des EuGH einen Eingriff in Grundfreiheiten ebenso wenig wie das Argument, dass eine Doppelbesteuerung im Einzelfall auf Grund der mangelnden Harmonisierung der nationalen Steuerregelungen erforderlich sei.[51]

6.3.2.3. Lösung

Führt die Doppelbesteuerung zu einer Erschwerung der Wahrnehmung der Kapitalverkehrsfreiheit und wird ein Eingriff in die Kapitalverkehrsfreiheit angenommen, so stellt sich die Frage, welchem Staat diese Beeinträchtigung zuzurechnen ist und wie diese im Einzelfall beseitigt werden kann. Vielfach wird insofern eine Gesamtschuld der Mitgliedstaaten im Hinblick auf die Beseitigung der Mehrfachbelastung angenommen.[52] Es ist danach zu klären, welcher der beteiligten Mitgliedstaaten primär steuerlich zugreifen darf und welcher Staat zu dessen Gunsten zurückstehen muss.[53]

Diese sachliche Zuteilungsfrage kann von den Grundfreiheiten als solchen nicht gelöst werden. Das Primärrecht trifft keine Zuordnungsentscheidung für die direkten Steuern, wie dies etwa Art. 90 EG für das indirekte Abgabenrecht mit dem Bestimmungslandprinzip tut. Im „Gilly"-Urteil[54] zeigt der EuGH auf, dass die Besteuerungskompetenzen der Mitgliedstaaten als Ausübung nationaler Besteuerungshoheit in ihrem abstrakten Bestand fortbestehen. Die Allokation der Besteuerungsrechte ist dem Einwirkungsbereich der Besteuerungsrechte vorgelagert und somit ein grundfreiheitsneutraler Vorgang. Die vorgelagerte Allokationsentscheidung der Besteuerungsrechte ist damit den grundfreiheitlichen Gleichbehandlungs-

---

[48] Vgl. insb. EuGH, Rs. C-397/98, Metallgesellschaft, Slg. 2001, I-1727.

[49] Vgl. EuGH, Rs. C-364/01, Erben von Barbier, Slg. 2003, I-15013.

[50] Vgl. EuGH, Rs. C-80/94, Wielockx, Slg. 1995, I-2493.

[51] Vgl. EuGH, Rs. C-270/83, Slg. 1986, I-273.

[52] Vgl. u.a. CORDEWENER/SCHNITGER, StuW 2006, 50 (56); SCHÖN, StbJb 2003/04, 27 (66 f.); THÖMMES, DB 2002, 2397 (2400); RANDELZHOFER/FORSTHOFF, in: GRABITZ/HILF, Das Recht der Europäischen Union, vor Art. 39-55 EG Rn. 254.

[53] CORDEWENER/SCHNITGER, StuW 2006, 50 (57).

[54] EuGH, Rs. C-336/96, Gilly, Slg. 1998, I-2793.

erfordernissen entzogen.[55] Zwar ging es in der Gilly-Entscheidung um die Frage, ob ein Steuerpflichtiger offen dadurch diskriminiert wird, dass von seiner Staatsangehörigkeit abhängt, welcher von zwei Staaten ihn besteuern darf und welcher auf sein Besteuerungsrecht verzichtet, und dass das Besteuerungsrecht dem höher besteuernden zugewiesen wird. Vorliegend geht es darum, ob Doppelbesteuerung überhaupt vermieden werden muss.

Das Primärrecht stößt hier gleichwohl an seine Grenzen und ist auf die Heranziehung von Hilfsmaßstäben für die Entscheidung, welcher Mitgliedstaat zur Zurücknahme seiner Besteuerungshoheit verpflichtet sei, angewiesen. In Betracht wird die Heranziehung von Vorgaben etwaiger Sekundärrechtsmaßnahmen, eventuell auch im Analogiewege, von konkret abgeschlossenen Doppelbesteuerungsabkommen (DBA) oder als ultima ratio sogar der OECD-Musterabkommen gezogen.[56] Diese Lösung ist in der Literatur auf grundsätzliche Zustimmung gestoßen.[57] Es sind demnach folgende Konstellationen zu unterscheiden:

(1) Ist eine Situation gegeben, die in den Anwendungsbereich der für den Bereich der direkten Steuern erlassenen Mutter-Tochter-Richtlinie[58] oder der Fusionsrichtlinie[59] fällt, ist die Lösung des Konflikts in den dort vorgegebenen Instrumentarien zu suchen. Für sachlich vergleichbare Fälle biete sich eine analoge Heranziehung an.[60] Die Normen des Sekundärrechts übernehmen hiernach somit die Aufgabe, den Grundfreiheiten die im Hinblick auf die Beseitigung von Doppelbesteuerung notwendigen Maßgaben zur Verfügung zu stellen und sie insoweit operabel zu machen.[61]

(2) Liegt hingegen zwar keine sekundärrechtlich erfolgte Harmonisierung vor, ist eine grenzüberschreitende Konstellation aber vom sachlichen Anwendungsbereich eines DBA erfasst, ist bereits eine Einigung der Mitgliedstaaten auf völkerrechtlicher Ebene über die Verteilung des steuerlichen Zugriffs erfolgt. Eine problematische Doppelbesteuerung wird sich hier wohl auf Fälle der unzutreffend angewandten DBA durch die Abkommenspartner beschränken, da bei Orientierung der DBA an den OECD-Musterabkommen keine Doppelbesteuerung entstehen dürfte. Somit wird die Doppelbesteuerung in diesem Fall durch die punktuelle Abweichung eines Mitgliedstaats verursacht, womit zugleich der für die Grundfreiheitsbeschränkung Verantwortliche gefunden ist. Die Doppelbelastung ist dann durch Wiederherstellen DBA-konformer Verhältnisse durch den verantwortlichen

---

55 Cordewener/Schnitger, StuW 2006, 50 (57); Cordewener, Europäische Grundfreiheiten und nationales Steuerrecht, 880 f.

56 Vgl. ausführlich dazu Cordewener, Europäische Grundfreiheiten und nationales Steuerrecht, 882 ff. und Cordewener/Schnitger, StuW 2006, 50 (57).

57 Z.B. Englisch, StuW 2003, 88 (93 f.); ebenso Baßler, IStR 2005, 822 (825), der einen Ausweg darin sieht, den Aussagegehalt der Grundfreiheiten durch das im konkreten Fall bestehende DBA zu ergänzen.

58 90/435/EWG, ABl. L 225/6–9.

59 90/434/EWG, ABl. L 225/1–5.

60 Cordewener, Europäische Grundfreiheiten und nationales Steuerrecht, 882.

61 Vgl. Baßler, IStR 2005, 822 (825 f.).

Mitgliedstaat zu beseitigen.[62] Konsequenz dieser Lösung ist eine europarechtlich motivierte Auslegung der DBA durch den EuGH. Die Brücke zwischen Abkommensrecht und Europarecht kann durch den Anerkennungsgrundsatz geschlagen werden. Hiernach erkennen die Mitgliedstaaten durch die in DBA ausgehandelten Allokationen die Reichweite ihrer Verantwortlichkeit auch mit Wirkung für die Grundfreiheiten an. Neben dem Anerkennungsgrundsatz könnte auch die Treuepflicht des Art. 10 EG als weiteres Bindeglied fungieren. Jedem Mitgliedstaat obliegt danach im Verhältnis zu seinen Abkommenspartnern auch europarechtlich die Verpflichtung, die im DBA enthaltenen, die grundfreiheitswidrige Doppelbelastung beseitigenden Verteilungsnormen anzuwenden.[63]

(3) In Sachverhalten, in denen kein DBA besteht, gestaltet sich die mögliche Lösung der sachlichen Zuordnung schwieriger. Es erschiene möglich, dass sich der EuGH zur Konfliktauflösung in diesen Fällen an den Vorgaben der OECD-Musterabkommen orientiert.[64] Auch in anderen Entscheidungen hat der EuGH schon argumentativ auf OECD-Musterabkommen zurückgegriffen.[65]

Problematisch an diesem Ansatz ist allerdings, dass die OECD-Musterabkommen für die konkrete DBA-Ausgestaltung zwischen den Ländern nur unverbindliche Vorgaben darstellen, die durch die Heranziehung zur Auflösung des Besteuerungskonflikts dann doch ohne mögliche Abweichung zur Geltung kämen. Indes wird von der Literatur hierin nur eine Orientierungsmöglichkeit gesehen, die im Einzelfall modifiziert werden kann. Die Folgen für alle potentiell Beteiligten sind bei Orientierung am OECD-Musterabkommen somit eher abschätzbar, als bei einer völligen Neuentwicklung von Kriterien.[66] Zudem spricht der EuGH in der „Gilly"-Entscheidung[67] davon, dass es für die Mitgliedstaaten nicht abwegig sei, sich für die Zwecke der Aufteilung der Steuerhoheit an dem von der OECD erarbeiteten Musterabkommen zu orientieren.[68]

(4) Als weitere Möglichkeit zur Lösung von Sachverhalten, in denen keine konkreten DBA bestehen, wird der Rechtsgedanke der Meistbegünstigungsverpflichtung im Gemeinschaftsrecht in Erwägung gezogen.[69] Hiernach ist ein Mitgliedstaat aufgrund der Wirkung der Grundfreiheiten des EG-Vertrages verpflichtet, die Vergünstigungen, die er den Angehörigen eines Mitgliedstaates durch ein Abkommen gewährt, ebenso den Angehörigen eines anderen Mitgliedstaates zu gewähren, mit

---

[62] CORDEWENER, Europäische Grundfreiheiten und nationales Steuerrecht, 882.

[63] Vgl. auch ENGLISCH, StuW 2003, 88 (94).

[64] CORDEWENER, Europäische Grundfreiheiten und nationales Steuerrecht, 886 ff.

[65] So z. B. EuGH, Rs. C-279/93, Schumacker, Slg. 1995, I-225; Rs. C-80/94, Wielockx, Slg. 1995, I-2493; Rs. C-107/94, Asscher, Slg. 1996, I-3089; Rs. C-336/96, Gilly, Slg. 1998, I-2793; Rs. C-414/06, Lidl Belgium, DStR 2008, 1030; so auch CORDEWENER, Europäische Grundfreiheiten und nationales Steuerrecht, 887.

[66] CORDEWENER, Europäische Grundfreiheiten und nationales Steuerrecht, 887 f.

[67] EuGH, Rs. C-336/96, Gilly, Slg. 1998, I-2793.

[68] EuGH, Rs. C-336/96, Gilly, Slg. 1998, I-2793 (Rn. 31); vgl. auch LEHNER, IStR 2001, 329 (330).

[69] So etwa SCHNITGER, FR 2004, 185 (196 f.); vgl. zur These der Meistbegünstigung auch LANG, DStJG 1999, S. 255 (271 ff.).

denen er kein Abkommen geschlossen hat. Der EuGH hat sich jedoch bislang hiermit noch nicht auseinandergesetzt.[70] Richtigerweise vermitteln die Grundfreiheiten aber keinen Anspruch auf Meistbegünstigung. Ein Steuerpflichtiger mit Ansässigkeit in demjenigen Mitgliedstaat, mit dem der besteuernde Mitgliedstaat kein DBA geschlossen hat, befindet sich nicht in einer vergleichbaren Lage wie ein Steuerpflichtiger des dritten Mitgliedstaates, mit dem der besteuernde Mitgliedstaat ein DBA geschlossen hat. Aus dem Wesen bilateraler Abkommen zur Vermeidung der Doppelbesteuerung folgt, dass die jeweiligen Rechte und Pflichten nur für die Personen gelten, die in einem der beiden vertragsschließenden Mitgliedstaaten ansässig sind. Eine andere Sichtweise würde dazu führen, dass jedes DBA durch andere – jeweils günstigere – Elemente aus DBA mit anderen Staaten überspielt werden könnte.[71]

Im konkreten Fall der doppelten Belastung mit spanischer und deutscher Erbschaftsteuer würde sich folgende Lösung ergeben:

Da sich für diese Konstellation keine sekundärrechtlichen Maßnahmen finden und zwischen Deutschland und Spanien kein DBA für die Erbschaftsteuer abgeschlossen wurde, liegt ein Fall der dritten Konstellation vor. Demnach könnte die Allokation, die im OECD-Musterabkommen Erbschaftsteuer [OECD-MA (E)] vorgesehen ist, vorliegend zu einer Zuordnungslösung führen, die wie folgt aussähe:

Unbewegliches Vermögen, das Teil des Nachlasses oder einer Schenkung einer Person mit Wohnsitz in einem Vertragsstaat ist und das im anderen Vertragsstaat liegt, kann im anderen Staat besteuert werden, Art. 5 Abs. 1 OECD-MA (E). Art. 9 A Abs. 1 OECD-MA (E) sieht bei Anwendung der Freistellungsmethode nun vor, dass der Vertragsstaat, in dem der Erblasser im Zeitpunkt des Todes oder der Schenker im Zeitpunkt der Schenkung seinen Wohnsitz hatte, das Vermögen, das aus demselben Anlass nach diesem Abkommen im anderen Staat besteuert werden kann, von der Besteuerung ausnimmt. Bei Anwendung der Anrechnungsmethode nach Art. 9 B Abs. 1 OECD-MA (E) rechnet der Vertragsstaat, in dem der Erblasser im Zeitpunkt des Todes oder der Schenker im Zeitpunkt der Schenkung seinen Wohnsitz hatte, auf die nach seinem Recht festgesetzte Steuer den Betrag an, der der Steuer entspricht, die im anderen Vertragsstaat für das Vermögen gezahlt wird, das aus demselben Anlass nach diesem Abkommen im anderen Staat besteuert werden kann.

Dies bedeutet, dass – würde es sich hier um unbewegliches in Spanien gelegenes Vermögen handeln, welches von einem in Deutschland ansässigen Erblasser vererbt wird – dieses Vermögen nach Art. 5 Abs. 1 OECD-MA (E) in Spanien besteuert werden kann und dass nach Art. 9 A Abs. 1 OECD-MA (E) Deutschland auf die Besteuerung verzichten bzw. nach Art. 9 B Abs. 1 OECD-MA (E) die in Spanien gezahlte Steuer anrechnen muss. Letzteres entspricht für unbewegliches Vermögen auch der Lösung, die sich bei Anwendung des § 21 ErbStG ergibt.

Anders gestaltet sich das Ergebnis jedoch nach Art. 7 OECD-MA (E) für anderes Vermögen, zu dem z.B. auch im Ausland belegenes Bankguthaben zählt. Hiernach

---

[70] SCHNITGER, FR 2004, 185 (196 f.).

[71] WERNSMANN, in: SCHULZE/ZULEEG, Europarecht – Handbuch für die deutsche Rechtspraxis, § 30 Rn. 91 f.

kann Vermögen, das Teil des Nachlasses oder einer Schenkung einer Person mit Wohnsitz in einem Vertragsstaat ist und in den Art. 5 und 6 nicht behandelt wurde, ohne Rücksicht auf seine Belegenheit nur in diesem Staat besteuert werden. Unter Zugrundelegung des OECD-MA (E) zur Auflösung des Doppelbesteuerungskonfliktes könnte das in Spanien belegene Kontoguthaben, das von der in Deutschland wohnhaften Erblasserin vererbt wird, unabhängig von seiner Belegenheit nur in dem Wohnsitzstaat Deutschland besteuert werden. Spanien müsste auf seine Besteuerung verzichten.

Bisher war der EuGH in seiner Rechtsprechung zu der Frage der Übermaßbesteuerung durch Zusammenwirken zweier Steuerrechtsordnungen eher zurückhaltend. Indes hat diese Doppelbelastung wirtschaftlich erhebliche Auswirkungen auf die grenzüberschreitende Betätigung der Unionsbürger. Eine mehrfache steuerliche Belastung steht mit den Grundgedanken des EG-Vertrages nicht in Einklang und sollte auch europarechtlich angegangen werden. Die verhaltensbeeinflussende Wirkung einer ungemilderten Doppelbesteuerung ist offensichtlich. Leider hat der EuGH die unkoordinierte Doppelbesteuerung desselben Sachverhalts durch zwei Mitgliedstaaten jetzt jedoch gebilligt.[72]

6.4. Die Verteilung der Gesetzgebungskompetenzen im Steuerrecht

Schließlich möchte ich mich im letzten Teil noch einem Problem zuwenden, das im Steuerverfassungsrecht bislang nur wenig diskutiert wurde. Die Bejahung der Gesetzgebungskompetenzen des Bundes stellte im Steuerrecht über Jahrzehnte kaum ein Problem dar. Nach Art. 105 Abs. 2 GG hat der Bund die konkurrierende Gesetzgebung über die Steuern, wenn ihm das Aufkommen dieser Steuern ganz oder zum Teil zusteht oder die Voraussetzungen des Art. 72 Abs. 2 GG vorliegen. Die erste Alternative liegt bei den meisten wichtigen Steuern, insbesondere Einkommen-, Körperschaft- und Umsatzsteuer sowie den besonderen Verbrauchsteuern außer der Biersteuer vor, da dem Bund das Aufkommen nach Art. 106 Abs. 1 bzw. Abs. 3 GG ganz oder zum Teil zusteht. Die Voraussetzungen des Art. 72 Abs. 2 GG – also das Erfordernis einer bundesgesetzlichen Regelung zur Wahrung der Einheitlichkeit der Lebensverhältnisse oder der Rechts- oder Wirtschaftseinheit – müssen nur dann als Voraussetzung eines gesetzgeberischen Tätigwerdens des Bundes vorliegen, wenn die Steuern allein den Ländern zufließen. Dies ist bei den in Art. 106 Abs. 2 GG genannten Steuern der Fall, insbesondere Vermögensteuer, Erbschaftsteuer, Kfz-Steuer und Biersteuer sowie Grunderwerbsteuer, Rennwettsteuer und Lotteriesteuer.

Im Jahr 1994 hat der damalige verfassungsändernde Gesetzgeber die Voraussetzungen des Art. 72 Abs. 2 GG drastisch verschärft – so drastisch, dass das Bundesverfassungsgericht nach der Verfassungsänderung mehrfach Gesetze für verfassungswidrig erklärt hat mit der Begründung, dass die Voraussetzungen des Art. 72 Abs. 2 GG in der neuen Fassung nicht mehr vorlägen. Daraufhin hat der verfassungsändernde Gesetzgeber im Zuge der Föderalismusreform I das scharfe Schwert

[72] EuGH, Rs. C-67/08, Block.

wieder etwas stumpfer gemacht, indem er für viele wichtige Sachmaterien im Bereich der konkurrierenden Gesetzgebung, z.B. das Strafrecht, die Erforderlichkeit einer bundeseinheitlichen Regelung nicht mehr verlangt, weil die Regelungsmöglichkeiten des Bundes auch nach seiner Einschätzung infolge der vorangegangen Verfassungsänderung zu stark eingeschränkt worden waren.

Im Steuerrecht blieb jedoch der Verweis in Art. 105 Abs. 2 GG für die reinen Ländersteuern auf Art. 72 Abs. 2 GG sowohl 1994 als auch im Zuge der Föderalismusreform I 2006 stets uneingeschränkt bestehen mit der Folge, dass die Finanzverfassung immer auf die jeweils geltende Fassung des Art. 72 Abs. 2 GG Bezug genommen hat und Bezug nimmt.

Was bedeutet das für den Steuerreformgesetzgeber, z.B. bei der Erbschaftsteuer, deren Aufkommen allein den Ländern zusteht?[73] *Altes* Bundesrecht, das die Voraussetzungen des Art. 72 Abs. 2 GG n.F. nicht mehr erfüllt, bleibt nach Art. 125a Abs. 2 Satz 1 GG in Kraft. Kann der Bund aber auch *neues* Steuerrecht im Bereich der reinen Ländersteuern erlassen? Das hängt davon ab, ob die Voraussetzungen des Art. 72 Abs. 2 GG in der seit 1994 geltenden Fassung vorliegen. Der Bund darf hier nur Regelungen treffen, wenn *und soweit* die Herstellung gleichwertiger Lebensverhältnisse im Bundesgebiet oder die Wahrung der Rechts- oder Wirtschaftseinheit im gesamtstaatlichen Interesse eine bundesgesetzliche Regelung *erforderlich macht*. Ist eine bundeseinheitliche Regelung des Erbschaftsteuer*tarifs* und der *Freibeträge* in diesem Sinne erforderlich?

Die Gesetzesbegründung[74] bejaht das mit folgender Begründung:

> „Unterschiedliche landesrechtliche Regelungen bei der Erbschaftsteuer würden zum einen *Rechtsunsicherheit* erzeugen und zum anderen, wegen der Streubreite der insbesondere im einzelnen Erbfall begünstigten Personen einerseits und wegen der Gebietshoheit der Länder andererseits, den *Abschluss von Abkommen zur Vermeidung von Doppelbesteuerung zwischen den Ländern* unabweisbar machen. Diese *Rechtszersplitterung* kann im Interesse weder des Bundes noch der Länder hingenommen werden. Die gesamtwirtschaftlichen Interessen würden bei einer landesrechtlichen Zersplitterung des Erbschaft- und Schenkungsteuerrechts beeinträchtigt werden, weil unterschiedliche Regelungen oder sogar das Unterlassen einer Regelung durch einzelne Länder zu einer dem einheitlichen Lebens- und Wirtschaftsraum widersprechenden *Wettbewerbsverzerrung* führen würden, die sich nachteilig auf die gesamtwirtschaftliche Situation der Bundesrepublik Deutschland auswirkt. Die *Gleichmäßigkeit der Besteuerung* wäre bei jeweiliger Einzelregelung durch Ländergesetze selbst dann nicht mehr gewährleistet, wenn man unterstellt, dass diese die nämliche Zielsetzung verfolgten, denn es nicht davon auszugehen, dass diese in völliger Übereinstimmung durch die Gesetze der Länder konkretisiert wird. Dies gilt auch für das Erfordernis eines bundeseinheitlichen Tarifs, um einen *Unterbietungswettbewerb* zu vermeiden."

Es ist indes nicht erkennbar, wodurch *Rechtsunsicherheit* erzeugt würde, die über das hinausgeht, was aus der Vielfalt von Regelungen in einem föderal organisierten Staat folgt. Entscheidet sich eine Verfassung wie das Grundgesetz für den Födera-

---

[73] Art. 106 Abs. 2 Nr. 2 GG.

[74] BT-Drs. 16/7918, 25.

lismus, so ist zwangsläufige Folge, dass die Länder in den Bereichen, die ihnen zur Regelung zugewiesen sind, unterschiedliche Regelungen treffen können.

Zudem weist Art. 105 Abs. 2 Alt. 2 GG dem Bund die konkurrierende Gesetzgebungskompetenz zu, „wenn *und soweit*" die Voraussetzungen des Art. 72 Abs. 2 GG vorliegen. Wenn der Bund die grundlegende Entscheidung für eine Erbanfallsteuer und gegen eine Nachlasssteuer getroffen hat und ggf. auch Regelungen zur Ermittlung der Bemessungsgrundlage, so folgt daraus noch nicht, dass er automatisch auch über die Kompetenz zur Festlegung des Steuertarifs, dem der Erbe unterliegen soll, verfügt. Bezüglich des Tarifs greifen die Befürchtungen der Gesetzesbegründung, dass Doppelbesteuerungsabkommen zwischen den Ländern geschlossen werden müssten, jedenfalls nicht durch. Der Bund hat also die Kompetenz zur Vermeidung von Doppelbesteuerung durch die Länder[75]: Er darf festlegen, ob die Erbschaftsteuer als Erbanfallsteuer oder als Nachlasssteuer ausgestaltet sein soll und ob letztlich maßgeblich der Wohnsitz des Erblassers oder des Erben ist.

Auch das Argument der Wettbewerbsverzerrungen greift nicht durch, sondern ist ebenfalls notwendige Begleiterscheinung dezentraler Rechtsetzung im Bundesstaat. So hat das BVerfG etwa das bundeseinheitliche Verbot von Studiengebühren mangels Vorliegens der Voraussetzungen des Art. 72 Abs. 2 GG aufgehoben.[76]

Schließlich beeinträchtigt eine Festlegung des Steuertarifs durch die Länder auch nicht die Gleichmäßigkeit der Besteuerung. Denn jeder Träger öffentlicher Gewalt ist – wie auch das BVerfG in ständiger Rechtsprechung judiziert – nur innerhalb seines jeweiligen Zuständigkeitsbereichs an den Gleichheitssatz gebunden.[77] Wenn Land 1 also einen anderen Steuertarif einführt als Land 2, so ist dies vor dem allgemeinen Gleichheitssatz nicht rechtfertigungsbedürftig, sondern zwangsläufige Folge der Gesetzgebungskompetenz verschiedener Rechtsträger im Bundesstaat.

Auch auf Art. 125a Abs. 2 GG kann eine Kompetenz des Bundes für die Tarifgestaltung im Zuge der grundlegenden Erbschaftsteuerreform nicht mehr gestützt werden, da es nicht mehr nur um kleinere Modifikationen[78] geht, sondern um eine vollständig neue Tarifgestaltung, die nunmehr bezogen ist auf eine ebenfalls grundlegend umgestaltete Bemessungsgrundlage.[79]

Dem Bund fehlt also zumindest für die Regelung des Steuertarifs die Gesetzgebungskompetenz.[80] Das Erbschaftsteuerreformgesetz ist insoweit jedenfalls hinsichtlich der Festlegung des Steuertarifs formell verfassungswidrig. Das Ermessen des Bundes im Rahmen des Art. 125a Abs. 2 GG verdichtet sich[81] zu einer Pflicht zur Freigabe der Gesetzgebungskompetenz bezüglich des Steuertarifs an die Länder, da

---

[75] So auch HEY, in: FS Solms, 35 (39); WERNSMANN/SPERNATH, FR 2007, 829 (835); KORTE, Die konkurrierende Steuergesetzgebung des Bundes im Bereich der Finanzverfassung, 153.

[76] BVerfGE 112, 226 (244 f.).

[77] BVerfGE 10, 354 (371); 11, 299 (305); 12, 139 (143); 16, 6 (24); 79, 127 (158); 93, 319 (351).

[78] Vgl. BVerfGE 111, 10.

[79] Näher WERNSMANN/SPERNATH, FR 2007, 829 (835 f.) m.w.N. Ebenso KORTE, Die konkurrierende Steuergesetzgebung des Bundes im Bereich der Finanzverfassung, 230 f.

[80] So auch KORTE, Die konkurrierende Steuergesetzgebung des Bundes im Bereich der Finanzverfassung, 128 ff., 153.

[81] Vgl. BVerfGE 111, 10 (31) – Ladenschluss.

der Bund selbst diese Frage nach der Neufassung des Art. 72 Abs. 2 GG nunmehr nicht mehr regeln kann.

6.5. Fazit

Im Bereich der Grundrechte – insbesondere des für das Steuerrecht überragend wichtigen Gleichheitssatzes – bleibt immer wieder neu die grundlegende Frage zu beantworten, wieweit der Gestaltungsspielraum des Gesetzgebers reicht und wie groß die Kontrolldichte des Bundesverfassungsgerichts ist. Vor einem zu engen Verständnis der Folgerichtigkeit muss gewarnt werden. Die Rechtsprechung darf nicht ausschließlich „Alles-oder-nichts-Lösungen" als folgerichtig betrachten. Der Gesetzgeber sollte nicht unter Berufung auf die Verfassung gezwungen werden, einseitig ein Ziel bis zum letzten zu verfolgen und Ausnahmen zu unterlassen, mit denen er im Wege einer Gesamtabwägung anderen – möglicherweise auch gegenläufigen – Zielen ebenfalls Rechnung tragen will. Der parlamentarische Gesetzgeber darf – anders als Verwaltung und Rechtsprechung – in seiner Zwecksetzungskompetenz autonom handeln und in einer umfassenden Abwägung auch unterschiedlichen Zwecken Rechnung tragen.

Das Grundgesetz ist nicht die „Kleinausgabe der gesamten Rechtsordnung".[82] Das BVerfG hat es mit Recht bisher immer ausdrücklich abgelehnt zu überprüfen, ob der Gesetzgeber die zweckmäßigste oder gerechteste Lösung getroffen hat.[83] Bestimmte Fragen müssen im politischen Meinungsstreit im Parlament diskutiert werden und sollten nicht in die Verfassung hineingelesen werden, was auch zu einer Zementierung führen würde, die nur mit 2/3-Mehrheit in Bundestag und Bundesrat aufgebrochen werden könnte.

Freiheitsrechtlich muss klarer herausgearbeitet werden, welche Wirkungen der Besteuerung rechtfertigungsbedürftig sind. Die bloße *Anknüpfung* an grundrechtlich geschütztes Verhalten reicht nicht aus, um nach einer freiheitsrechtlichen Rechtfertigung der Besteuerung zu verlangen. Eine doppelte Verhältnismäßigkeitsprüfung von Lenkungssteuern – sowohl hinsichtlich Fiskal- als auch hinsichtlich Lenkungszweck – ist freiheitsrechtlich nicht angezeigt, da im Falle fehlender verhaltensbeeinflussender Wirkungen das Gesetz zwar ungeeignet ist, das Verhalten zu beeinflussen, dies aber keine Rolle spielt, da insoweit gerade keine freiheitsbeeinträchtigende Verhaltensänderung vorliegt, die erst den freiheitsrechtlichen Rechtfertigungsbedarf auslöst.

Im Bereich der Gesetzgebungskompetenzen in der Finanzverfassung ist zweifelhaft, ob der verfassungsändernde Gesetzgeber die Folgewirkungen der Änderung des Art. 72 Abs. 2 GG hinreichend bedacht hat.

---

[82] Zutreffend WAHL, NVwZ 1984, 401 (406, 409).

[83] BVerfGE 105, 17 (47); 110, 412 (436), jew. m.w.N., st. Rspr.

Literaturverzeichnis

BAßLER, JOHANNES: Zu den „Steuerspezifika" der Grundfreiheiten des EG-Vertrages, IStR 2005, S. 822 ff.

CORDEWENER, AXEL: Europäische Grundfreiheiten und nationales Steuerrecht, Köln 2002.

CORDEWENER, AXEL/ SCHNITGER, ARNE: Europarechtliche Vorgaben für die Vermeidung der internationalen Doppelbesteuerung im Wege der Anrechnungsmethode, StuW 2006, S. 50 ff.

ENGLISCH, JOACHIM: Dividenden aus einem anderen Mitgliedstaat: Keine Anrechnung der Quellensteuer im Wohnsitzstaat, IStR 2007, S. 67 ff.

ENGLISCH, JOACHIM: Zur Dogmatik der Grundfreiheiten des EGV und ihren ertragsteuerlichen Implikationen, StuW 2003, S. 88 ff.

FRIAUF, KARL HEINRICH: Verfassungsrechtliche Anforderungen an die Gesetzgebung über die Steuern vom Einkommen und vom Ertrag, in: FRIAUF, KARL HEINRICH (Hrsg.), Steuerrecht und Verfassungsrecht, DStJG 12, Köln 1989, S. 3 ff.

FRIAUF, KARL HEINRICH: Steuervereinfachung versus Lenkungsnormen, in: FISCHER, PETER (Hrsg.), Steuervereinfachung, DStJG 21, Köln 1998, S. 85 ff.

GRABITZ, EBERHARD/ HILF, MEINHARD (Hrsg.): Das Recht der Europäischen Union, Loseblatt, München November 2008 (zitiert: BEARBEITER, in: GRABITZ/HILF, Recht der Europäischen Union).

HAMDAN, BINKE/ HAMDAN, MARWAN: Doppelbelastung eines Guthabens bei einer spanischen Bank mit spanischer und deutscher Erbschaftssteuer europarechtswidrig?, ZEV 2008, S. 448 ff.

HAMDAN, BINKE: Verfassungs- und europarechtliche Probleme der Anrechnungsmethode des § 21 ErbStG, ZEV 2007, S. 401 ff.

HERZOG, ROMAN: Steuerrecht und Verfassungsrecht, in: DER PRÄSIDENT DES BUNDESFINANZHOFS (Hrsg.), Festschrift 75 Jahre Reichsfinanzhof – Bundesfinanzhof, Bonn, 1993, S. 105 ff.

HEY, JOHANNA: Steuerwettbewerb in Deutschland, in: KIRCHHOF, PAUL/ BARBIER, HANS D. (Hrsg.), Perspektiven eines modernen Steuerrechts, Festschrift für Hermann Otto Solms, Berlin 2005, S. 35 ff.

HÜBSCHMANN, WALTER/ HEPP, ERNST/ SPITALER, ARMIN (Hrsg.): AO/FGO, Loseblatt, Stand: August 2008 (zitiert: BEARBEITER, in: HÜBSCHMANN u.a., AO/FGO).

JARASS, HANS D.: Nichtsteuerliche Abgaben und lenkende Steuern unter dem Grundgesetz, Köln 1999.

KIRCHHOF, PAUL: Der Grundrechtsschutz des Steuerpflichtigen, AöR 128 (2003), S. 1 ff.

KIRCHHOF, PAUL: Die Sonderabgaben, in: WENDT, RUDOLF (Hrsg.), Staat, Wirtschaft, Steuern, Festschrift für Karl Heinrich Friauf zum 65. Geburtstag, Heidelberg 1996, S. 669 ff.

KORTE, ANJA: Die konkurrierende Steuergesetzgebung des Bundes im Bereich der Finanzverfassung – Steuerautonomie der Länder ohne Reform?, Berlin 2008.

LANG, MICHAEL: Europarechtliche Aspekte der Besteuerung von Erbschaften, in: BIRK, DIETER (Hrsg.), Steuern auf Erbschaft und Vermögen, DStJG 22, Köln 1999, S. 255 ff.

LEHNER, MORIS: Der Einfluss des Europarechts auf die Doppelbesteuerungsabkommen, IStR 2001, S. 329 ff.

V. MANGOLDT, HERMANN/ KLEIN, FRIEDRICH/ STARCK, CHRISTIAN: Kommentar zum Grundgesetz, Band 3, 5. Auflage, München 2005 (zitiert: BEARBEITER, in: MANGOLDT/KLEIN/STARCK, GG).

MAUNZ, THEODOR/ DÜRIG, GÜNTER: Grundgesetz, Loseblatt, Stand: Oktober 2008 (zitiert: BEARBEITER, in: MAUNZ/DÜRIG, GG).

MÜLLER-FRANKEN, SEBASTIAN: Anm. zu BVerfG v. 9.12.2008, 2 BvL 1/07 u.a., NJW 2009, S. 55 ff.

V. MÜNCH, INGO/ KUNIG, PHILIP: Grundgesetz-Kommentar, 5. Auflage, München 2003 (zitiert: BEARBEITER, in: V. MÜNCH/KUNIG, GG).

OSTERLOH, LERKE: Lenkungsnormen im Einkommensteuerrecht, in: EBLING, IRIS (Hrsg.), Besteuerung von Einkommen, DStJG 24, Köln 2001, S. 383 ff.

PAPIER, HANS-JÜRGEN: Die finanzrechtlichen Gesetzesvorbehalte und das grundgesetzliche Demokratieprinzip, Berlin 1973.

SCHNITGER, ARNE: Geltung der Grundfreiheiten des EG-Vertrages im deutschen internationalen Erbschaftsteuerrecht, FR 2004, S. 185 ff.

SCHNITGER, ARNE: Mögliche Wirkungsgrenzen der Grundfreiheiten des EG-Vertrages am Beispiel des § 8a KStG, IStR 2004, S. 635 ff.

SCHÖN, WOLFGANG: Europäische Kapitalverkehrsfreiheit und nationales Steuerrecht, in: SCHÖN, WOLFGANG (Hrsg.), Gedächtnisschrift Knobbe-Keuk, Köln 1997, S. 743 ff.

SCHÖN, WOLFGANG: Unternehmensbesteuerung und Europäisches Gemeinschaftsrecht, StbJb 2003/04, S. 27 ff.

SCHÖN, WOLFGANG: Besteuerung im Binnenmarkt – die Rechtsprechung des EuGH zu den direkten Steuern, IStR 2004, S. 289 ff.

SCHULZE, REINER/ ZULEEG, MANFRED: Europarecht – Handbuch für die deutsche Rechtspraxis, Baden-Baden 2006.

SEER, ROMAN: Der sog. Halbteilungsgrundsatz als verfassungsrechtliche Belastungsobergrenze der Besteuerung, FR 1999, S. 1280 ff.

SELMER, PETER/ BRODERSEN, CARSTEN: Die Verfolgung ökonomischer, ökologischer und anderer öffentlicher Zwecke durch Instrumente des Abgabenrechts, DVBl. 2000, S. 1153 ff.

THÖMMES, OTMAR: Konzernfinanzierung und Europäisches Recht, DB 2002, S. 2397 ff.

WAHL, RAINER: Der Vorrang der Verfassung und die Selbständigkeit des Gesetzesrechts, NVwZ 1984, S. 401 ff.

WALDHOFF, CHRISTIAN: Der Gesetzgeber schuldet nichts als das Gesetz – Zu alten und neuen Begründungspflichten des parlamentarischen Gesetzgebers, in: DEPENHEUTER, OTTO/ AXER, PETER (Hrsg.): Festschrift für Isensee, Heidelberg 2007, S. 325 ff.

WERNSMANN, RAINER/ SPERNATH, VALENTIN: Erbschaftssteuerreform: keine Gesetzgebungskompetenz des Bundes, FR 2007, S. 829 ff.

WERNSMANN, RAINER: Wer bestimmt den Zweck einer grundrechtseinschränkenden Norm – BVerfG oder Gesetzgeber?, NVwZ 2000, S. 1360 ff.

WERNSMANN, RAINER: Verhaltenslenkung in einem rationalen Steuersystem, Tübingen 2005.

WERNSMANN, RAINER: Die Steuer als Eigentumsbeeinträchtigung, NJW 2006, S. 1169 ff.

WERNSMANN, RAINER: Die Neuregelung der Entfernungspauschale ist verfassungsgemäß, DStR 2007, S. 1149 ff.

GPSR Compliance

The European Union's (EU) General Product Safety Regulation (GPSR) is a set of rules that requires consumer products to be safe and our obligations to ensure this.

If you have any concerns about our products, you can contact us on ProductSafety@springernature.com

In case Publisher is established outside the EU, the EU authorized representative is:

Springer Nature Customer Service Center GmbH
Europaplatz 3
69115 Heidelberg, Germany

Batch number: 10682128

Printed by Printforce, the Netherlands